Perspektiven und Orientierungen

Schriftenreihe des Bundeskanzleramtes Band 16

Zukunft der Familie im vereinten Deutschland

Gesellschaftliche und politische Bedingungen

von

Franz-Xaver Kaufmann

Do 15. 7 b. 82 + ZF
Fr. 16. 7 b. 148 + ZF
Sa. 17. 7. b. 226 + ZF

C. H. Beck'sche Verlagsbuchhandlung
München 1995

CIP-Titelaufnahme der Deutschen Bibliothek

Kaufmann, Franz-Xaver:
Zukunft der Familie im vereinten Deutschland :
gesellschaftliche und politische Bedingungen / von
Franz-Xaver Kaufmann. – München : Beck, 1995
(Perspektiven und Orientierungen ; Bd. 16)
ISBN 3 406 38723 3
NE: GT

ISBN 3 406 38723 3

Gesamtherstellung: C. H. Beck'sche Buchdruckerei Nördlingen
Gedruckt auf säurefreiem,
aus chlorfrei gebleichtem Zellstoff hergestelltem Papier

Vorwort des Autors

Bereits im Jahre 1990 hat der Verfasser in Band 10 dieser Schriftenreihe das Thema „Zukunft der Familie" behandelt. Die Schrift war innerhalb eines Jahres vergriffen. Dennoch schien es nicht tunlich, einen unveränderten Nachdruck herauszubringen, da das Manuskript vor der Öffnung der DDR und erst recht vor der Vereinigung abgeschlossen worden war. Auch wenn tragende Überlegungen dieser Schrift grundsätzlicher Art sind, beziehen sie sich doch auf den konkreten Erfahrungs- und politischen Gestaltungsraum der Bundesrepublik, die nun eben nicht mehr dieselbe ist.

Es kommt hinzu, daß die Forschungen über Haushalt und Familie, zur Situation der Frauen und zu Einzelfragen der Familienpolitik, wie auch die öffentlichen Debatten über die Folgen der Bevölkerungsentwicklung, die Pluralisierung privater Lebensformen und den Stellenwert von Familienpolitik in jüngster Zeit deutlich intensiver geworden sind. Das öffentliche Problembewußtsein hat zugenommen, und insbesondere das Bundesverfassungsgericht hat durch eine Reihe wegweisender Entscheidungen der säkularen Vernachlässigung der Familie in der Finanz- und Sozialpolitik von Bund und Ländern klare Grenzen gesetzt. Aber die Forderung nach einer Stärkung der Familienpolitik ist bei allen Parteien immer noch überwiegend politisches Lippenbekenntnis, und dies nicht nur aus finanziellen Gründen, sondern auch, weil es an überzeugenden Vorstellungen mangelt, wie denn den Familien politisch am besten zu helfen sei.

Ein Hauptziel der vorgetragenen Analysen ist es, die beobachtbaren familialen Veränderungen im Rahmen gesamtgesellschaftlicher Strukturen und Entwicklungen zu interpretieren, um auf diese Weise zu verdeutlichen, wie vielschichtig die stukturellen Rücksichtslosigkeiten sind, mit denen heute junge Menschen zurechtkommen müssen, die Elternverantwortung übernehmen. *Die Familie braucht Hilfe – aber es ist schwer, ihr zu helfen*: Diese zentrale Schlußfolgerung ist zunächst irritierend. Diese Einsicht ist aber unumgänglich, um die Herausforderung ernst genug zu nehmen, vor der heute nicht nur die Politik, sondern alle gesellschaftlichen Kräfte stehen, die bisher von den Leistungen der Familien in einer letztlich als parasitär zu bezeichnenden Weise profitiert haben.

Die nunmehr vorliegende Neubearbeitung hat den Aufbau des Buches und die Substanz der Argumentation beibehalten, deren Plausibilität durch die positive Resonanz sowohl im Bereich der Sozialwissenschaften als auch in den familienpolitischen Debatten bestätigt worden ist.[1] Neben einer Aktualisierung der Argumentation, der statistischen Daten und der Literaturhinweise bezieht sich die Überarbeitung im wesentlichen auf vier Ergänzungen: Erstens werden die Verhältnisse in der ehemaligen DDR bzw. den neuen Bundesländern mit berücksichtigt, insoweit als dies bei der immer noch sehr fragmentarischen Forschungslage möglich ist. Zweitens wird die Erörterung der Leistungen der Familien und der Folgen defizitärer Familienverhältnisse vertieft. Drittens ist ein Abschnitt zur gesellschaftstheoretischen Deutung des familialen Wandels eingefügt worden. Und schließlich werden die familienpolitischen Überlegungen an einigen Stellen konkretisiert, welche in der ersten Auflage noch sehr allgemein geblieben waren.

Die in diesem Buch entwickelten Auffassungen haben wesentlich von den Informationen und Anregungen profitiert, die ich von meinen wissenschaftlichen Mitarbeitern im Bereich der familiensoziologischen und sozialpolitischen Forschung während der letzten zwanzig Jahre erfahren durfte, insbesondere von Angelika Engelbert, Alois Herlth und Klaus Peter Strohmeier. Nicht weniger wichtig war mir der fortgesetzte Gedankenaustausch mit Kurt Lüscher (Konstanz), Hans-Joachim Schulze (Amsterdam) und Hartmann Tyrell (Bielefeld). Ein Forschungsaufenthalt im Max-Planck-Institut für Bildungsforschung (Berlin) hat mir 1990/91 vielfältige Anregungen gegeben. Die Überarbeitung hat in weit stärkerem Maße, als durch Literaturhinweise dokumentiert werden kann, von den Einsichten profitiert, die ich in den letzten drei Jahren als Mitglied der Sachverständigenkommission für den 5. Familienbericht der Bundesregierung gewinnen konnte. Ausführliche Dokumentationen neuester Literatur stellten mir Wolfgang Walter (Konstanz) sowie meine Mitarbeiter Gerald Detlefs und Alexandru Preda zur Verfügung. Letzterer hat auch die Tabellen und Grafiken aktualisiert; die Druckvorlage stellte Brigitte Nußbeck her. Für all diese Unterstützung danke ich herzlich.

Das Manuskript wurde im Januar 1994 abgeschlossen und nur noch um zentrale Informationen nachträglich ergänzt.

Bielefeld, im September 1994 Franz-Xaver Kaufmann

Inhaltsverzeichnis

1 Problemstellung 1

1.1 Ambivalenzen der familienpolitischen Diskussion 1
1.2 Eine gesellschaftliche und politische Perspektive 3
1.3 Überblick 9

2 Ein Blick zurück: Die Entstehung der modernen Familie 13

2.1 Der Einfluß antiker Stadtkulturen: Die geringe Bedeutung der Blutsverwandtschaft 14
2.2 Der Einfluß des Christentums: Menschenwürde der Frau und strikte Monogamie 16
2.3 Der Einfluß von Aufklärung, Industrialisierung und bürgerlicher Gesellschaft: Die Polarisierung der Geschlechtsrollen 19
2.4 Eigenarten der ‚modernen' Familie 22

3 Struktur und Leistungen von Familien 29

3.1 Die Entstehung der modernen Familie im Prozeß struktureller und funktionaler Differenzierung von Gesellschaft 30
3.2 Aufgaben und Leistungen der Familie 34
3.2.1 Kohäsion und emotionale Stabilisierung der Familienmitglieder 36
3.2.2 Fortpflanzung 42
3.2.3 Pflege und Erziehung der Kinder 47
3.2.4 Haushaltsführung, Gesundheit und Erholung 54
3.2.5 Wechselseitige Hilfe 59
3.3 Die gesellschaftspolitische Bedeutung familialer Leistungen . . . 63
3.3.1 Vorfragen und Bedenken 63
3.3.2 Nachwuchssicherung und Humanvermögen 66
3.3.3 Solidarität zwischen den Generationen 76

4 Veränderung der Bedingungen für die Familienentwicklung in den letzten Jahrzehnten 82

4.1 Familienentwicklung in Ost- und Westdeutschland 82
4.2 Bisherige Forschungen zu den Ursachen des Geburtenrückgangs 90

4.3 Die Pluralisierung der Lebensformen und ihre Bedingungen . . 96
4.3.1 Kulturelle Liberalisierung von Ehe und Familie 96
4.3.2 Ökonomische Einflüsse 103
4.4 Die Ehe im Wandel der geschlechtsspezifischen Lebenszusammenhänge 106
4.4.1 Nichteheliche Lebensgemeinschaften 107
4.4.2 Sinkende Attraktivität der Ehe 112
4.4.3 Ehescheidungen 118
4.4.4 Die Arbeitsteilung zwischen den Geschlechtern 122
4.5 Elternschaft und die Veränderung kindlicher Lebensverhältnisse 128
4.5.1 Neue Väterlichkeit 128
4.5.2 Mutterschaft und außerhäusliche Erwerbstätigkeit 130
4.5.3 Die Veränderung kindlicher Lebensverhältnisse 133
4.6 Familie und soziale Ungleichheit 137
4.6.1 Einkommensverhältnisse 138
4.6.2 Arbeitslosigkeit 144
4.6.3 Wohnverhältnisse 145

5 Perspektiven der Familienförderung 148

5.1 Zur gesellschaftlichen Deutung des familialen Wandels 148
5.2 Ist der Familie zu helfen? 155
5.2.1 Die Frauenfrage als entscheidendes Moment der Transformation 157
5.2.2 Solidarität als Stabilitätsbedingung 159
5.2.3 Erste Schlußfolgerungen 164
5.3 Kinderfeindlichkeit oder strukturelle Rücksichtslosigkeit gegenüber der Familie? 169
5.3.1 Kinder zwischen Familie und Gesellschaft 170
5.3.2 Die mangelnde Rücksichtnahme der Wirtschaft auf die Familie 175
5.3.3 Die mangelnde Rücksichtnahme des Staates gegenüber der Familie 178
5.3.4 Die mangelnde Rücksichtnahme des Bildungswesens und der sozialen Dienste auf die Familie 183
5.3.5 Ein zentrales Problem: Solidarpotentiale in einer individualistischen Kultur 185
5.4 Zukunftsperspektiven und politische Optionen 188
5.4.1 Beschränkte Reichweite politischer Maßnahmen 189
5.4.2 Fortdauernde Tendenz zur Kinderarmut 191
5.4.3 Was läßt sich politisch tun? 195
5.4.4 Intervention mittels der Gestaltung von Rechtsverhältnissen 204

5.4.5 Ökonomische Intervention: Die Beeinflussung der verfügbaren Einkommen . . . 206
5.4.6 Ökologische Intervention: Die Beeinflussung von räumlichen Voraussetzungen des Familienlebens . . . 213
5.4.7 Pädagogische Intervention: Die Förderung familienrelevanter Handlungskompetenzen . . . 216
5.5 Abschließende Bemerkungen . . . 219

Anmerkungen . . . 226
Autorenregister . . . 269
Sammelwerke . . . 275
Sachregister . . . 277

Verzeichnis der Tabellen

Tabelle 1: Langfristige Veränderung der Haushaltstrukturen 1871–1991 23

Tabelle 2: Entwicklung des Anteils der Geburten unterschiedlichen Ranges an der Gesamtheit der ehelichen Geburten 1955–1990 45

Tabelle 3: Entwicklung der paritätsspezifischen Kinderzahl nach den Geburtsjahrgängen 1935 bis 1958 in den alten Bundesländern 46

Tabelle 4: Eheliche und nichteheliche Fruchtbarkeit 1950–1990 46

Tabelle 5: Täglicher Zeitaufwand erwerbstätiger und nicht erwerbstätiger Frauen in Minuten und Anteilen 58

Tabelle 6: Entwicklung der Altersstruktur der Bevölkerung im erwerbsfähigen Alter 1992–2040 70

Tabelle 7: Die voraussichtliche Entwicklung der Altersstruktur 1985–2030 (früheres Bundesgebiet, ohne Wanderungen) 79

Tabelle 8: Alleinerziehende nach dem Familienstand im Jahre 1991 86

Tabelle 9: Nichteheliche Lebensgemeinschaften nach Familienstand, 1991 87

Tabelle 10: Die Verfestigung von Partnerschaften mit zunehmendem Alter . . . 109

Tabelle 11: Stabilität und Veränderung der Partnerschaftsverhältnisse 1981–1985/6 110

Tabelle 12: Monatliches Haushaltsnettoeinkommen (Median) in DM von Ehepaaren nach der Zahl der ledigen Kinder unter 18 Jahren und Alter des Haushaltsvorstandes, 1986 140

Tabelle 13: Die Reduktion des Pro-Kopf-Einkommens mit zunehmender Kinderzahl nach dem Alter des Haushaltsvorstands 140

Tabelle 14: Die Entwicklung des Familienlastenausgleichs für Einkommen in der Proportionalzone des Steuertarifs 1960–1992 142

Tabelle 15: Geburtenraten und Sozialleistungen für die Familie in den Staaten der Europäischen Union 1987/89 193

Tabelle 16: Entwicklung der Zusammensetzung des Familienlastenausgleichs . . 198 f.

Verzeichnis der Abbildungen

Abbildung 1: Privathaushalte im April 1982 nach ihrer Zusammensetzung 26
Abbildung 2: Ehedauerspezifische Scheidungsziffern für ausgewählte Eheschließungsjahrgänge sowie Querschnitt 1987 41
Abbildung 3: Der säkulare Geburtenrückgang in Deutschland 1880–1992 (Geburten und Heiraten pro 1000 Einwohner) 43
Abbildung 4: Der Rückgang der durchschnittlichen Kinderzahl pro Frau 44
Abbildung 5: Entwicklung der zusammengefaßten Geburtenziffer in beiden deutschen Staaten 1950–1990 47
Abbildung 6: Nettoreproduktionsraten 1950–1989 68
Abbildung 7: Die Entwicklung der Geburten und Sterbefälle sowie des Bevölkerungstandes nach der 8. koordinierten Bevölkerungsvorausberechnung 1994 69
Abbildung 8: Entwicklung des Erwerbspersonenpotentials 1960–2050 71
Abbildung 9: Prognostizierte Entwicklung des Beitragssatzes zur Rentenversicherung unter Zugrundelegung unterschiedlicher Fertilitätsannahmen 1980–2050 80
Abbildung 10: Zusammengefaßte Heiratsziffern in beiden Teilen Deutschlands 1950–1991 83
Abbildung 11: Ehescheidungen auf 10000 geschlossener Ehen desselben Jahres in beiden Teilen Deutschlands 1950–1991 85
Abbildung 12: Nichtehelichenquote in beiden Teilen Deutschlands 1946–1989 . . 86
Abbildung 13: Heiratshäufigkeit und Heiratsalter 115
Abbildung 14: Monatliche Haushaltsnettoeinkommen nach dem Alter des Haushaltsvorstandes und dem Vorhandensein bzw. Nichtvorhandensein von Kindern 139
Abbildung 15: Soziale Teilhabe und sozialpolitische Intervention 203

1 Problemstellung

Niedrige Heiratsneigung, kinderarme Familien und hohe Scheidungshäufigkeit kennzeichnen die gegenwärtige Situation der Familie in der Bundesrepublik Deutschland. Diese Konstellation kontrastiert auffallend mit derjenigen in der Wiederaufbauphase der Nachkriegszeit, welche durch eine besonders hohe Heiratsneigung, einen gewissen Wiederanstieg der Kohortenfertilität und (nach Abklingen des kriegsfolgebedingten Scheidungsbooms) niedrige Scheidungsziffern gekennzeichnet war. In den letzten drei Jahrzehnten sind die Ehen deutlich instabiler geworden, und die Neigung zur Übernahme der Elternverantwortung scheint entweder rückläufig oder in ihrer Realisierung gehemmt. Aus diesen Trends lassen sich sekundäre Entwicklungen ableiten: die bisherigen intergenerationellen Solidarpotentiale werden schwächer, der Kreis der nahestehenden Verwandten wird spärlicher, der Anteil der Kinder, welche nicht mit beiden leiblichen Eltern aufwachsen, nimmt rasch zu. Es gibt somit gute Gründe, um zu fragen, wie es um die gegenwärtige Verfassung der Familie und ihre Zukunftsperspektiven bestellt ist.

Die angedeuteten Phänomene werden bisher – wenn überhaupt – so zumeist unabhängig voneinander erörtert. Aus soziologischer Sicht bestehen jedoch zwischen ihnen Zusammenhänge, die aufzuzeigen ein Hauptziel der vorliegenden Ausarbeitung ist. Es geht darum, die Veränderungen in der Art und Weise, wie Familie erlebt und gelebt wird, durch Hinweise auf gesamtgesellschaftliche Veränderungen und ihre Konsequenzen für das Umfeld, die Lebenslagen von Familien und die Orientierungsgesichtspunkte der Familienangehörigen plausibel zu machen. Ein vertieftes Verständnis der Zusammenhänge, unter denen sich heute familiale Lebensformen entwickeln, ist eine notwendige Voraussetzung für jede vernünftige Erörterung der Frage, ob und wie den Familien heute – insbesondere durch familienpolitische Maßnahmen – zu helfen sei.

1.1 Ambivalenzen der familienpolitischen Diskussion

Die öffentlichen Diskurse über Familie sind in der Bundesrepublik derzeit von Ambivalenz gekennzeichnet. Diese Ambivalenz läßt sich zum mindesten in vier Dimensionen auslegen:

1. Es herrscht eine gewisse Verlegenheit, um nicht zu sagen Ratlosigkeit angesichts eines nahezu selbstverständlichen Konsenses über Not-

wendigkeit und Wert von Familie einerseits und der offensichtlich wachsenden Instabilität und Variabilität familialer Lebensformen andererseits. Die bisherigen Familienvorstellungen scheinen in Frage gestellt, doch besteht keine Klarheit über neue Familienleitbilder. Umstritten erscheinen in diesem Zusammenhang insbesondere die Geschlechtsrollen, also Art und Umfang der von Frauen bzw. Männern zu übernehmenden Aufgaben.

2. Es wird ein Zwiespalt empfunden zwischen der allgemein anerkannten Auffassung, daß Familie Privatsache sei, ja in gewisser Hinsicht Privatheit in qualifizierter Form erst konstituiert, und dem Umstand, daß Forderungen, der Familie zu helfen, sich im wesentlichen an Staat und Öffentlichkeit richten. Mehr noch, es sind offensichtlich kollektive Interessen, welche für eine Verstärkung staatlicher Familienpolitik sprechen. Wie aber lassen sich diese mit den höchstpersönlichen Bedürfnissen und Absichten, welche Menschen zur Familiengründung veranlassen – oder auch davon abhalten – vermitteln?

3. Es besteht nach Ansicht vieler heute ein Gegensatz zwischen den Interessen der Gesellschaft an Nachwuchssicherung und den Interessen der Frauen an Emanzipation. Die kontinuierliche Verbindung von Mutterschaft und Beruf, welche heute die Lebensleitvorstellungen der meisten jüngeren Frauen prägt, ist unter den herrschenden Bedingungen schwerlich mit mehr als einem oder maximal zwei Kindern zu realisieren. Dies reicht aber offensichtlich nicht aus, um die Reproduktion der Bevölkerung auch nur annähernd zu sichern.

4. Schließlich hat der Beitritt der ehemaligen DDR neue Akzente in die familienpolitische Diskussion gebracht. Aus ideologischen wie aus wirtschaftspolitischen Gründen wurde die Vollzeiterwerbstätigkeit der Frauen in der DDR nachhaltig angeregt, so daß schließlich 83% aller Frauen zwischenn 15 und 60 Jahren erwerbstätig waren. Zum Vergleich: in den alten Bundesländern sind es nur 50%. Aus bevölkerungspolitischen Gründen suchte man jedoch gleichzeitig die Bereitschaft zur Mutterschaft durch eine Vielzahl von Maßnahmen zu fördern. So entwickelte die DDR ein recht umfassendes Konzept der Bevölkerungspolitik, im Rahmen dessen die Frauen durch öffentliche Betreuungseinrichtungen weitgehend von der werktäglichen Kinderbetreuung entlastet wurden. Über die Vor- und Nachteile dieses durch die Vereinigung in Frage gestellten Systems, insbesondere im Hinblick auf die Kinderkrippen, entstand eine zum Teil leidenschaftlich geführte Debatte.

Die meist unreflektierte Verknüpfung dieser Ambivalenzen führt zu einer hochgradigen Irritierbarkeit familienpolitischer Diskurse. Im Gegensatz zur Jahrhundertwende oder auch den sechziger und siebziger Jahren herrschen hier heute keine klaren Fronten zwischen den Vertretern eines traditionellen und eines fortschrittlichen Familienleitbildes mehr, sondern eher eine die politischen Parteien übergreifende, geteilte Besorgnis, verbunden mit dem Gefühl, „etwas für die Familie tun zu müssen." *Was* jedoch getan werden soll – und wer die finanziellen Folgen tragen soll – bleibt kontrovers, und zwar ohne zureichende Gründe. Im Unterschied zu vielen anderen, traditionsreicheren Politikfeldern fehlt den familienpolitischen Diskussionen nahezu jedes wissenschaftliche Fundament. Zwar haben die Familienberichte, welche auf Bundes- und z. T. auch Länderebene periodisch veröffentlicht werden, merklich zur Versachlichung der Diskussionen beigetragen. Zumeist behandeln sie jedoch Einzelaspekte der Gesamtproblematik, die darzustellen das vorliegende Buch sich vornimmt[1].

Sicher werden auch diesem Versuch Lücken und Einseitigkeiten nachgewiesen werden. Um solche Kritik zu ermöglichen, ist es jedoch notwendig, den ambitiösen Versuch einer Zusammenschau unseres gegenwärtigen Wissens über die familialen Verhältnisse und ihre Abhängigkeit von ökonomischen, politischen und kulturellen Gegebenheiten einmal zu wagen. Besondere Aufmerksamkeit soll dabei den Sachproblemen gewidmet werden, die den skizzierten Ambivalenzerfahrungen zugrunde liegen. Erst wenn das Feld, in dem sich die vielfältigen familienwissenschaftlichen Befunde und familienpolitischen Argumentationen treffen, in seinen Umrissen und strukturierten Zusammenhängen verdeutlicht ist, lassen sie sich einordnen und hinsichtlich ihrer Plausibilität wie auch ihrer Konsequenzen einigermaßen einschätzen.

1.2 Eine gesellschaftliche und politische Perspektive

Auch eine umfassende Perspektive auf Familie wie die hier beabsichtigte bleibt eine Perspektive, d. h. sie muß einige Gesichtspunkte stärker betonen und andere vernachlässigen. Die vorliegende Ausarbeitung beinhaltet eine gesamtgesellschaftliche und eine politische Perspektive, deren Grundannahmen zunächst kurz skizziert seien.

Jede Gesellschaft ist für ihre Fortsetzung darauf angewiesen, daß in ihr neue Generationen nachwachsen und ihre wesentlichen kulturellen, technischen und ökologischen Errungenschaften übernehmen, d. h. den Umgang mit ihnen lernen und die zu ihrer Erhaltung bzw. Fortentwicklung notwendige Motivation entwickeln. Die hierfür erforderlichen Sozialisationsleistungen werden im wesentlichen durch die Familie in Verbindung mit dem Bildungswesen erbracht. Das gesellschaftspolitische Interesse an Familie besteht vor allem um dieser nur von der Vielzahl aller Einzelfamilien gemeinsam zu erbringenden Leistung des Aufziehens und der Sozialisation des Nachwuchses willen. Gesellschaftstheoretisch formuliert: dem Teilsystem Familie kommt die Funktion der Nachwuchssicherung (im quantitativen wie im qualitativen Sinne) zu. Die

Bereitstellung ausreichenden und motivierten Nachwuchses ist die Leistung, welche die übrigen gesellschaftlichen Teilsysteme (z. B. Wirtschaft, Politik, Wissenschaft usw.) unter den Prämissen unserer Kultur nur von den Familien erwarten können. In dieser Hinsicht sind die Familien also gesellschaftlich unersetzlich. Das gilt übrigens noch in einem zweiten Zusammenhang, nämlich hinsichtlich der Stabilisierung der Beziehungen zwischen den Generationen. Es ist nicht abzusehen, wie die für den Fortbestand jeder Gesellschaft notwendige Solidarität zwischen den Generationen ohne die starken Bindungskräfte der Familie aufrechterhalten werden könnte. Nur solange sich die große Mehrheit der Bevölkerung mit nahestehenden Personen in der Generationenfolge verbunden weiß, kann damit gerechnet werden, daß die sozialpolitischen Systeme der Umverteilung zwischen den Generationen und die damit verbundenen hohen Abgaben der Erwerbstätigen allgemeine Zustimmung finden. Endlich bildet der familiale Haushalt im Regelfall einen Lebensraum, der auch den erwachsenen Familienmitgliedern Erholung, Ausgleich zur Erwerbsarbeit und emotionale Unterstützung verspricht. Auch diese Form familialer Wohlfahrtsproduktion ist gesellschaftlich nicht belanglos, trägt sie doch nachhaltig zur Regeneration und Erhaltung von Humanvermögen bei.

Obwohl alles, was die Familie betrifft, in der Bundesrepublik heute mehr denn je als Privatsache gilt, besteht somit ein erhebliches öffentliches Interesse an Familie, das sich auf die Kurzformel (quantitative und qualitative) *Nachwuchssicherung*, *Erhaltung von Humanvermögen* sowie *Solidarität zwischen den Generationen* bringen läßt (vgl. 3.3).

Es ist im allgemeinen Interesse, und damit *mittelbar* auch im Interesse eines oder einer jeden, daß sich Familien in ausreichender Zahl und Dauerhaftigkeit bilden, weil nur so diese für die kollektive Zukunft unerläßlichen Funktionen erfüllt werden können. Betrachtet man die einleitend erwähnte Entwicklung der Familienstatistik, so besteht jedoch Grund zu der Annahme, daß individuelle Interessenlagen und Kollektivinteresse in dieser Hinsicht heute nur mehr schwer zur Deckung kommen.

Zunächst vermuteten die Bevölkerungswissenschaftler, es handele sich bei dem dramatischen Geburtenrückgang zwischen 1965 und 1975 um den scharfen Abschwung einer Wellenbewegung, wie sie in der Bevölkerungsgeschichte häufig beobachtet worden ist. Dieser Abschwung schien verursacht durch einen Anstieg des mittleren Heirats- und Gebäralters, also durch eine massenhafte Verschiebung von Heiraten und Geburten in ein späteres Lebensalter. Je länger jedoch die niedrigen Werte der Heirats- und Geburtenhäufigkeit anhalten, desto wahrscheinlicher wird die Vermutung, daß auch ein wachsender Teil der jüngeren Generationen *dauerhaft* auf Heirat und Kinder zu verzichten geneigt ist.

Beim Andauern der gegenwärtigen Durchschnittswerte des Heirats- und Gebärverhaltens muß damit gerechnet werden, daß sich die Bevölkerung in der Bundesrepublik langfristig nur noch zu ca. 65% ersetzt. Der gegenwärtig noch kaum spürbare Bevölkerungsrückgang würde sich dann nach der Jahrtausendwende beschleunigen und zwischen den Jahren 2030 und 2050 Werte von bis zu 2% jährlich erreichen. Es läßt sich schon heute absehen, daß ein derart starker Bevölkerungsrückgang und das damit verbundene „Umkippen" der Altersstruktur – d.h. das deutliche Überwiegen der nicht mehr erwerbstätigen Personen im Verhältnis zu den noch nicht erwerbstätigen Personen – unter den Bedingungen einer *geschlossenen* Bevölkerung zu tiefgreifenden wirtschaftlichen und politischen Schwierigkeiten führen müßte. Wahrscheinlicher ist allerdings, daß das Geburtendefizit wenigstens teilweise durch die Zuwanderung von Ausländern kompensiert werden wird. Außerdem wird mit einer weiter zunehmenden Erwerbsbeteiligung der Frauen gerechnet, welche allerdings unter sonst gleichbleibenden Bedingungen die Geburtenhäufigkeit negativ beeinflussen könnte. Da die demographischen Verhältnisse in den meisten anderen EU-Staaten zwar etwas günstiger sind, aber auch dort keine Bevölkerungsüberschüsse zu erwarten sind, ist damit zu rechnen, daß Westeuropa – und erst recht die hier in wirtschaftlicher Hinsicht besonders potente Bundesrepublik – noch stärker als bisher zum Anziehungsraum für die wanderungsbereiten Teile der Bevölkerung aus weiten Gebieten der Erde, insbesondere aus Osteuropa und dem Mittelmeerraum wird. Angesichts der kulturellen Vielfalt dieser Zuwanderer und der diesbezüglich bisher eher rigiden kulturellen Identität der Deutschen zeichnen sich allerdings schon heute soziale Spannungen ab, die diesem Lösungsweg entgegenstehen.[2]

Auch die hinzugekommene Bevölkerung der neuen Bundesländer hat die demographische Situation nicht wesentlich verändert. Zwar wurden in der DDR zwischen 1975 und 1988 relativ mehr Kinder geboren, die Geburtenziffern lagen etwa 25% höher als in der Bundesrepublik. Zwischen 1989 und 1992 sind dagegen die Geburten in den neuen Bundesländern um mehr als die Hälfte zurückgegangen und liegen derzeit um etwa 40% unterhalb der Werte in den alten Bundesländern. Diese starke Differenzen zeigen, wie sehr der Umbruch der Lebensverhältnisse vor allem die Frauen betroffen hat. Die gleichzeitige Zunahme der Fremdenfeindlichkeit in Teilen der deutschen Bevölkerung verdeutlicht die Widerstände gegen eine Lösung der demographischen Probleme durch fortgesetzte Zuwanderung.

Wie auch immer die konkrete Entwicklung in der „demographischen Zwickmühle" (*Meinhard Miegel*), d.h. im Spannungsfeld von massivem Bevölkerungsrückgang, Überalterung, sozialen Konflikten infolge fortgesetzter Einwanderung kulturell heterogener Gruppen und der Möglichkeit eines politisch-ökonomischen Bedeutungsverlustes verlaufen wird, jede dieser Perspektiven kann zu erheblichen politischen Besorgnissen Anlaß geben.[3] Besorgniserregend sind diese Perspektiven insbesondere deshalb, weil sie nicht ein einzelnes Politikfeld allein, sondern nahezu die ganze Breite der Lebensverhältnisse betreffen und die Problemlagen in nahezu *allen* Politikfeldern zu verschärfen geeignet sind. Demographische Veränderungen entfalten ihre Wirkung sehr langsam und allmählich, aber dafür umso nachhaltiger. Es ist nicht damit zu rechnen, daß eine „große Krise" zu einem bestimmten Zeitpunkt der Politik die nötige Energie verschafft, um die anstehenden Probleme rechtzeitig zu lösen. Erfolge sind auch nicht innerhalb einer Legislaturperiode zu erwarten. Die Langsamkeit demographischer Entwicklungen verlangt eine Langfristigkeit der Politik, die den üblichen Bedingungen des politischen Geschäfts zuwiderläuft.

Ein Weiteres kommt hinzu: Daß wirtschaftliche Ungleichgewichte, soziale Konflikte und politische Probleme auftreten, ist in modernen Gesellschaften durchaus der Normalzustand. Sie sind durch eine fortgesetzte Dynamik zu kennzeichnen, die zum einen aus *Veränderungen* in den einzelnen gesellschaftlichen Teilbereichen, sodann aber auch aus den *Wechselwirkungen* zwischen diesen Teilbereichen resultiert. Die Entwicklungsfähigkeit moderner Gesellschaften lebt sozusagen von stimulierenden Ungleichgewichten. Stimulierend sind diese Ungleichgewichte nicht zuletzt deshalb, weil die externen Effekte in den einzelnen Teilbereichen zumeist sowohl positiver wie negativer Natur sind, so daß sich immer wieder die Erfahrung bestätigt, daß Krisenerscheinungen in bestimmten Teilbereichen kompensierende Entwicklungen und damit per Saldo nicht selten sogar Fortschritte auslösen. Das oft zitierte Wort *Friedrich Hölderlins*: „Wo aber Gefahr ist, wächst das Rettende auch," fängt durchaus eine charakteristische Eigenschaft des bisherigen Modernisierungsprozesses ein. Das Bedrohliche eines fortgesetzten massiven Bevölkerungsrückgangs liegt dagegen in dem Umstand, *daß wachsende Umstrukturierungs- und Anpassungserfordernisse mit sinkenden Anpassungskapazitäten zusammentreffen.* Der Nachwuchsmangel, der sich schon in wenigen Jahren in der Bundesrepublik bemerkbar machen wird, bedeutet einen Mangel an denjenigen Bevölkerungsgruppen, die nach aller Erfahrung am ehesten bereit und geneigt sind, kulturelle, wirtschaftliche, soziale und politische Innovationen zu tragen. Nur wenn es gelänge, durch die Institutionalisierung des ‚lebenslangen Lernens' die Flexibilität der älter werdenden Bevölkerung entsprechend zu erhöhen, könnte diesem Verlust an Anpassungsfähigkeit in etwa gegengesteuert werden. In quantitativer Hinsicht könnte der Nachwuchsmangel durch Einwanderung teilweise kompensiert werden. Inwieweit aber Einwanderer mit entsprechenden kulturellen Voraussetzungen und beruflichen Qualifikationen gewonnen werden können, und wie die einheimische Bevölkerung auf solch kontinuierende Einwanderung reagieren würde, ist eine durchaus offene Frage.

Aus dieser Problemskizze lassen sich *bevölkerungspolitische* Begründungen für eine verstärkte Familienförderung ableiten, und angesichts der zum mindesten in Modellrechnungen transparent zu machenden Folgen wirkt diese Argumentation auf Politiker, die sich nicht speziell mit Frauen- oder Familienfragen beschäftigen, wohl am überzeugendsten.[4] Aber das Denken in bloßen Nachwuchsquantitäten erscheint nicht zu Unrecht brutalisierend und in seinen praktischen Konsequenzen auch irreführend, wenn es nicht durch eine differenziertere Betrachtung familialer Belange ergänzt wird. Insbesondere ist auch den Perspektiven und unterschiedlichen Interessenlagen der jungen Frauen und Männer Rechnung zu tragen, von deren Bereitschaft zur Übernahme von Elternverantwortung nicht nur die quantitative, sondern insbesondere auch die qualitative Nachwuchssicherung abhängt. Und aus der Perspektive junger Paare ist die Entscheidung, ob und wie viele Kinder sie aufziehen wollen, völlig unabhängig von demographischen Erwägungen. *Gesellschaftspolitisch* relevant ist nicht die Geburt von Kindern schlechthin, sondern ihre Verknüpfung mit den Prozessen der Pflege und Erziehung, die durch Ehe und Elternschaft institutionalisiert und vor direkter politischer Beeinflussung geschützt sind. Und ausgehend von dieser primären, praktisch nicht substituierbaren Leistung von Familien müssen auch ihre weiteren wohlfahrtsschaffenden Leistungen mit in Betracht gezogen werden.

Um eine solidere und breitere Grundlage für die öffentliche Erörterung der gegenwärtigen „Krise der Familie" und der daraus abgeleiteten politischen Forderungen zu schaffen, reicht aber auch eine nur familiensoziologische oder familienpolitische Perspektive nicht aus. *Vielmehr ist es erforderlich, familiale Lebensformen als historisch wandelbar, kulturgeprägt, umweltabhängig und politikresistent zu begreifen und ausgehend von diesen Merkmalen die gesamtgesellschaftlichen Veränderungen in ihrer Wirksamkeit auf die Entwicklungs- und Bestandsbedingungen von Familien zu skizzieren.* Erst vor dem Hintergrund eines komplexen Verständnisses der gesellschaftlichen Konstitutionsbedingungen von Familie einschließlich der in ihnen wirksamen Veränderungstendenzen kann die oft kurzschlüssig debattierte Frage nach den Möglichkeiten einer politischen Förderung der Familie und nach der Priorität der erforderlichen Maßnahmen mit der notwendigen Differenziertheit erörtert werden.

Daß für das politische Geschäft Vereinfachungen unvermeidlich sind, ist dem Verfasser bewußt. Doch die Aufgabe der Sozialwissenschaften ist es, solche Vereinfachungen aufzubrechen, insbesondere diejenigen, welche den Blick auf politische Alternativen verstellen. Nur wer die Komplexität der Zusammenhänge wenigstens ansatzweise zur Kenntnis genommen hat, ist in der Lage, *vernünftig* zu vereinfachen. Vier gängige Vereinfachungen werden im folgenden besonders in Frage gestellt:

1. Die Vorstellung, die Familie sei eine im wesentlichen unwandelbare Größe. Zwar trifft es zu, daß alle uns bekannten Gesellschaften Kinder in der Regel ihren leiblichen Eltern, insbesondere der leiblichen Mutter zurechnen, daß also die leibliche Nachkommenschaft (Filiation) ein nahezu universelles soziales Strukturelement darstellt. Aber das Filiationsprinzip läßt sich in sehr verschiedener Weise mit anderen Strukturelementen verbinden. Wir sprechen deshalb im folgenden meist nicht von ‚der Familie', sondern von familialen Lebensformen im Plural und betonen deren *historische Wandelbarkeit.*

2. Diese historische Wandelbarkeit wird heute besonders spürbar, wo das bisherige Eheverständnis an Verbindlichkeit verliert. In den Sozialwissenschaften ist von einer zunehmenden Pluralisierung familialer Lebensformen die Rede. Angesichts der entstehenden Möglichkeiten von Biogenetik und Fortpflanzungstechnologie ist sogar damit zu rechnen, daß biologische Invarianten, welche bis heute die wichtigsten Anknüpfungspunkte für alle kulturellen Regulierungen familialer Verhältnisse gewesen sind, grundsätzlich manipulierbar werden. Gegenüber der sich damit abzeichnenden Expansion des prinzipiell Möglichen muß auch und gerade in einer stark vom Individualismus geprägten Kultur darauf hingewiesen werden, daß lebbare familiale Verhältnisse kulturelle Vorgaben brauchen, daß also die Vorstellung, familiale Lebensformen könnten ausschließlich aus individuellen Präferenzen oder biologischen Bedürfnissen entstehen, unrealistisch ist. ‚Familie' ist aus sozialwissenschaftlicher Perspektive nur als *kulturgeprägte* Erscheinung möglich und verständlich.

3. Ebenfalls unrealistisch ist die Vorstellung, die Familie sei etwas so Natürliches, daß sich Familien, ihre Bedürfnisse und Bindungen unter allen gesellschaftlichen Verhältnissen sozusagen von selbst durchsetzten, also eines spezifischen politischen und sozialen Schutzes entbehren könnten. Je weiter die gesellschaftliche Arbeitsteilung fortschreitet, desto *umweltabhängiger* werden Familien, und desto voraussetzungsvoller wird auch die Konsolidierung dauerhafter, verläßlicher sozialer Lebensformen. Familien sind immer weniger als autarke Lebensformen denkbar, ihre Mitglieder sind mehr denn je gezwungen, in Austausch mit ihrer Umwelt zu treten. Der Anteil der lebensnotwendigen Güter und Dienste, die innerhalb des Familienhaushalts produziert werden können, geht notwendigerweise zurück. Mit dieser zunehmenden Umweltabhängigkeit und der dadurch nahegelegten Umweltoffenheit wachsen aber auch grundsätzlich die Einwirkungsmöglichkeiten Dritter auf die familialen Verhältnisse. Damit wächst die Gefahr einer Erosion des familialen Zusammenhalts, der auf einen gewissen ‚Eigensinn' der Familie,

auf bewußte gemeinsame Distanzierung von der Umwelt angewiesen ist. Angesichts der strukturellen Schwäche von Familien gegenüber höher organisierten Formen sozialen Zusammenlebens bedarf die Familie deshalb heute erhöhten Schutzes und sorgfältiger Unterstützung.

4. Eine der wesentlichen kulturellen Voraussetzungen dafür, daß sich familialer Zusammenhalt entwickelt, ist die heute allgemein akzeptierte Vorstellung, Familie sei Privatsache. Es muß daher auch der Vorstellung entgegengetreten werden, staatliche Politik könne – beispielsweise aufgrund bevölkerungspolitischer Motive – erfolgreich das Verhalten von Familien *direkt* beeinflussen. Wir müssen im Gegenteil Familie als grundsätzlich *politikresistenten Bereich* postulieren und ausgehend von dieser Prämisse fragen, wie trotzdem mit staatlichen Maßnahmen der erforderliche Schutz und sinnvolle Unterstützung für die Entwicklung familialer Lebensformen gewährleistet werden können.

1.3 Überblick

Wer nach der Zukunft von Familie in unserer Gesellschaft fragt, wird sich zunächst der geschichtlichen Entwicklungstendenzen zu vergewissern haben, die zum gegenwärtigen Zustand geführt haben (Kap. 2). Es sind sodann die spezifischen Leistungen von Familie in der Gegenwart herauszuarbeiten (Kap. 3) und diese in Bezug zu den Veränderungen der Lebensbedingungen in den letzten Jahrzehnten zu setzen. Auf diese Weise läßt sich auch ein zusammenhängendes Bild der gesellschaftlichen Verfassung der Familie heute gewinnen, das die angeführten Krisensymptome verständlich macht (Kap. 4). Erst im Anschluß daran kann die Frage erörtert werden, ob und wodurch sich die Zukunftschancen für familiale Lebensformen günstig beeinflussen lassen (Kap. 5). Dabei wird es insbesondere darauf ankommen, vor allzu einfachen politischen Lösungen zu warnen, und statt dessen Perspektiven politischen Handelns zu entwerfen, die dem Anspruch junger Menschen auf Entscheidungsfreiheit in familialen Belangen Rechnung tragen.

Die tragenden Gedanken der folgenden Ausarbeitung seien hier im Sinne eines thesenartigen Überblicks vorangestellt:

1. Den konstrastierenden Hintergrund für die Untersuchung gegenwärtiger familialer Krisensymptome bildet nicht mehr die vorindustrielle Familie, sondern die *‚moderne'* Familie, welche sich als ein bemerkenswert homogener Typus in der ersten Hälfte des 20. Jahrhunderts herausgebildet hat.

2. Die aktuellen Veränderungen in der Familienverfassung lassen sich als Plausibilitätsverlust von Ehe als Institution und als biographische Disponibilität von Elternschaft kennzeichnen. Damit verschiebt sich die

normative Regulierung von Familie aus dem Bereich der Ehe in denjenigen der Elternschaft. Diese hat jedoch ihre Selbstverständlichkeit verloren und wird zu einer biographischen Option unter anderen. Ehe und Familie werden damit immer weniger als etwas Vorgegebenes, sondern als Gegenstand individueller bzw. paarhafter *Entscheidung* erlebt. Dauerhafte Partnerschaft und elterliche Nestbildung werden so zu nicht mehr selbstverständlichen familialen *Leistungen.*

3. Die wichtigsten Ursachen für die gegenwärtige Pluralisierung privater und die teilweise Labilisierung familialer Lebensformen lassen sich als kulturelle Liberalisierung, ökonomische Optionserweiterung und als damit verbundene Veränderung weiblicher Lebenszusammenhänge begreifen. Die familialen Veränderungen und die mit ihnen verknüpfte Tendenz zur Kinderarmut sind also Ausdruck *gesamtgesellschaftlicher* Veränderungen.

4. In einer liberalen Kultur erscheint es zunächst als paradox, daß ein öffentliches Interesse an privaten Lebensentscheidungen besteht. Die Paradoxie läßt sich durch die Einsicht auflösen, daß Familien um ihrer Stabilität willen auf sich selbst zentrierte Gebilde sein müssen, daß also im Bewußtsein der Beteiligten Leistungen ausschließlich unter Familienmitgliedern und unabhängig von ihrer kollektiven Erwünschtheit erbracht werden. Das öffentliche Interesse orientiert sich an den *Konsequenzen,* welche diese familialen Leistungen für die Bildung und Erhaltung von Humanvermögen sowie die Entwicklung von Solidarpotentialen entfalten.

5. Die Erbringung dieser familialen Leistungen ist angesichts der selbstverständlich gewordenen Geburtenkontrolle heute nicht mehr naturwüchsig gesichert. *Die Ankunft von Kindern ereignet sich immer weniger als Naturereignis, sondern als Konsequenz der Verfestigung partnerschaftlicher Lebenszusammenhänge.* Die Zukunft der Familie wird sich daran entscheiden, inwieweit es gelingt, die kulturellen Motive und ökonomischen Bedingungen für eine verbreitete Stabilisierung dauerhafter Partnerschaftsbeziehungen auf der Basis einer Gleichberechtigung der Geschlechter zu schaffen und die Folgen der Übernahme von Elternverantwortung durch entsprechende arbeitsmarkt- und sozialpolitische Maßnahmen günstiger zu gestalten.

6. Unentgeltliche familiale Hilfe- und Pflegeleistungen konzentrieren sich im herkömmlichen modernen Familientypus ausschließlich auf die Frauen, und die damit verbundenen moralischen Verpflichtungen benachteiligen die Frauen gegenüber den Männern in allen außerfamilialen Lebensbereichen. Auch die Haus- und Erziehungsarbeit wird ganz überwiegend von Frauen erledigt. Eine vollständige Ökonomisierung dieser Leistungen wäre praktisch unmöglich und dem familialen Zusammenhalt abträglich. Die Gleichberechtigung der Geschlechter erfordert daher

einen stärkeren Einbezug der *Männer* in den Zusammenhang unentgeltlicher Erziehungs-, Haus-, Hilfe- und Pflegearbeit, wenn eine Restabilisierung der Familie gelingen soll.

7. Die bisherige Bildungs- und Sozialpolitik hat soziale Ungleichheiten, die auf Klassenlage und Herkunft beruhen, nachhaltig abgebaut, aber auch neue soziale Ungleichheiten geschaffen. Unter dem Einfluß des Selbstverständlichwerdens weiblicher Berufstätigkeit *entwickelt sich die Zahl der Kinder zu einem zentralen Element sozialer Ungleichheit.* Dies ist keine Folge von Kinderfeindlichkeit sondern von Kinderindifferenz, einer strukturellen Rücksichtslosigkeit von Wirtschaft und Staat gegenüber dem Tatbestand der Elternschaft. Die Bekämpfung dieser Benachteiligung von Elternschaft wird nicht ohne Eingriffe in die Besitzstände derjenigen möglich sein, die keine Elternverantwortung tragen.

8. Besonders belastet sind heute *junge Familien.* Schwergewichte zukünftiger Familienpolitik sollten insbesondere auf die Vereinbarkeit von Familien- und Erwerbstätigkeit sowie die rechtzeitige Verfügbarkeit ausreichenden und finanziell tragbaren Wohnraums gelegt werden.

9. Die Familie braucht Hilfe, aber es ist schwer, ihr zu helfen. In einer Epoche wachsender Individualisierung und der Vervielfältigung von Lebensalternativen fällt es wesentlich schwerer, sich für das notwendigerweise lebensprägende und dauerhafte Folgen zeitigende Engagement in Ehe und Elternschaft zu entscheiden. Nur wo die Partner gewillt und in der Lage sind, ihrer Partnerschaft ausreichendes Gewicht im Gesamt ihrer Biographie zuzumessen, wo Partnerschaft also Verbindlichkeit im Sinne einer Verpflichtung zur Gemeinsamkeit gewinnt, kann sie überhaupt Erfolg haben. Dies aber läßt sich mit keinerlei politischen Mitteln bewerkstelligen. Lediglich eine erneute *kulturelle Stilisierung von Familie* könnte hier entlastend wirken.

10. *Politisch induzierte Familienförderung* sollte sich darauf konzentrieren, die objektiven Folgen des Kinderhabens so zu beeinflussen, daß sich die Erwartungen junger Menschen, welche vor familialen Entscheidungen stehen, verbessern können. Solche Erwartungen bilden sich im wesentlichen aus der *Wahrnehmung der Folgen von Kindern* bei Freunden, Verwandten und Bekannten. Diese Folgen sind nicht ausschließlich wirtschaftlicher Art, sondern beziehen sich auch auf die Anerkennung von Eltern als Eltern bei Arbeitgebern, Verwaltungen, in Schulen und sozialen Diensten, in der Öffentlichkeit und im Bekanntenkreis.

11. Eine realistische Familienpolitik muß die Einsicht ernst nehmen, daß Kinder angesichts der heute dominierenden unselbständigen Beschäftigungsverhältnisse und der verlängerten Kindheits- und Jugendphase für Eltern lediglich immaterielle Nutzen, aber erhebliche ökonomische Nachteile mit sich bringen. Kinder sind – ökonomisch gesprochen – zu einem *‚öffentlichen Gut‘* geworden, an dessen ‚Produktion‘

zwar ein erhebliches öffentliches, aber im Regelfall keinerlei privates ökonomisches Interesse mehr besteht. Es geht somit darum, die zum Teil als mittelbares Ergebnis sozialstaatlicher Interventionen entstandenen ökonomischen Benachteiligungen von Familien abzubauen oder zu kompensieren, ohne jedoch den immateriellen Wert von Kindern für ihre Eltern zu beeinträchtigen.

12. Politik zugunsten von Familien kann sich nicht auf Einzelmaßnahmen wie z. B. das Kindergeld oder die Reform der Steuergesetze beschränken, sondern muß *umfassender und stärker aus der Sicht der Bedürfnisse und Interessen der Familienangehörigen*, insbesondere der Mütter, konzipiert werden. Es geht z. B. um die Abstimmung der Dauer von Kindererziehungszeiten mit dem Beginn eines öffentlichen Betreuungsangebots für Vorschulkinder, oder allgemeiner, um die Schaffung eines rechtlichen Rahmens, innerhalb dessen sich individuelle Biographien mit der Übernahme von Elternverantwortung ohne größere Nachteile vereinbaren lassen. Es geht auch um die gleichzeitige Berücksichtigung verschiedener Aspekte familialer Lebenslagen, insbesondere des rechtlichen Status, der Einkommensverhältnisse, der Wohnverhältnisse und der sozialen Dienste. Nur wenn die kumulativen Wirkungen von Veränderungen in diesen Feldern in Betracht gezogen werden, kann von einer konsequenten und erfolgversprechenden Politik zur Stabilisierung und Förderung familialer Lebensformen die Rede sein.

Angesichts der gebotenen Umfangsbeschränkung und des Adressatenkreises muß diese Breite der Herangehensweise mit einem gewissen Verzicht auf die Behandlung von Detailproblemen und einem Verlust an wissenschaftlicher Tiefenschärfe erkauft werden.[5] Literaturverweise beschränken sich auf i. d. R. deutschsprachige Neuerscheinungen sowie auf Aufsätze und Werke, die als Schlüssel zu weiterführender Literatur angesehen werden dürfen, oder aus denen Informationen entnommen wurden. Des weiteren wurden gelegentliche fachwissenschaftliche Hinweise in die Anmerkungen verwiesen, um den eigentlichen Text auch für Nicht-Wissenschaftler lesbar zu halten.

Es handelt sich bei dieser Darstellung um den Versuch einer zusammenfassenden Deutung, die auf dem gegenwärtigen Forschungsstand und insbesondere auch auf eigenen Forschungserfahrungen in den Bereichen der Familiensoziologie, der Bevölkerungswissenschaft sowie der Sozialpolitik aufbaut.[6] Die Deutungen gehen aber notwendigerweise über das hinaus, was mit empirischen Einzelbefunden zu beweisen ist. Ihren Nutzen müssen sie in der öffentlichen Diskussion erweisen.

2 Ein Blick zurück: Die Entstehung der modernen Familie

Jedes systematische Nachdenken über Familie muß eine grundlegende Unterscheidung berücksichtigen, welche in unserem alltäglichen Umgang mit dem Begriff verwischt wird, nämlich die Unterscheidung von Familie als Gruppe und von Familie als institutionellem Komplex.

Als erfahrbarer Lebenszusammenhang, in dem wir fast alle groß geworden sind, tritt uns die *gruppenförmige Einzelfamilie* entgegen, ein mehr oder weniger dauerhafter Lebenszusammenhang von in der Regel durch Ehe oder Blutsverwandtschaft verbundenen Personen, welche teilweise unterschiedlichen Generationen angehören. Unter den heutigen Bedingungen erfährt ein Mensch im wesentlichen zwei Einzelfamilien, nämlich seine Herkunftsfamilie – in der Rolle von Tochter oder Sohn; und seine ‚eigene' Zielfamilie – in der Rolle von Mutter oder Vater bzw. Ehefrau und Ehemann. Betrachten wir aus der Perspektive des unbeteiligten Dritten die Gesamtheit der einzelnen Familien in einer Gesellschaft, so weisen sie hinsichtlich ihrer Größe, ihrer Zusammensetzung, ihrer Lebensgewohnheiten und ihres Zusammenhalts Ähnlichkeiten und Unterschiede auf, die sich als „familiale Lebensformen" typisieren lassen; in diesem Sinne sprechen wir etwa von der Sippe, der Drei-Generationen-Familie, der kinderreichen Familie, der Stiefeltern-Familie, der Familie Alleinerziehender oder der Schichtarbeiter-Familie. Bereits diese Beispiele machen deutlich, daß sich familiale Lebensformen nach sehr verschiedenen Gesichtspunkten typisieren lassen, welche sich nicht notwendigerweise ausschließen.

Deutlich hiervon zu unterscheiden sind die Leitbilder, Rechtsnormen und Sitten, welche für einen bestimmten Kreis von Personen verbindlich bestimmen, was eine ‚richtige' Familie ist, wer zu ihr gehört und welche Verpflichtungen damit unter bestimmten Bedingungen verbunden sind; die erwähnten Rollenbezeichnungen sind charakteristische Begriffe unserer Familienordnung.[1] Diesen allgemein anerkannten Regeln und Leitbildern des Familienlebens kommen beobachtbare Familien in stärkerem oder geringerem Umfang nahe, regelmäßig aber werden die konkreten Familienverhältnisse mit Bezug auf diese Regeln und Leitbilder von Dritten beurteilt. Hier können wir von *Familie als Institution* sprechen, d.h. dem System von Regeln, nach dem die vorkommenden Familienverhältnisse beurteilt werden.[2] Die geläufigen Typisierungen familialer Lebensformen beziehen sich ebenfalls auf diese Regeln, nicht zuletzt, wo sie auf vom ‚Normaltypus' abweichende Familienformen aufmerksam machen. Die Normalitätsstandards sind nicht zu allen Zeiten gleich unangefochten und können sich im Zeitablauf wandeln.

Familiales Zusammenleben heute ist durch starke historische Prägungen mitbestimmt, welche insbesondere in der Form kultureller Leitbilder, familienrechtlicher Regelungen und teilweise immer noch in der Form subkultureller Sitten wirksam werden. Deshalb wollen wir zunächst einen Blick auf die Geschichte der europäischen Familie werfen.[3] Der überwiegende Teil der familiengeschichtlichen Darstellungen sieht die entscheidenden Weichenstellungen für die Entstehung des modernen Familientypus in der frühen Neuzeit. Hier wird dagegen die Auffassung einer wesentlich weiter zurückreichenden kontinuierlichen Sonderentwicklung des abendländischen Familientypus vertreten.[4]

2.1 Der Einfluß antiker Stadtkulturen: Die geringe Bedeutung der Blutsverwandtschaft

Im interkulturellen Vergleich zeichnet sich die europäische Familiengeschichte durch eine Reihe von Eigenarten aus, welche bis heute nachhaltig wirksam sind. Schon die griechischen und römischen Stadtkulturen unterschieden sich von sonstigen städtischen Verhältnissen und erst recht von den Stammesgesellschaften durch die Norm der Monogamie und das Zurückdrängen des Einflusses der Blutsverwandtschaft. Die verwandtschaftliche Organisation der griechischen Phylen und der römischen Gentes wurde schon in früher Zeit durch neue Formen der politischen Organisation, die griechischen Demoi und die römischen Curien bzw. Centurien verdrängt. Auf diese Weise gelang es, das Problem der Blutrache unter Kontrolle zu bringen, eine notwendige Voraussetzung für die Entstehung demokratischer Herrschaftsformen.

In der römischen ‚familia' spielte die Blutsverwandtschaft überhaupt nur eine untergeordnete Rolle. Der ‚pater familias' und Vollbürger war nicht primär Familienvater, sondern Herr eines Großhaushaltes, im Rahmen dessen Frau, Kinder, Sklaven und Klienten einen abhängigen Rechtsstatus besaßen, wobei die Verfügungsgewalt des Familienoberhaupts ursprünglich selbst das Recht zu ihrer Tötung umfaßte. Sein Rechtsnachfolger war häufig nicht ein leiblicher, sondern ein Adoptivsohn.

Aus ganz anderen Gründen wies das frühe Christentum einen antifamilialistischen und insbesondere antiverwandtschaftlichen Zug auf: Unter Berufung auf Apostel- und Herrenworte, welche für die vollkommene Nachfolge den Verzicht auf Geschlechtsgemeinschaft und Familie forderten, entwickelte sich das Mönchstum als zölibatäre Lebensform. Auch den Frauen eröffnete das Wiederverheiratungsverbot für Witwen und die Legitimation zölibatärer Lebensweisen eine Chance, sich der männlichen Dominanz zu entziehen. Großen Einfluß gewannen weiterhin die kirchlichen Eheverbote unter Verwandten, die im Mittelalter so sehr ausgedehnt wurden, daß innerhalb des Adels oft kaum mehr ohne kirchliche Dispens geheiratet werden konnte. Dabei spielten zunehmend materielle Interessen, nämlich der Kampf zwischen Adel und Kirche um die Verfügungsgewalt des Kirchengutes eine Rolle. Die Verallgemeinerung des Zölibats für alle Kleriker ist nicht zuletzt auf dieses Unabhängigkeitsstreben der Kirche seit der cluniazensichen Reform und dem Investiturstreit zurückzuführen.

Entgegen den germanischen Stammestraditionen setzte sich in der europäischen Familienverfassung eine bilaterale Abstammungsordnung, d. h. die gleichberechtigte Verwandtschaft mit der väterlichen und der mütterlichen Familie durch. Das mittelalterliche Feudalsystem betonte jedoch weniger die Abstammung als die Produktionsgemeinschaft. Das ‚Haus', wie der gängige Name für familiale Zusammenschlüsse bis ins 18. Jahrhundert lautete, umfaßte neben dem Hausvater regelmäßig Frau, Kinder und Gesinde, häufig auch andere Abhängige (Hörige, Hintersassen). Blutsverwandtschaft spielte hier im wesentlichen nur im Adel eine erhebliche Rolle, allgemeiner auch als kirchliches Ehehindernis und im Erbrecht, nicht jedoch für den Zusammenhang von Haushalt und Produktion. Oft umfaßte eine Hauswirtschaft mehrere Teilhaushalte, die teilweise unseren Familienhaushalten ähnelten. Nicht selten bestand das Gesinde aus unverheirateten Verwandten, doch spielte der Verwandtschaftsbezug für die Zugehörigkeit zum ‚Haus' und die haushaltsinternen Aufgabenzuweisungen keine tragende Rolle. Der wohl wichtigste Befund der neueren Familienforschung ist die außerordentliche Vielgestaltigkeit der empirisch vorfindbaren Familienformen und regionalen (zumeist gewohnheitsrechtlichen) Rechtsordnungen. Erst die um die Wende zum 19. Jahrhundert einsetzenden staatlichen Kodifikationen des Familienrechts brachten entscheidende Schritte zur Herausbildung des relativ einheitlichen europäischen Familientypus.[5]

Das Allgemeine Preußische Landrecht (1794) unterschied unter dem Einfluß der Aufklärung und mit deutlicher Tendenz zur Schwächung der Hausherrschaft erstmals zwischen dem Zusammenhang des ‚Hauses' und demjenigen der ‚Familie' im Sinne des modernen, von Ehe und Elternschaft geprägten Familienbegriffs.[6] Erst zu Beginn des 19. Jahrhunderts entstand somit die moderne Familienvorstellung einer exklusiven Gemeinschaft von Eltern mit ihren Kindern, wobei dieses neue Familienleitbild durch die Epoche der Romantik eine besondere, auf Intimität und Vertrautheit abhebende Färbung erhielt.

Die immer noch geläufige Vorstellung eines Übergangs von der ‚Großfamilie' zur ‚Kleinfamilie' stellt also eine Verfälschung der faktischen Entwicklung dar. Die größeren feudalen Lebensverbände waren keine Familienhaushalte, sondern Wirtschaftseinheiten, zu denen sowohl Blutsverwandte wie nicht verwandte Personen gehörten. Sie prägten auch keineswegs die Gesamtheit der mittelalterlichen und frühneuzeitlichen Lebensverhältnisse. Vor allem in den ärmeren Schichten entwickelten sich regional unterschiedliche Kümmerformen von Familien, von den umherziehenden unverheirateten Müttern, denen *Bert Brecht* mit seiner ‚Mutter Courage' ein literarisches Denkmal gesetzt hat, bis zu den unseren Kleinbauern sehr ähnlichen Inhabern landwirtschaftlicher Teilstellen. Angesichts der Armut und der hohen Kindersterblichkeit war die durchschnittliche Haushaltsgröße in den kleinbürgerlichen und kleinbäuerlichen Verhältnissen auch nur unwesentlich größer als heute. Daß notleidende Eltern sich der Belastung durch ihre Kinder durch frühzeitige Weggabe als Arbeitskräfte, durch Kindsvernachlässigung oder Kindsaussetzung (vgl. „Hänsel und Gretel"!) zu entledigen suchten, war keineswegs ungewöhnlich.[7]

2.2 Der Einfluß des Christentums: Menschenwürde der Frau und strikte Monogamie

Dem Einflußverlust der Verwandtschaft entspricht in der Geschichte der europäischen Familienverfassung ein Bedeutungszuwachs der Normkomplexe Ehe und Elternschaft. Dieser Prozeß vollzog sich sehr allmählich und unter nachhaltigem Einfluß des Christentums.

In von Verwandtschaftsnormen dominierten Familienverfassungen sind es nicht notwendigerweise die leiblichen Eltern, welche die Erziehungsverantwortung für die Kinder übernehmen, sondern vielfach auch Verwandte. Die Wahl des Ehepartners resultiert hier zumeist weniger aus persönlichen Vorlieben als aus Beschlüssen einflußreicher Verwandter, und nicht selten bleiben beide Gatten weniger einander als ihren Herkunftsfamilien verbunden. Die Norm der freien Partnerwahl und von Liebe als Selektionskriterium hat sich selbst in Europa erst im 19. Jahrhundert durchgesetzt, hat aber weit zurückreichende Wurzeln.

Freie Partnerwahl und wechselseitige Liebe als Entscheidungsnorm setzen die Anerkennung der grundsätzlichen Gleichberechtigung von Mann und Frau beim Eheschluß voraus. Diese hat sich auch in Europa erst allmählich entwickelt. Sowohl das ältere römische Recht als auch das germanische Recht kannten keinen eigenständigen Rechtsstatus der Frau. Mit der Heirat wechselte eine junge Frau nur die Person des Mannes, von dem sie abhängig war; an die Stelle des Vaters trat die ‚Potestas' oder ‚Mundt' (Vormundschaft) des Gatten, der seine Frau in allen Belangen Dritten gegenüber vertrat.

Bereits in spätrömischer Zeit verdrängte die richterlich akzeptierte ,Konsensual-Ehe die ältere Eheform der Manus-Ehe, in der die Frau aus der Hand des Vaters in diejenige des Gatten kam. Das Konsensprinzip wurde für die kirchliche Ehelehre in Auseinandersetzung mit den germanischen Rechtsprinzipien wegleitend, und zwar aus grundsätzlichen theologischen Gründen wie auch aus der skizzierten Opposition gegen die Macht der Sippen.

Die christliche Lehre von der Gottesebenbildlichkeit des Menschen – als Mann und Frau (Gen. 1, 27) – ist die eigentliche Quelle aller neueren Begründungen gleicher Rechte und gleicher Würde aller Menschen. Dementsprechend wurde den Frauen, insbesondere den Witwen, im frühen Christentum eine bemerkenswert eigenständige Stellung zugesprochen.[8] Für das christliche Eheverständnis wurde darüber hinaus die paulinische Analogie zwischen der Ehe und dem Verhältnis zwischen Christus und seiner Kirche wegleitend: „Der Mann ist das Haupt der Frau, wie Christus das Haupt der Kirche ist. ... Ihr Männer liebt eure Frauen, wie Christus die Kirche geliebt und sich für sie hingegeben hat. ... Ein jeder liebe seine Frau wie sich selbst." (Eph. 5,21 ff.) Aus der Analogie zum Verhältnis zwischen Christus und seiner Kirche wurde auch die Exklusivität und Unauflöslichkeit des Ehebandes abgeleitet, welches die strikte Monogamie (d. h. unter Ausschluß von Scheidung und nebenehelichen Beziehungen) zum im interkulturellen Vergleich einzigartigen Leitbild der europäischen Familie hat werden lassen. Die mittelalterliche (und bis heute die katholische) Ehelehre betrachtete die Ehe als Institution göttlichen Rechts und erkannte deshalb bis an die Schwelle der Neuzeit den bloßen *Konsens der Gatten* (also auch ohne öffentliche Trauung) als ehebegründend an. Eine erzwungene Verbindung galt dagegen nicht als Ehe im kirchlichen Sinne. Erst das Interesse der entstehenden geistlichen und weltlichen Staaten an der Ordnung der Ehe führte zur Verbindlichkeit der öffentlichen (kirchlichen oder zivilen) Trauung.[9]

Während die katholische Tradition vor allem für die kulturelle Stilisierung des Eheverhältnisses wegleitend geworden ist, liegt der spezifische Beitrag der evangelischen Traditionen in der kulturellen Stilisierung von Elternschaft und Familie. Sie überließen die Ehe der staatlichen Jurisdiktion, betonten jedoch weit stärker die Verantwortung der Eltern für die religiöse Erziehung ihrer Kinder und das Ethos der Familie als Ort christlicher Praxis, ein ,christliches Hauswesen' ist selbst Ort der Kirche (*Friedrich Schleiermacher*). Entsprechend dem angenommenen ,weltlichen' Charakter der Ehe anerkennt der Protestantismus auch die Möglichkeit ihrer Scheidung.[10]

Die zivilisierende Wirkung der durch die ganze abendländische Geschichte wirksamen christlichen Vorstellungen kann kaum überschätzt werden. Die Idee universaler Menschenwürde und Menschenrechte, welche sich aus dem Gedanken der Gottesebenbildlichkeit und demjenigen des persönlichen Gewissens entwickelt haben,[11] betrifft in unserem Zusammenhang nicht nur die Stellung der Frau, sondern auch diejenige der Kinder. Der Kampf gegen die Kindestötung und Kindesaussetzung, und hierbei handelte es sich um zumindest regional durchaus gebräuchliche Formen der Regulierung der Familiengröße, dauerte mancherorts bis in dieses Jahrhundert. Die Entwicklung eigener Kindesrechte ist im wesentlichen eine Frucht des von der Aufklärung übernommenen christlichen Naturrechts und seiner Fortentwicklung zur Doktrin allgemeiner Menschenrechte.

An der Schwelle zur Neuzeit hatte sich somit zum mindesten auf der Ebene der Leitbilder eine Familienvorstellung fest etabliert, die der frei eingegangenen Ehe zentrale Bedeutung für die Entstehung von Familie beimaß. Dagegen hielt die christliche Ehelehre an der traditionellen Vorrangstellung des Mannes fest und war daher mit den verbreiteten Formen der Hausherrschaft kompatibel. *Hausherrschaft* bedeutete die alleinige unabhängige Rechtsstellung des Hausherrn nach außen sowie seine Disziplinargewalt nach innen, gegenüber den nicht selbständig rechtsfähigen Angehörigen des ‚Hauses' (familia). Der Hausherr war in der Regel, aber nicht notwendigerweise männlichen Geschlechts. Als Familienangehörige hatten Männer nur unwesentlich größere Rechte als Frauen, konnten sich diesem abhängigen Status allerdings leichter (z. B. durch Kriegsdienst) entziehen.

Der *Haushalt*, dem in der Regel mindestens eine Kernfamilie, d. h. ein Ehepaar mit seinen Kindern, aber häufig auch Gesinde oder auch mehrere Kernfamilien angehörten, war die grundlegende, zumeist mit bestimmten ökonomischen Rechten (z. B. an Grund und Boden oder auf Gewerbeausübung) verbundene Lebensform. Der Haushalt war also gleichzeitig Produktionsbetrieb und Konsumeinheit, seine Größe hing wesentlich vom Umfang der Produktionsmöglichkeiten ab. Auch Großhaushalte, wie Klöster, Hospize oder adelige Höfe wiesen ähnliche Strukturen auf, und selbst die Formen politischer Herrschaft wurden im Mittelalter als Großhaushalte verstanden. *Politische, religiöse, ökonomische und familiale Vollzüge waren somit institutionell noch kaum und auch real erst ansatzweise getrennt.* Bis zum Aufkommen der modernen Staatsform im Gefolge der Reformation blieben die Formen der Herrschaft und der sozialen Ungleichheit – zwischen den Geschlechtern wie auch zwischen Herren unterschiedlichen Ranges und Abhängigen verschiedenen Rechts – in den europäischen Kernländern im Vergleich zu anderen Hochkulturen *milde.* Erst der erneute Schulterschluß von geistlicher und weltlicher Macht in den nachreformatorischen Staatswesen, welcher vielfach zu absolutistischen Herrschaftsformen führte, brachte verschärfte Schichtungs-, Ausgrenzungs- und Disziplinierungsformen. Der entstehende

Staat trat in Konkurrenz zu den bisherigen Formen der Hausherrschaft und suchte dieselben seinen Zwecken dienstbar zu machen. Und gegen den christlich verbrämten Absolutismus richtete sich die Staats- und Religionskritik der Aufklärung.

2.3 Der Einfluß von Aufklärung, Industrialisierung und bürgerlicher Gesellschaft: Die Polarisierung der Geschlechtsrollen

Die tiefgreifenden gesellschaftlichen Transformationsprozesse seit dem 18. Jahrhundert, welche man heute überwiegend mit dem Begriff Modernisierung zusammenfassend kennzeichnet, haben in gewisser Hinsicht die Familie, wie wir sie heute verstehen, erst hervorgebracht. Einer der die Lebensverhältnisse am nachhaltigsten prägenden Langfristtrends dieser Epoche besteht nämlich in der zunehmenden *Entflechtung* der politischen, religiösen, ökonomischen und familialen Vollzüge, welche nunmehr eigenständigen gesellschaftlichen Teilbereichen – Staat, Kirche, Wirtschaft und Familie – zugeordnet werden (vgl. 3.1). Ausgelöst wurde dieser Prozeß durch die Emanzipation der Kirche von der Oberherrschaft des Kaisers, die zunehmende Reichweite marktvermittelter wirtschaftlicher Beziehungen und die Monopolisierung militärischer Macht und Gesetzgebungskompetenz in der Hand von über geschlossene Gebiete herrschenden Fürsten. Die geistige Bewegung der Aufklärung begann, diese realen Veränderungen gedanklich zu verarbeiten und Leitbilder einer neuen, freiheitlicheren Gesellschaftsform zu entwickeln, deren letzte Bezugspunkte das *Individuum* als Träger aller persönlichen Rechte und das *Privateigentum* als Bündelung aller Rechte an einer Sache in einer Hand sein sollten. Alte Ordnungsstrukturen, welche persönliche Rechte an Standeszugehörigkeit und sachliche Rechte an das Feudalverhältnis banden, wurden auch real abgeschafft. Damit wurde der bisherigen hausherrschaftlichen Ordnung ihre Grundlage entzogen.

Der grundlegenden Vorstellung naturrechtlich verbürgter Individualrechte entsprechend suchte das *Familiendenken* der Aufklärung die familialen Bindungen zu begrenzen und *vertragsrechtlich* zu konstruieren. Die Ehe galt nun als Vertrag, der einvernehmlich (Konventionalscheidung) oder unter bestimmten Bedingungen, z. B. bei Verschulden (Vertragsbruch) oder Zerrüttung (Wegfall der Geschäftsgrundlage) geschieden werden konnte. Selbst die väterliche Gewalt wurde als Unterwerfungsvertrag konstruiert, gegen deren extensive Handhabung z. B. das Allgemeine Preußische Landrecht in Fragen der Berufswahl ein Klagerecht des mindestens 14jährigen Sohnes vorsah.

Die Fragilität dieses Familienverständnisses wurde durch Bestrebungen der Romantik verstärkt, die familialen Beziehungen primär durch *emotionale Bindungen* zu begründen. Wo die „Übereinstimmung der Gemüter" fehlt, kann, so die hier zuerst vertretene Auffassung, auch das Recht der Ehe nicht mehr helfen. Die Betonung liegt – ähnlich wie in der älteren christlichen Ehelehre – auf dem *vorrechtlichen Charakter der Ehe*, als deren Grundlage aber nicht göttliche Stiftung, sondern natürliche Zuneigung gilt. Die Romantik versteht die Ehe als höchst persönlichen Entfaltungsraum des Menschen, und selbst „Elternschaft und Kindschaft bilden ein im Psychischen gegründetes Naturverhältnis, das gleichfalls dem Recht vorgegeben ist und hinsichtlich dessen das Recht nur sekundäre Funktionen zu erfüllen vermag. So bildet sich ein gegenüber dem staatlichen Recht autonomer Raum der Familie, aus dem sich das Recht des 19. Jahrhunderts – abgesehen von den Feldern güter- und unterhaltsrechtlicher Auseinandersetzungen – zurückzuziehen bestrebt ist."[12] *Erst in dieser Konstellation wurde die durch Ehe begründete Gemeinschaft der Gatten und ihrer Kinder zum Inbegriff von Familie*, und die Unterscheidung zwischen Blutsverwandten und Gesinde im Haushalt gewann an Gewicht. Die bisherige Gleichsetzung von Familie und Haushalt machte einer Unterscheidung nach dem Typus der Sozialbeziehungen Platz, wobei familiale Beziehungen emotionalisiert, Gesindebeziehungen aber versachlicht wurden.

Gegen die skizzierte Individualisierung und Subjektivierung des Eheverständnisses erhoben sich bereits im 19. Jahrhundert nicht nur konservative und restaurative Bedenken.[13] Auch liberale Rechtspolitiker betonten im Anschluß an *Hegels* Rechtsphilosophie den gleichzeitig subjektiven *und* objektiven Charakter der Ehe „als das unmittelbare sittliche Verhältnis" (§ 161), so daß in der Folge die Ehescheidung wiederum erschwert wurde.[14] Seither zieht sich die Spannung zwischen der Ehe als einer höchstpersönlichen Beziehung der Partner und ihre Regelung in der Form eines Rechtsinstituts, das insbesondere die Rechtsfolgen für den Konfliktfall und im Hinblick auf die Kinder regelt, durch die wechselvolle Geschichte staatlicher Familien- und Eherechtspolitik.

Während diese Wandlungen der Familienauffassung den institutionellen Aspekt von Ehe und Familie nachhaltig veränderten, erfolgte die wohl einschneidendste Veränderung der familialen Lebensverhältnisse durch die zunehmende *Trennung von Haushalt und Erwerbsarbeit*. Nicht nur in Landwirtschaft und Handwerk, auch bei der Heimarbeit der protoindustriellen Phase blieb die Familie als ganze durch eine bestimmte Form der Erwerbstätigkeit geprägt, die zwar meistens vom Beruf des Mannes bestimmt wurde, an der jedoch Frau und Kinder als mithelfende Familienangehörige Teil hatten. Die Entflechtung der familialen und der ökonomischen Sphäre vollzog sich sehr allmählich, da in der Frühzeit der Industrialisierung die Kinder häufig mit ihren Eltern auch in die fabrikmäßigen Arbeitsprozesse eingegliedert wurden. Vor allem infolge der sich ausweitenden Verbote der Kinderarbeit und durch die Einführung der allgemeinen Schulpflicht wurden Kinder aus dem Produktionsprozeß ausgegliedert.

Die Ausgliederung der Ehefrauen aus der Beteiligung am Erwerbsleben vollzog sich zunächst in den bildungsbürgerlichen Schichten, soweit die Einkünfte des Mannes allein für den Familienunterhalt ausreichten. Eben dies wurde im 19. Jahrhundert Bestandteil des herrschenden Familien*leitbildes*, das zunehmend auch von den Arbeitern übernommen wurde. Deren Ziel wurde es, soviel zu verdienen, daß die Frau nicht mehr arbeiten mußte. Tatsächlich blieben die Arbeiterlöhne im 19. Jahrhundert allerdings zumeist so niedrig, daß selbst ein doppeltes Einkommen oft erst im späteren Lebensalter zur Anmietung einer eigenen Wohnung und zur Gründung einer Familie ausreichte.[15] Tatsächlich blieb demzufolge die Frauenerwerbsarbeit ein durchgängiges Merkmal auch der sich industrialisierenden Gesellschaften, aber sie blieb – wie auch die Hausarbeit – mit dem Makel des Minderwertigen oder zum mindesten Untergeordneten behaftet. Die Beschränkung der Frauen auf untergeordnete Positionen wurde auch rechtlich durch geschlechtsspezifische Bestimmungen im Familien-, Gesinde- und Dienstvertragsrecht abgesichert.[16]

In Deutschland, das hinsichtlich der faktischen Modernisierung bis zur 2. Hälfte des 19. Jahrhunderts weit hinter England und Frankreich zurückblieb, blühte dagegen der Versuch einer *gedanklichen* Verarbeitung der neuen Entwicklungen. Einflußreich wurde hier vor allem *Georg Wilhelm Friedrich Hegel*, dessen Rechtsphilosophie den ersten Versuch einer Theorie der modernen Gesellschaft darstellt. Seine Unterscheidung von Staat, bürgerlicher Gesellschaft und Familie als den drei zentralen Institutionen der Gesellschaft interessiert in unserem Zusammenhang vor allem deshalb, weil hier die sich anbahnende Ausgliederung der Frauen aus Politik und Ökonomie gesellschaftstheoretisch überhöht wurde:

> „Der Mann hat daher sein wirkliches substantielles Leben im Staate, der Wissenschaft und dergleichen, und sonst im Kampfe und der Arbeit mit der Außenwelt und mit sich selbst, so daß er nur aus seiner Entzweiung die selbständige Einigkeit mit sich erkämpft, deren ruhige Anschauung und die empfindende subjektive Sittlichkeit er in der Familie hat, in welcher die Frau ihre substantielle Bestimmung und in dieser Pietät ihre sittliche Gesinnung hat." Und Hegel fügte hinzu: „Stehen Frauen an der Spitze der Regierung, so ist der Staat in Gefahr, denn sie handeln nicht nach den Anforderungen der Allgemeinheit, sondern nach zufälliger Neigung und Meinung."[17]

Die Bestimmung der Frau ist es somit, die Familie als Ort unmittelbarer Sittlichkeit zu gestalten, während der Ort des Mannes primär der Staat und die (bürgerliche) Erwerbsgesellschaft ist. Dieses *Leitbild der ‚Hausfrauenehe'* hat in der Folge auch Eingang in die Regelungen des Bürgerlichen Gesetzbuches von 1896 gefunden und bestimmt trotz wesentlicher rechtlicher Modifikationen bis heute mittelbar Teile der Rechts- und Gesellschaftsordnung in der Bundesrepublik Deutschland.

In den praktischen Konsequenzen wohl noch bedeutungsvoller wurde der Umstand, daß sich die Nationalökonomie im 19. Jahrhundert vollständig auf die Betrachtung marktvermittelter Produktion konzentrierte und den Haushalt ausschließlich als Konsumeinheit bestimmte. *Die Wirtschaftswissenschaften legitimierten damit die Höherrangigkeit der Erwerbssphäre vor der Familiensphäre und prägten das herrschende Bewußtsein dergestalt, daß Arbeit nur noch als Erwerbsarbeit und Produktion nur noch als entgeltliche Produktion galt.*[18] Die Reproduktion der Arbeitskraft – also die Nachwuchssicherung und die Regeneration des Arbeitsvermögens – wurden als selbstverständliche Leistungen der Familie unhinterfragt vorausgesetzt. Die Nationalökonomie wurde – wie *Karl Marx* zu Recht kritisiert hat – zur vorherrschenden Theorie der bürgerlichen Gesellschaft, welche die Funktionsfähigkeit der durch Frauenarbeit bestimmten Familie als Selbstverständlichkeit nahm.

Auch die Soziologie hat das Leitbild der Hausfrauenehe lange Zeit unbefragt übernommen. Nach Ansicht des einflußreichen amerikanischen Soziologen *Talcott Parsons* erweist sich die geschlechtstypische Arbeitsteilung in der Familie, nämlich die Spezialisierung des Mannes auf die Außenbeziehungen und die instrumentellen Aspekte des Familienlebens und die Spezialisierung der Frau auf deren Binnenbeziehungen und expressiven Aspekte als hochgradig funktional unter den modernen, durch allgemeine Arbeitsteiligkeit gekennzeichneten Gesellschaftsbedingungen.[19] Diese polare Stilisierung der Geschlechtsrollen, die ich im folgenden unter Anspielung auf *Rousseaus* Begriff des Gesellschaftsvertrags als ‚*Geschlechtervertrag*' bezeichnen möchte, hat sich auch in der alltäglichen familialen Arbeitsteilung offenbar auf breiter Ebene durchgesetzt, wie zahlreiche Untersuchungen zur innerfamilialen Arbeitsteilung belegen. Sie wird jedoch insbesondere durch die Frauenbewegung seit Ende des 19. Jahrhunderts in Frage gestellt und stellt heute einen der umstrittensten Aspekte der bisherigen ‚modernen' Familienverfassung dar.

2.4 Eigenarten der ‚modernen' Familie

Bevor wir uns der Frage nach den Bedingungen der Stabilität und der Leistungsfähigkeit, aber auch einer Betrachtung der Gefährdungen und Transformationen des bis vor kurzem in europäischen und von Europa maßgeblich beeinflußten Gesellschaften mit erstaunlicher Einförmigkeit anzutreffenden Familientypus zuwenden, sollen dessen wesentliche Eigenarten zusammenfassend charakterisiert werden. Daß dies in relativ eindeutiger Weise möglich ist, verdient als bemerkenswertes Faktum einleitend bedacht zu werden. Denn je mehr wir über das Familienleben vergangener Zeiten in Europa erfahren, desto mehr fällt die Vielgestaltigkeit der gewohnheitsrechtlichen Regeln und der familialen Lebensformen auf, die sich nach Stand, ökonomischen Möglichkeiten und Region unterschieden.

Erste nachhaltige Homogenisierungswirkungen auf der institutionellen Ebene gingen von den Kodifikationen des Familienrechts wie dem Code Napoléon (1804) oder dem Allgemeinen Bürgerlichen Gesetzbuch in Österreich (1811) aus, welche die bisherigen meist gewohnheitsrechtlichen Ordnungen außer Kraft setzten. Überdies begann das Bürgertum, sein Ehe- und Familienleitbild als universales zu postulieren. Aber auch im 19. Jahrhundert unterschieden sich die familialen Lebensformen von Adel, gehobenem Bürgertum, Bauern, Handwerkern und Proletariern in bemerkenswerter Weise.[20] Erst im 20. Jahrhundert können wir eine zunehmende Homogenisierung der Haushaltsstrukturen auf der Gruppenebene, insbesondere die durchgängige Trennung von Haushalt und Betrieb und das Verschwinden des Gesindes, beobachten. Auch hinsichtlich der Zahl der Kinder tendieren die Familien aller Schichten dazu,

Tabelle 1: Langfristige Veränderung der Haushaltstrukturen 1871–1991

			Mehrpersonenhaushalte (in %)					
Jahr*	Privathaushalte (insg. in 1000)	Einpersonenhaushalte (%)	insg. (%)	davon alleinleb. Ehepaarhaushalte	davon Haushalte v. Eltern m. ledigen Kindern	davon 3-Generationen-Haushalte	davon sonst. Mehrpersonenhaushalte	Anzahl der Personen je Mehrpersonenhaushalt
1871	8697	6,2	93,8	(.)	(.)	(.)	(.)	4,87
1910	14283	7,3	92,7	(.)	(.)	(.)	(.)	4,67
1939	20335	9,8	90,2	(.)	(.)	(.)	15,9	3,51
1950	16650	19,4	80,6	22,5	68,1[1]	–	9,4	3,47
1961	19460	20,6	79,4	24,6	59,6	7,8	8,0	3,37
1970	22010	25,2	74,8	28,2	63,8	4,8	3,2	3,32
1974	23651	27,2	72,8	32,1	61,8	3,8	2,3	3,22
1982	25336	31,3	68,7	32,6	60,5	2,8	4,1	3,08
1986	26739	34,3	65,7	33,7	58,3	2,4	5,6	2,97
1991	35256	33,6	66,4	35,1	57,0	1,8	6,1	2,91

* bis 1970 Volkszählungsergebnisse, 1970–1991 Ergebnisse des Mikrozensus, jeweiliges Staatsgebiet.
[1] inkl. 3-Generationen-Haushalte.

Quelle: Statistisches Reichsamt, StBA, eigene Berechnungen.

sich einander anzugleichen.[21] Offensichtlich müssen in modernen Gesellschaften starke Kräfte am Werk sein, die diese Homogenisierung der familialen Lebensformen hin zur Dominanz des ausschließlich die Kernfamilie umfassenden Familienhaushalts herbeigeführt haben.

Wie ein Auszug aus der Haushaltsstatistik des Statistischen Reichs- bzw. Bundesamtes (Tab. 1) zeigt, hat sowohl der Anteil der Mehrpersonenhaushalte als auch die durchschnittliche Personenzahl pro Mehrpersonenhaushalt in diesem Jahrhundert kontinuierlich abgenommen. Besonders stark gingen die Drei-Generationenhaushalte sowie die Haushalte mit familienfremden Personen durch den Wegfall des Gesindes und des Schlafgängertums zurück;[22] in jüngster Zeit nehmen letztere allerdings infolge des Aufschwungs der nichtehelichen Lebensgemeinschaften wieder zu. Stark zugenommen haben insbesondere die Einpersonenhaushalte; dies ist zum einen auf die Verselbständigung der Witwen- und Geschiedenen-Haushalte, zum anderen aber auch auf die zunehmende Unabhängigkeit der jungen Erwachsenen vom Haushalt ihrer Eltern und in jüngster Zeit auf die sinkende Heiratsneigung zurückzuführen. Unter den Haushalten, die lediglich ein Ehepaar ohne Kinder umfassen, dürften überwiegend solche sein, deren Kinder bereits die Herkunftsfamilie verlassen haben, also kernfamiliale Haushalte in einem fortgeschrittenen Stadium des Familienzyklus.

Unter den hier nur ungenügend aufgegliederten Haushalten mit Kindern dominiert der Typus der ‚Normalfamilie'. Nach dem Mikrozensus von 1991 lebten rund 88% aller Kinder unter 18 Jahren in dieser Haushaltform, im Jahre 1972 waren es noch 93% aller Kinder. Etwa ein Zehntel von ihnen lebt zwar in einer vollständigen Familie, aber mit einem Stiefelternteil, zumeist der Mutter. Entsprechend dem Rückgang des Anteils der Kinder in Paarhaushalten hat der Anteil der Kinder zugenommen, die nur mit einem Elternteil leben: 1972 lebten 6% der Kinder mit ihrer Mutter und 1% mit ihrem Vater; 1991 waren es 10 bzw. 2%.[23] In diesen Anteilen sind auch diejenigen Kinder enthalten, die zusammen mit einer nichtehelichen Lebensgemeinschaft aufwachsen. Trotz der starken Zunahme der nichtehelichen Lebensgemeinschaften in der Bundesrepublik bleibt ihr Anteil an den Haushalten mit Kindern allerdings gering (ca. 1%), da in den alten Bundesländern – und nur auf diese beziehen sich die vorangehenden Informationen – die meisten vorehelichen Lebensgemeinschaften durch die Ankunft eines Kindes zur Heirat veranlaßt werden; nur 17% aller Alleinerziehenden sind ledig, die übrigen geschieden (37%), verwitwet (35%) oder getrennt lebend (11%).[24] Anders waren die Verhältnisse in der DDR, wo die alleinerziehenden Mütter weniger benachteiligt waren als in der Bundesrepublik: Hier wurde zuletzt jedes dritte Kind nichtehelich geboren, und dementsprechend ist auch der Anteil der ledigen Alleinerziehenden wesentlich höher als in den alten Bundesländern (34%), vor allem bei den unter 25-jährigen Müttern.[25]

Während wir somit für die ersten drei Viertel dieses Jahrhunderts von einer zunehmenden Homogenisierung der privaten Lebensformen im Sinne einer wachsenden Dominanz des kernfamilialen, d.h. des ausschließlich aus zwei Eltern mit ihren (in der Regel leiblichen) Kindern bestehenden Typus sprechen können, hat in den letzten zwei Jahrzehnten der Anteil der vom so definierten Normalfall abweichenden familialen Lebensformen zugenommen, allerdings keineswegs so stark, wie die Rede von einer Pluralisierung der *familialen* Lebensformen derzeit suggeriert.[26] Einen höheren Grad der Variabilität weisen die Lebensformen ohne Kinder auf, so daß man richtigerweise von einer Pluralisierung der *privaten* Lebensformen sprechen sollte.

Abbildung 1 gibt einen differenzierten Überblick über die Häufigkeit gegenwärtig feststellbarer Haushalttypen und deren Zu- bzw. Abnahme von 1972 bis 1982. Am stärksten zugenommen hat das Zusammenleben Nicht-Verwandter (+242%), das Zusammenleben Alleinstehender mit Kindern und weiteren Personen (+63%) sowie das Alleinleben von Ledigen (+51%). Stark abgenommen haben dagegen die Haushaltsformen, in denen Ehepaare mit anderen Personen als ihren verheirateten Kindern zusammenleben.[27] Inwieweit dem auch institutionelle Veränderungen der Familie entsprechen, wird in der Folge zu prüfen sein.

Halten wir nun zusammenfassend die wichtigsten Charakteristika des historisch entstandenen ‚normalen' Familientypus fest, der immer noch die Biographie der Mehrheit der Bevölkerung bestimmt:

1. Der Familienhaushalt wird durch öffentlichen Eheschluß begründet. Er umfaßt alle leiblichen Kinder des Paares – und nur diese – bis ins fortgeschrittene Jugendalter. Dann verlassen die Kinder das Haus, und das Paar führt den Haushalt in der Regel bis zum Tod eines Partners weiter. Spätestens mit dem Tod des zweiten Partners wird der Haushalt aufgelöst. Im Gegensatz zu dem mit Haus, Grund und Boden verbundenen bäuerlichen und adeligen Mehr-Generationen-Haushalt ist die Familie somit zu einer *sich selbst auflösenden Gruppe* geworden, für deren Entwicklung eine Sequenz bestimmter Phasen charakteristisch ist: Voreheliche Phase (Verlöbnis), Eheschluß, junger kinderloser Haushalt, Leben mit Kleinkindern, mit Schulkindern, mit Jugendlichen, Zusammenleben des alternden Ehepaares (‚leeres Nest'), Alleinleben des verwitweten Partners. In der Familiensoziologie wird diese charakteristische Sequenz von Phasen der Familienentwicklung etwas unglücklich als ‚Familienzyklus' bezeichnet.

2. Der wichtigste Stabilitätsgrund dieses Familientypus ist der Wille der Gatten, zusammen zu bleiben, meist begründet durch die Zuneigung der Ehepartner sowie die Komplementarität ihrer Bedürfnisse und nicht

Abbildung 1: Privathaushalte im April 1982 nach ihrer Zusammensetzung in 1000

Quelle: Ch. Höhn, in: Zeitschrift für Bevölkerungswissenschaft 1985/4, S. 492.

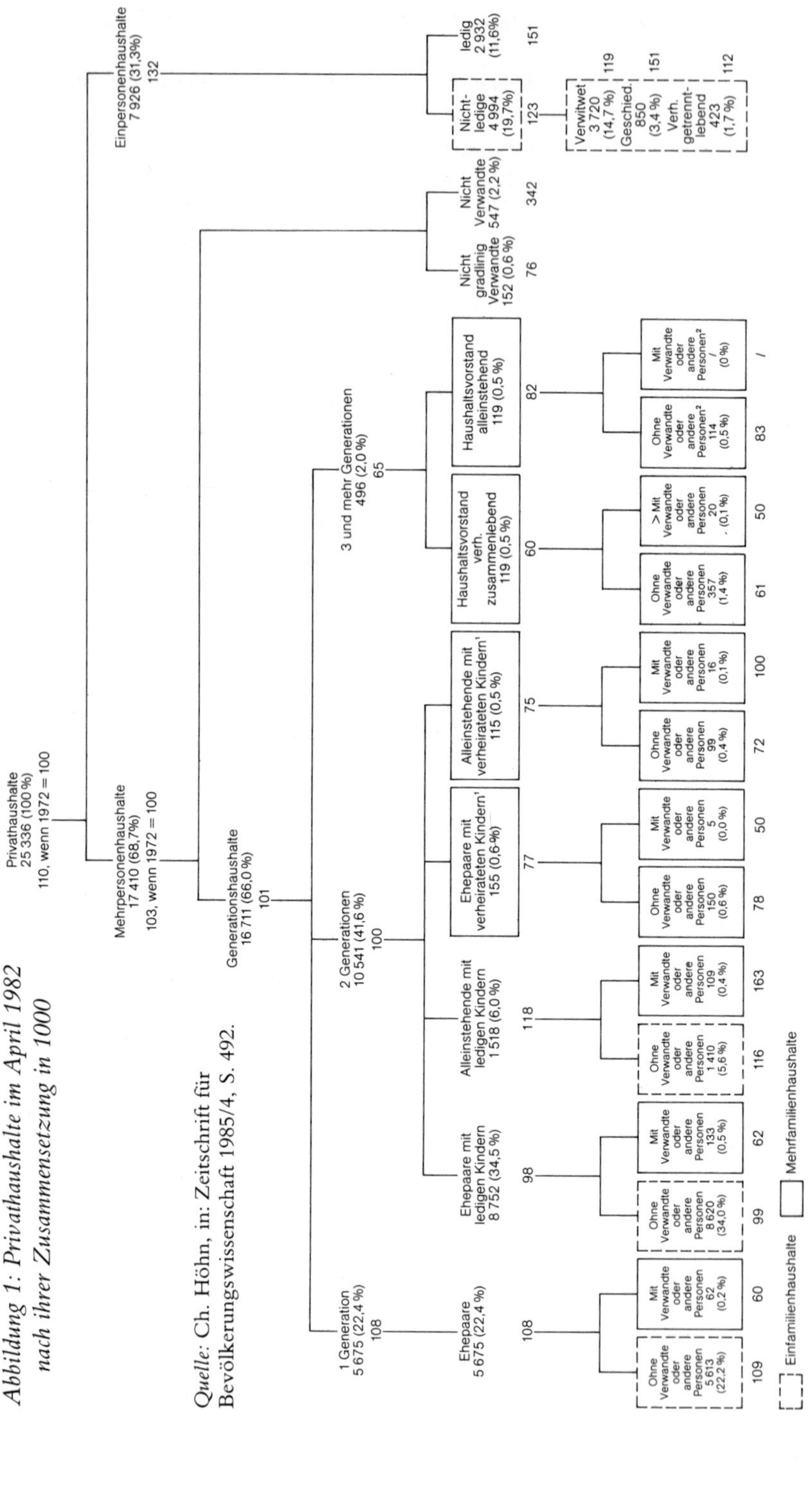

¹ Haushalte, die aus der Elterngeneration und verheirateten, verwitweten und/oder geschiedenen Kindern (ohne Enkel) und ledigen Kindern (ohne Enkel) bestehen, sowie Haushalte, in denen neben der Elterngeneration nur verheiratete, verwitwete und/oder geschiedene Enkel (ohne Urenkel) und ledige Enkel, aber keine Kinder der Elterngeneration leben ² Außerhalb der Generationsfolge * Ergebnis des Mikrozensus – Bevölkerung in Privathaushalten. Quelle Statistisches Bundesamt

selten auch durch ökonomische Zwänge, besonders auf Seiten der Frau. *Émile Durkheim* bezeichnete diesen Typus deshalb als ‚*Gattenfamilie*' (famille conjugale). Das Verhältnis der Ehepartner ist eine entscheidende Voraussetzung für die Funktionsfähigkeit der Familie. Angesichts der tendenziellen Isoliertheit der Familie in einer eigenen Wohnung sind die Partner zur Konfliktaustragung in erheblichem Maße auf sich allein angewiesen, der gleichzeitig kontrollierende und Konflikte mäßigende Einfluß der weiteren Verwandtschaft ist stark zurückgetreten. Von daher erklärt sich auch der zunehmende Bedarf an Ehe- und Familienberatung sowie die zunehmende Psychologisierung familiärer Beziehungen.[28]

3. Die Familie ist zu einem thematisch *auf Kinder spezialisierten Lebenszusammenhang* geworden. Kinder sind das wesentliche verbindende Interesse der Ehepartner, und in den entsprechenden Phasen des Familienzyklus kommt ihnen sowohl für die Eltern als auch für die Umgebung der Familie zentrale Bedeutung für die Identifizierung der Familie als Familie zu. Dementsprechend begegnen sich die Familienmitglieder nahezu ausschließlich in ihren familiären Rollen als Vater, Mutter, Sohn und Tochter bzw. Ehemann, Ehefrau, Bruder oder Schwester. Diese Rollen werden zu erfahrbaren Realitäten eigener Art, die vom übrigen Lebenszusammenhang deutlich getrennt sind. Der Vater ist im typischen Fall nur noch Vater (und z. B. nicht mehr Vorgesetzter), die Schwester nur noch Schwester (und z. B. nicht mehr Schulkameradin) usw. Dementsprechend reduziert sich der gemeinsame Erfahrungsbereich der Familienmitglieder zunehmend auf das, was in der Familie und deren unmittelbarem räumlichen und sozialen Umfeld geschieht.

4. Die Familie wird in Verbindung mit dem Grundsatz der Unverletzlichkeit der Wohnung zum Inbegriff des Privaten, und das Familienleben selbst konzentriert sich mehr und mehr auf die gemeinsame Wohnung und deren unmittelbares Umfeld. *Die Wohnung wird zum gesellschaftlichen Ort der Familie.*

5. Trotz ihrer strukturellen Verselbständigung ist die Rede von der „isolierten Kernfamilie" (*T. Parsons*) mißverständlich. Die Beziehungen der Ehepartner zu den näheren Angehörigen, insbesondere ihren Eltern und eventuell Geschwistern, bleiben im Regelfall rege. Sehr verbreitet ist das Wohnmuster getrennter Wohnungen von Eltern und Kindern in Fußgängernähe. *Familienhaushalte sind i. d. R. verwandtschaftlich vernetzt.* Auch die Beziehungen zu Nachbarn, Freunden und Kollegen involvieren häufig nicht nur einzelne Familienmitglieder, sondern die Familie als Ganze. Diesbezüglich bestehen allerdings starke räumliche und soziale Unterschiede.

6. Die moderne Familie zeichnet sich im Regelfall durch ein erstaunliches Maß an Flexibilität und die Fähigkeit aus, unvorhergesehene Ereig-

nisse zu verarbeiten. Angesichts der Beteiligung der Familienmitglieder an unterschiedlichen außerfamilialen Zusammenhängen (z. B. Beruf, Schule, Freizeitaktivitäten, Vereine) und der Vielfalt der im familialen Zusammenhang anfallenden Aufgaben *ist die Koordinationsleistung und die Absorption von Störungen durch die meisten Familien erstaunlich hoch.* Offensichtlich kann das Familienleben im Regelfall Reserven mobilisieren und Belastungen aushalten, die in allen anderen Lebenszusammenhängen als unzumutbar angesehen würden.

Es wurde die Vermutung geäußert, daß diese erstaunlich gleichförmigen Eigenarten moderner Familien ein Produkt stark formender gesellschaftlicher Kräfte seien. Im folgenden Kapitel sollen die systematischen Zusammenhänge zwischen den hier aufgezählten Eigenarten aufgewiesen und als angemessene Reaktionen auf die gesellschaftlichen Entwicklungstendenzen plausibel gemacht werden.

3 Struktur und Leistungen von Familien

„Das Familienleben hat im Laufe der letzten Jahrzehnte an innerer Kraft, Reinheit und Tiefe eingebüßt, der Familiensinn und das Familienbewußtsein Schaden gelitten, die Familienfreundlichkeit und das Familienwachstum nachgelassen. Überspannter Intellektualismus, krasser Materialismus, zügelloser Individualismus machten sich bekanntlich mehr und mehr breit und erschütterten zunächst in der Praxis das Fundament der Familie, die monogame Dauerehe, um dann auch noch ein passendes theoretisches System zu suchen. ... Auch die volkswirtschaftliche Entwicklung der letzten Jahrzehnte war den Gemeinschaftsbeziehungen abträglich, die die Familienbande ehedem fest geknüpft hatten. Die Familienwirtschaft war einst eine Produktions-, Konsumtions- und Hausgemeinschaft, eine Erziehungs-, Bildungs- und Vermögensgemeinschaft. Diese Gemeinschaften wurden teils ganz aufgelöst, teils erheblich gelokkert."[1]

Dieses Zitat aus dem Jahre 1918 repräsentiert ein auch heute noch verbreitetes, retrospektiv orientiertes Krisenbewußtsein der Familie. Es begleitet die Diskussion um die moderne Familie von *Wilhelm Heinrich Riehl* bis *Helmut Schelsky*.[2] Die Entwicklung der modernen Familie erscheint hier als Verfallsgeschichte, als „Niedergang der institutionellen Funktionen" und ihre Ersetzung durch gefühls- und gesinnungsbetonte Beziehungen zwischen den Individuen.[3] Solches Krisenbewußtsein ist nach rückwärts orientiert, als ob es einmal eine gute alte Zeit gegeben hätte, in der es um die Familie besser stand.

Diese Vorstellung ist insoweit naheliegend, als in traditionalen Gesellschaften die Strukturen, in die familiale Zusammenhänge eingebunden wurden, statischer waren und damit dauerhafter *schienen* als die heutigen. Ein wesentlicher Unterschied zwischen heute und damals wird allein schon bei der Betrachtung der unterschiedlichen Sterblichkeitsverhältnisse deutlich: Aufgrund der Sterbetafeln von 1871/80 für das Deutsche Reich läßt sich schätzen, daß z. B. bei einem Heiratsalter der Frau von 20 Jahren und des Mannes von 25 Jahren nach zwanzig Ehejahren bereits ein Drittel der Ehen durch Tod gelöst wurden; heute wären es nur 5%. Dieser Zahlenvergleich bezieht sich auf eine Zeit, wo die Sterblichkeit im Vergleich zum Mittelalter und zur frühen Neuzeit mit ihren häufig verheerenden Kriegen, Epidemien und Hungersnöten bereits stark zurückgegangen war. Selbst unter Berücksichtigung der gegenwärtig hohen Scheidungshäufigkeit ist der Anteil der Kinder, die mit beiden leiblichen Eltern zusammen aufwachsen können, heute höher als in früheren Zeiten. Je mehr uns von der Sozialgeschichte der Kindheit bekannt wird, desto fragwürdiger wird die Vorstellung, das Familienleben hätte in vorindustriellen Zeiten mehr „an innerer Kraft, Reinheit und Tiefe" (s. o.) besessen.

Die Frage, ob die Vergangenheit (und ggf. welche Vergangenheit?) besser gewesen sei als die Gegenwart und die absehbare Zukunft, welche die räsonnierende Öffentlichkeit in Europa seit der „Querelle des Anciens et des Modernes" am Ende des 17. Jahrhunderts bewegt, läßt sich nur aufgrund wissenschaftlich nicht zureichend begründbarer Werturteile beantworten. Überzeugend dartun läßt sich jedoch, daß die für einen bestimmten Gesellschaftstypus charakteristischen Familienformen keineswegs beliebig sind, sondern bestimmten Möglichkeiten und Hindernissen zu entsprechen tendieren.

3.1 Die Entstehung der modernen Familie im Prozeß struktureller und funktionaler Differenzierung von Gesellschaft

Die vorangehende Skizze der Eigenart moderner Familien dürfte bereits deutlich gemacht haben, daß es sich hierbei um einen *strukturell prekären Typus* handelt. Moderne Familien sind aus strukturellen Gründen in ihrem Bestand gefährdeter als die früheren sozialen Formationen, in denen die familialen Funktionen neben anderen miterfüllt wurden. Aber ein „eingebundenes" Familiensystem ist nur unter gesellschaftlichen Bedingungen möglich, die auf eine weitgehende Funktionsteilung und die damit verbundenen Gewinne an Leistungsfähigkeit durch Spezialisierung verzichten. Eine der gegenwärtigen Situation angemessene familiensoziologische Theorie muß die Bestandsmöglichkeiten und Funktionsvoraussetzungen der Familie unter den Bedingungen eines Gesellschaftszusammenhangs plausibel machen, der angesichts der mit ihm verbundenen, historisch einmaligen Chancen an Freiheit, an Lebensmöglichkeiten und Leistungspotentialen zwar erhebliche Risiken in sich birgt, in dem aber auch verbesserte Möglichkeiten entwickelt werden, diese Risiken zu erkennen und mit ihnen umzugehen.

Dennoch wäre es allzu einfach, schlicht auf die Leistungsgewinne durch fortschreitende Spezialisierung und Arbeitsteilung zu vertrauen, also die für das Verständnis moderner Wirtschaftsweise so hilfreiche Vorstellung eines „von unsichtbarer Hand" hergestellten Gleichgewichts der Märkte auf die Gesellschaft als ganze zu übertragen. Wir benötigen spezifischere Vorstellungen, um die Lebensmöglichkeiten moderner Familien, aber auch die Bedingungen und Grenzen dieser Möglichkeiten angemessen zu verstehen, und zu entscheiden, inwiefern zu Recht von einer „Krise der modernen Familie" gesprochen werden kann.

Eine erste hilfreiche Unterscheidung stammt von *Réné König*: er schlägt die Begriffe Desintegration und Desorganisation der Familie vor, um zwischen notwendigen und krisenhaften Veränderungstendenzen der neuzeitlichen Familienentwicklung zu unterscheiden.[4] Sein Begriff der *Desintegration* bezieht sich auf die skizzierte Entflechtung und Ausdifferenzierung familialer Handlungszusammenhänge, also auf die institutionelle und faktische Verselbständigung des kernfamilialen Zusammenhangs gegenüber Verwandtschaft, Gemeinde und Erwerbswirtschaft. Sein Begriff der *Desorganisation* bezieht sich auf die Möglichkeit, daß die Einzelfamilien nicht den notwendigen Zusammenhalt entwickeln oder aufrechterhalten können, um die von Familien und ihren Mitgliedern üblicherweise erwarteten Leistungen zu erbringen, oder daß sie durch äußere Ereignisse daran gehindert werden. Massenhaft auftretende familiale Desorganisation wäre demzufolge zu Recht als Krisensymptom von Familie zu bezeichnen.

Die neuere, an Theoremen der strukturellen und funktionalen Differenzierung orientierte soziologische Gesellschaftstheorie[5] hat ein verwandtes Argument entwickelt: Sie deutet die skizzierte Entflechtung von ökonomischen, politischen, religiösen und familialen Handlungszusammenhängen als strukturelle Differenzierung und funktionale Spezialisierung. Strukturell ist die Differenzierung, weil sie *Grenzen* zwischen den Handlungsbereichen aufrichtet. Normative Grenzen finden ihre Grundlage in modernen Verfassungen und den dort staatlich garantierten Freiheitsrechten, welche gleichzeitig eine Selbstbegrenzung der Staatstätigkeit beinhalten. Für die Unabhängigkeit der Familie maßgeblich sind insbesondere die Artikel 6 (Schutz von Ehe und Familie, Elternrecht) und 13 (Unverletzlichkeit der Wohnung) des Grundgesetzes. Faktische Grenzen entstehen insbesondere durch die moderne Wohnweise, welche die einzelnen Haushalte räumlich deutlich voneinander trennt, aber auch durch die räumliche Planung, welche heute in der Regel Wohnzonen, Innenstadtbereiche und Industriezonen deutlich unterscheidet.[6]

Darüber hinaus sind es die Familien selbst, die ihre Stabilität überhaupt nur dadurch erhalten können, daß sie ein starkes Gruppenbewußtsein und eine gewisse Binnenorientierung entwickeln, daß die Familienmitglieder somit ihren Zusammenhang als Mikrokosmos eigener Art erleben, daß sie *„Familiensinn"* entwickeln.[7] Selbstverständlich bedeutet die Zuneigung, welche normalerweise Ehepartner, Geschwister sowie Eltern und Kinder zueinander entwickeln, eine wichtige Voraussetzung für die Entwicklung von „Familiensinn", aber Emotionalität reicht zur Stabilisierung von Familienbeziehungen zweifellos nicht aus. Es bedarf zusätzlich sachlicher Gemeinsamkeiten, etwa der Sorge um Haushalt und Kinder, gemeinsamer beruflicher, kultureller oder Freizeitinteressen und nicht zuletzt gemeinsamer Erlebnisse, wie sie durch Familienfeiern, Urlaub oder auch die Freuden und Sorgen eines geteilten Alltags anfallen.[8]

Die Pointe dieser neueren Theorie besagt nun, daß die strukturelle Verselbständigung der verschiedenen Handlungsbereiche, in unserem Falle also die Abgrenzung, ‚Privatisierung' und Verselbständigung der Familien, eine *notwendige* Bedingung ihrer Leistungsfähigkeit ist. Mit anderen Worten: *Unter den modernen Bedingungen kann Familie als Familie nur existieren, wenn sie sich gegenüber ihrer Umwelt verselbständigt und abgrenzt und ein eigenes ‚soziales System' bildet*, d. h. wenn sie ein ausreichendes ‚Binnenleben' führt, also die Familienmitglieder nicht nur in ihren Interessen und Wertorientierungen einander ähnlich sind, sondern ausreichend gemeinsame Zeit für Interaktionen finden und ihren Alltag so organisieren, daß eine wechselseitige Befriedigung von Bedürfnissen möglich ist. Diese *sachlichen* Bedingungen scheinen im Falle der Familie mit den *emotionalen* Bedingungen verknüpft, d. h. Sympathie und Liebe steigern das Interesse an sachlicher Gemeinsamkeit, und das sachlich vermittelte Erleben stabilisiert oder steigert seinerseits die emotionale Bindung und Zuneigung. Diese für Kleingruppen aller Art vielfach nachgewiesenen dynamischen Zusammenhänge gewinnen im Falle von Familien insofern besonderes Gewicht, als die Erfüllung familialer Funktionen eine hohe *Dauerhaftigkeit* des familialen Zusammenhalts voraussetzt.

Ein Weiteres kommt hinzu: Moderne Familien sind strukturell *kleine* Sozialgebilde, an denen in der Regel nur zwei erwachsene Personen beteiligt sind, und es spricht vieles dafür, daß gerade die Beschränkung der Personenzahl eine wesentliche Vorbedingung für die Stabilisierung eines starken familiären Zusammenhalts ist.[9] Familien ist damit eine Strategie verwehrt, die sich in allen übrigen Gesellschaftsbereichen zur Selbstbehauptung unter komplexer werdenden Umweltbedingungen bewährt hat, nämlich das Größenwachstum und die interne Spezialisierung mit Hilfe von Arbeitsteilung bzw. einer sich formalisierenden Organisation. Zwar hat – wie in Abschnitt 2.3 gezeigt wurde – das bürgerliche Familienmodell zunächst noch eine allgemein verbindliche geschlechtsspezifische Arbeitsteilung vorgesehen. Hier wurde also versucht, das dominierende Prinzip des Leistungsgewinns durch Spezialisierung auch innerhalb der Familie auf der Basis eines allgemeinen Musters geschlechtsspezifischer Arbeitsteilung durchzusetzen. Dieses Arrangement erweist sich jedoch nur so lange als erfolgreich, als die mit den Aufgaben der Erziehung und Haushaltsführung allein betraute Frau in der Lage ist, in Zeiten von Krankheit oder sonstigen kritischen Phasen auf ebenfalls *weibliche* Unterstützung aus der weiteren Familie – zumeist die eigene Mutter – zurückzugreifen. In dem Maße, als die Verselbständigung der Gattenfamilie weiter fortschreitet und – häufig aus beruflichen Gründen – die räumliche Nähe zwischen den Angehörigen verlorengeht, läßt die hohe Störungsanfälligkeit des familialen Zusammenhangs eine innerfamiliale Arbeitsteilung, welche die Erwerbstätigkeit allein dem Mann, die Familientätigkeit allein der Frau zuweist, als zunehmend *unzweckmäßig* erscheinen. Die spezifischen Leistungsmöglichkeiten der Kleinfamilie kommen weit eher bei einer teamförmigen, situationsflexiblen Arbeitsteilung zum Tragen, welche durch eine allzu hohe Spezialisierung auf der Fähigkeitsebene geradezu verunmöglicht wird. Diese Flexibilität setzt jedoch ihrerseits eine hohe Kohäsion der Familie voraus. Und solange im Umfeld einer Familie die vorherrschenden Auffassungen von einer polaren Auffassung der Geschlechterrollen ausgehen, wie dies in der Bundesrepublik Deutschland immer noch weit verbreitet erscheint, wird eine ausreichende Distanzierung von dieser Umwelt schon allein deshalb notwendig, um die notwendige interne Flexibilität der familialen Rollen zu ermöglichen.[10]

Der strukturellen Verselbständigung von Familie entspricht ihre funktionale Spezialisierung. Typischerweise werden von Familien heute nur noch solche Leistungen erwartet, für die der Strukturtypus der privatisierten Kernfamilie besonders geeignet ist. Und eben diese Leistungen werden deshalb als familiale Funktionen bezeichnet. Die lange vertretene These eines „Funktionsverlustes der Familie“ geht von einem schiefen Bild der historischen Entwicklung aus, indem sie die frühere Hauswirtschaft mit der Familie im modernen Sinne gleichsetzt. Richtiger scheint hier die These des amerikanischen Soziologen *Robert McIver*, daß die Familie, indem sie Funktionen verlor, die ihr eigene erst fand.[11] Was wir retrospektiv als familiale Funktionen bezeichnen, geht von unserem heutigen Familienverständnis aus. In diesem Sinn ist die Vorstellung einer Entflechtung der Funktionen durch strukturelle Verselbständigung dem historischen Prozeß wohl am angemessensten.

Bezogen auf *René König*s Unterscheidung zwischen Desintegration und Desorganisation der Familie hat die vorangehende Skizze erst den Aspekt der Desintegration verdeutlicht. Die entscheidende Frage ist jedoch, wie tragfähig dieser strukturell verselbständigte Familientypus ist, oder ob er sich gegenüber Desorganisationstendenzen als besonders anfällig erweist. Obwohl *König* zu Recht die Unabhängigkeit der beiden Dimensionen betont – familiale Desorganisation kann sich auch unter ‚eingebetteten‘ Familienverhältnissen (z. B. durch den Tod eines Gatten) ereignen –, vertritt er doch die These, daß „unter Voraussetzung der vollzogenen Desintegrations- und Kontraktionsprozesse die moderne Familie in einer beständigen Desorganisationsgefahr“ steht.[12] Was aber Desorganisation genau bedeutet, bleibt zu prüfen. Hier bietet die moderne Systemtheorie eine breitere Perspektive als diejenige Königs an, der Desorganisation im wesentlichen als Ausfall eines Elternteils bestimmt. Wir wollen im folgenden Familie als ein *verletzliches* soziales System betrachten, das durch die Familienmitglieder konstituiert wird, das mit ihrer Hilfe Probleme verarbeitet und sowohl für sie als auch für Dritte bestimmte Leistungen erbringt.[13] Die Erbringung dieser Leistungen ist an eine gewisse Selbststeuerungsfähigkeit des familialen Systems gebunden. *Die strukturelle Ausdifferenzierung von Familie führt nur dann nicht zur Desorganisation, wenn die Familienmitglieder im Einzelfall die aus der strukturellen Verselbständigung des herrschenden Familientypus resultierenden Chancen zur relativen Autonomie nutzen, Familie also zu einem sich selbst steuernden System dauerhafter Beziehungen entwickeln.*[13a]

Das Spezifikum moderner Familienverhältnisse wird also in ihrer relativen Verselbständigung gesehen, welche hohe Gestaltungsspielräume für die Familienmitglieder eröffnet, die in früheren, in agrarische und gewerbliche Produktionsverhältnisse und grundherrliche bzw. städtische Herrschaftsverhältnisse ‚eingebetteten' Familienformen nicht gegeben waren. Sitte und Tradition, verbindliche öffentliche Leitbilder und oft intensive soziale, insbesondere verwandtschaftliche und nachbarschaftliche Kontrollen bestimmten die Ordnung des Familienlebens, was die familialen Leistungen auch erleichterte und die Familienmitglieder von Entscheidungsdruck entlastete. Die heute meist unter dem Begriff der Modernisierung zusammengefaßten wirtschaftlichen, kulturellen und politisch-sozialen Prozesse ermöglichen ein früher unbekanntes Maß an nicht nur familialer, sondern vor allem individueller Unabhängigkeit. Dieser *doppelte Autonomiegewinn* – der Individuen und der familialen Lebensformen – bewirkt jedoch auch Konflikte neuer Art und einen Plausibilitätsverlust herkömmlicher Familienleitbilder (vgl. 4.4). Es scheint eine Aufgabe unserer Generation zu sein, Familie im Spannungsfeld von fortschreitender Emanzipation und notwendiger Bindung neu zu verstehen und zu begründen.

3.2 Aufgaben und Leistungen der Familie

Was leisten moderne Familien? Wollten wir diese Frage in der tatsächlichen Breite des empirisch Vorfindbaren beantworten, so würde sich eine erstaunliche Vielfalt nicht nur im Detail, sondern auch hinsichtlich der Art der Tätigkeiten, die in Familienhaushalten oder unter nahen Verwandten erbracht werden, ergeben. Wir sind aber nicht an dieser Vielfalt, sondern daran interessiert, welche Leistungen in modernen Gesellschaften *typischerweise* von Familien erbracht werden. Eine solche Typisierung beinhaltet sowohl Erwartungen hinsichtlich dessen, was Familien leisten *sollen* als auch hinsichtlich dessen, was sie nach allgemeiner Erfahrung in der Regel *tatsächlich* leisten. Da wir an Antworten auf die Frage nach der Leistungsfähigkeit moderner Familien und deren möglichen Unterschieden interessiert sind, empfiehlt es sich, zwischen diesen beiden Aspekten klar zu unterscheiden.[14] Wir sprechen daher mit Bezug auf das, was nach allgemeiner Auffassung Familien leisten sollen, von *Aufgaben* und hinsichtlich dessen, inwieweit familiale Lebensformen die mit diesen Aufgaben verbundenen Probleme lösen, von *Leistungen* der Familie.[15]

Aufgaben beziehen sich demzufolge auf den *institutionellen* Aspekt von Familie, also auf die Rechtspflichten, die Personen in ihrer Eigenschaft als Träger familialer Rollen zugeschrieben werden, oder auf öffentliche Diskurse hinsichtlich dessen, was Familien *sollen*. *Leistungen* beziehen sich auf den Gruppenaspekt von Familie, also auf das, was wir an der Tätigkeit von Einzelfamilien und deren Wirkungen bedeutungsvoll finden. Diese Leistungen sind den Familienmitgliedern allerdings meist nicht als Leistungen bewußt, sondern stellen aus ihrer Sicht entweder Selbstverständlichkeiten oder aber Probleme dar. Familiale Leistungen vollziehen sich zur Hauptsache im Modus der Alltäglichkeit, d. h. in den Formen der gewohnten Organisation des Alltags. Und die Leistungsfähigkeit von Familien scheint nicht zuletzt davon abhängig zu sein, inwieweit es ihnen gelingt, eine für alle Beteiligten erwartbare Routinisierung ihres gemeinsamen Alltags herzustellen.[16] Familiale Leistungen werden thematisch erst, wenn sie aus der Sicht bestimmter Familienmitglieder nicht (mehr) erbracht werden.

Wenn wir über die Leistungen von und in Familien auf verallgemeinernde Weise sprechen wollen, werden wir fast zwangsläufig auf die vorherrschenden Vorstellungen über Aufgaben der Familie verwiesen. Was wir an den Wirkungen des Familienlebens für bedeutend halten, ergibt sich aus öffentlich verbreiteten Erwartungen, welche Interessen an bestimmten Konsequenzen von Familienaktivitäten entsprechen. Dies können die Interessen der Familienmitglieder, aber auch die Interessen bestimmter gesellschaftlicher Einrichtungen (z. B. Schule, Wirtschaft, Staat) sein. Was als Leistung gilt, ist also offenbar auch aufgabenbezogen. Insofern können beide Aspekte systematisch gemeinsam behandelt werden.

Von *gesellschaftlichen Funktionen* schließlich sei hier nur hinsichtlich der Konsequenzen die Rede, welche aus den aggregierten Effekten familialer Leistungen für andere Gesellschaftsbereiche bzw. für ein postuliertes gesellschaftliches Gesamtsystem resultieren (vgl. 3.3). In der Literatur finden sich zahlreiche Kataloge familialer Funktionen, die sich in der Systematik der Kernbereiche (Reproduktion und Sozialisation) weitgehend ähneln, darüber hinaus aber unterschiedliche Akzente setzen.[17] Die nachfolgende Systematisierung lehnt sich an diese Vorgaben an, sucht sie jedoch nach den getroffenen begrifflichen Unterscheidungen zu differenzieren und genauer zueinander in Beziehung zu setzen.

3.2.1 Kohäsion und emotionale Stabilisierung der Familienmitglieder

Familien sollen zusammenhalten. Die vorangehenden strukturellen Überlegungen (vgl. 3.1) machten deutlich, daß die Herstellung und Wahrung des familialen Zusammenhalts auf der Basis einer emotionalen Verbundenheit der Familienmitglieder die primäre Aufgabe einer Familie geworden ist, weil alle anderen Vorgaben, wie die Wahrung eines Familienvermögens, sozialer Druck der Verwandtschaft und Pflicht zur lebenslangen Ehe an Verbindlichkeit eingebüßt haben. Dagegen sprechen viele Beobachtungen und Befunde dafür, daß der familiale Zusammenhalt von erheblicher, ja vermutlich im Zuge der Modernisierung wachsender Bedeutung für den Gefühlshaushalt der Familienmitglieder geworden ist. Gleichzeitig wird aber dieser familiale Zusammenhalt auch prekärer, da Scheidung leichter möglich und mit zunehmender Wohlstandssteigerung und Erwerbsbeteiligung der Frauen die Scheidungsfolgen leichter erträglich werden. Wegen der zunehmenden Möglichkeiten alternativer Lebensstile und der allgemeinen Individualisierungstendenzen (vgl. 4.3) muß heute familiale Kohäsion, also die Bildung und Aufrechterhaltung einer Familie als soziales System, selbst als Problem bzw. Aufgabe bzw. Leistung begriffen werden. Angesichts der sehr unterschiedlichen Bedeutungen und Interessen, welche Frau, Mann und Kinder heute mit dem Familienleben verbinden können, wird das stets erneute Bemühen um Gemeinsamkeit und Interessenvermittlung zu einer eigenständigen Dimension familialer Kommunikation, zur ‚Beziehungsarbeit'.[18]

In modernen Gesellschaften ist die Familie zum einzigen institutionalisierten Lebensbereich geworden, in dem das Äußern von Gefühlen – und zwar nicht nur der Liebe, sondern auch der Angst, ja eventuell des Hasses – als erlaubt, ja als wünschenswert gilt, und in dem Gefühlsäußerungen als Ausdruck der Personhaftigkeit (und nicht z. B. als psychische Labilität) gelten. Eine der wesentlichen Leistungen, die Familienmitglieder voneinander erwarten dürfen, ist das Eingehen auf Gefühlsäußerungen *jeglicher* Art, das „Teilen von Freude und Leid", die bis in den Körperkontakt hineinreichende Mitteilung von Zuneigung, Verständnis, Trost, Leidenschaft und Ablehnung.[19] Das Ausmaß, in dem die moderne Ehe- und Familienberatung bzw. -therapie das Augenmerk auf die Entblockierung von Hemmungen und die Herstellung einer Kommunikation über wechselseitige Personwahrnehmung und Gefühle legt, macht deutlich, daß hier ein keineswegs beiläufiges Element des Familienlebens angesprochen ist. Affektivität ist keineswegs nur ein Privileg der Gattenliebe, sondern bestimmt – auch wo sie unterdrückt wird – das Verhältnis zwischen Eltern und Kindern, ebenso zwischen Geschwistern; selbst unter erwachsenen Geschwistern läßt sich häufig das Wiederaufleben von Rivalitäten, Streitereien um Nichtigkeiten oder auch längst verschwunden geglaubter Herzlichkeit bei geeigneten Anlässen beobachten.

Die Kehrseite dieser erlaubten Affektivität scheint allerdings eine recht verbreitete *Gewaltsamkeit* familiärer Beziehungen zu sein, die sich vor allem in erzwungener Sexualität und körperlicher Mißhandlung äußert. Wichtigste Bedingungen ihres Auftretens sind Partnerkonflikte, Beeinträchtigung des Selbstwertgefühls der Eltern durch Arbeitslosigkeit, soziale Isolation und schlechte Wohnverhältnisse, aber auch psychische und sexuelle Labilität von Eltern oder Behinderungen bzw. Verhaltensauffälligkeiten von Kindern. Die potentielle Gewaltsamkeit der Beziehungen zwischen Familienangehörigen wurde in der Öffentlichkeit lange Zeit tabuisiert, bzw. unter die Vorstellung von durch elterliche Autorität gerechtfertigten Handlungen subsumiert. In jüngster Zeit ist jedoch unter dem Einfluß von Frauenbewegung und Kinderschutzbewegung ‚Gewalt in Familien' zu einem Thema öffentlicher Debatten geworden.[20] Trotz einer starken Zunahme der Forschungsarbeiten zur Gewaltthematik läßt sich die Frage, inwieweit Gewalt in Familien in jüngster Zeit zugenommen hat, nicht eindeutig beantworten. Zugenommen hat auf jeden Fall die Sensibilität gegenüber Gewalthandlungen und das Bewußtsein ihrer Schädlichkeit.[21] Hinzu kommt die schwierige Zugänglichkeit des familialen Bereichs und die Neigung, erlittene Kränkungen oder Verletzungen durch Familienangehörige Dritten gegenüber zu verheimlichen. Nach *Hurrelmann* berichtet rund die Hälfte aller Schulkinder, daß sie zu Hause geschlagen werden. Neuere Schätzungen sprechen von über 3% aller Kinder und Jugendlichen, die von ernsthaften Gewalthandlungen ihrer Eltern betroffen werden.[22] Dabei rückt neben der Gewalt von Männern gegenüber Frauen und dem Mißbrauch elterlicher Macht gegenüber Kindern zunehmend auch die Gewalt zwischen Geschwistern sowie von heranwachsenden Kindern gegenüber ihren Eltern, schließlich auch die Gewalt gegenüber pflegebedürftigen Familienmitgliedern ins Blickfeld. Trotz aller Schwierigkeiten bei der Erforschung dieser Sachverhalte verdichten sich die Befunde zu der Einsicht, daß Gewalt in Familien multifaktoriell bedingt ist, und in hohem Maße auf ‚Ansteckung' beruht: *Wer Gewalt anwendet* – und das sind vorwiegend Anhörige des männlichen Geschlechtes – *hat in der Regel früher bereits Gewalt erfahren*; ähnliches gilt für sexuellen Mißbrauch. Gewalttätigkeit unter Geschwistern ist umso häufiger, je größer die Gewalttätigkeit zwischen den Eltern bzw. je häufiger machtbetonte Körperstrafen erfahren wurden.[23] Gewaltsame Auseinandersetzungen sind zudem meist Ausdruck eines an wechselseitiger Zuneigung und Anerkennung armen Zusammenlebens, von Situationen also, die man ehesten als ‚Zwangskohäsion' bezeichnen könnte. Gewalt beruht in der Regel auf der Unterdrückung von Affekten, ist also in ihren gravierenden Formen Ausdruck eines gestörten emotionalen Verhältnisses in den Familien.

Die Bedeutung der *Familie als sozialer Raum erlaubter zwischenmenschlicher Affektivität* wird noch deutlicher, wenn wir die zunehmende affektive Neutralisierung aller zwischenmenschlichen Beziehungen in der Öffentlichkeit in Betracht ziehen – abgesehen von nahezu ritualisierten Massenveranstaltungen, wie Fußballländerspielen, Kirchentagen, Open Air Konzerten, Wahlnächten oder dem Fasching. Auch läßt sich sozialgeschichtlich eine Zunahme der allgemeinen Affektkontrolle und eine wachsende Anonymisierung der Sozialbeziehungen im Zuge der Modernisierung belegen. Für *Max Weber* und *Georg Simmel* ist dies ein wesentlicher Aspekt der zunehmenden Rationalisierung und Individualisierung, und *Norbert Elias* bezeichnet den „gesellschaftlichen Zwang zum Selbstzwang" als zentrales Moment des Prozesses der Zivilisation.[24]

Die Paradoxie der Individualisierung, daß nämlich die Sozialbeziehungen immer rollenhafter, immer anonymer, die Rollenträger aber immer deutlicher als individuelle Personen anerkannt werden, soll ihre soziale Lösung in der Familie finden, doch führt eben dies auch zu charakteristischen Spannungen. Die moderne Familie ist das einzige soziale System, in dem der Mensch *als Person*, d. h. grundsätzlich in all seinen Lebensbezügen angesprochen wird. „Alles, was eine Person betrifft, ist in der Familie für Kommunikation zugänglich. Geheimhaltung kann natürlich praktiziert werden und wird praktiziert, aber sie hat keinen legitimen Status. Man kann eine Kommunikation über sich selbst nicht ablehnen mit der Bemerkung: das geht Dich nichts an. Man hat zu antworten und darf sich nicht einmal anmerken lassen, mit welcher Vorsicht man auswählt, was man sagt. Wer bereit ist, sich dieser Regel zu fügen, ist bereit zu heiraten."[25]

Verschiedene psychologische Schulen weisen im Anschluß an die Einsichten der Psychoanalyse auf die entscheidende Bedeutung der affektiven Familienbeziehungen in der Kindheit für die Struktur der späteren erwachsenen Persönlichkeit hin.[26] Aus anthropologischer Sicht besitzt der Mensch einen Antriebsüberschuß, welcher die Voraussetzung seiner Handlungsbereitschaft und Leistungsfähigkeit bildet, jedoch einer entsprechenden ‚Handlungsführung' durch soziale Normen und individuelles Bewußtsein bedarf, da eine instinktmäßige Steuerung nicht mehr gegeben ist.[27] Der Mensch ist zufolge dieser Anschauung konstitutionell mit einer labilen Affektivität ausgestattet, deren Kontrolle er im Laufe seiner Entwicklung erst allmählich und nur bei entsprechenden sozialen Vorgaben erwerben kann. Zu diesen Vorgaben gehört zunächst die Erfahrung kontinuierlicher Pflege und liebevoller Zuwendung im Kleinstkindalter, also eine grundlegende Erfahrung der Geborgenheit, aufgrund derer erste Grundhaltungen des ‚sozialen Optimismus' und der Lernbereitschaft entstehen können. „Fest steht in jedem Fall, daß das menschliche Kleinstkind ohne ein beachtliches Maß an liebevoller Zuwendung auch bei ‚genügender' Ernährung keine Chance hat, ein normaler Mensch zu werden, ja, daß es bei Fehlen jeder derartigen Zuwendung überhaupt nicht ‚wird', sich vielmehr in einem komplizierten Prozeß ‚gegen sich selbst wendet', stirbt."[28] *Claessens* bezeichnet daher die erste Phase der Sozialisation oder sozio-kulturellen Geburt des Menschen als Phase der *Soziabilisierung*, in welcher die emotionalen Fundamente der Persönlichkeit gelegt werden. Erst in dem Maße, als die Soziabilisierung gelungen ist, kann das Kind beginnen, Bestimmtes zu lernen. Es ist aber auch in der Folge noch in erheblichem Umfang auf die emotionale Unterstützung seiner Eltern zur Erhaltung der Lernbereitschaft angewiesen.

Aber nicht nur für Kinder, auch für Heranwachsende und die Erwachsenen sind Art und Ausmaß der persönlichen Zuwendung und der emotionalen Unterstützung durch die Familienmitglieder unter den anonymisierenden Bedingungen des außerfamilialen Bereichs von großer Bedeutung. Das Fehlen familialer Unterstützung erscheint seit den bahnbrechenden Untersuchungen *Émile Durkheims* immer wieder als wichtiges Erklärungsmoment der Selbstmordhäufigkeit. Eine kürzlich veröffentlichte Studie verdeutlicht, daß Selbstmord die Extremform wesentlich weiter verbreiteter Selbstschädigungstendenzen von Jugendlichen ist, deren Intensität stark mit biographischen Belastungen korreliert.

„Selbstschädiger ... haben Konflikte wegen Ziellosigkeit mit den Eltern, überhaupt Konflikte mit den Eltern. Vorstrafen sind häufiger, ebenso Schulprobleme und Belastungen in der Kindheit durch ein desorganisiertes Elternhaus. Deutlich wirken sich aus: ein Selbstmordversuch der Mutter, starker Konsum von Schmerz-, Schlaf- oder Beruhigungsmitteln durch die Mutter, ein grober, rücksichtsloser Vater, Selbstmordversuch des Vaters, Lieblosigkeit und wenn die Eltern selber mit dem Leben nicht zurechtkommen."[29]

Deutlich zeigen sich in dieser Studie auch die Auswirkungen unterschiedlicher Erziehungsstile der Eltern: Besonders nachteilig wirkt sich ein von den Forschern als paradox bezeichneter Erziehungsstil aus, bei dem normative Forderungen gestellt, jedoch gleichzeitig emotionale Unterstützung verweigert wird. Auch ein gleichgültiger Erziehungsstil – weder Forderungen noch emotionaler Rückhalt – wirkt sich auf die emotionale Lage der Jugendlichen nachteilig aus. Wichtiger als normative Forderungen erweist sich auch im positiven Falle der emotionale Rückhalt seitens der Eltern.[30]

Zahlreiche Untersuchungen belegen aber auch weniger dramatische Zusammenhänge zwischen familialer Unterstützung und z. B. einer gesunden Lebensweise, der Arbeitsbereitschaft oder den Schulleistungen. Was den Zusammenhang zwischen *Familie und Gesundheit* betrifft, so zeigt sich besonders deutlich der starke, jedoch ambivalente Einfluß der familialen Verhältnisse: als Hilfe *oder* Belastung. Für die heute vorherrschenden chronischen Erkrankungen (z. B. Herz- und Kreislauferkrankungen, Erkrankungen der Wirbelsäule, Asthma, Allergien, rheumatische Erkrankungen, Depressionen) hat sich die Auffassung durchgesetzt, daß sie als Reaktionen auf eine Überforderung der psycho-physischen Anpassungsfähigkeit des Menschen gegenüber Umwelteinflüssen zu verstehen sind. Die Fähigkeit eines Menschen zur Verarbeitung von Belastungen ist zum einen abhängig von grundlegenden körperlichen (Resistenz) und psychischen (Invulnerabilität) Dispositionen, aber auch von den Möglichkeiten, Unterstützung aus der eigenen sozialen Umwelt zu mobilisieren. Dabei werden in der Regel zwei Hauptarten der Unterstützung unterschieden, nämlich eine psychische oder emotionale Unterstützung, die sich in Zuwendung, Anerkennung, Trost, Ermunterung u. ä. ausdrückt, und eine instrumentelle Form der Unterstützung, welche sich beispielsweise in konkreten Hilfeleistungen, aber auch in Ratschlägen und Informationen ausdrückt. Familienangehörige sind die naheliegendste Quelle emotionaler Unterstützung, häufig aber auch instrumenteller Unterstützung; vielfach kann statt dessen oder ergänzend aber auch auf haushaltexterne Personen zurückgegriffen werden. *Krankmachender Streß* entsteht, wenn sich Menschen ihren Aufgaben oder bestimmten Situationen nicht mehr gewachsen fühlen, wenn sie keinen Ausweg mehr sehen, wenn sie sich als Opfer von Verhältnissen erfahren, die sie nicht glauben beeinflussen zu können, wenn sie im wörtlichen Sinne trostlos sind.[31] Im Falle fehlender familiärer Untertützung ist das Eintreten derartiger Situationen wahrscheinlicher. Nicht zuletzt können aber dauerhaft belastende Familiensituationen, insbesondere bei emotionalen Störungen und physischen oder psychischen Verletzungserfahrungen, selbst als typische Fälle erfahrener Ausweglosigkeit gelten. Auch die Erfahrung des Scheitern einer Familie durch die Scheidung der Eltern oder des Partners hat in der Regel lang dauernde belastende Nachwirkungen.[32]

Die familialen Bedingungen, in denen ein Mensch lebt, sind eine entscheidende Determinante seines Wohlbefindens, dies zeigt eine breite Palette ausländischer Forschungen.[33] Neuere Forschungen weisen darauf hin, daß sich Familien nicht nur hinsichtlich ihrer Fähigkeit, mit Belastungen umzugehen, unterscheiden, sondern auch hinsichtlich ihrer Fähigkeit des Umgangs mit Krisen, die aus bestimmten Überforderungen resultieren. Je nachdem, ob Familien erfolgreich oder erfolglos mit eingetreten Krisen umgehen, stärkt oder schwächt sich ihr Zusammenhalt und ihre Anpassungsfähigkeit.[34] *Nicht nur Individuen, auch Familien sind somit Probleme lösende Einheiten, und ihre Fähigkeit, mit externen oder internen Belastungen umzugehen, ist ein wesentliches Merkmal ihrer Leistungsfähigkeit.*

Ausgehend von dieser Perspektive haben wir im Rahmen des Sonderforschungsbereichs 227 der Deutschen Forschungsgemeinschaft „Prävention und Intervention im Kindes- und Jugendalter" an der Universität Bielefeld Forschungen zu den Bedingungen der Leistungsfähigkeit von Familien eingeleitet, wobei im Rahmen eines ersten Projektes die Bedeutung der Familie für die Lehrstellensuche unter Bedingungen akuten Lehrstellenmangels untersucht wurde. Die Ergebnisse dieser Längsschnittstudie deuten darauf hin, daß die instrumentelle und die emotionale Leistungsfähigkeit von Familien zwei deutlich unterscheidbare Dimensionen darstellen, und daß die hier interessierende emotionale Leistungsfähigkeit – konkret: die Verarbeitung der Frustationen und Enttäuschungen, die für den Jugendlichen mit der Vergeblichkeit seiner Bemühungen verbunden sind – entscheidend vom Maß der familialen

Abbildung 2: Ehedauerspezifische Scheidungsziffern für ausgewählte Eheschließungsjahrgänge sowie Querschnitt 1987

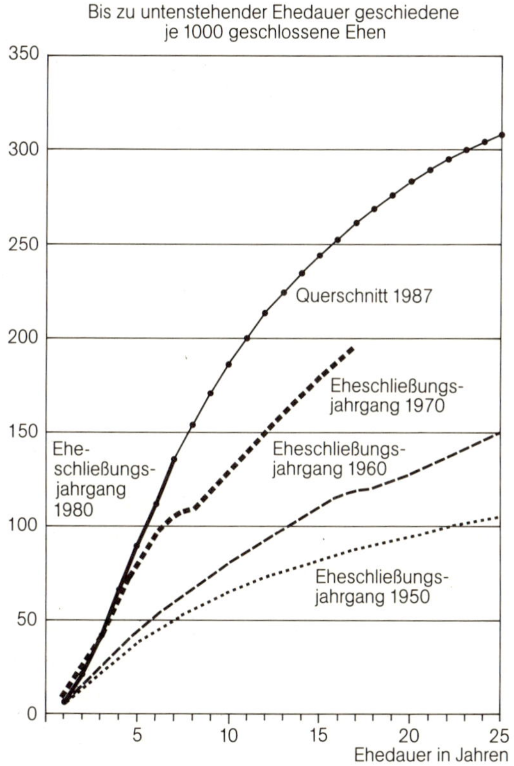

Quelle: Statistisches Bundesamt. Entnommen aus Wirtschaft und Statistik 10/1988, S. 683.

Kohäsion abhängt. Das Ausmaß der familialen Kohäsion seinerseits erscheint dabei in erheblichem Umfang von der Stellung und Leistung der Mutter innerhalb der Familie bestimmt, welche als eine Art ‚Flexibilitätsressource' fungiert.[35] Auch in dieser Untersuchung bestätigt sich somit die vielfach festgestellte *Mutterzentriertheit der gegenwärtigen Familienverhältnisse.*

Wie Abbildung 2 zeigt, nimmt die Scheidungshäufigkeit in den jüngeren Eheschließungsjahrgängen stark zu. Daraus läßt sich auf einen verbreiteten Rückgang der familialen Kohäsion schließen. Berücksichtigt man allerdings, daß nach vorherrschenden Befunden die Entwicklungschancen von Kindern unter Bedingungen depressiver Familienverhältnisse noch ungünstiger sind als unter den Bedingungen einer Scheidung der Eltern, so muß die Frage offen bleiben, ob der Anteil problematischer Ehen unter den Bedingungen geringerer Scheidungshäufigkeit höher war als heute. Wahrscheinlich ist allerdings die zunehmende Disponibilität der Ehe (vgl. 4.3) selbst ein Faktor, der den psychischen Streß der Partner erhöht.[36]

Ob die leichtere Scheidbarkeit von Ehen heute zu einer höheren durchschnittlichen Kohäsion der fortbestehenden Ehen als in früheren Zeiten führt, scheint eine interessante Forschungsfrage, über deren mögliche Beantwortungen heute nur spekuliert werden kann. Einerseits spricht vieles für eine durchdringende Tendenz zur Labilisierung fester sozialer Beziehungen als Folge der vorherrschenden Konkurrenzorientierung, Wohlstandssteigerung und Individualisierung.[37] Andererseits scheint auch das Ausmaß wechselseitigen Verständnisses (Empathie) zwischen den Geschlechtern zuzunehmen und das Interesse an Familie ungebrochen.[38]

3.2.2 Fortpflanzung

Familien sind dazu da, um Kindern das Leben *zu schenken*. Man darf im Zeitalter allgemein verbreiteter Geburtenkontrolle durch Empfängnisverhütung und nicht selten auch durch Schwangerschaftsunterbrechung diese auf den ersten Blick etwas antiquiert klingende Formulierung wörtlich nehmen. Kinder sollen in Familien zur Welt kommen, d. h. von ihren leiblichen Eltern wird erwartet, daß sie die Verantwortung für das Leben ihres Kindes durch Pflege und Erziehung übernehmen. Diese *Norm verantworteter Elternschaft* ist heute so hochgradig internalisiert, daß sich nur wenige Frauen – zumeist unter erheblichen seelischen Belastungen – bereitfinden, Schwangerschaften auszutragen und das Kind dann zur Adoption freizugeben.[39]

Während das herkömmliche europäische Familienverständnis den Eheschluß als konstitutives Moment einer Familiengründung auffaßte, scheint sich hier in jüngster Zeit die Auffassung mehr und mehr auf Elternschaft als konstitutives Moment der Familiengründung *zu verschieben*. Eine kinderlos bleibende Ehe wäre demzufolge nicht einmal mehr eine unvollständige Familie, und der Makel der ‚Unvollständigkeit' ist zunehmend durch die neutrale Bezeichnung ‚alleinerziehende Eltern' ersetzt worden. Zudem hat sich die Stellung des nichtehelichen Kindes durch das Gesetz über die rechtliche Stellung der nichtehelichen Kinder von 1969 auch gegenüber dem Vater so weitgehend verbessert, daß der Heirat der Eltern nur mehr geringe Bedeutung für die Rechtsstellung des Kindes zukommt.[40] Mehr und mehr wird im übrigen der Eheschluß an die Bedingung erwarteter oder beabsichtigter Elternschaft geknüpft, d.h. kinderlose Paare führen einen gemeinsamen Haushalt zunehmend ohne Eheschluß (vgl. 4.4.1). Unter dem Einfluß wachsender Möglichkeiten der Fortpflanzungstechnologie (heterologe Insemination, extrakorporale Befruchtung) wird allerdings die leibliche Elternschaft als Definitionsmerkmal von Familie stärker als bisher in Frage gestellt, doch ist sie durch eine kürzliche Entscheidung des Bundesgerichtshofes erneut bekräftigt worden. Angesichts des Bedeutungsverlustes der Ehe gewinnt die eindeutige Definition von Elternschaft noch an Gewicht für die Klarheit der Verwandschaftsbeziehungen.

Abbildung 3: Der säkulare Geburtenrückgang in Deutschland 1887–1992 (Geburten und Heiraten pro 1000 Einwohner)

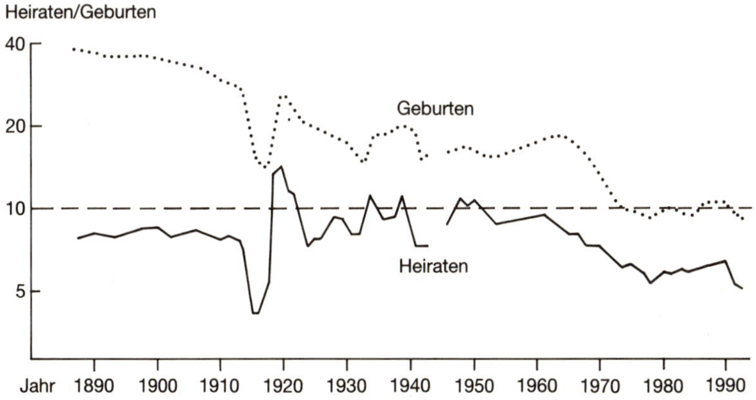

Quelle: Statistisches Bundesamt, Bevölkerung und Wirtschaft 1872–1972; Statistisches Jahrbuch für die Bundesrepublik Deutschland.

Die sozusagen schon begrifflich vorgegebene Familienaufgabe der Fortpflanzung sagt nichts darüber aus, wie vielen Kindern ein Paar das Leben schenken soll. Auf die Frage: „Wie viele Kinder soll eine Familie im Idealfall haben?" konzentrieren sich zwar die Antworten in jüngerer Zeit mehr und mehr auf die Zwei-Kinder-Familie, und auch empirisch findet sich dieselbe am häufigsten, aber von einer verbindlichen Norm der Zwei-Kinder-Familie wird man doch schwerlich sprechen können. Die Entscheidung über die Zahl der Kinder gilt als höchst private Angelegenheit eines Paares oder einer Frau, *und eben diese private Entscheidungsfreiheit ist eine verbindliche Norm*, welche sowohl mit der herrschenden privatistischen Familienauffassung als auch mit dem freiheitlichen Ethos der Selbstbestimmung zu tun hat. Die Zahl der Kinder steht frei, aber für die geborenen Kinder muß – da sie als gewollte unterstellt werden – die Verantwortung übernommen werden. Gegenüber dieser Norm verantworteter Elternschaft treten im heute vorherrschenden Bewußtsein Gesichtspunkte der kollektiven Bestandserhaltung oder des Lebensanspruchs ungeborener Kinder auffallend zurück.

Die Entwicklung der Geburtenhäufigkeit in den letzten hundert Jahren zeigt neben kleineren Schwankungen zwei große Wellenbewegungen (Abb. 3), so daß zwischen einem ersten (1900–1933) und einem zweiten Geburtenrückgang (1965–1984) unterschieden werden kann. Der in

Abbildung 4: Der Rückgang der durchschnittlichen Kinderzahl pro Frau

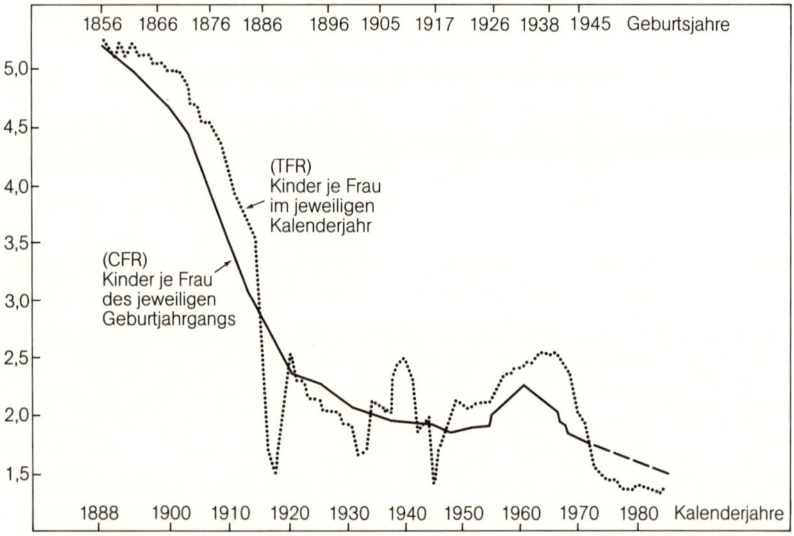

Quelle: H. Birg, H. Koch, Der Bevölkerungsrückgang in der Bundesrepublik Deutschland. Frankfurt/New York (Campus-Verlag) 1987, S. 84.

Tabelle 2: Entwicklung der Geburten unterschiedlichen Ranges an der Gesamtheit der ehelichen Geburten 1955–1990

Jahr	Anteil der ehelichen Lebendgeborenen des ... Ranges an der Gesamtheit der ehelichen Lebendgeborenen					Summe
	1	2	3	4	5+	
1955	42,5	30,3	14,8	6,6	5,8	100
1960	41,9	29,9	14,9	6,9	6,5	100
1965	40,0	31,4	15,4	6,8	6,4	100
1970	41,9	31,8	14,7	6,1	5,5	100
1975	46,7	33,0	11,8	4,6	3,9	100
1980	48,7	34,3	11,1	3,5	2,5	100
1985	48,4	35,7	11,3	3,0	1,6	100
1990	47,4	35,3	12,1	3,3	1,8	100
1991	48,0	35,0	11,8	3,3	1,9	100

Quelle: Statistisches Bundesamt; eigene Berechnung

Abb. 3 verwendete semilogarithmische Maßstab läßt die Veränderungen mit Bezug auf das jeweilige Niveau von Geburten- und Heiratshäufigkeit deutlicher hervortreten als die herkömmlichen Darstellungen.

Was die tatsächliche Kinderzahl der Familien betrifft, so zeigt Abb. 4 einen recht kontinuierlichen Rückgang während der letzten 100 Jahre. Die mittlere Zahl der Geburten pro Frau ist von durchschnittlich 5 Kindern auf derzeit ca. 1,5 Kinder gesunken. Auffallend ist die hohe Kontinuität dieses Sinkens von Generation zu Generation; lediglich die Geburtsjahrgänge zwischen 1920 und 1932 machen eine Ausnahme. Wie Tabelle 2 für die jüngere Zeit detaillierter zeigt, ist das Absinken der mittleren Kinderzahl pro Frau im wesentlichen auf den Rückgang der kinderreichen Familien zurückzuführen.[40a] In jüngster Zeit hat sich allerdings die eheliche Fruchtbarkeit stabilisiert, ja es läßt sich in der 80er Jahren ein gewisser Wiederanstieg der Geburten höheren Ranges beobachten.[41] Gleichzeitig nimmt jedoch der Anteil der dauerhaft unverheiratet und kinderlos bleibenden Frauen zu. Wie Tabelle 3 zeigt, handelt es sich hier um einen sich von Geburtsjahrgang zu Geburtsjahrgang verstärkenden Trend: Von den 1958 geborenen Frauen werden voraussichtlich 22,9% kinderlos bleiben, während es beim Geburtsjahrgang 1935 nur 9,2% gewesen sind.

Wir können also in der Bundesrepublik eine zunehmende *Tendenz zur Polarisierung* zwischen jungen Frauen und Männern, die „in Familie investieren“ und dann in der Regel auch mehr als ein Kind bekommen einerseits und einem wachsenden Anteil an Kinderlosen andererseits feststellen.[42]

Tabelle 3: Paritätsspezifische Kinderzahl nach den Geburtsjahrgängen der Frauen: 1935–1958

Geburtsjahrgänge der Frauen	Von 1000 Frauen haben im Verlauf ihres Lebens ... Kinder (‰)				Zahl der Kinder auf 1000 Frauen
	0	1	2	3 u. m.	
1935	92	257	299	352	2175
1940	106	264	341	289	1973
1945	127	306	348	220	1775
1950	148	305	351	197	1685
1955	203	284	342	175	1533
1958	229	279	336	155	1455

Quelle: H. Birg, D. Filip, E. J. Flöthmann, Paritätsspezifische Kohortenanalyse des generativen Verhaltens in der Bundesrepublik Deutschland nach dem 2. Weltkrieg. Bielefeld 1990, S. 28.

Während in anderen Ländern Europas, insbesondere in Skandinavien, Großbritannien und Frankreich, der Rückgang der Heiratsneigung mit einer starken Zunahme des Anteils nichtehelicher Geburten teilweise kompensiert wurde, ist in der Bundesrepublik die nichteheliche Fruchtbarkeit bis 1985 eher noch stärker gesunken als die eheliche, seither ist dagegen der Anstieg noch deutlicher als bei den ehelichen Geburten (Tabelle 4).

Tabelle 4: Eheliche und nichteheliche Fruchtbarkeit 1950–1990 (Geburten auf 1000 verheiratete bzw. unverheiratete Frauen im Alter von 15–45 Jahren)

Jahr	Eheliche Fruchtbarkeit		Nichteheliche Fruchtbarkeit	
		Index		Index
1950	122,85	100	15,37	100
1957	130,86	106,5	13,09	85,2
1960	133,84	108,9	13,3	86,5
1965	124,05	101,0	11,61	75,5
1970	94,38	76,8	11,07	72,0
1975	68,21	55,5	8,42	54,8
1980	72,27	58,8	8,61	56,0
1985	75,87	61,8	8,83	57,4
1986	82,36	67,0	9,47	61,6
1987	83,88	68,3	9,93	64,6
1989	88,77	72,3	11,52	75,0
1990	88,20	71,8	12,74	82,9

Quelle: Statistisches Bundesamt; eigene Berechnung

Abbildung 5: Zusammengefaßte Geburtenziffern in beiden deutschen Staaten 1950–1990

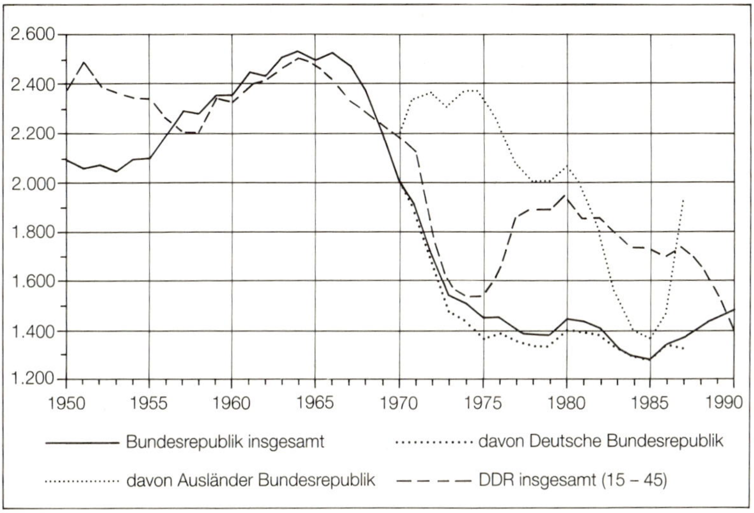

Quelle: H. Wendt, Geburtenhäufigkeit in beiden deutschen Staaten. Zeitschrift für Bevölkerungswissenschaft 17 (1991), S. 255.

Was die Entwicklung der Geburten in der DDR betrifft, so zeigt Abbildung 5 zwischen 1958 und 1974 eine deutliche Parallelität der Entwicklung in beiden deutschen Staaten. Ab 1975 haben in der DDR die bevölkerungspolitisch motivierten Maßnahmen zu greifen begonnen; auffallend ist dabei der überproportionale Anstieg nichtehelicher Geburten (von ca. 15% auf über 30% ab 1982) und der geringe Anteil der kinderlos bleibenden Frauen.[43]

Auf die Ursachen und Zukunftsperspektiven der Geburtenentwicklung werden wir später (4.2 bzw. 5.4.2) zurückkommen.

3.2.3 Pflege und Erziehung der Kinder

Kinder sollen in Familien, d. h. mit Eltern aufwachsen. Auch diese Norm ist allgemein akzeptiert, wobei Adoptiveltern hier leiblichen Eltern grundsätzlich gleichgestellt sind. Allerdings zeigen Untersuchungen bei Adoptiveltern wie auch bei Paaren, deren Kind(er) aus heterologer Insemination stammen, eine starke Tendenz, diese als Makel empfundenen Sachverhalte gegenüber Dritten zu verheimlichen.[44] Waisenhäuser sind weitgehend aufgelöst worden, und wo Kinder ohne Eltern aufwachsen müssen, werden in Pflegefamilien, Kinderdörfern u. ä. zunehmend familienähnliche Arrangements geschaffen.

Unter Entwicklungsgesichtspunkten erscheint der familiale Kontext insbesondere für die frühkindliche Phase von größter Bedeutung. Die Leistung der Soziabilisierung (vgl. 3.2.1) setzt die dauerhafte Zuwendung, den Körperkontakt und die liebende Pflege durch (mindestens) eine bestimmte Person voraus, zu der das Kleinkind – mutmaßlich vor allem zwischen dem 6. und 18. Lebensmonat – eine tiefe Bindung entwickelt, deren Fehlen oder Verlust nachhaltige seelische Störungen nach sich zieht. Praktisch läßt sich diese anthropologisch notwendige ‚liebende Dauerpflegeperson' nur im familialen Kontext sicherstellen. Hier liegt wohl einer der bedeutendsten Sachgründe für die Universalität von Elternschaft.

Zwar ist umstritten, wie exklusiv die Verfügbarkeit der Mutter oder einer anderen Bezugsperson in der frühkindlichen Phase sein muß, um *Deprivationsphänomene* zu vermeiden,[45] aber die Entwicklungsnotwendigkeit und in späteren Jahren wenigstens Entwicklungsförderlichkeit dauerhafter Bezugspersonen, wie sie durch Elternschaft sichergestellt wird, kann als gesichert gelten. Demzufolge muß auch die Gewährleistung von Elternschaft zu den fundamentalen Aufgaben der staatlichen Ordnung gezählt werden.

Das Grundgesetz sichert dieses Elternrecht in Art. 6, beschränkt es jedoch gleichzeitig durch die allgemeine Schulpflicht, welche aus Art. 7 abgeleitet wird. Praktisch beginnt die außerfamiliale Erziehung heute für die meisten Kinder bereits im Vorschulalter, und in der DDR war zuletzt die Krippenversorgung der Kinder ab dem 2. Lebensjahr weitgehend verwirklicht. Überdies nimmt der Einfluß der Massenmedien, aber auch derjenige der Gleichaltrigen auf die Kinder mit steigendem Lebensalter stark zu. In den Humanwissenschaften hat sich der Begriff der *Sozialisation* eingebürgert, um die Gesamtheit der entwicklungsrelevanten Einflüsse und ihre Verarbeitung durch die Kinder und Jugendlichen zu thematisieren.

Kinder wachsen also nie allein in der Familie auf, sondern in einem mehr oder weniger abgestimmten Arrangement unterschiedlicher Bezugsinstanzen und Bezugspersonen. Dabei haben sich die typischen Sozialisationsarrangements und die ihnen entsprechenden ‚Kindheiten' in den letzten Jahrzehnten stark verändert. Die im 19. Jahrhundert entstandenen und bis in die Zeit nach dem zweiten Weltkrieg wirksamen soziokulturellen Milieus des Katholizismus, des bürgerlichen Protestantismus und der sozialdemokratischen Arbeiterschaft haben ihre verschiedene Sozialisationsinstanzen normativ koordinierende Prägekraft weithin verloren (vgl. 5.1). Familie, schulische, freizeitpädagogische und altersgruppenspezifische massenmediale Einflüsse transportieren unterschiedliche und heute vielfach widersprüchliche Sinndeutungen und Verhaltenserwartungen und konkurrieren um den Zeithaushalt der Kinder. Der

Alltag ist heute für die meisten Kinder und Jugendlichen in weit stärkerem Maße als früher verplant: „Aufgrund fehlender oder weniger Geschwister und aufgrund einer nur geringen Chance für sich von selbst ergebende Straßenfreundschaften sind die heutigen Kinder gezwungen, ihre Sozialkontakte zu anderen Kindern gezielt aufzubauen. ... Anscheinend können sich heutige Kinder ohne vorherige Absprache nicht mehr darauf verlassen, ihre Freunde und Freundinnen am Nachmittag auch wirklich anzutreffen. ... Der Freizeitplan (koordiniert mit dem Fernsehprogramm) erfordert zum Teil strenge Zeitökonomie, und das Spielen an entfernten Orten wird zum Termingeschäft. Das führt dazu, daß schon Kinder oft keine Zeit mehr haben."[45a] Berücksichtigt man die gleichzeitige Verknappung auch der elterlichen Zeithaushalte, so wird deutlich, daß ein zeitlich ausgedehntes Familienleben sich heute nicht mehr als einigermaßen selbstverständliche Lebensweise ergibt, sondern unter den Beteiligten zunehmend ‚ausgehandelt' werden und von ihnen gemeinsam gewollt werden muß. Dabei kommt den Eltern eine Schlüsselrolle zu.

Auch wenn natürlich unbestreitbar ist, daß die kindliche Entwicklung oft weniger von den Intentionen der Eltern als von den tatsächlichen Umständen beeinflußt wird, ist die geläufige Behauptung, die Familie habe eine Sozialisationsaufgabe, ungenau. Es ist richtiger von einer *Erziehungsaufgabe* zu sprechen. Im Erziehungsbegriff wird das intentionale Moment in den Vordergrund gestellt, auf das es hier ankommt. Es äußert sich in erster Linie in den *Erwartungen und Forderungen*, die Eltern an ihre Kinder richten, welche – sofern sie von Verständnis, Zuwendung und Einfühlung begleitet sind – wichtige Orientierungspunkte der erwachenden kindlichen Intentionalität werden. Die Eltern als Vertreter des unmündigen Kindes treffen für dieses überdies *biographische Festlegungen*, wie z. B. die Wahl des Schultyps, und sie haben es in der Hand, durch die *Organisation des kindlichen Alltags* und die *Kontrolle der kindlichen Verkehrskreise* weitgehend die Fremd-Einflüsse zu filtern, die auf das Kind wirken. *Wenn Eltern diese Verantwortung nicht wahrnehmen, wenn sie also von den ihnen zustehenden Möglichkeiten der altersgemäßen bestimmten Forderung und der Eingrenzung bzw. Ausrichtung des kindlichen Erfahrungsraumes keinen Gebrauch machen, so ist die Konsequenz nicht etwa die bessere Entfaltung des kindlichen Willens, sondern dessen Überwältigung durch andere, anonymere Einflüsse, insbesondere diejenigen der Massenmedien.* Die Erziehungsaufgabe der Eltern besteht also gerade in der Unterstützung der Personwerdung oder Identitätsbildung des Kindes durch die Vermittlung werthafter Orientierungen sowie durch Beeinflussung der Rahmenbedingungen des Sozialisationsprozesses ihrer Kinder, welche allerdings gleichzeitig von einer Vielzahl anderer Instanzen mitbestimmt werden. Erst in dem Maße, als die Heranwachsenden ihrerseits in der Lage sind, mit diesen Einflußfaktoren aufgrund eigener Intentionen als gesellschaftlich handlungsfähige, produktiv realitätsverarbeitende Subjekte[46] umzugehen, kann (und soll) auf entsprechende elterliche Steuerungsleistungen verzichtet werden.

Da infolge des zunehmenden Ausbaus des Bildungswesens sowie weiterer sozialer Dienste für Kinder und Jugendliche die Entwicklung der kindlichen Fähigkeiten immer umfassender zum Gegenstand professionalisierter Kompetenz – von Lehrern, Psychologen, Freizeitpädagogen usw. – wird, stellt sich die Frage nach der *spezifischen Aufgabe der Familie* im Kontext des gesamten Sozialisationsgeschehens. Welche Sozialisationseffekte sind es eigentlich, welche von anderen Instanzen nicht oder jedenfalls nur mit weit geringeren Erfolgsaussichten erzielt werden können?

Auf die zentrale Bedeutung elterlicher Pflege und Zuwendung in der Kleinstkindphase wurde bereits hingewiesen. Aber nicht nur für die vorbereitende Stufe der Sozialisation, die Soziabilisierung, ist die Familie entscheidend, sondern ebenso für die anschließende Phase der Verinnerlichung jener Personenbeziehungen, die das Kind als dauerhafte erfährt, und die damit allmählich entstehende Identifikation mit diesen Personen. In dieser Phase, so ist zu vermuten, ist die Zahl der Bezugspersonen – ob die Mutter allein, Vater und Mutter, oder auch Geschwister – von nicht unerheblicher Bedeutung. Erst durch die *Mehrzahl der Bezugspersonen* erfährt das Kind die über die Zweierbeziehung hinausgehende Realität eines sozialen Systems: „Die Übernahme des sozialen Systems ‚Kernfamilie' durch das Individuum bedeutet die Übernahme des gelebten Beziehungsgeflechtes Kind-Mutter, Kind-Vater, Kind-Kind, Vater-Mutter und Eltern-Geschwister in das Individuum, und zwar als kategorial strukturierendes Element. ‚Wir' wird nicht erlebt, sondern ‚wir' wird gelebt, unmittelbar übernommen." Im Maße dieser Verinnerlichung beginnt das Kleinkind, sich selbst als Mitglied seiner Familie zu verstehen, und in der Erfahrung des dauernden Intimzusammenhangs kann es auf der Basis des in der vorangehenden Phase entwickelten ‚sozialen Optimismus' die menschliche Grundhaltung des *Vertrauens* entwickeln, also das vertrauende Erwarten der Regelmäßigkeit des Verhaltens des anderen. Und aus der Erfahrung der Dauerhaftigkeit der mitmenschlichen Beziehungen und der mit ihnen verbundenen Zuwendungen beginnt das Kind allmählich auch, Vertrauen in sich selbst und seine Interaktionsfähigkeit zu entwickeln.[47] Gleichzeitig erfährt sich das Kind als in einer bestimmten Stellung innerhalb der Familie verortet und beginnt, durch Differenzierung der Beziehungen zu den verschiedenen Bezugspersonen sich selbst als differenzierte Persönlichkeit zu entwickeln.

Wiederum aufbauend auf dieser Verinnerlichung der familialen Beziehungen und der Identifikation mit den Interaktionspartnern werden diese nunmehr zu *Vorbildern sozialen Lernens.* Kinder erwerben ihre grundlegenden Werthaltungen durch Identifikation und Nachahmung der Personen, welche für sie von besonderer Bedeutung sind.[48] „Wie Eltern mit den Normen umgehen, auf die sie sich selbst und ihre Kinder verpflichten; welche Themen sie in den Vordergrund rücken und welche sie verdrängen; in welchem Maße sie bei dem, was sie tun und was sie ihren Kindern zu tun aufgeben, Vergangenes und Zukünftiges mitbedenken; ob und in welcher Weise sie dabei auch auf die Bedürfnisse des jeweils anderen eingehen; ob und in welcher Weise im Umgang miteinander die Regeln dieses Umgangs erkannt, erörtert und problematisiert werden dürfen – all dies muß sich auf die Sozialisation des Kindes auswirken."[49] Aber nicht nur die bewußten und erst recht nicht nur die erörterbaren Erziehungshandlungen wirken auf das Kind ein. „Gerade banale, wenig gewichtig erscheinende Verhaltensweisen werden häufig praktiziert. Sie haben bereits dadurch die Chance, tiefer zu beeindrucken. Darüber hinaus ist zu vermuten, daß sich eben in solchen ‚banalen' Verhaltensweisen latente Werthaltungen verbergen, die auf gewichtigere kulturelle Werte verweisen als andere Verhaltensweisen, die nach außen bedeutender wirken mögen."[50] *Claessens* vermutet mit guten Gründen, daß die durch unmittelbare sinnliche Erfahrungen geprägte Geschmacksentwicklung des kleinen Kindes nachhaltige Folgen für die Entwicklung späterer Präferenzen hat. Er verdeutlicht im weiteren, daß gerade der Umstand, daß in Familien soziale Normen nicht nur befolgt, sondern auch verletzt oder umgangen werden, eine Hilfe zur elastischen Vermittlung der hinter ihnen stehenden Wertvorstellungen darstellt. „Diese besondere, nicht ‚lehrbare', sondern nur im täglichen engen Umgang mit nahe verbundenen Menschen vermittelbare ‚dynamische Toleranz' im Hinblick auf gleichzeitige Nichtbeachtung und Achtung von sozio-kulturellen Werten ist zugleich derjenige Faktor, der die Unverträglichkeit universaler Geltungsansprüche sich widersprechender Werte auffängt und sozusagen ‚entschärft'."[51] In der Familie wird somit auch die spezifische *Moralität* eines Menschen geprägt: Die Einstellung zu den Mitmenschen, das Verhältnis von Ich-Bezogenheit und Solidaritätsbereitschaft; Gewissenhaftigkeit als Fähigkeit, sich zu verpflichten und Selbstverpflichtungen einzuhalten; aber auch ein rigider Moralismus oder bald ängstlicher, bald berechnender Opportunismus. Von den familialen Bedingungen des Heranwachsen ist jedoch auch die spezifische Emotionalität des späteren erwachsenen Menschen in hohem Maße abhängig: Die Art und Weise des familiären Umgangs prägt – mutmaßlich neben gewissen genetischen Faktoren – Gelassenheit oder Gespanntheit der Persönlichkeit, das Aggressionspotential aber auch die Liebesfähigkeit, das Ausmaß an Zuversicht oder Angstbereitschaft. Schließlich ist auch die *Lern- und Leistungsbereitschaft* im Rahmen der schulischen Bildungsprozesse in erheblichem Maße von Art und Ausmaß elterlicher Zuwendung und Unterstützung mit abhängig.

Die neuere Sozialisationstheorie integriert diese primär an der frühkindlichen Sozialisation orientierte Perspektive in die Problemstellung der *Identitätsentwicklung*. „Von Identität soll gesprochen werden, wenn ein Mensch über verschiedene Handlungssituationen und über unterschiedliche lebensgeschichtliche Phasen hinweg eine Kontinuität des Selbsterlebens auf der Grundlage eines bewußt verfügbaren Selbstbildes wahrt. Verkürzt formuliert: Identität ist der Zustand der Kontinuität des situations- und lebensgeschichtlichen Selbsterlebens."[52] Für die Entwicklung eines positiven Selbstbildes sind frühkindliche Erfahrungen zweifellos von großer Bedeutung, wie bereits gezeigt wurde. Aber die bisherige Forschungslage erlaubt keine schlüssige Rekonstruktion des Zusammenhangs zwischen frühkindlichen Erfahrungen und späterer Persönlichkeitsstruktur. Zahlreiche Befunde deuten darauf hin, daß im Gegensatz zur Annahme der Psychoanalyse auch die Erfahrungen in der späteren Kindheit und Jugend hierfür von erheblicher Bedeutung sind. Elterliches Erziehungsverhalten, das sich hier insbesondere auch als Kontrolle des Zugangs der Kinder zu verschiedenen Erfahrungsfeldern und als Filterung möglicher Einflüsse von seiten Dritter äußert, kann dabei sowohl zu restriktiv als auch zu permissiv sein. Im erstgenannten Fall (der wohl vor allem in eher traditionalen Kontexten auftritt) entwikkeln die Kinder allzu rigide Erwartungen und Handlungsmuster, im zweitgenannten Fall, der wohl für ‚fortschrittliche' Eltern typischer ist, besteht die Gefahr einer fortgesetzten Reizüberflutung durch nicht ausreichend verarbeitbare Einflüsse, so daß das Entstehen einer zur Entwicklung von Intentionalität fähigen Persönlichkeit gefährdet scheint: „Wenn nicht alles täuscht, dann ist unter heutigen Lebensbedingungen die Bildung und Aufrechterhaltung einer bewußt reflektierten Kontinuität des Selbsterlebens schwieriger als vor ein oder zwei Generationen. Denn durch den zunehmenden Prozeß der Ausdifferenzierung der Sozialstruktur und den Prozeß der Entinstitutionalisierung von Lebensübergängen bei Enttraditionalisierung von Werten und Normen sind erhebliche Anforderungen an die Koordination und Steuerung des eigenen Handelns gerichtet."[53]

Unter ‚modernen' Bedingungen sind die Sozialkontexte von Kindern im außerfamilialen Bereich durch eine *hohe Fluktuation der relevanten Bezugspersonen* gekennzeichnet. Nachbarn, Spielkameraden und Freunde wechseln beim Umzug der Familie, Erzieher und Lehrer wechseln im Durchgang durch die Altersstufen des Vorschul- und Schulsystems, und auch hierbei ändert sich der Kreis der Gleichaltrigen. Von besonderer Inkonsistenz sind die Einflüsse, welche über die Massenmedien, insbesondere das Fernsehen, vermittelt werden, wobei die Inkonsistenz durch die Homogenität der Wertmuster in der unmittelbaren persönlichen Umgebung reduziert oder bei entsprechender Heterogenität auch verstärkt werden kann. Die Eltern und Geschwister, aber in diesem Zusammenhang auch nicht zum Haushalt gehörige weitere Verwandte, stellen ein von den räumlichen und biographischen Veränderungen relativ unabhängiges Bezugssystem dar, das sich grundsätzlich besonders eignet, um die erforderliche „Kontinuität des Selbsterlebens" zu stützen und zu fördern. Die Leistung der Familie für das heranwachsende Kind und den Jugendlichen besteht also immer weniger in der Vermittlung von Einzelkompetenzen, sondern *in der emotionalen Unterstützung und Stärkung des Selbstbildes*, in der Förderung der Identität, wobei selbstverständlich auch ungünstige Einwirkungen vom Erziehungsverhalten der Eltern ausgehen können. Die Expertenkommission zum Zweiten Familienbericht der Bundesregierung hat einen Überblick zum damaligen Forschungsstand zu den „Sozialisationswirkungen der Familie" im Hinblick auf die geistige Entwicklung, die Ausbildung von Leistungsmotivation, die Gewissensentwicklung und moralische Orientierung, zur Entfaltung des Selbstwertgefühls, sowie zur Entstehung sozialer Kompetenzen und abweichenden Verhaltens gegeben.[54] Auch wenn die dort gegebene Darstellung dem damaligen Zeitgeist entsprechend etwas allzu intellektualistisch ausgefallen ist, so vermag sie doch eindrücklich den Einfluß unterschiedlicher Familiensituationen und elterlicher Verhaltensweisen auf die Entwicklung von Kindern zu belegen.

In Ergänzung hierzu sei hier die Bedeutung der *Kontinuität von Identifikationen* als Bedingung der Entwicklung einer Fähigkeit zum Kontinuieren von Selbstbildern betont. Die unter früheren Erziehungsverhältnissen oft gegebene allzu große Enge und exklusive Intimität familialer Sozialisation (overprotection) hat heute der Gefahr eines allzu diffusen und allzu diskontinuierlichen Sozialisationsarrangements (underprotection) Platz gemacht. Zweifellos ist eine Pluralität von Identifikationspersonen zur Stimulierung der notwendigen Differenzierungs-, Generalisierungs- und Reflexionsprozesse günstiger als die Fixierung auf eine einzige Identifikationsperson. Entscheidend für die Entwicklung eines positiven Selbstbildes erscheint jedoch die *Anerkennung* durch ‚*bedeutungsvolle*' Andere, d.h. durch Personen, welche mit dem Kind in einer genügend intensiven und dauerhaften Austauschbeziehung stehen und es gleichzeitig in seiner Eigenart als Person wahrnehmen und ansprechen. Ein Kind braucht zur Identitätsentwicklung *dialogische Sozialbeziehungen*, d.h. Ich-Du-Beziehungen, in denen es in seiner Eigenart als Person und nicht nur in seiner Funktionalität oder Rollenhaftigkeit wahrgenommen und anerkannt wird.[55] Dies ist nur in sozialen Systemen mit wenigen Teilnehmern überhaupt möglich, so daß z.B. die normale Schulsituation hierfür von vornherein ausfällt. Auch wenn natürlich Freundschaften, aber auch therapeutische Situationen auf Zeit ähnliche Eigenschaften aufweisen mögen, kennt unsere Gesellschaft doch kein anderes dauerhaftes Arrangement als die Familie, in der die Bezugnahme auf die unvertretbare Personhaftigkeit so normativ verankert ist (vgl. 3.2.1).

Weitgehend unbekannt ist, inwieweit die hier hervorgehobenen Erziehungsleistungen in Familien heute tatsächlich erbracht werden. Dies liegt sowohl an grundsätzlichen Meßproblemen als auch am sehr persönlichen und damit besonders durch Privatheit geschützten Charakter dieser familialen Vorgänge. Zahlreiche, allerdings überwiegend amerikanische Untersuchungen weisen darauf hin, daß frühe Trennung von den Eltern, aber auch dauerhafter Verlust der Beziehung zu einem Elternteil, wie er heute vor allem infolge von Scheidung auftritt, nachhaltige Störungen der Persönlichkeitsentwicklung zur Folge haben können. Ebenso belasten fortdauernde Streitigkeiten zwischen den Eltern, Kindesmißhandlung in der Familie, aber auch belastende Lebensverhältnisse infolge von Arbeitslosigkeit, Einkommensschwäche oder beengenden Wohnverhältnissen die Entwicklungschancen von Kindern nachhaltig. Dabei erscheinen Jungen gegenüber derartigen Belastungen ‚verletzlicher' als Mädchen.[56]

Charakteristisch für die familiale Sozialisationssituation ist es, daß auch relativ spezifische Belastungen infolge ihres Spannungen erzeugenden Charakters *diffus und damit auch emotional belastend wirken*. Die spezifischen Eigenschaften des familialen Lebenszusammenhangs entfalten somit typischerweise eine die Persönlichkeitsentwicklung *im Ganzen* beeinflussende Wirkung, die sowohl besonders förderlich als – unter ungünstigen Bedingungen – besonders schädigend sein kann. Auch wenn somit der Bereich der außerfamilialen Sozialisation in den letzten Jahrzehnten stark an Bedeutung gewonnen hat, so sollte daraus doch nicht geschlossen werden, daß das Gewicht der familialen Erziehungsleistungen für das spätere Lebensschicksal geringer geworden wäre.

3.2.4 Haushaltsführung, Gesundheit und Erholung

Der zeitlich überwiegende Anteil aller Tätigkeiten, die sich im familialen Kontext ereignen, dient der physischen Erhaltung des Individuums: Zubereitung und Aufnahme von Nahrung, Körperpflege, Bekämpfung von Krankheiten, Erholung durch Schlaf und Freizeitaktivitäten. Mit Ausnahme eines Teils der Freizeitaktivitäten sind diese Tätigkeiten weitgehend an die Voraussetzungen einer sachlichen Infrastruktur gebunden, welche die charakteristische Ausstattung eines Haushalts ausmachen, zu dem als räumlicher Rahmen außerdem die den Privatheitscharakter erst garantierende, abschließbare Wohnung gehört. Die Reinigung und der Unterhalt der Wohnung ist daher im weiteren Sinne ebenfalls dieser

Aufgabe zuzurechnen, welche im übrigen auch für Personen anfällt, die einen Einzelhaushalt führen.[57] Insofern handelt es sich hier nicht um eine exklusive Aufgabe der Familie, wohl aber um eine Aufgabe, die mit ihr charakteristischerweise verbunden ist. Da ein Großteil der familialen Aktivitäten vordergründig der Haushaltsführung und der Erholung dient, durchdringen sie auch die Erledigung der übrigen Aufgaben, insbesondere diejenigen der Erziehung und der emotionalen Stabilisierung – „Liebe geht durch den Magen".[58] Es ist nicht zuletzt die Art und Weise, wie der familiale Alltag organisiert wird, und wie die Familienmitglieder miteinander in der Erledigung ihrer alltäglichen Routinen umgehen, welche das Ausmaß an Spannungsfreiheit oder aber Streß der Familienbeziehungen prägt, und ebenso beeinflussen die emotionalen Beziehungen in der Regel die Qualität der Haushaltführung und der Erholung – bis hin zur Nachtruhe. Dennoch lassen sich beide Bereiche sowohl analytisch wie auch aus der Perspektive der Beteiligten deutlich unterscheiden.

Unter dem hier interessierenden Gesichtspunkt familialer Aufgaben und Leistungen, also unter dem Aspekt der Nützlichkeit familialer Tätigkeiten für ihre Mitglieder und für andere Gesellschaftsbereiche, bringt der Begriff der *Regeneration* das Wesentliche zur Sprache (vgl. 3.3.2). Insbesondere die Erwerbsarbeit, aber auch die übrigen Aktivitäten im Raum des Öffentlichen – von der Erledigung der Besorgungen bis zur politischen, caritativen oder assoziativen Betätigung – beanspruchen Zeit und Kräfte, setzen den Organismus unter bestimmte Leistungsanforderungen und sind mit den genannten regenerativen Aktivitäten nicht vereinbar. Das Bedürfnis nach Erholung ist jedoch eines der elementarsten des lebenden Organismus, und eine fortgesetzte Vernachlässigung dieses Bedürfnisses zieht Erschöpfung und nicht selten Krankheit nach sich. Insofern ist auch die Regeneration eine gesellschaftlich relevante Leistung. Ihre Vernachlässigung bewirkt zum einen sinkende Leistungsfähigkeit und zum anderen erhöhte Krankheitskosten. Gerade die neueren Auffassungen über Krankheit und Gesundheit betonen die Bedeutung der Lebensweise für die langfristigen Gesundheitschancen des Individuums und den Gesundheitszustand einer Bevölkerung. In diesem Zusammenhang werden sowohl Ernährungsgewohnheiten als auch Bewegungsarmut, gesundheitsschädigende Verhaltensweisen (Rauchen, Alkohol) und belastende Lebensformen (z. B. beruflicher oder ehelicher Streß) problematisiert.[59]

Insoweit Regeneration im Familienhaushalt erfolgt, steht sie unter Bedingungen der geschlechtsspezifischen Arbeitsteilung, welche in den letzten Jahren vor allem von seiten der Frauenforschung thematisiert und kritisiert worden sind.[60] Traditionellerweise gehörte die Haushaltsführung zum Aufgabenbereich der Frau, und es hat den Anschein, als ob trotz einer zunehmenden Beteiligung der Väter an der Erziehung ihrer Kinder die Haushaltstätigkeiten – mit Ausnahme von Reparaturen – nach wie vor ganz überwiegend von den Frauen erledigt werden. Selbst in Haushalten, welche in ihrer Gründungsphase eine einigermaßen egalitäre Teilung der Hausarbeit realisierten, scheinen auf die Dauer, insbesondere nach der Ankunft von Kindern, sich wieder Muster der Arbeitsteilung zu bilden, bei denen die Frau überwiegend die Hausarbeit übernimmt. Inwieweit dies einer Einsicht in die Rationalisierungseffekte der Aufgabenteilung oder aber einer Rückkehr zu stereotypen Rollenmustern entspringt, bleibt oft unklar. Deutlich nachweisbar sind milieu- und schichtspezifische Unterschiede: In den Unterschichten wird an traditionalen Formen der Arbeitsteilung anscheinend von beiden Geschlechtern überwiegend festgehalten, während in den Mittelschichten vor allem gebildetere Frauen mit wachsendem beruflichem Engagement auch auf eine egalitäre Aufgabenteilung drängen (vgl. 4.4.4).

Angesichts der zunehmenden außerhäuslichen Erwerbstätigkeit beider Elternteile stellt sich die Frage, inwieweit eine *Auslagerung der Haushaltsfunktionen* aus dem Familienkontext sinnvoll ist. Viele frühere Hausarbeiten (z. B. das Stopfen von Strümpfen) sind durch Änderungen der Produkte und der Konsumgewohnheiten obsolet geworden. Bestimmte Dienstleistungen (z. B. Waschen, Fensterreinigung) werden gewerbsmäßig angeboten, und vor allem im Ernährungsbereich ist eine Tendenz zum Angebot von Fertiggerichten und Halbfabrikaten zu beobachten, das den häuslichen Arbeitsaufwand minimiert. Noch weitergehend kann auch die Nahrungsaufnahme weitgehend in Kantinen, Restaurants usw. verlegt werden.[61]

Diese Rationalisierungs- und Verlagerungsmöglichkeiten können sich auf die Familie in unterschiedlicher Weise auswirken.[62] Sie können die Frau von ‚unterwertiger' Hausarbeit ‚befreien' und außerfamiliale Aktivitäten erleichtern. Sie können die Befriedigung in der Hausarbeit erhöhen oder infolge des damit verbundenen Anschaulichkeits- und Autonomieverlustes reduzieren. Sie können aber auch zu steigenden Ansprüchen an die Hausfrau und zu einem fortgesetzten Konsumdruck führen.

Wenig bedacht wird in diesem Zusammenhang die *Sekundärwirkung* einer zunehmenden Entleerung der Aufgabe der Haushaltsführung für die übrigen familialen Aufgaben. Mit ihr schwindet das konstitutive Moment familialer Alltäglichkeit, also das Medium, das wahrscheinlich ein bedeutendes Bindungselement der Familie darstellt. Angesichts der sinkenden Attraktivität der ‚Hausfrauenehe' wird aber die Aufrechterhaltung der beziehungsfördernden Haushaltsaktivitäten nur insoweit zu sichern sein, als es gelingt, bei Männern und Kindern mehr Verständnis für die gemeinsame Erledigung von Hausarbeiten zu entwickeln. Leistungsauslagerungen können selbstverständlich sinnvoll und auch entlastend wirken, doch ändert sich ihre Bedeutung mit den verschiedenen Phasen der Familienentwicklung. Vor allem in der Vorschul- und Grundschulphase dürfte der familialen Haushaltsführung erhebliche Wirksamkeit auch für die Erfüllung der Erziehungsaufgaben zukommen.

Dies wird deutlicher, wenn wir uns die Bedeutung des Vorbildlernens für die kindliche Entwicklung vergegenwärtigen. Angesichts des nahezu völligen Ausschlusses von Kindern aus der Welt der Erwachsenen,[63] insbesondere jedoch aus der Berufssphäre der Eltern, *stellt der Haushalt den wichtigsten Erfahrungsraum dar, in dem Kinder ihre Eltern beobachten und von ihnen lernen können.* Wo das Erlebnis gemeinsamer Aufgaben und wechselseitiger Verantwortungen fehlt, wie es insbesondere durch eine grundsätzlich egalitäre, jedoch arbeitsteilige Verteilung von Haushaltverrichtungen möglich wird, besteht die Gefahr, daß Kindern elementare Einsichten in die Notwendigkeit und Sinnhaftigkeit von Solidarität nicht vermittelt werden. Häufig wird diese Entlastung der Kinder von familiären Verantwortungen und die damit verbundene Entlastung der Eltern von erzieherischen Auseinandersetzungen als Unterstützung des kindlichen Autonomiestrebens mißverstanden. Es scheint jedoch zweifelhaft, ob die in solcher Toleranz letztlich zutagetretende Indifferenz der Eltern der Persönlichkeitsentwicklung der Kinder tatsächlich förderlich ist oder nicht vielmehr das Entstehen solidarischer Kompetenzen untergräbt. Damit würde der ohnehin starke Individualisierungstrend auf der interaktiven Ebene noch verstärkt. Insoweit als die Freistellung von der Beteiligung an Hausarbeit einseitig nur die Jungen trifft, wird dadurch zusätzlich die herkömmliche Polarisierung der Geschlechtsrollen verstärkt, deren Überwindung für eine Restabilisierung der Geschlechterverhältnisse wahrscheinlich von großer Bedeutung ist.

Neben der Haushaltsführung ist auch die Bewältigung banaler Krankheitsepisoden sowie die Unterstützung zu einer gesundheitsförderlichen Lebensweise eine wichtige Aufgabe der Familie, die dem Regenerationsbereich zuzuordnen ist.[64] Auch hier lassen sich charakteristische geschlechtsspezifische Unterschiede beobachten, welche dazu führen, „daß Frauen in vielen Fällen *ihre* Gesundheitsbedürfnisse in der Familie nicht befriedigen können.“[65]

Über den tatsächlichen Alltag von Familien und insbesondere die damit verbundene Zeitverwendung der Familienmitglieder wissen wir für deutsche Verhältnisse im Gegensatz zum Ausland noch recht wenig.

„Nach den einzigen ... statistischen Erhebungen über die Verteilung der Hausarbeit auf die Mitglieder der Familie in der Bundesrepublik Deutschland (d. h. *Zander* 1976 F.-X. K.) sind es im Haushaltstyp 2 der laufenden Wirtschaftsrechnungen – dem Vier-Personen-Arbeitnehmerhaushalt mit mittlerem Einkommen – die Hausfrauen, die 82% der anfallenden Hausarbeit übernehmen, ... Eine andere Untersuchung aus den

Niederlanden zeigt, daß von 1935 bis 1975 der Anteil der Ehemänner an der Hausarbeit – allen Partnerschaftsbeteuerungen zum Trotz – nur um 5% zugenommen hat. Selbst in den sozialistischen Staaten, die im übrigen sehr viel genauer beobachten, welche gesellschaftlichen Arbeitsleistungen erbracht werden, liegt z. B. bei einer Erwerbsquote der Frauen in der DDR von 82% der Anteil der Männer an der Hausarbeit nur bei 20% (1970)."[66]

Kürzliche Untersuchungen mit Hilfe der Tagebuchmethode durch das Institut für Sozial- und Familienpolitik der Universität Marburg[67] geben erstmals einen differenzierten Einblick in die Zeitverwendungsmuster von Familien.

Tabelle 5 zeigt die Zeitverwendung nach Tätigkeitsbereichen für erwerbstätige und nicht erwerbstätige Frauen. Auffallend ist der hohe Zeitaufwand für Aufräum- und Reinigungsarbeiten. Die erwerbstätigen Frauen wenden im Durchschnitt täglich 4.35 h für Hausarbeiten auf, die nicht erwerbstätigen 6.31 h. Differenziertere Auswertungen zeigen, daß der Zeitaufwand für Kinder stark von der Kinderzahl und vom Alter der Kinder abhängig ist. Am stärksten ist die Beanspruchung naturgemäß bei Kleinkindern.[68]

Tabelle 5: Täglicher Zeitaufwand erwerbstätiger und nicht-erwerbstätiger Frauen in Minuten und Anteilen

Art der Tätigkeit	Erwerbstätige		Nicht-erwerbstätige	
	Min.	%	Min.	%
Berufstätigkeit	231	16,0	–	–
Grundbedürfnisse (Schlafen, Hygiene, Essen)	571	39,7	590	41,1
Wohnungsreinigung, Aufräumen	107	7,4	153	10,6
Wäsche und Bekleidung	47	3,3	65	4,5
Einkäufe erledigen	28	1,9	36	2,5
Zubereitung von Mahlzeiten	74	5,1	106	7,4
Garten, Haustiere pflegen	19	1,3	31	2,2
Betreuung kranker/behinderter Familienmitglieder	9	0,6	13	0,9
Betreuung der Kinder (ohne Gespräch)	31	2,2	69	4,8
Gespräche führen	103	7,2	113	7,9
Freizeitgestaltung und Weiterbildung	197	13,7	232	16,1
Sonstiges	23	1,6	29	2,0
Summe	1440	100	1440	100
Stichprobengröße N =	779		327	

Quelle: H. G. Krüsselberg u. a., Verhaltenshypothesen und Freizeitbudgets. Stuttgart 1986, S. 28; eigene Berechnungen.

Einer weiteren Zeitbudgetstudie von *erwerbstätigen* Frauen ist zu entnehmen, daß deren Tätigkeitsstruktur sich in erster Linie in Abhängigkeit vom Vorhandensein und dem Alter der Kinder verändert. „Die Anzahl der Kinder und das Vorhandensein eines Mannes im Haushalt ist demgegenüber für die Tätigkeitsstruktur der Frauen eher von untergeordneter Bedeutung." Was die Hausarbeit betrifft, so wenden hierfür die Frauen etwa dreimal mehr Zeit auf als die Männer. „Die kinderlosen Männer leisten die meiste Hausarbeit, die Väter von zwei und mehr Kindern die geringste, wobei die Mithilfe der Väter am größten ist bei einem Alter der Kinder von 3–6 Jahren."[69] Damit werden vielfältige Beobachtungen bestätigt, die für die kinderlose Phase eines Paares eine egalitärere Arbeitsteilung als für den Familienhaushalt festgestellt haben. Wie die Studie weiterhin zeigt, geht die größere Belastung der Alleinerziehenden nicht zu Lasten der zeitlichen Zuwendung zu den Kindern, sondern vor allem zu Lasten der Zeit für die Hausarbeit. Die relativ geringen Unterschiede der Zeitverwendung bei Alleinerziehenden lassen vermuten, daß die größere Belastung vor allem durch eine höhere Intensität der Tätigkeit ausgeglichen wird.[70]

Erste Informationen zur Zeitverwendung in den neuen Bundesländern zeigen hinsichtlich der Beteiligung an der Hausarbeit überraschende Parallelen zu den alten Bundesländern: Die Hälfte der Männer beteiligt sich mit weniger als 10 Stunden pro Woche an der Hausarbeit, im Westen sind es 70%. 56% (im Westen 63%) der Frauen wenden mehr als 20 Stunden wöchentlich für die Hausarbeit auf, dagegen nur 20 bzw. 12% der Männer. Die Beteiligung der Männer war also in der DDR etwas höher als in den alten Bundesländern, doch steht diese Differenz in keinem Verhältnis zur weit stärkeren Erwerbsbeteiligung der Frauen. Besonders auffällig ist, daß die Struktur im Osten praktisch gleich bleibt, wenn man nur diejenigen Haushalte vergleicht, in denen beide Parter erwerbstätig sind. Berücksichtigt man die geringe Verbreitung von Teilzeitarbeit in der DDR, so resultiert daraus eine weit stärkere Belastung der Frauen, auch im Vergleich zu den Frauen im Westen.[71]

3.2.5 Wechselseitige Hilfe

Familienmitglieder sollen einander in Notfällen Hilfe geben. Die Erfüllung dieser Aufgabe drängt sich dort unmittelbar auf, wo Familienmitglieder in einem Haushalt oder zum mindesten unter einem Dach zusammenleben. Sie gilt jedoch auch als verwandtschaftliche Pflicht, wo die Haushalte räumlich getrennt sind, und zwar vor allem zwischen Eltern und Kindern, wo eine Unterstützungspflicht auch rechtlich vorgeschrieben ist.[72]

Die zentrale Bedeutung der näheren Familie in Hilfe- und Unterstützungsprozessen ist in den letzten Jahren durch zahlreiche Untersuchungen erhärtet worden.[73] Die wichtigsten Befunde lassen sich wie folgt zusammenfassen:

- Andere Haushaltsmitglieder sind die wichtigsten Bezugspersonen bezüglich praktischer Hilfe im Krisenfall, aber auch für Informationen und Beratungen.
- Unter den nicht zum Haushalt gehörenden Personen spielt die Mutter bzw. Schwiegermutter – unabhängig vom Anlaß – eine zentrale Rolle.
- Sonstige Verwandte, Nachbarn und Freunde bilden einen weiteren Kreis potentieller Hilfspersonen, wobei die Inanspruchnahme hier recht selektiv nach unterschiedlichen Anlässen erfolgt.
- Sonstige Bekannte und Arbeitskollegen spielen nur eine untergeordnete Rolle.
- Unter den hilfegebenden Personen dominieren eindeutig die Frauen, welche auch stärker untereinander auf Hilfe zählen als die Männer.
- Männer dagegen sind häufig stärker die Hilfeempfangenden und auch schneller mit der gebotenen Hilfe zufrieden.

Ähnlich wie bei der Hausarbeit wird hier somit deutlich, *daß Hilfe bisher eine überwiegend weibliche Angelegenheit ist*, was nicht selten zu erheblichen Überlastungsphänomenen führen kann.

Eine neuere Untersuchung hat ein besonderes Augenmerk auf die Folgen der Individualisierung und Pluralisierung privater Lebensverhältnisse gerichtet. Dabei bestätigt sich zunächst die hohe Leistungsfähigkeit traditioneller Familienformen. Aber „nichteheliche Lebensgemeinschaften ... sofern die Partner im selben Haushalt zusammenwohnen ... unterscheiden sich weder in ihrem partnerschaftlichen Hilfeverhalten noch bei einer Reihe von Unterstützungsleistungen für andere Personen von verheirateten Paaren.“[74]

In der Perspektive des sogenannten Familienzyklus tritt Hilfebedürftigkeit insbesondere in zwei Phasen auf, nämlich bei der jungen Familie und beim alleinstehenden, pflegebedürftigen alten Menschen, häufig dem überlebenden Elternteil.

Obwohl die amtliche Statistik nur einen geringen Anteil von unter 3% der Drei-Generationen-Familien an allen Mehrpersonenhaushalten ausweist, zeigen zahlreiche Untersuchungen, daß junge Familien in erheblichem Umfange auf die räumlich nahen Großeltern, insbesondere die Großmutter, zurückgreifen können. In einer Konstanzer Untersuchung lebte bei 26% aller jungen Familien die Großmutter entweder in demselben Haus oder in derselben Wohnung; trotz beengter Wohnverhältnisse ist der Anteil mit 32% bei Unterschichtfamilien besonders hoch.[75] In unseren eigenen Untersuchungen zeigte sich, daß schätzungsweise zwei Drittel aller jungen Familien in NW in unmittelbarer Nähe (weniger als eine Viertelstunde entfernt) der Eltern der Frau leben.[76] Angesichts des weitgehenden Fehlens von Betreuungseinrichtungen für Kleinkinder unter drei Jahren erscheint in der Bundesrepublik die Erwerbstätigkeit junger Mütter im wesentlichen von der Verfügbarkeit der Mutter oder Schwiegermutter als Betreuungsperson für die Kinder abhängig. An zweiter Stelle stehen die Geschwister der Eltern, vor allem, wenn sie in der Nähe wohnen. Dagegen treten andere Netzwerkbeziehungen, etwa zu Nachbarn, entfernteren Verwandten, Freunden und Arbeitskollegen an Bedeutung stark zurück, wenngleich sie mit Bezug auf bestimmte Anlässe (z. B. als Informationsgeber oder Vertrauenspersonen) für einzelne Familienmitglieder durchaus bedeutungsvoll werden können.

Für die junge Familie als ganze können wir festhalten, daß es im wesentlichen die Personen der Herkunftsfamilie junger Eltern sind, welche Hilfe leisten und denen man sich auch selbst zur Hilfe verpflichtet fühlt. Damit bestätigt sich erneut die geringe Bedeutung der weiteren Verwandtschaft. *Es ist im wesentlichen der kernfamiliale Verband, welcher die Solidarität stiftet.* Ähnliches gilt für den besonderen Fall der Hilfe nach einer Scheidung.[76a]

Ähnliches läßt sich im Hinblick auf die Hilfebeziehungen der älteren Generation feststellen. Wie die jüngeren unterhält ein Großteil der älteren Menschen zwar vielfältige Kontakte zu Personen außerhalb ihres Haushalts, und es hat den Anschein, als ob vom Ausmaß dieser Sozialkontakte die Lebenszufriedenheit in hohem Maße abhängt. Wie aber insbesondere die Bonner Längsschnittstudie von *Ursula Lehr* und Mitarbeitern zeigt, verschlechtert sich mit der quantitativen Intensivierung der familialen Kontakte häufig deren Qualität. „Eine Quantität familiärer Kontakte auf Kosten der Qualität familiärer Kontakte und auf Kosten außerfamiliärer Kontakte ist für den älteren Menschen eher von Schaden als von Nutzen".[77]

Die vorherrschende Lebensform älterer Menschen ist die Führung eines eigenen Haushalts: von den in Privathaushalten lebenden über 65-jährigen wohnten 1982 39,3% allein und 41,6% mit Partner(in) zusammen. Insgesamt lebten also über 80% im eigenen Haushalt. 11,5% lebten mit Kindern oder Enkeln zusammen und nur 4,7% in einem Drei- oder Vier-Generationen-Haushalt; 2,9% lebten mit anderen Verwandten oder Nicht-Verwandten zusammen; weitere 3,7% leben in Anstaltshaushalten. Drei Viertel der Alleinlebenden sind Frauen.[78] Mit zunehmendem Alter nimmt der Anteil der Alleinlebenden und derjenige der mit ihren Kindern Lebenden zu. Generell zeigt sich, daß in dem Maße, als die Hilfebedürftigkeit zunimmt, auch die Kontakte zur engeren Familie, insbesondere den Kindern, gewichtiger werden. Lange bevor eine allgemeine Pflegebedürftigkeit eintritt, brauchen ältere Menschen für bestimmte alltägliche Verrichtungen Hilfe und Unterstützung, die sie am ehesten aus der engeren Familie erwarten können. Soweit nahestehende Angehörige in erreichbarer Nähe wohnen, ist das in der Regel unproblematisch. Die Anteile älterer Personen, welche nach Untersuchungen in verschiedenen deutschen Städten in dieser Lage sind, variiert jedoch erheblich. *Grunow* schätzt aufgrund des Vergleichs zahlreicher Untersuchungen, „daß 25% der Befragten mit Kindern vergleichsweise selten Kontakt zu ihnen haben und daß insgesamt etwa 10–15% der älteren Menschen weder mit ihren Kindern noch mit sonstigen Bekannten, Verwandten und Nachbarn Kontakte pflegen. Dies dürfte der harte Kern der isolierten älteren Menschen sein."[79] Wahrscheinlich befinden sich darunter vor allem die „zukünftig noch anwachsenden Gruppen der älteren ledigen, kinderlos gebliebenen Paare und Verwitweten, die erhebliche Defizite an Kontakten und Unterstützungsleistungen aufweisen und diesbezüglich zum Teil dramatisch ... schlechter gestellt sind sowohl im Vergleich zum Gesamtdurchschnitt als auch speziell im Vergleich zu ihren Altersgenossen in familialen oder nachfamilialen Lebensformen."[80]

Zahlreiche Untersuchungen legen den Schluß nahe, daß bei zunehmender Pflegebedürftigkeit der Eltern vormals getrennte Haushalte von Eltern und Kindern wieder zusammengelegt werden, denn die Versorgung pflegebedürftiger Menschen wird in der Bundesrepublik nach wie vor in den weitaus meisten Fällen von den Angehörigen übernommen. Zwar fehlen bisher sowohl genaue Zahlen über den Umfang der Heimunterbringung als auch das Ausmaß der Familienpflege, doch schätzt der Vierte Familienbericht, daß 85–95% der Pflegeleistungen in der Familie erbracht werden.[81] Nach einer Untersuchung aus dem Jahre 1980 können ca. 1 Mio. alter Menschen als hilfs- und pflegebedürftig gelten, darunter ca. 160000 Schwerstbehinderte, die bettlägerig und vollkommen auf fremde Hilfe angewiesen sind.[82] Eine weitere Untersuchung (1991) kommt auf 1,1 Mio. Pflegebedürftige in Privathaushalten der alten und neuen Bundesländer, darunter 190000 ständig Pflegebedürftige. Dabei bestehen keine erheblichen anteilmäßigen Differenzen zwischen alten und neuen Bundesländern.[83] Soweit ein Partner im gleichen Haushalt vorhanden ist, ist dieser in der Regel die Hauptpflegeperson.

In der Bevölkerung ist die Auffassung vorherrschend, daß für persönliche Hilfeleistungen die Familienmitglieder zuständig seien, dagegen wird bei finanziellen Schwierigkeiten vor allem auf die Verantwortung der Gemeinde hingewiesen. Inwieweit das hohe Maß an Familienpflege auch darauf zurückzuführen ist, daß im Falle einer Heimeinweisung Kosten entstehen, für deren Deckung u. U. die nächsten Angehörigen herangezogen werden können, läßt sich bisher nicht feststellen. Verschiedene Indizien deuten jedoch darauf hin, daß finanzielle Unterstützungen weit eher von der älteren an die jüngere Generation als umgekehrt gewährt werden.

Auch in diesem Zusammenhang zeigt sich übrigens, daß Männer in der Regel nur dort als Helfer auftreten, wo sie mit ihrer eigenen Frau im gleichen Haushalt leben. Sonst bleiben die Hilfeleistungen überwiegend eine Angelegenheit der Frauen. Studien weisen darauf hin, daß intensive Beanspruchung durch Dauerpflegefälle heute eine der stärksten Belastungen im Familienverband darstellt.[84] Abgesehen von diesen extremen Situationen scheint jedoch das Verhältnis zwischen den älteren Menschen und ihren potentiellen Helfern durchaus von *wechselseitigen* Hilfeleistungen gekennzeichnet.

3.3 Die gesellschaftspolitische Bedeutung familialer Leistungen

3.3.1 Vorfragen und Bedenken

Familiale Leistungen zeichnen sich dadurch aus, daß sie sich nahezu ausschließlich zwischen einander nahestehenden Personen ereignen, und daß die Motivation zu diesen Leistungen auf persönlicher Verbundenheit beruht. Zwar mag dabei nicht immer nur Freude und Liebe, sondern oft auch Pflicht und gelegentlich auch Furcht vor Nachteilen oder Hoffnung auf spätere Vorteile im Spiele sein, wenn Menschen einen erheblichen Teil ihrer Zeit „in Familie investieren". Für die nachfolgenden Überlegungen entscheidend ist jedoch, daß alle familialen Leistungen *um der betroffenen Familienangehörigen willen* geschehen, und daß weiterreichende Gesichtspunkte, also beispielsweise der gesellschaftliche Nutzen, für die Beteiligten weitestgehend ausgeblendet sind. Niemand liebt für den Staat oder bekommt Kinder der Rente wegen.[85] Die Leistungsfähigkeit familialer Systeme ist nahezu ausschließlich durch die Eigenschaften dieser Systeme selbst bedingt, und es ist nur unter sehr speziellen Voraussetzungen überhaupt möglich, hierauf *direkt* Einfluß zu nehmen.

Das *öffentliche* Interesse an familialen Leistungen ist daher vom Interesse der Beteiligten *notwendigerweise verschieden*, und diese Verschiedenheit wird häufig als Konflikt stilisiert, obwohl ein Gegensatz zwischen den privaten und den öffentlichen Interessen an Familie nur unter sehr eingeschränkten Voraussetzungen tatsächlich zu vermuten ist. Ob und unter welchen Bedingungen öffentliche und private Interessen an Familie in einem harmonischen Verhältnis zueinander stehen und wann sie in ein antinomisches Verhältnis geraten, kann nur aufgrund eingehender Analysen entschieden werden.

Während im vorangehenden Abschnitt die Leistungen im Vordergrund standen, welche die Familienmitglieder füreinander erbringen, geht es nunmehr um die Interessen Dritter an den Leistungen der Familie. Denn *nur, weil die familialen Leistungen, ihre Qualität und ihr Umfang*

Folgen für andere gesellschaftliche Teilbereiche, ja für den gesamten Sozialzusammenhang haben, ist ein öffentliches Interesse an Familie entstanden, dessen praktischer Ausdruck familienpolitische Maßnahmen sind. Angesichts der Heterogenität der öffentlichen und der privaten Interessen an Familie besteht jedoch stets die Gefahr, daß die Familienpolitik sich allzusehr *nur* an den öffentlichen und zu wenig an den privaten Interessen orientiert. Ihr Erfolg hängt jedoch entscheidend davon ab, ob sie *beiden* Dimensionen angemessen Rechnung trägt. Denn *nur eine Politik, deren Wirkungen die davon Betroffenen als ihren Bedürfnissen und Interessen gemäß erfahren, kann unter freiheitlichen Bedingungen das bewirken, was aus Gründen des öffentlichen Interesses bewirkt werden soll.*[86]

Was im *öffentlichen Interesse* liegt, ist oft umstritten. In gewissem Sinne wird über den Inhalt des öffentlichen Interesses im politischen Prozeß selbst entschieden, und es gehört zu den Spielregeln der Demokratie, daß die konkurrierenden Parteien die Bürger von ihrer jeweiligen Interpretation des öffentlichen Interesses zu überzeugen suchen. Aus dieser Perspektive ist es nicht unproblematisch, wenn sich Wissenschaftler anschicken, zu definieren, was im öffentlichen Interesse liegt. Sozialwissenschaftliche Diskurse über gesellschaftspolitische Fragen sind dennoch sinnvoll, weil sie Sachargumentationen liefern, von denen in der Regel ein höherer Grad an Informiertheit und Konsistenz erwartet werden darf als von bloßen Meinungen des „gesunden Menschenverstandes". Sie können überdies durch andere Sozialwissenschaftler (oder auch Publizisten und Politiker) kritisiert werden und dadurch – bei fairer Kritik – nur gewinnen. Alle politischen Entscheidungen gehen von Situationsdefinitionen aus, und über diese läßt sich wissenschaftlich besser streiten als bloß politisch. *Das maßgebliche Politikerurteil bezieht sich auf die Prioritäten der Problembearbeitung, nicht auf die Definition der Probleme selbst.*

Wenn in der Vergangenheit familiale Leistungen kaum als öffentliches Problem gesehen wurden, so ist dies im wesentlichen auf die *Selbstverständlichkeit* zurückzuführen, mit der diese familialen Leistungen in allen Bevölkerungskreisen als Aufgabe übernommen wurden. Diese Selbstverständlichkeit, welche insbesondere für die ersten Jahrzehnte der Bundesrepublik charakteristisch war, ist heute – wie allerdings schon einmal in der Weimarer Zeit – verlorengegangen (vgl. 4.2). Damals brachte der „erste Geburtenrückgang" und der zeitweise Anstieg der Scheidungsraten ähnliche Überlegungen und Befürchtungen zutage, wie sie heute wieder geäußert werden. Daß diese Befürchtungen in Verbindung mit der nationalsozialistischen Rassenpolitik und der Hybris, über lebenswertes und nichtlebenswertes Leben entscheiden zu wollen, zu einer skrupellosen Bevölkerungspolitik führten, für die das Volk alles, der Einzelne aber nichts war, hat ebenfalls dazu beigetragen, daß die offenkundigen Zusammenhänge zwischen Familien- und Bevölkerungsfragen in der Bundesrepublik lange Zeit kaum erörtert wurden. Erst der Dritte Familienbericht von 1979 hat hier eine regierungsamtliche „Wende" gebracht,[87] und in den letzten Jahren ist eine unbefangenere Erörterung der entsprechenden Fragen zu beobachten.

Allerdings stellt eine Erörterung familialer Leistungen ausschließlich aus der Perspektive der Bevölkerungsentwicklung eine fragwürdige Problemverkürzung dar. Die Bevölkerungsstatistik, insbesondere die Geburtenstatistik und die Bevölkerungsprognose, hat zwar den Vorteil, *einige Folgen* jener Veränderungen, die zu einer Einschränkung familialer Leistungen führen, in einfacher und überschaubarer Form offenkundig zu machen und sie daher in einer für politische Erörterungen besonders geeigneten Form aufzubereiten. Aber das Denken in demographischen Kategorien löst die Bevölkerungsentwicklung aus dem gesellschaftlichen und politischen Zusammenhang heraus, von dem sie doch nur ein bestimmter Aspekt ist. ‚Die Bevölkerung' ist eine wissenschaftliche und übrigens auch politische Abstraktion. Das Denken in Bevölkerungskategorien stellt deshalb zwar eine brauchbare, aber auch gefährliche Vereinfachung dar, sobald sie nämlich in Bevölkerungspolitik umschlägt:

„Unter dem Begriff ‚Bevölkerungspolitik' versteht man zielgerichtetes begründetes Handeln zum Zwecke der planmäßigen Beeinflussung demographischer Tatbestände wie Größe, Altersaufbau, regionale Verteilung und Wachstumsintensität der Bevölkerung. Die strategischen Zielkomponenten für bevölkerungspolitische Maßnahmen sind Fruchtbarkeit, Wanderungen und Sterblichkeit. Maßnahmen, die die Eheschließung beeinflussen, sind ebenfalls Teil bevölkerungspolitischen Handelns".[88]

Fragwürdig ist an dieser Definition die Vorstellung ‚strategischer Zielkomponenten', nämlich Fruchtbarkeit, Wanderungen und Sterblichkeit, welche durch „zielgerichtetes begründetes Handeln" (wessen, des Staates?) beeinflußt werden sollen. Es gibt aber in unserer Kultur keinerlei eigenständige Wertgesichtspunkte – mit Ausnahme der Erhaltungswürdigkeit des menschlichen Lebens – nach denen entschieden werden könnte, in welche Richtung die „strategischen Zielkomponenten" zu beeinflussen sind. Und die Erhaltung menschlichen Lebens als verbindlicher Wert dürfte – zur Verdeutlichung des Problems sei es gesagt – in ihrer Konsequenz eher zu einem Sterblichkeitsrückgang auch in höheren Lebensaltern und damit zu einer Vergrößerung der Probleme des demographischen Alterns beitragen. Demographische Variable sind mit Bezug auf gesellschaftspolitische Zielsetzungen stets abgeleitete Variablen, sie können keine eigenständige Zielqualität beanspruchen.[89]

Auch und gerade weil ich der Überzeugung bin, daß der politische Einsatz zur Unterstützung und Absicherung familialer Lebenszusammenhänge erhöht werden muß, und weil ich weiß, daß demographische Argumentationen Politiker am ehesten zu einer höheren Priorität familienpolitischer Maßnahmen motivieren können, liegt mir daran, zu verdeutlichen, daß die Gründe, auf die es hier ankommt, tiefer liegen (vgl. auch 1.1.2). Das öffentliche Interesse an Familie ist zwar *auch* ein demographisch vermitteltes, aber in Wirklichkeit geht es nie um die bloße Quantität – der Geburten, Zu- oder Abwanderungen, Sterbefälle – sondern *um die Qualitäten*, die individuellen und sozialen Eigenschaften, welche in unterschiedlichen Quantitäten auftreten. Nur insoweit als wir solche Qualitäten als gegeben und konstant voraussetzen können, gibt die reine Addition der amtlich registrierten Fälle und die Betrachtung der Veränderung solcher Aggregatdaten ein einigermaßen realistisches Bild der gesellschaftspolitisch relevanten Ereignisse. Konkret: Die starke Zunahme des Anteils von Personen über 60 oder 65 Jahren, welche für die nächsten 40 Jahre vorausgesagt wird, wird nur dann zu einem erheblichen gesellschaftspolitischen Problem, wenn wir davon ausgehen müssen, daß deren Eigenschaften und Verhaltensweisen *konstant* bleiben, daß also z. B. eine Verschiebung des Rentenzugangsalters nach oben nicht zu einer entsprechenden Erwerbsbeteiligung älterer Menschen führen kann. Diese hier nur beispielhaft eingeführte Umdefinition des Problems zeigt aber auch, daß durch die Einführung weiterer, hier also ökonomischer und sozialpsychologischer Variablen die Problemstellung *komplizierter* wird. Gerade die Einfachheit der demographischen Zusammenhänge macht sie für politische Argumentationen so verführerisch.

3.3.2 Nachwuchssicherung und Humanvermögen

Aus diesem Grunde haben wir den Begriff der Nachwuchssicherung vorgeschlagen, um die soziale, ökonomische und kulturelle Komponente der familialen Leistungen mit Bezug auf die nachwachsende Generation ins Bewußtsein zu bringen.[90] Solange die Menschen sterblich sind, ist es ein Bestandserfordernis für jedes soziale System, Nachwuchs zu rekrutieren, d. h. Personen als Mitglieder zu gewinnen, sie von der Erhaltenswürdigkeit des Systems und seinen Zielsetzungen zu überzeugen, sie in die akzeptierten Verfahrensweisen einzuführen und ihnen die Verantwortung für die Erhaltung und Mehrung kultureller Möglichkeiten und materieller Ressourcen nahezubringen. In diesem Sinne sind Wirtschaftsunternehmen ebenso auf Nachwuchs angewiesen wie Gewerkschaften, politische Parteien, Hochschulen oder Kirchen. Eine elementare Voraussetzung hierfür ist es natürlich, daß Personen in einem hierfür geeigneten Alter und mit den notwendigen Voraussetzungen in genügender Zahl überhaupt vorhanden sind. Insofern rekurriert jedes soziale System auf ein gewisses Personenpotential, dessen Größe in wenngleich vermittelter Weise von demographischen Veränderungen, insbesondere den Geburten und der Wanderungsbilanz, abhängig ist. Die *Rekrutierungspotentiale* sind aber nicht allein von den Jahrgangsstärken abhängig, sondern von bestimmten sozialen Eigenschaften, also beispielsweise von beruflichen Qualifikationen, von der Arbeitsmotivation, auch von kulturellen Orientierungen. An dieser Stelle wird ein Unterschied zwischen der Nachwuchssicherung durch Geburten und durch Zuwanderung deutlich: Junge Menschen, die ihre Primärsozialisation und vielleicht auch Schulbildung in einem fremden kulturellen Kontext durchgemacht haben, weisen vielfach andere Eigenschaften und Einstellungen auf als die Einheimischen. Man braucht also nicht von einem besonderen Nationalismus besessen zu sein, um einzusehen, daß die gesamtgesellschaftliche Nachwuchssicherung durch Einwanderung die Rekrutierungspotentiale für die verschiedenen sozialen Systeme in unterschiedlicher Weise betrifft, bzw. daß es zusätzlicher Assimilationsprozesse bedarf, um Einwanderer zu geeignetem Nachwuchs werden zu lassen. Dasselbe gilt natürlich auch für hier geborene Kinder: Nicht die Quantität der Geburten allein löst das Problem der Nachwuchssicherung, sondern nur eine angemessene Sozialisation.

Diese Überlegungen sollen jedoch nicht über die grundsätzliche Frage hinwegtäuschen, welche allen bevölkerungspolitischen Kontroversen zugrundeliegt: Die sozialen Differenzen zwischen Zuwanderern und einheimischen Jugendlichen sind lediglich gradueller Art, die soziale Herkunft und der nähere sozio-kulturelle Kontext bewirken oft größere Unterschiede als die Nationalität. Betrachtet man die Welt als Einheit, so leben auf ihr mehr als genug Menschen, so daß eine rein quantitative Nachwuchssicherung überhaupt kein Problem darstellt. Der Nachwuchsmangel einer Bevölkerung innerhalb der politischen Grenzen eines Landes ist durch Zuwanderung jederzeit zu korrigieren, und gerade die europäische Geschichte belegt vielfach den kulturellen und ökonomischen Nutzen der Zuwanderung. Andererseits ist nicht zu übersehen, daß gerade in demokratischen Gemeinwesen, deren Stabilität auf der Voraussetzung ausreichender kultureller Gemeinsamkeiten beruht, *politische Grenzen* der kulturellen Heterogenität und der Aufnahmebereitschaft entstehen, die nicht einfach als Chauvinismus abgetan werden können.

Auf die damit angesprochene moralische Frage hat *Immanuel Kant* in seiner Schrift „Zum ewigen Frieden" bereits eine bedenkenswerte Antwort gegeben:

„Vermöge des gemeinschaftlichen Besitzes der Oberfläche der Erde, auf der, als Kugelfläche, sie (scil. die Menschen) sich nicht ins Unendliche zerstreuen können, sondern endlich sich doch nebeneinander dulden müssen, ursprünglich aber niemand an einem Orte der Erde zu sein mehr Recht hat, als der andere", postuliert *Kant* ein Weltbürgerrecht, dessen Inhalt er jedoch auf „Bedingungen der allgemeinen Hospitalität" einschränkt. Es ist „das Recht eines Fremdlings, seiner Ankunft auf dem Boden eines Anderen wegen, von diesem nicht feindselig behandelt zu werden. Dieser kann ihn abweisen, wenn es ohne seinen Untergang geschehen kann; solange er aber auf seinem Platz sich friedlich verhält, ihm nicht feindlich begegnen. Es ist kein *Gastrecht* ... sondern ein *Besuchsrecht*, welches allen Menschen zusteht, sich zur Gesellschaft anzubieten ... welches Hospitalitätsrecht aber, d.i. die Befugnis der fremden Ankömmlinge, sich nicht weiter erstreckt, als auf die Bedingungen der Möglichkeit, einen Verkehr mit den alten Einwohnern zu *versuchen*."[91]

Kant ist also realistisch genug, den von ihm als Grundlage einer weltbürgerlichen Ordnung postulierten republikanischen Staaten das Recht nicht abzusprechen, selbst über das Ausmaß der Zuwanderung zu entscheiden.

Der politische Streit über das zuträgliche Ausmaß der Zuwanderung läßt sich also – abgesehen vom Asylrecht („... abweisen, wenn es ohne seinen Untergang geschehen kann") – nicht moralisch schlichten, sondern ist *zu Recht* Gegenstand politischer Kontroversen, im Rahmen derer Opportunitätsgesichtspunkte eine legitime Rolle spielen.

In der Bundesrepublik Deutschland ist die quantitative Nachwuchssicherung durch Geburten seit Ende der sechziger Jahre nicht mehr gewährleistet. Wie Abb. 6 zeigt, bewegt sich die Nettoreproduktionsrate, also der Indikator, inwieweit die weiblichen Geburten eines bestimmten Jahres ausreichen, um die Generation ihrer Mütter zu ersetzen, seit nunmehr rund 15 Jahren auf einem Niveau zwischen 0,60 und 0,70, d. h. die beobachtbare Natalität reicht zur Ersetzung des bestehenden Bevölkerungsstandes auf lange Sicht nur zu ca. 65%. Der damit ohne weitere Zuwanderung absehbare Bevölkerungsrückgang wird sich allerdings

Abbildung 6: Nettoreproduktionsraten 1950–1989

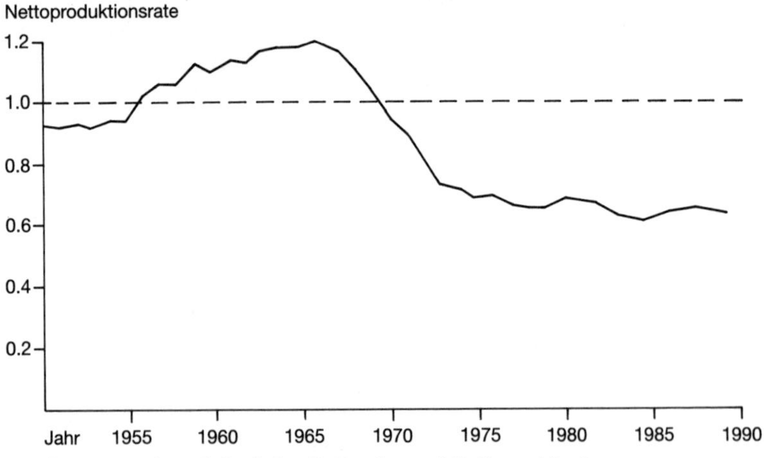

Quelle: Statistisches Jahrbuch für die Bundesrepublik Deutschland

erst sehr allmählich zeigen. Ein weiterer massiver Rückgang der Geburtenzahlen ist ab ca. 1995 zu erwarten, wenn die geburtenschwachen Jahrgänge ins fortpflanzungsintensive Alter kommen. Auf der Seite der Sterbefälle ist erst mit einem allmählichen Anstieg zu rechnen, wobei der Höhepunkt erreicht werden wird, sobald die geburtenstarken Jahrgänge 1950–1970 ins sterbeintensivste Alter kommen (vgl. Abb. 7).

Abbildung 7: Die Entwicklung der Geburten und Sterbefälle sowie des Bevölkerungsstandes nach der 8. koordinierten Bevölkerungsvorausberechnung, 1994

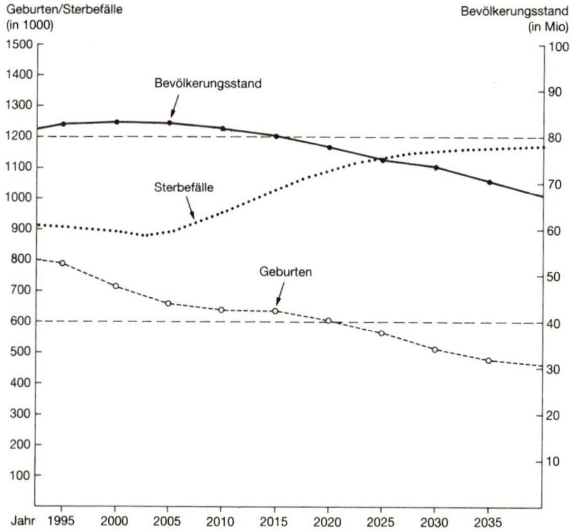

Quelle: Mitteilung des Statistischen Bundesamtes: Entwicklung der Bevölkerung in Deutschland von 1993–2040 (Basis: 31. 12. 1992) Variante I (Konstante Geburtenhäufigkeit auf dem Niveau von 1992, Rückgang der Sterblichkeit, positiver Wanderungssaldo über den ganzen Zeitraum); vgl. *Wirtschaft und Statistik* 7/1994, S. 497–503.

Die üblichen Bevölkerungsprognosen beruhen auf der Fortschreibung beobachteter Werte in der Vergangenheit und weiteren Zusatzannahmen, wobei Abb. 7 die koordinierte amtliche Schätzung für die alten und neuen Bundesländer gemeinsam darstellt. Sie stellt bis zum Jahre 2010 eine massive Zuwanderung aus dem Ausland in Rechnung, anschließend eine jährliche Zuwanderung von 100.000 Personen. Ohne die angenommene Zuwanderung, deren tatsächliche Größenordnung erheblich von politischen Entscheidungen abhängt, wäre der Bevölkerungsrückgang noch weit stärker: Eine ältere Vorausberechnung für das frühere Bundesgebiet kam – ohne Wanderungen – auf 42,5 Mio Einwohner im Jahre 2030 (vgl. Tab. 7, S. 79); die vorliegende dagegen kommt für das gleiche Jahr und gleiche Gebiet auf 60,4 Mio![92]

Tabelle 6: Entwicklung der Altersstruktur der Bevölkerung im erwerbsfähigen Alter 1992–2040

Alter	1992	2000	2010	2020	2030	2040
	A. In 1000					
16–19	2467	2803	2662	2148	2021	1856
19–25	6667	5569	6019	4885	4184	4050
25–45	25334	25985	21747	19634	18031	15405
45–65	20253	21505	23954	24695	20571	18682
Insgesamt	54721	55862	54382	51362	44807	39993
	B. 1992 = 100					
16–19	100	114	108	87	82	75
19–25	100	84	90	73	63	61
25–45	100	103	86	78	71	61
45–65	100	106	118	112	102	92
Insgesamt	100	102	99	94	82	73
	C. In %					
16–19	4,5	5,0	4,9	4,2	4,5	4,6
19–25	12,2	10,0	11,1	9,5	9,3	10,1
25–45	46,3	46,5	40,0	38,2	40,2	38,5
45–65	37,0	38,5	44,0	48,1	45,9	46,7
Insgesamt	100	100	100	100	100	100

Quelle: Wie Abbildung 7, S. 69

Aus sozialwissenschaftlicher Sicht ist allerdings weniger die Entwicklung der Geburten bzw. der absoluten Bevölkerungszahlen, sondern die Entwicklung des Potentials der nachwachsenden Generation, insbesondere auch dasjenige der erwerbstätigen Bevölkerung, von Bedeutung. Abb. 8 zeigt eine entsprechende Projektion der erwerbstätigen Bevölkerung des Instituts für Arbeitsmarkt und Berufsforschung, welche bis zum Jahre 2050 eine Halbierung des deutschen Erwerbspersonenpotentials (ohne Zuwanderung) erwarten läßt. Anhand der neuesten Bevölkerungsprognose des Statistischen Bundesamtes zeigt Tabelle 6, wie schon heute der Anteil der 16 bis 25-jährigen zurückgeht, welche das hauptsächliche Rekrutierungspotential für die Wirtschaft, aber auch für die übrigen Gesellschaftsbereiche darstellen. Neben dem Rückgang der erwerbstätigen Bevölkerung wird auch deren zunehmende Alterung Probleme aufwerfen. Zwar läßt sich nicht generell sagen, daß ältere Erwerbstätige weniger produktiv seien als jüngere, aber zweifellos ist es schwieriger, ältere Erwerbstätige auf neue Produktionstechniken und Produk-

Abbildung 8: Entwicklung des Erwerbspersonenpotentials 1960–2050 (nach Berechnungen des Instituts für Arbeitsmarkt und Berufsforschung.)

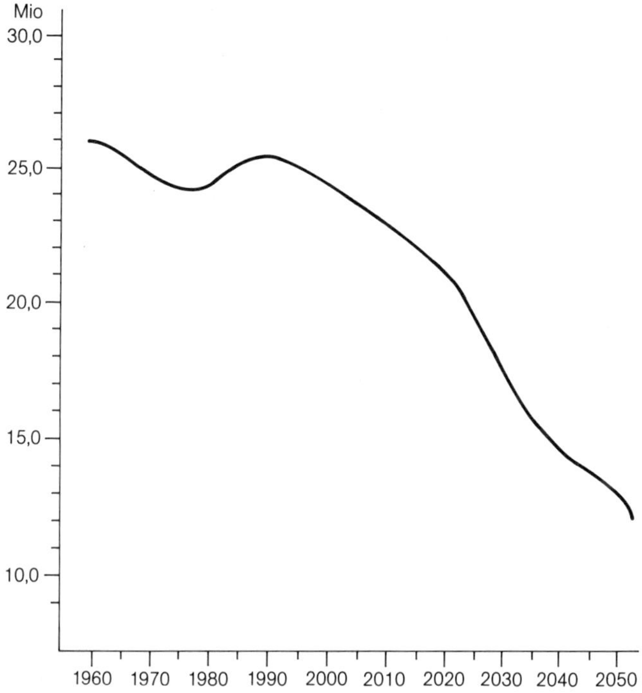

Veränderungen

Zeitraum	in Mio.	in % pro Jahr
1960/70	−1,3	−0,5
1970/75	−0,5	−0,4
1975/80	+0,3	+0,2
1980/90	+0,7	+0,3
1990/2000	−1,7	−0,7
2000/10	−1,7	−0,7
2010/20	−2,3	−1,1
2020/30	−3,4	−1,9
2030/40	−2,1	−1,3
2040/50	−1,9	−1,4

Bevölkerung: konstante Nettoreproduktionsrate von 0,65 ab 1977

Erwerbspersonenpotential: Projektion mit bis 1990 variablen und ab 1990 konstanten spezifischen Erwerbsquoten

Quelle: W. Klauder Demographische Entwicklung, Erwerbsbeteiligung und Arbeitsmarkttendenzen und Methoden. In: Demographische Entwicklung und politische Planung. Hrsg. v. H. Birg, Frankfurt/New York (Campus-Verlag) 1983, S. 86.

tionszweige hin umzuorientieren. Das Rekrutierungspotential für die innovativen Berufe geht also am stärksten zurück.[93]

Die Berufszugangsraten lassen sich aber durch *Einwanderung* sehr direkt beeinflussen, und so ist auch damit zu rechnen, daß mit dem zunehmenden Mangel an einheimischen Arbeitskräften ein Nachfragesog nach ausländischen Arbeitskräften entstehen wird. Mit Bezug auf das Problem der quantitativen Nachwuchssicherung sind somit Zuwanderung und Natalität funktional äquivalent. Die Vollendung des Europäischen Binnenmarktes dürfte für die Bundesrepublik zunächst ein zusätzliches Rekrutierungspotential eröffnen, solange nämlich das vergleichsweise hohe Niveau der Löhne und Sozialleistungen ihr auf dem europäischen Arbeitsmarkt eine gewisse Attraktivität verleiht. Da aber die demographische Entwicklung in den Ländern der Europäischen Union recht ähnlich, wenngleich meist nicht ganz so dramatisch wie in der Bundesrepublik verläuft, wird sich der Nachwuchsmangel generell verstärken. Angesichts der hohen Attraktivität des europäischen Wirtschaftsraums ist daher mit einer *fortgesetzten Zuwanderung* – insbesondere aus Osteuropa und dem Mittelmeerraum – zu rechnen, wobei vermutlich traditionelle nationale Vernetzungen (z. B. Maghreb-Länder und Frankreich, Türkei und die Bundesrepublik, Ägypten und England) weiterhin eine erhebliche Rolle spielen werden.

Vor diesem Hintergrund ist nunmehr besonders zu betonen, daß es nicht auf die quantitative, sondern auch auf die qualitative Nachwuchssicherung ankommt. Die Bundesrepublik wird sich darauf einstellen müssen, weit mehr für die Assimilierung und Integration der Zuwanderer zu tun als bisher, wenn sie soziale Spannungen vermeiden und den hohen Produktivitätsstand erhalten will. Das ist zwar nicht das Thema dieser Arbeit, doch wird vor diesem Hintergrund noch einmal deutlich, *daß der Zusammenhang zwischen quantitativer und qualitativer Nachwuchssicherung im Falle der Familien, deren Eltern entweder Deutsche oder assimilierte Ausländer sind, wesentlich unproblematischer ist als im Falle der fortgesetzten Zuwanderung*.

Mit dem Begriff der Nachwuchssicherung ist die erste gesamtgesellschaftliche Funktion der Familie präzise umschrieben, wobei nunmehr deutlich geworden sein dürfte, *daß es gerade die Verknüpfung von Fortpflanzung, Zuwendung, Pflege und Erziehung ist, was die spezifische Leistungsfähigkeit der Familie ausmacht*. Allerdings kann die gesellschaftliche Funktion der Nachwuchssicherung nicht allein von den Familien erbracht werden. Vielmehr wirken hier andere Einrichtungen, insbesondere diejenigen des Bildungswesens und der beruflichen Ausbildung, aber auch weitere soziale Dienste für Kinder und Jugendliche mit. Das überaus breite Feld der Bildungs- und Sozialisationsforschung, deren Ergebnisse für das Verständnis der qualitativen Nachwuchssicherung von großer Bedeutung sind, kann nicht mehr Gegenstand dieser Darstellung sein.

‚Nachwuchssicherung' betont das gesellschaftliche Interesse an den Leistungen der Familien, aber es ist kein Begriff, der zwischen dem Selbstverständnis der Familien und den gesellschaftlichen Erwartungen zu vermitteln vermag. Hierfür sei der Begriff des *Humanvermögens* in

Vorschlag gebracht. Der ihm zugrunde liegende Gedanke geht auf den deutschen Nationalökonomen *Friedrich List* zurück: „Der größte Teil der Konsumtion einer Nation geht auf die Erziehung der künftigen Generation, auf die Pflege der künftigen Nationalproduktivkraft."[94] *Humanvermögen*, das sind die an die menschliche Person gebundenen Ressourcen, also Gesundheit, Wissen, Motive und Kompetenzen, von deren Nutzung sowohl die individuelle wie die kollektive Wohlfahrt abhängt.[95]

Der Begriff des Humankapitals, der in der neueren ökonomischen Theorie eine nicht unerhebliche Rolle spielt[96], faßt nur einen, allerdings wichtigen Teilaspekt des Humanvermögens. Als *Humankapital* gelten in erster Linie die erreichte Schulbildung, aber auch die Akkumulation von Berufserfahrung, also Qualifikationen und Kompetenzen, die den Marktwert einer Arbeitskraft bestimmen. Aber „in Erweiterung der schulischen und beruflichen Ausbildungsmodelle ist heute unumstritten, daß die vorschulische, familiäre Erziehung die Entwicklung individueller Fähigkeiten deutlich beeinflußt".[97] Der Ort, an dem Humankapital entsteht, ist also das einzelne Individuum, das – sei es aus eigenem Antrieb, sei es aufgrund familiärer, wirtschaftlicher oder staatlicher Vorgaben – seine auf dem Arbeitsmarkt verwertbaren Fähigkeiten entwickelt. Dennoch macht der Begriff Humankapital Sinn nur auf der Ebene des Aggregats, als das, was den Wert des Produktionsfaktors Arbeit bestimmt. In der ökonomischen Wachstumstheorie ist von Humankapital als volkswirtschaftlicher Bestandsgröße neben dem Sachkapital die Rede, und beide bestimmen gemeinsam die Produktivität einer Volkswirtschaft.

In analogem Sinne sprechen wir von *‚Humanvermögen'*, wobei hier nicht nur jene Qualifikationen und Kompetenzen gemeint sind, welche unmittelbar das Arbeitsvermögen bestimmen, sondern all diejenigen, welche in irgendeiner Form als sozial nützlich gelten, beispielsweise der Gesundheitsgrad, die Motivation und die Fähigkeit zur Elternschaft, politische Partizipationsbereitschaft, kulturelle Bildung usw.[98] Auch sie sind *sowohl personenbezogene Vermögen*, von deren Ausmaß die individuelle Wohlfahrt abhängt, *als auch in ihrer Summe Kollektivvermögen*, denn die Volksgesundheit, politische Loyalität, der Grad der Allgemeinbildung oder auch die allgemeine Akzeptanz und das Engagement für Elternschaft sind – wie das Niveau der Arbeitsproduktivität – *gesellschaftliche Potentiale*, die die kollektiven Zukunftschancen, z. B. Konkurrenzfähigkeit, Innovationsbereitschaft, kulturelle Identität, politische Stabilität usw. mitbestimmen.[99]

Der Beitrag der Familien zur Entwicklung von Humanvermögen liegt, wie in Abschnitt 3.2 gezeigt wurde, vor allem im Bereich der Pflege und des Aufziehens der Kinder, der Fundierung ihrer körperlichen und psychischen Gesundheit, der Förderung ihrer Intelligenz und der Motiventwicklung. Die Ausbildung spezifischer Qualifikationen und Kompetenzen erfolgt heute überwiegend im Bildungssystem sowie durch Erfahrungslernen in der Partizipation an verschiedenen Handlungsbereichen. *Die Familie ist also im wesentlichen für die Voraussetzungen verantwortlich, auf denen diese spezifischeren Formen des Lernens aufbauen.* Und die Art und Weise, wie das Bildungssystem ausgestaltet wird wirkt seinerseits auf die Möglichkeiten der Familien, ihrer Erziehungsaufgabe gerecht zu werden, zurück.[100]

Die fehlende Spezifität familialer Voraussetzungen macht sie schwer meßbar, so daß sie leicht als selbstverständlich hingenommen werden. Insbesondere psychische Störungen unter Jugendlichen, Lernschwierigkeiten und Motivationsschwäche dürften in hohem Umfange auf fehlende familiale Unterstützung oder allzu große Diskrepanzen zwischen elterlichem Erwartungshorizont und den Handlungsmöglichkeiten im außerfamilialen Bereich zurückzuführen sein.

Der volkswirtschaftliche Beitrag der Familien zur Humankapitalbildung und zur Entfaltung von Humanvermögen ist naturgemäß schwer zu schätzen. Im Rahmen einer Gesamtschätzung der Kosten für die nachwachsende Generation hat der Wissenschaftliche Beirat für Familienfragen auch den Anteil der Eltern zu bestimmen versucht. Für das Stichjahr 1974 wurden die *Baraufwendungen* der Familien für die damals 17,5 Mio. Kinder auf 111 Mrd. DM errechnet, von denen ihnen 37 Mrd. durch öffentliche Transferleistungen erstattet wurden. Die Nettoaufwendungen der Familien betrugen somit 74 Mrd. DM (d.h. durchschnittlich 4230,– DM pro Kind und Jahr), diejenigen der übrigen Träger einschl. des Staates 84 Mrd. DM. Auf die Familien allein entfielen somit 47% aller geldwerten Aufwendungen. Berücksichtigt man weiterhin die *naturalen Sorgeleistungen* der Familien in der Form des Zeitaufwandes der Eltern für Pflege, Erziehung und Ernährung der Kinder, so wird nach den vorsichtigen Schätzungen des Wissenschaftlichen Beirats der Gesamtaufwand für die nachwachsende Generation auf 320 Mrd. DM mehr als verdoppelt. Nach dieser Berechnung entfielen auf die Leistungen der Familie 74% des Gesamtaufwandes und nur 26% auf alle übrigen Träger.[101] Bezogen auf das Nettosozialprodukt zu Marktpreisen des Jahres 1974 machten die geldwerten Aufwendungen für Kinder somit 12% aus; rechnet man die in der Volkseinkommensstatistik nicht berücksichtigten Sorgeleistungen der Eltern hinzu, so würde man sogar auf einen Anteil von ca. 30% gelangen.

Eine noch umfassendere Schätzung auf der Basis repräsentativer Zeitbudgetstudien hat das Institut für Sozial- und Familienpolitik der Universität Marburg vorgelegt.[102] Aufgrund sorgfältiger Klärung der Bewertungsprobleme gelangen *Krüsselberg* und *Hilzenbrecher* zu Schätzungen des Wertes der Hausfrauenarbeit (einschließlich Sorge für die Kinder) von 39–50% des Bruttosozialprodukts (1983). In diesem wesentlich höheren Anteilswert ist die Hausarbeit auch der alleinstehenden Frauen und der kinderlosen Ehefrauen mit enthalten. Bewertet man auch den Zeitaufwand für Hausarbeit, der von anderen Familienmitgliedern (insbesondere dem Ehemann und den Kindern) erbracht wird,[103] so steigt die Gesamtsumme der bewerteten Hausarbeitszeit auf 54–68% des Bruttosozialprodukts. *Es ist also realistisch, davon auszugehen, daß der Gesamtwert der in die Sozialprodukterhebungen nicht eingehenden Hausarbeit mehr als die Hälfte des Sozialproduktes ausmacht.*

Die erhebliche Differenz zu den Schätzungen des wissenschaftlichen Beirats für Familienfragen, welche ausschließlich den Aufwand für die Kinder betrifft, verweist auf den *Regenerationsaufwand* der erwachsenen Personen, welcher ebenfalls im Rahmen des privaten Haushaltes erbracht wird (vgl. 3.2.4). Dabei sind hier die reinen Erholungszeiten natürlich nicht enthalten, sondern nur die in Tabelle 5 (S. 58) ausgewiesenen, als ‚Arbeit' von den Befragten selbst qualifizierten Tätigkeiten. Die Erhaltung des Humanvermögens setzt also einen erheblichen Regenerationsaufwand voraus, der ebenfalls zum überwiegenden Teil im Rahmen von Familienhaushalten erbracht wird. Es ist zwar unbestritten, daß dieser Regenerationsaufwand eine private Angelegenheit ist und in die Verantwortung eines jeden erwachsenen Menschen fällt. Aber grundsätzlich können diese Tätigkeiten auch auf bezahltem Wege durch Dritte erledigt werden. Es handelt sich hier offensichtlich um Wertschöpfungsprozesse, im Sinne einer Erhaltung des Humankapitals.

Welche wirtschaftliche Bedeutung dieser Humankapitalbildung zukommt, sei abschließend an Hand einer Schätzung der Sachverständigenkommission für den Fünften Familienbericht verdeutlicht: Ausgehend von Modellrechnungen von *H. Lampert*[104] läßt sich der Aufwand, den ein Ehepaar für das Aufziehen von zwei Kindern bis zur Vollendung ihres 18. Lebensjahres erbringt, im Durchschnitt auf DM 790000,– (zu Preisen von 1990) schätzen; hierin sind sowohl die monetären Aufwendungen als auch der Betreuungsaufwand (bewertet mit den Durchschnittslöhnen von Arbeiterinnen) über 20 Jahre enthalten. Hochgerechnet auf die Gesamtheit der Erwerbsbevölkerung der alten Bundesrepublik ergibt das einen Beitrag der Familien zum Bestand des Humankapitals im Jahre 1990 in Höhe von 15,3 Billionen DM. Das ist mehr als das Doppelte des Wertes des wirtschaftlichen Sachvermögens im Jahre 1990, das zur Wiederbeschaffungspreisen auf 6,9 Billionen DM geschätzt wird. Nach Abzug der staatlichen Transferleistungen i. d. H. von geschätzten 2,8 Billionen DM ergibt sich ein Nettobetrag der Familien zur Bildung des Humankapitals von 12,5 Billionen DM. Wenn man berücksichtigt, daß in obiger Schätzung des Humankapitals die Aufwendungen des Bildungswesen noch nicht enthalten sind, so wird deutlich, *daß die den herrschenden Auffassungen über Wirtschaft entsprechende Wirtschaftsstatistik weniger als die Hälfte der jährlichen Wertschöpfung und nur etwa 30% der tatsächlich produktionsrelevanten Kapitalbestände erfaßt.* Auf diese wirtschaftspolitische Einäugigkeit wird in Abschnitt 5.3 zurückzukommen sein.

3.3.3 Solidarität zwischen den Generationen

Eine weitere, in der Literatur nur selten erwähnte gesellschaftliche Funktion, für deren Erfüllung die Leistungen der Familien unentbehrlich sind, ist die Stabilisierung der Solidarität zwischen den Generationen.[105] Auch hier geht es um einen Sachverhalt, der seiner Entstehung nach auf Leistungen der Einzelfamilien, insbesondere auf die Leistung der Kohäsion und der wechselseitigen Hilfe zurückgeführt werden kann. Aber die gesellschaftliche Bedeutung dieses Sachverhalts geht weit über diese Leistungen im Einzelfall hinaus.

Ein zentraler Aspekt moderner Vergesellschaftung ist die *Wohlfahrtsstaatlichkeit.* D. h. moderne Gesellschaften konstituieren sich politisch als Staaten, denen nicht nur die klassischen Aufgaben der inneren und äußeren Gefahrabwehr, sondern darüber hinaus wesentliche Organisationsaufgaben der Wohlfahrtsproduktion zugewiesen werden. Während in der Entstehungsphase moderner Sozialpolitik die staatlichen Bemühungen vordergründig vor allem auf die Lösung der sogenannten Arbeiterfrage gerichtet waren, haben sich in der Folge die staatlichen Interventionen zur Verbesserung der Lebenslage spezifischer Bevölkerungsgruppen so sehr ausgeweitet, daß heute praktisch die gesamte Bevölkerung von sozialpolitischen Normen und Leistungen unmittelbar betroffen ist.

Die *Unterschiede in der Betroffenheit* richten sich heute vor allem nach dem Erwerbsstatus sowie nach Lebensalter und Geschlecht, wobei hier charakteristische Kombinationen entstehen. Grob gesagt kann man davon ausgehen, daß die Erwerbstätigen die sozialen Leistungen für die Nicht-Erwerbstätigen finanzieren müssen, und daß sich die Erwerbstätigkeit heute im Alter zwischen 20 und 60 Jahren konzentriert. Nicht erwerbstätig sind die Kinder und Jugendlichen einerseits, die Personen jenseits des Verrentungsalters andererseits, außerdem ein Teil der im Erwerbsalter stehenden Frauen, insbesondere Mütter kleinerer Kinder, die Arbeitslosen und die dauerhaft Erwerbsunfähigen.

Daß die Erwerbstätigen für den Unterhalt der Nicht-Erwerbstätigen aufkommen, ist nichts grundsätzlich Modernes, wohl aber die staatliche Organisation dieses Unterhalts. In früheren Gesellschaftsformen erfolgte der Unterhalt der Nicht-Arbeitsfähigen grundsätzlich innerhalb der Einzelhaushalte, wobei zudem die Trennung von Arbeitsfähigen und Nicht-Arbeitsfähigen weit weniger scharf war: Schon Kinder wurden nach

Maßgabe ihrer Fähigkeiten zur Arbeit herangezogen, und auch alte Menschen konnten die ihnen verbliebenen Fähigkeiten leichter produktiv einsetzen. Wer nicht zu einem Haushalt und seinen Produktionsmitteln gehörte, war auf Diebstahl oder Wohltätigkeit angewiesen und hatte in der Regel nur eine geringe Lebenserwartung.

Das grundsätzlich Neue ist die staatliche Organisation der Einkommensumverteilung durch *soziale Sicherung*, welche insbesondere für die Rentner und die Arbeitslosen den ganz überwiegenden Teil des Lebensunterhalts deckt.[106] Sie entwickelte sich parallel zur staatlichen Ordnung der unselbständigen Arbeitsverhältnisse, des Verbotes der Kinderarbeit, der Gestaltung des Arbeitsschutzes und des Arbeitsvertragsrechts. Dabei wirkten staatliches Schutz- und Ordnungsinteresse, gewerkschaftliche Interessen an der Knapphaltung des Arbeitsangebots und unternehmerische Interessen an möglichst leistungsfähigen Arbeitskräften dahingehend zusammen, daß Kinder und Jugendliche sowie ältere Menschen im Laufe der Zeit zunehmend aus dem Produktionsprozeß eliminiert wurden und sich die Erwerbstätigkeit auf das ‚beste' Erwachsenenalter konzentriert. *Erst durch die kumulative Wirkung sozialpolitischer Maßnahmen* (z. B. die Verbindung des Verbotes der Kinderarbeit mit dem Ausbau des Schulwesens, die Verbindung von Arbeitsverboten mit Verrentungsansprüchen) *wurde jene scharfe Trennlinie zwischen Erwerbstätigen und Nicht-Erwerbstätigen geschaffen, die unsere heutigen Verhältnisse kennzeichnet.* Und da diese Grenzen sich zur Hauptsache am Lebensalter orientieren, sind auf diese Weise zwei ‚Versorgungsklassen' entstanden, die weitgehend mit bestimmten Generationen zusammenfallen. Die staatliche Sozialpolitik hat somit einen kollektiven Generationenzusammenhang geschaffen, wobei die Generation der Erwachsenen durch Steuern und Beiträge den Unterhalt der staatlichen und parastaatlichen Leistungen für die noch nicht und die nicht mehr erwerbstätige Generation teilweise finanziert.[107] Das Ausmaß der staatlich organisierten Umverteilung betrifft allerdings die beiden ‚Versorgungsklassen' in sehr unterschiedlichem Maße: Während die ältere Generation ihren Lebensunterhalt nahezu vollständig aus Pensionen und Renten bestreiten kann, die ihr aus staatlich organisierten Umverteilungsvorgängen zufließen, liegt der Unterhalt der Kinder, wie gezeigt wurde, etwa zur Hälfte (sofern nur die Barausgaben gezählt werden) oder zu drei Vierteln (sofern auch die Naturalleistungen gezählt werden) bei den Eltern.

In Gesellschaftsformationen, die stärker auf Tradition, Verwandtschaft und Grundeigentum gebaut sind, stellen die Generationsbeziehungen ein zentraleres, aber andersartiges Spannungsfeld dar als in der unsrigen. Dort ist typischerweise die Stellung der ältesten Generation am stärksten. Sie ist im Besitz der Familiengüter, sie hat zumeist auch den größten politischen Einfluß, sie gilt als Träger von Tradition und Erfahrung, und häufig wird diese Stellung noch durch religiöse Symbolisierungen überhöht – erinnert sei an die ‚Pietas' der Römer oder den Ahnenkult in China.[108] Unter diesen Umständen versuchten die Alten meistens, die Stellung der nachfolgenden Generationen zu kontrollieren, sei es durch ihre starke Position als Erblasser oder durch Regulierung der Heiratsmöglichkeiten. Die unter diesen Verhältnissen institutionalisierte latente Generationenspannung wurde durch die vergleichsweise hohe Sterblichkeit gemildert.

Auch wenn mit der ermöglichten Wohlstandsakkumulation der letzten Jahre die Stellung der älteren Generation als Erblasser wieder interessanter geworden ist,[109] so sind die jüngeren Generationen heute doch auf solche Erbgänge nicht mehr angewiesen, da der Lebensunterhalt zumeist in unselbständiger Stellung erworben wird. Die Solidarität zwischen den Generationen beruht heute im wesentlichen auf der Kohäsion der Angehörigen der gleichen Kernfamilie mit gewissen Ausweitungen auf die näheren Verwandten. Wie oben (Abschnitt 3.2.5) gezeigt wurde, gilt in diesem Zusammenhang immer noch ein hohes Maß an reziproker Hilfeverpflichtung, wobei der Reziprozitätsgesichtspunkt jedoch durch den hohen Grad der emotionalen Bindung in der Regel in den Hintergrund tritt.[110]

Allerdings gilt dieser Grundsatz nicht mehr für den *materiellen Unterhalt* der älteren Generation. *Hier existiert das Verhältnis zwischen den Generationen heute primär als solches der durch die Sozialgesetzgebung konstituierten Altersgruppen.* Leistungen und Gegenleistungen sind in den Institutionen der sozialen Sicherung so mittelbar geworden, daß sie eine moralische Bindung immer weniger zu entfalten vermögen. So müssen die Grundsätze des Sozialstaats an ihre Stelle treten, und diese sind, was das Verhältnis zwischen den Generationen angeht, nur in der blassen Formel des ‚Generationenvertrags' ausformuliert.[111]

Unter der Voraussetzung einigermaßen gleichbleibender demographischer Verhältnisse konnte sich das Verhältnis zwischen den Generationen im sozialen Sicherungssystem der Vergangenheit relativ reibungslos gestalten. Die Sozialpolitik betrachtete dabei im wesentlichen nur das Verhältnis zwischen der erwerbstätigen und der alten Generation, die vor allem durch das System der Rentenversicherung vermittelt ist.[112] In der absehbaren Zukunft wird sich jedoch unter Voraussetzung konstanter Regelungen das Verhältnis zwischen Beitragszahlern und Rentnern aufgrund der demographischen Entwicklung *ohne Zuwanderung* dramatisch verändern. Wie Tabelle 7A zeigt, wird sich der Anteil der sechzig- und mehr-jährigen an der Gesamtbevölkerung von derzeit etwa 21% auf über 37% im Jahre 2030 erhöhen, während gleichzeitig der Anteil der Kinder und Jugendlichen unter 20 Jahren von 23,5% auf 15–16% sinken wird. Gleichzeitig wird der Anteil der 20 bis 60-jährigen an der Bevölke-

Tabelle 7: Die voraussichtliche Entwicklung der Altersstruktur 1985–2030 (früheres Bundesgebiet, ohne Wanderungen)

A. Prozentanteile der einzelnen Altersgruppen						
Altersgruppe	Stand 1985	1990	2000	2010	2020	2030
0–20	23	20	19	17	15	15
20–40	28	29	24	18	19	17
40–60	27	29	31	37	35	30
60–80	18	18	21	23	24	31
80 +	3	4	4	5	7	7
Summe	100	100	100	100	100	100
B. Wachstum bzw. Schrumpfen der einzelnen Altersgruppen						
Altersgruppe	Stand 1985	1990	2000	2010	2020	2030
0–20	100	86	83	69	55	50
20–40	100	100	82	56	56	45
40–60	100	106	109	124	106	80
60–80	100	99	113	113	111	127
80 +	100	131	131	152	180	168
Gesamt	56.644	56.205	54.866	51.476	47.431	42.497
1985 = 100	100	99	97	91	84	75

Quelle: Mitteilung des statistischen Bundesamtes: Modellrechnung I, 1985–2030 (Basis 31. 12. 1984).

rung von seinem derzeit extrem hohen Stand von 58% bis auf ca. 47% zurückgehen. Wie Tabelle 7B zeigt, wird in diesem Zeitraum der Bestand der unter 20-jährigen sich halbieren, während gleichzeitig der Bestand der über 60-jährigen, insbesondere aber derjenige der über 80-jährigen erheblich zunimmt.[113] Das oft genannte Stichjahr 2030 markiert allerdings einen besonders ungünstigen Zeitpunkt in der Entwicklung der Altersstruktur, da dann die geburtenstarken Jahrgänge der Nachkriegszeit ins Rentenalter aufrücken. Nach dem Jahre 2050 würde – immer das Andauern gegenwärtiger Verhältnisse und das Fehlen von Wanderungsbewegungen vorausgesetzt – sich die tatsächliche Altersstruktur mehr und mehr einem stabilen Zustand annähern, der den zugrunde liegenden Ausgangsdaten der Fertilität und Mortalität entspricht. Diese sind jedoch auf der Grundlage der gegenwärtigen Reproduktionsverhältnisse von ca. 63% nur unwesentlich günstiger als die Werte des Jahres 2030. Auf 100 Personen im erwerbsfähigen Alter würden dann etwa 78 Personen über 60 Jahre und 34 Personen unter 20 Jahre entfallen. Gegenwärtig entfallen dagegen auf 100 Personen zwischen 20 und 60 Jahren

Abbildung 9: Prognostizierte Entwicklung des Beitragssatzes zur Rentenversicherung unter Zugrundelegung unterschiedlicher Fertilitätsannahmen 1980–2050 (nach Grohmann)

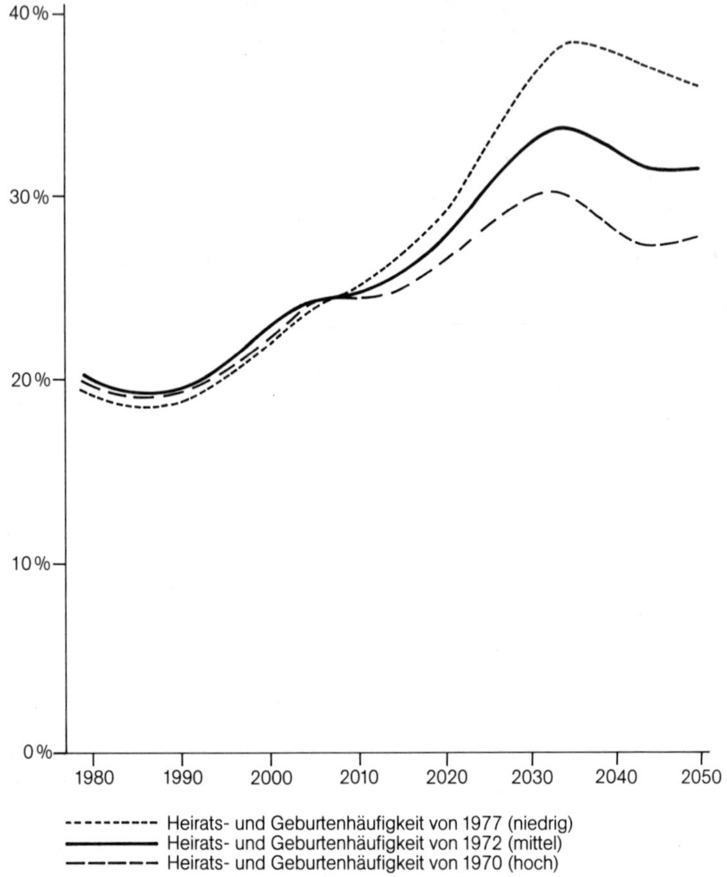

Quelle: Heinz Grohmann, Anpassungs- und Entlastungsstrategien zur Lösung des demographisch bedingten Rentenproblems. In: Demographische Entwicklung und gesellschaftliche Planung, a. a. O., S. 20.

etwa je 36 über 60-jährige bzw. unter 20-jährige. Den ungefähren Verlauf der Entwicklung der Altersversorgungslasten bis 2050 zeigt Abb. 9:

Unter Zugrundelegung der bis zur Rentenreform 1992 geltenden Regelungen und beim Andauern der Heirats- und Geburtenhäufigkeit von 1977 hätte der Beitragssatz zur Rentenversicherung langfristig etwa 35% betragen, d. h. er würde nach 2030 nur unwesentlich zurückgehen.

Gleichzeitig zeigt sich, wie im Falle einer höheren Heirats- und Geburtenhäufigkeit der langfristig erforderliche Beitragssatz deutlich niedriger wäre. Damit zeigt sich auch, daß die gegenwärtige extreme Nachwuchsbeschränkung zu einer dauerhaften Verwerfung des Generationsverhältnisses führt, welches nur durch eine Erhöhung der Fertilität oder durch kontinuierliche Einwanderung in etwa im Gleichgewicht gehalten werden kann.

Im vorliegenden Zusammenhang stellt sich insbesondere die Frage, ob und aus welchen Gründen das gelockerte Verhältnis zwischen der erwachsenen und der alten Generation solche Verschiebungen der Belastungen noch tragen kann. Mit der Rentenreform von 1992 sind Schritte in die richtige Richtung getan worden: Indem sich die Renten nunmehr an den Nettolöhnen orientieren, verteilen sich die Folgen einer Verschlechterung des Verhältnisses von Beitragszahlern und Renten auf beide Generationen. Auch die Flexibilisierung des Rentenzugangsalters und die allmähliche Anhebung des Verrentungsalters machen das System anpassungsfähiger an die demographische Dynamik.[114] Ob diese Reformen allerdings zur Bewältigung der längerfristigen Probleme ausreichen, scheint eher fraglich.[115]

Nicht nur im Renten-, sondern auch im Pflegebereich stellt sich die Frage, woher die Solidarpotentiale für die Pflege der alten Menschen in Zukunft kommen sollen (vgl. 5.2.5). Selbst wenn man unterstellt, daß diejenigen Personen, welche selbst Familien gegründet haben, auch in Zukunft im Falle der Pflegebedürftigkeit durch ihre Kinder betreut werden, so müssen doch für diejenigen, die aus welchen Gründen auch immer keine eigenen Kinder haben, und ihr Anteil an der Bevölkerung scheint gegenwärtig rasch zuzunehmen (vgl. Tab. 3, S. 46), Lösungen gefunden werden, die sich bisher noch nicht abzeichnen. Die Diskussion über die Einführung einer Pflegekostenversicherung gibt dem Ausdruck.[116] Aber auch wenn die Finanzierung, welche bisher ausschließlich die Kommunen und Kommunalverbände belastet hat, gesichert werden könnte, es zeichnet sich schon heute ein Mangel an qualifiziertem Personal ab, der sich mit dem demographisch bedingten Nachwuchsmangel zu einem allgemeinen Personalmangel verschärfen dürfte. *Die Erhaltung familialer Lösungen und die Schaffung neuer ehrenamtlicher Lösungen wird daher unumgänglich sein.*[117]

4 Veränderung der Bedingungen für die Familienentwicklung in den letzten Jahrzehnten

4.1 Familienentwicklung in Ost- und Westdeutschland

Unsere bisherigen Überlegungen trugen eher systematischen Charakter, doch haben wir bereits einige Entwicklungstrends der jüngeren Vergangenheit und der absehbaren Zukunft in der alten Bundesrepublik skizziert: Eine in zunehmenden Scheidungsziffern sich äußernde geringere Stabilität von Ehen, eine stark gesunkene Fertilität und absehbare dauerhafte Verwerfungen des Generationengefüges als Folge. Die in diesem Zusammenhang mitgeteilten Ergebnisse von Bevölkerungsprognosen beruhen in der Regel auf der Annahme, daß die Fertilitäts- und Mortalitätsverhältnisse der jüngsten Vergangenheit mit nur unwesentlichen Veränderungen andauern und daß keine Wanderungen stattfinden. Zwar werden auch Varianten gerechnet, welche von etwas günstigeren oder ungünstigeren Annahmen über Fertilität bzw. Mortalität ausgehen oder in denen ein gewisses Maß an Zuwanderung berücksichtigt wird,[1] aber all diese Annahmen weisen so lange ein hohes Maß an Beliebigkeit auf, als wir uns nicht der Frage stellen, wovon die beobachteten kollektiven Verhaltensänderungen abhängig sind und ob mit einem Andauern oder weiteren Veränderungen des hierfür angenommenen Bedingungsgefüges zu rechnen ist. In diesem Sinne ist die Titelfrage nach der Zukunft der Familie zu verstehen. Es soll versucht werden, die Rahmenbedingungen der Familienentwicklung genauer zu skizzieren und die in ihnen erkennbaren Veränderungstendenzen aufzuzeigen.[2] Schon dies ist, wie sich zeigen wird, ein recht spekulatives Unterfangen, aber dennoch der einzige Weg, um zu plausiblen Vorstellungen über mögliche zukünftige Entwicklungstendenzen im familialen Bereich zu gelangen.

Angesichts des Beitritts der ehemaligen DDR stellt sich jedoch zunächst die Frage, inwiefern unsere Überlegungen durch das Hinzutreten einer Bevölkerung spezifiziert werden müssen, deren Geschichte über 40 Jahre eigenen Regeln gefolgt ist, und die sich sowohl hinsichtlich der herrschenden Ideologie als auch der praktisch relevanten Lebensbedingungen von Familien deutlich von der Bundesrepublik unterschied. Es kann hier selbstverständlich nicht darum gehen, diese ja noch gar nicht ganz reflektierten Unterschiede in voller Breite darzustellen. Was den soziologischen Charakter der ideologisch fundierten gesellschaftlichen Strukturen angeht, so scheint die These von *Detlef Pollack* besonders erhellend, die DDR sei eine *Organisationsgesellschaft* gewesen, d.h. sie war nach den Prinzipien einer zentral geleiteten, hierarchischen Organisation strukturiert. Die politische Führung, d.h. die Spitze der SED beanspruchte, alle gesellschaftlichen Lebensbereiche kontrollieren und zu ihrem Guten steuern zu können.[3]

Abbildung 10: Zusammengefaßte Heiratsziffern in beiden Teilen Deutschlands 1950–1991

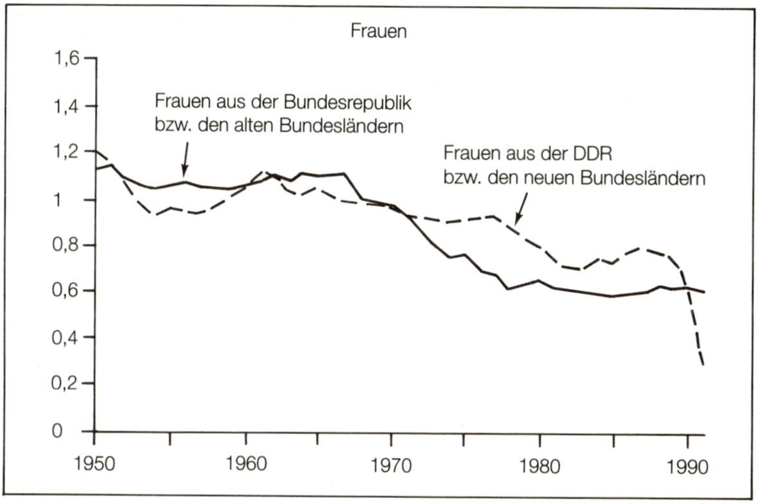

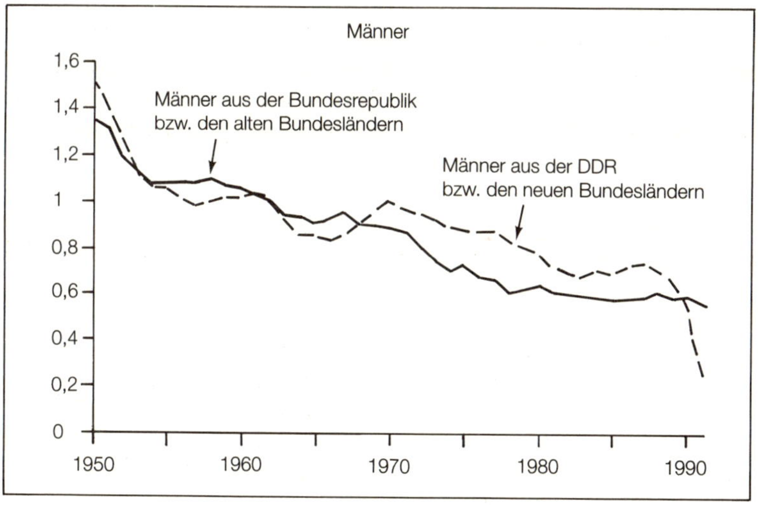

Entnommen aus: 5. Familienbericht, Abbildung II/17 und II/18 (Quelle: StBA)

Dieser Anspruch wirkte sich auch in der Bevölkerungs- und Sozialpolitik der DDR aus: Entsprechend ihrer ganzheitlichen Betrachtungsweise nahm die DDR-Führung die Bevölkerung weit eher als entscheidenden Produktionsfaktor wahr denn die liberale, an den Prinzipien individueller und teilsystemischer Autonomie orientierte Wirtschafts- und Sozialpolitik der Bundesrepublik. Die Flucht bzw. Abwanderung vor allem junger Erwerbstätiger in den 50er Jahren wurde als Bedrohung erkannt und führte zu dem verzweifelten Versuch des Mauerbaus. Der sich ab Mitte der 60er Jahre andeutende Geburtenrückgang führte schnell zu politischen Reaktionen: Der VIII. Parteitag der SED (1971) erklärte die Familien- und Bevölkerungsentwicklung zu einer politischen Angelegenheit und leitete eine Phase der *auf Familiengründung und Geburtensteigerung angelegten Sozialpolitik* ein.[4] Ohne auf die Maßnahmen im einzelnen einzugehen, kann als Spezifikum dieser Sozialpolitik die weitgehende Entlastung der Eltern von den finanziellen und zeitlichen Belastungen durch das Aufbringen von Kindern und eine ausgeprägte gesundheitliche sowie sozialpädagogische Betreuung von Müttern und Kindern gelten. Das Ziel war, die zunächst emanzipatorisch gemeinte, jedoch in der Folge immer mehr zur ökonomischen Notwendigkeit werdende Vollzeiterwerbstätigkeit auch der Frauen mit der Möglichkeit eines Familienlebens mit mehreren Kindern zur Deckung zu bringen.

Ein Erfolg dieser Politik in den späten 70er und frühen 80er Jahren ist unverkennbar, wie Abbildung 10 und Abbildung 5 (S. 47) zeigen: Heiratshäufigkeit und Geburtenhäufigkeit entwickelten sich deutlich günstiger als in der Bundesrepublik. 90% aller Frauen brachten mindestens ein Kind zur Welt, und zwar typischerweise in einem deutlich früheren Lebensalter als in der Bundesrepbulik.[5] Allerdings ist es in der DDR nicht gelungen, die Zahl der Geburten dritten und höheren Ranges im gewünschten Maße zu erhöhen.[6] Die Sachzwänge, insbesondere die Wohnungsverhältnisse, aber auch die Neigung der Frauen zur Berufstätigkeit standen der Wirksamkeit der Förderprogramme kinderreicher Familien offensichtlich entgegen.

Gleichzeitig waren über 90% aller Frauen im erwerbsfähigen Alter berufstätig, und zwar in der Regel mit der vollen wöchentlichen Arbeitszeit. Im Falle der Geburt war die Mutter grundsätzlich ein Jahr von Erwerbstätigkeit freigestellt und brachte anschließend das Kind im Regelfalle werktags in die ganztätige Kinderkrippe. Der flächendeckende Ausbau der Krippenbetreuung und der Vorschulerziehung kann als besonderes Charakteristikum der Sozialpolitik in der DDR gelten.[7]

Auch wenn die Bereitschaft zur Eheschließung durch besondere Ehedarlehen von erheblicher Höhe, die nach Maßgabe der Geburt von Kindern erlassen wurden, gefördert wurde, brachte es die Zunahme alleinerziehender Mütter infolge der hohen Scheidungshäufigkeit (vgl. Abb. 11)

Abbildung 11: Ehescheidungen auf 100 geschlossene Ehen desselben Jahres in beiden Teilen Deutschlands 1950–1991

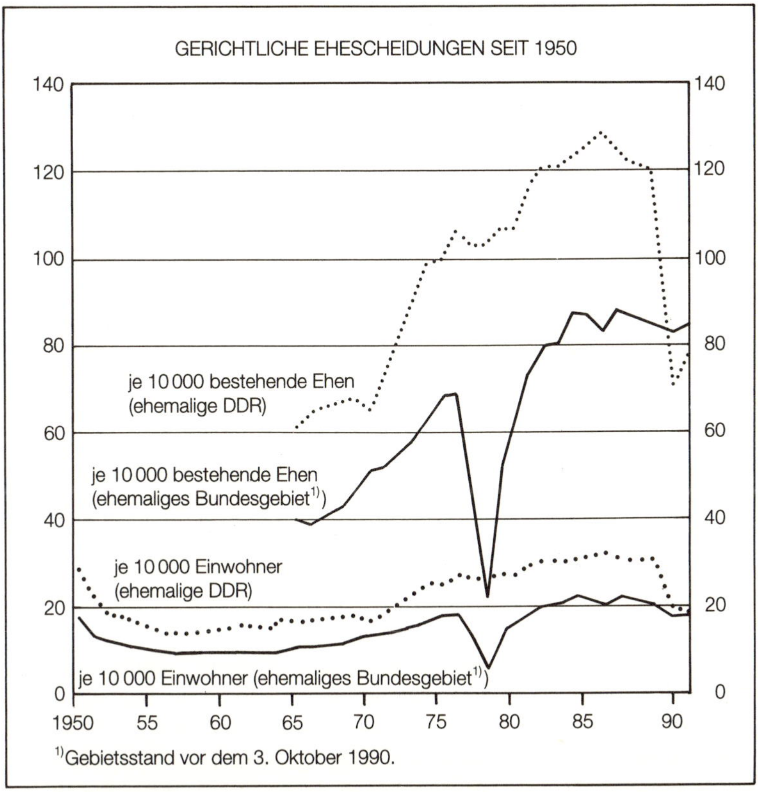

Quelle: Wirtschaft und Statistik 12/1990 (ergänzt)

mit sich, daß zunehmend auch besondere Maßnahmen für alleinerziehende Mütter getroffen wurden. Als sich im Laufe der 80er Jahre auch in der DDR die nichtehelichen Partnerschaften ausbreiteten, gab dies Anreize zu einer erheblichen Zunahme der nichtehelichen Geburten, die zuletzt rd. ein Drittel aller Geburten ausmachten (vgl. Abb. 12). Im Gegensatz zur Bundesrepublik wurde der Ehe keine besondere ideologische Bedeutung zugesprochen: „Die DDR-Sozialpolitik war auf die Förderung der Familien gerichtet, die Sozialpolitik der BRD dagegen in erster Linie auf die der Ehe. Dies ist ein entscheidender Unterschied, denn damit sind in der BRD z. B. Alleinerziehende mit Kindern benachteiligt gegenüber kinderlosen Ehepaaren."[8] Es kann daher auch nicht überraschen, daß in den neuen Bundesländern deutlich mehr, nämlich

Abbildung 12: Nichtehelichenquoten in beiden Teilen Deutschlands 1946–1989

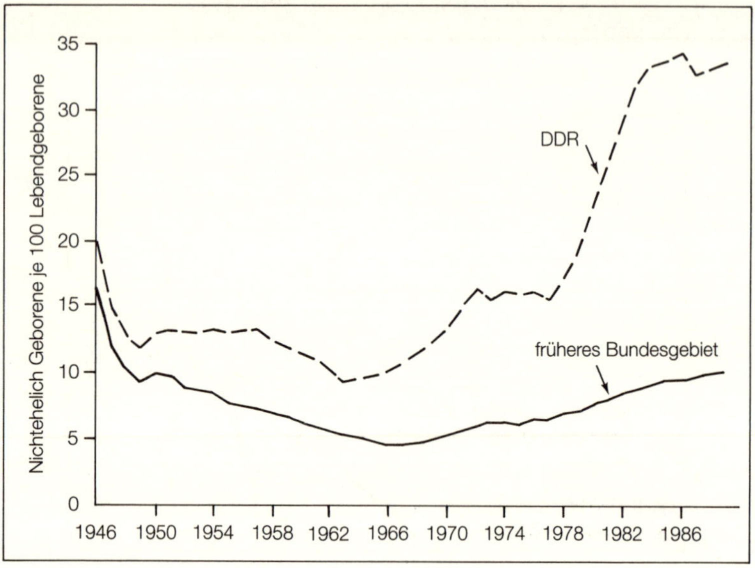

Quelle: Mitteilungen des Bundesinstituts für Bevölkerungsforschung 1992, No. 4

19% aller Kinder mit nur einem Elternteil (meistens der Mutter) aufwachsen, gegenüber 11% in den alten Bundesländern, und daß dabei der Anteil der ledigen Alleinerziehenden etwa doppelt so hoch ist (vgl. Tab. 8).

Ebenso ist bei den nichtehelichen Lebensgemeinschaften der Anteil der Kinderlosen im Westen deutlich höher als im Osten, wo mehr als die

Tabelle 8: Alleinerziehende nach dem Familienstand, 1991

	früheres Bundesgebiet %	neue Bundesländer %	Deutschland %
ledig	16,7	33,6	21,2
verheiratet/getrennt	11,3	3,1	9,1
verwitwet	35,3	19,5	31,0
geschieden	36,6	44,0	38,6
insgesamt	100,0	100,0	100,0
in 1000	1332	681	2013
in % aller Kinder	11	19	13

Quelle: Statistisches Bundesamt, Mikrozensus 1991

Hälfte aller Lebensgemeinschaften Verantwortung für Kinder trägt (vgl. Tab. 9).

Tabelle 9: Nichteheliche Lebensgemeinschaften nach Familienstand, 1991

	Früheres Bundesgebiet davon			Neue Bundesländer davon		
	in %	o. Kinder	m. Kinder	in %	o. Kinder	m. Kinder
beide Partner ledig	59,5	90%	10%	47,0	47%	53%
ein Partner ledig/ ein Partner nicht ledig	18,7	68%	32%	21,3	31%	69%
beide Partner nicht ledig	21,8	70%	30%	31,7	51%	49%
insgesamt	100,0	81%	19%	100,0	45%	55%

Quelle: Wirtschaft und Statistik, 1993, S. 194

Der Anteil der Kinder, die mit ihren beiden leiblichen Eltern zusammen aufwachsen, dürfte in den neuen Bundesländern deutlich geringer sein als in den alten, wo er bei ca. 80% liegt. Rein statistisch gesehen ist also die Pluralisierung familialer Lebensformen in den neuen Bundesländern weiter fortgeschritten als in den alten, was gemeinhin als ein Zeichen der Modernität von Partnerbeziehungen gilt. Aber es scheint fraglich, ob diese Pluralisierung tatsächlich eine Konsequenz der Optionserweiterung ist, wie dies im folgenden für die alten Bundesländer behauptet wird (vgl. 4.3). *Heike Trappe* weist darauf hin, daß „im Gegenzug zu staatlicherseits offerierten Entlastungsmöglivhkeiten zur synchronen Verbindung von Familie und Beruf . . . die Entscheidungsmöglichkeiten von Frauen immer stärker verregelt (wurden)“; dadurch wurden „die Strategien zunehmend reduziert“.[8a] Zu vermuten ist eher eine geringere Stabilität der Partnerschaften, wie sie auch in der höheren Scheidungshäufigkeit zum Ausdruck kommt. Diese kann ihrerseits eine Vielzahl nicht erforschte Ursachen haben, beispielsweise die geringere religiöse Bindung oder die Stärke der Doppelbelastung durch Arbeit und Familie sowie generell die erschwerten Lebensbedingungen, zu deren Bewältigung eine erhöhte Kohäsion des Paares notwendig ist. Andererseits ist nicht zu übersehen, daß die zwar bescheidenen Lebensbedingungen in der DDR eine vergleichsweise hohe Erwartbarkeit der Lebensperspektiven gewährleisteten und daß der Ehe nur geringe Rechtsfolgen zugemessen wurden: Wie in der Bundesrepublik war (bis 1990) das Sorgerecht des Vaters an die Verehelichung gebunden, während andere, vom Familienrecht in der Bundesrepublik statuierte Rechtsfolgen wie das Unterhaltsrecht, der Versorgungsausgleich im Falle der Scheidung usw. keine Rolle spielten. Die DDR ging davon aus, daß Mann und Frau durch selbständige Vollzeiterwerbstätigkeit einen voneinander unabhängigen ökonomischen Status besitzen.

Familie und Ehe sind in der Bundesrepublik wesentlich stärker verrechtlicht, als dies in der DDR der Fall war. Dies führt im Zusammenhang mit der Übertragung der meisten Regelungen des Familienrechts auf die neuen Bundesländer nicht nur zu einer neuen Rechtslage, sondern auch zu einer Verkomplizierung der familiären Verhältnisse und zu einer spezifischen Verunsicherung, die u. a. im Absacken der Ehescheidungshäufigkeit unmittelbar nach der Vereinigung zum Ausdruck kommt.[9]

Sieht man von der unterschiedlichen Gewichtung der Ehe und der Ehefolgen ab, so scheinen die familiären Verhältnisse in Ost und West weniger große Unterschiede aufzuweisen, als vor dem Hintergrund der Systemdifferenzen zu vermuten wäre.[10] Auch in der DDR war „die Familie ... der wichtigste Lebenswert. Das gilt auch für die junge Generation, die mit PartnerIn zusammenleben, Nachkommen zeugen und aufziehen will. Der Wert ‚Familie' steht dabei gleichbedeutend für eine Vielzahl menschlicher Grundbedürfnisse. Dazu gehören bekanntlich Bedürfnisse nach Liebe und emotionaler Geborgenheit, nach einem Leben mit Kindern, nach materieller Sicherheit, Schutz und Gemeinsamkeit bei der Meisterung des Lebensalltags, nach Rückhalt bei Problemen in anderen Lebensbereichen sowie Hilfe und Unterstützung im Krankheitsfalle und im Alter. ... Für junge Leute ist meist eine Verschmelzung von Partnerliebe und Leben mit Kindern typisch. Über dieses Verständnis hinausgehend ist die Familie in der DDR mehr und mehr zum Synonym für Freizeit und Privatsein, für eine breite Palette individueller Lebenstätigkeit außerhalb der gesellschaftlichen Aktivitätsformen geworden."[11] Wenn auch die Zentrierung der Privatsphäre auf die Familie in der DDR noch ausgeprägter gewesen sein dürfte als in der Bundesrepublik, so könnte obiges Zitat doch auch über die hiesigen Verhältnisse geschrieben worden sein. Die Unterschiede beziehen sich weniger auf das Familienleben selbst und die damit verbundenen Erwartungen, als auf das gesellschaftliche Umfeld. In beiden Teilen Deutschlands ist zudem eine Überfrachtung der Familie mit positiven Erwartungszumutungen zu beobachten, die häufig einer Überforderung der Partner gleichkommt und im Enttäuschungsfalle mit zur hohen Scheidungshäufigkeit beizutragen scheint.[12]

Trotz des gesamtgesellschaftlichen Steuerungsanspruches gelang es der Führung in der DDR nie, die häuslichen Verhältnisse unter Kontrolle zu bringen, vielmehr blieben gerade diese ein Raum informeller Aktivitäten, die sich in vielfältigen Tausch- und Hilfeleistungen auch über Haushaltsgrenzen hinweg manifestierten.[13] So waren die Familienhaushalte in vielfältige Netzwerkbeziehungen einbezogen, die nicht nur verwandtschaftlich, sondern zum Teil auch über die Betriebszugehörigkeit vermittelt waren, welche ja auch im Hinblick auf die Sozialleistungen eine weit größere Rolle spielte als in der Bundesrepublik. Sie befanden sich zudem in einer ökonomisch zwar bescheidenen, aber gesicherten Lage und waren von den Kosten für das Aufbringen der Kinder zuletzt zu ca. 80% entlastet.

Der Zusammenbruch der DDR und der anschließende Beitritt zur Bundesrepublik haben nicht nur das politische und das wirtschaftliche System grundlegend verändert, sondern auch die individuellen Lebenslagen, insbesondere jedoch die Lebenslage von Frauen und Kindern. Vom Verlust der Arbeitsplätze waren Frauen überproportional betroffen, die bereits zu DDR-Zeiten vorwiegend weniger qualifizierte und daher leichter wegzurationalisierende Arbeitsplätze innehatten. Das schnelle Verschwinden der betrieblichen Sozialeinrichtungen und die Umstrukturierung der öffentlichen Einrichtungen nach Maßgabe der westlichen Vorbilder führten mindestens vorübergehend zu Ausfällen; im Bereich der Kleinkindversorgung muß mit dem dauerhaften Wegfall des flächendeckenden Krippenangebots gerechnet werden, so daß diese Aufgabe wieder auf die Familie – und das heißt in aller Regel die Frauen – zurückfällt. Darüber hinaus betrifft der gesellschaftliche Umbruch nicht nur die Lebensverhältnisse, sondern auch die herrschenden Wertorientierungen und die erlernten Muster der Lebensbewältigung. Der Zerfall der DDR bedeutete für viele auch eine kulturell-moralische Krise und damit einen Verlust an Orientierung, der gleichzeitig mit dem Appell an Eigeninitiative und mit den Verheißungen eines sich selbst als freiheitlich bezeichnenden Systems einherging, dessen Spielregeln weitgehend unbekannt waren. Berücksichtigt man, wie sehr die Bundesrepublik mit großer Selbstverständlichkeit auf den Erziehungsleistungen der Eltern und den Hilfen zwischen den Generationen aufbaut, so wird eine vierfache spezifische Belastung der Frauen in den neuen Bundesländern deutlich: Der Verlust der bisherigen Beschäftigungsperspektiven, der Verlust der bisherigen Unterstützungs- und Betreuungsmöglichkeiten, die normative Orientierungslosigkeit und schließlich die neuen Anforderungen an die erzieherische Rolle.[14] In eine besonders prekäre Lage geraten dabei die Alleinerziehenden, welche nunmehr häufig auf ein erst allmählich funktionierendes System der Sozialhilfe angewiesen sind.[15] Natürlich gilt diese Problematik in veränderter Perspektive auch für die Kinder und Jugendlichen[16], während die Männer – wie schon zu DDR-Zeiten – auf das Arbeitsleben mit seinen spezifischen Chancen und Versagungen angewiesen bleiben.

Die Dramatik der den Menschen in der ehemaligen DDR abverlangten Umstellungen und Umorientierungen kommt auch in der Bevölkerungsstatistik zum Ausdruck: Von 1990 auf 1991 gingen die Geburten um 40% und von 1991 auf 1992 um weitere 19% zurück; 1993 wurde ein weiterer, jedoch geringerer Rückgang registriert. Von 199.000 im Jahre 1989 sanken die Geburten auf 80.000 im Jahre 1993! Auch die Eheschließungen reduzierten sich von 1990 auf 1991 um 50% und im folgenden Jahr um weitere 5%. Hier deutete sich 1993 mit einem Anstieg um 25% möglicherweise eine Trendwende an. Noch deutlicher gingen die Ehescheidungen zurück, nämlich von 1990 auf 1991 um 72%. So tiefgreifende Verhaltensveränderungen innerhalb eines Jahres hat es bisher nicht einmal in Kriegszeiten gegeben.[17] Die skizzierten Entwicklungen sind ein Lehrstück, wie sehr Bevölkerungen, in denen die Geburtenkontrolle selbstverständlich geworden ist, auf die Veränderung externer Rahmenbedingungen reagieren können. Die zuletzt referierten Daten demonstrieren eindringlich das Ende einer Epoche, aber sie geben noch keine Hinweise auf das, was nach ihr kommt. Viele Kommentatoren vermuten, daß sich nach einer relativ kurzen Übergangsphase in den neuen Bundesländern ähnliche demographische und familiale Verhältnisse etablieren werden, wie sie in der alten Bundesrepublik herrschen, d.h. insbesondere eine Verschiebung der Fortpflanzung in ein späteres Lebensalter. Sollte dies der Fall sein, so wäre schon aus diesem Grunde für eine längere Übergangszeit mit einer niedrigen Geburtenhäufigkeit zu rechnen. Aber vielleicht führen auch die spezifischen Gegebenheiten und Erfahrungen der vom Umbruch am stärksten betroffenen Generationen der Jugendlichen und jungen Erwachsenen zu ganz anderen Verhaltensmustern?[18] Hierüber zu spekulieren ist in diesem noch frühen Stadium des Umbruchs müßig. Es wird deshalb auch darauf verzichtet, in den folgenden Abschnitten gesondert auf die Verhältnisse und Erfahrungen in der ehemaligen DDR sowie auf die gegenwärtige Umbruchsituation einzugehen. Das einzig *überschaubare* Szenario ist eine Angleichung an die Verhältnisse in der alten Bundesrepublik, und auf sie beziehen sich die nunmehr folgenden Überlegungen.

4.2 Bisherige Forschungen zu den Ursachen des Geburtenrückgangs

Bereits der ‚erste Geburtenrückgang‘ (ca. 1910–1930) hat zu einer Vielzahl von Erklärungen Anlaß gegeben, bei denen gesamtgesellschaftliche Veränderungen wie die Industrialisierung, die Verstädterung, die Rationalisierung der Lebensverhältnisse u. a. m. im Vordergrund standen.[19] Man kann sich daher fragen, ob der jüngste Geburtenrückgang nicht einfach als Fortsetzung eines säkularen Trends zu verstehen ist, in dem die allgemeinen Faktoren der Modernisierung wirksam werden. Wollte man dieser Annahme folgen, so läge die Konsequenz nahe, die Modernisierung der Lebensverhältnisse führe mit Notwendigkeit zu einem allmählichen Bedeutungsverlust, wenn nicht zum Aussterben derjenigen Völker, welche sich auf diesen Entwicklungspfad begeben haben.[20] Dagegen haben die Demographen eine „Theorie des demographischen Übergangs" formuliert, der zufolge sich nach einer Übergangszeit mit zunächst sinkender Sterblichkeit und verzögernd folgendem Sinken der Fruchtbarkeit ein neues Gleichgewicht einpendeln werde, bei dem sich Geburten und Sterbefälle langfristig die Waage halten.[21] Gründe dafür, warum sich der Geburtenrückgang gerade auf dem Niveau einer langfristig stationären Bevölkerungsentwicklung stabilisieren solle, wurden jedoch nicht gegeben. Beide Vorstellungen sind zu abstrakt, um für die Deutung der gegenwärtigen Lage hilfreich zu sein.

Der ganz überwiegende Teil der jüngeren Forschung nimmt daher den jüngsten Geburtenrückgang als ein *eigenständiges Phänomen* wahr und versucht, ihn mit spezifischeren Hypothesen zu erklären. Hierfür spricht insbesondere, daß in der an die unmittelbare Nachkriegszeit sich anschließenden Rekonstruktionsepoche in der Bundesrepublik alle Indikatoren auf eine sehr stabile, ja wahrscheinlich im Vergleich zur Zwischenkriegszeit konsolidierte Familienverfassung hindeuteten. Nach der Heiratstafel für 1960/62 heirateten 96% der Männer und 95% der Frauen mindestens einmal, nach der Heiratstafel 1910/11 waren es nur je 86%. Da auch Verwitwungen und Ehescheidungen zu jener Zeit sehr niedrige Werte erreichten und zudem der Anteil der Wiederverheiratungen groß war, lebten 1970 92% der 40 bis 50-jährigen Männer und 87% der 30 bis 40-jährigen Frauen in einer Ehe.[22] Zudem stieg die Fertilität der im gebärintensiven Alter stehenden Frauen in jener Zeit wiederum an (vgl. Abb. 3 und 4 S. 43f.). All diese Faktoren bewirkten gemeinsam den ‚Babyboom' zwischen 1955 und 1965. Ähnliche Phänomene ließen sich auch an den meisten übrigen Bevölkerungen Europas beobachten.

Alle Indikatoren deuten somit für die sich an die unmittelbare Nachkriegszeit anschließende Rekonstruktionsepoche auf einen Höhepunkt der *modernen* Familienentwicklung hin, wie sie in Kapitel 2 und 3 skizziert wurde. Diese Blüte des modernen Familientypus, und nicht etwa die vorindustrielle Familie, bildet den Hintergrund der heutigen Fragestellungen[23]. Es spricht also vieles dafür, den jüngsten Geburtenrückgang seit 1965 nicht unter dem Gesichtspunkt säkularer Trends zu interpretieren, „die im Modell der modernen, privatisierten Kernfamilie von Anbeginn impliziert waren". Was „sich in der jüngsten Vergangenheit . . . abzeichnet, (entspricht) offenbar nicht mehr diesem langfristigen Entwicklungsmuster. Vielmehr sind ‚neue' Verhaltensmuster, Ansprüche und Impulse sichtbar geworden."[24]

Differenzierte demographische Analysen dieses ‚zweiten Geburtenrückgangs' lassen erkennen, daß in einer ersten Phase (1962–1972) die Zahl der Heiraten infolge der Verringerung der Jahrgangsgrößen im heiratsintensivsten Alter zurückgingen. Gleichzeitig verminderte sich die Häufigkeit kinderreicher Familien drastisch:

„Der Prozeß der Verhaltensänderung setzte bei den Geburten höherer Ordnung ein und breitete sich stufenweise auf die Geburten niedrigerer Ordnung aus. Bei der Generation von 1936 lag die Häufigkeit von Geburten vierter und höherer Ordnung um 8% unter der entsprechenden Häufigkeit der vorangegangenen Generation von 1935. Ab der Generation von 1939 begann sich die Abnahme der Geburtenhäufigkeit dritter Kinder zu beschleunigen und ab der Generation von 1940 die der zweiten Kinder. Obwohl der Prozeß des Rückgangs bei den ältesten Generationen einsetzte und nach und nach auf die jüngeren Generationen übergriff, wirkte sich die Verhaltensänderung bei allen Generationen nahezu gleichzeitig aus."[25]

Diese kumulative Wirkung kohortenspezifischer Veränderungen erklärt den besonders drastischen Rückgang der Geburten zwischen 1966 und 1972. In der Folge beschleunigte sich der Rückgang der Eheschließungen bis 1978; sie stiegen seither nur unwesentlich wieder an, obwohl geburtenstärkere Jahrgänge nunmehr ins heiratsintensivste Alter traten. In dieser zweiten Phase ist die Verminderung der Heiratshäufigkeit auf eine Änderung des *Heiratsverhaltens*, nicht auf demographische Faktoren zurückzuführen. Auch die fortgesetzt niedrigen Geburtenzahlen sind nun nicht mehr eine Folge weiter absinkender ehelicher Fruchtbarkeit, sondern eine Folge der gesunkenen Heiratshäufigkeit (vgl. Abb. 13, S. 115). Die durchschnittliche Kinderzahl der verheirateten Paare scheint sich in den achtziger Jahren stabilisiert zu haben.

Soweit das recht klare Ergebnis der demographischen Analysen.[26] Sie stellen jedoch aus sozialwissenschaftlicher Sicht eher eine Beschreibung denn eine Erklärung dar. *Zu erklären bleibt, warum es zur Abkehr von der kinderreichen Familie kommt und warum der Anteil junger Menschen steigt, welche auf die Gründung einer Familie verzichten.*

Der jüngste Geburtenrückgang hat eine Vielzahl theoretischer Spekulationen und empirischer Untersuchungen zum ‚generativen Verhalten' ausgelöst, wobei allerdings im wesentlichen nur die Veränderungen der ehelichen Fruchtbarkeit und nicht die Änderungen des Heiratsverhaltens in den Blick genommen wurden. An diesen Forschungsergebnissen fällt zunächst auf, daß die als Ursachen der Verhaltensänderung behaupteten und durch Korrelationen o. ä. belegten Faktoren stark von der Forschungsmethode abhängig sind. Zwar ergeben sich offensichtlich einige stabile Zusammenhänge: Familien sind im Durchschnitt umso kleiner, je mehr sie in verstädterten Verhältnissen leben und je stärker die Frauen berufstätig sind. Inwieweit es sich hier aber um eigentliche ‚Ursachen' der Verhaltensänderung handelt, bleibt fraglich. In eigenen Untersuchungen konnten wir zeigen, daß die in vier nordrhein-westfälischen Städten und Kreisen beobachtbaren Dimensionsunterschiede der Familien im wesentlichen auf die Wohnstandortwahlen junger Erwachsener, d.h. das Verbleiben bzw. die Zuwanderung kindorientierter Paare in den ländlichen Raum und das Verbleiben bzw. die Zuwanderung berufsorientierter, alleinstehender oder verheirateter Frauen in den großstädtischen Raum zurückzuführen sind.[27] Auch die Berufstätigkeit der Frauen kann aus sehr unterschiedlichen Motiven – insbesondere aus finanziellen, tätigkeitsbezogenen oder auf Selbstverwirklichung bezogenen Gründen – erfolgen. Unsere Längsschnittuntersuchungen zeigen, daß in der Tat die Ankunft von Kindern der wichtigste Anlaß zur (mindestens zeitweisen) Aufgabe der Berufstätigkeit ist und daß ab der Geburt des 3. Kindes nur noch ein verschwindend kleiner Teil der Frauen berufstätig bleibt. Besonders bemerkenswert scheint der Befund, daß die Konvergenz oder Divergenz der Auffassungen der Partner hinsichtlich der Berufstätigkeit der Ehefrau, aber auch generell die Einschätzung der Stabilität der Partnerbeziehung durch die Frau von großer Bedeutung für die Wahrscheinlichkeit ist, mehr als ein Kind zu bekommen.[28]

Überblicke über den internationalen Stand der Forschung geben *Rudolf Andorka* sowie *Walter Kiefl* und *Josef Schmid*.[29] *Andorka* betont neben der Bedeutung von Wohnort und Beschäftigungsverhältnis der Frauen den indirekten Einfluß kultureller Variablen, insbesondere denjenigen sozialer Normen, Werte und Einstellungen, die durch Bezugsgruppen der Ehepaare vermittelt werden. Wahrscheinlich orientieren sich Paare also primär an Vorbildern in ihrer unmittelbaren Umgebung, durch welche gesellschaftsweite kulturelle Strömungen vermittelt oder gebrochen werden. *Kiefl* und *Schmid* üben vor allem Kritik an den theoretischen Ausgangspunkten wie an den eingesetzten Methoden der empirischen Forschung und machen damit deutlich, daß ein Großteil der bisherigen Forschung zu wenig präzise die Kontexte ins Auge gefaßt hat, von denen die Entscheidungen prospektiver Eltern tatsächlich abhängen.

In unseren eigenen Untersuchungen haben wir aus dieser Forschungslage den Schluß gezogen, daß Hypothesen über generativ relevante Verhaltensweisen den sozialen Kontext der Familienentwicklung berücksichtigen müssen und sich nur im Rahmen von Längsschnittuntersuchungen und mit Hilfe komplexer Erklärungsmodelle angemessen prüfen lassen. Im Unterschied zur älteren Forschung gehen wir davon aus, daß unter den Bedingungen allgemein zugänglicher und normativ akzeptierter Geburtenkontrolle nicht mehr die Einschränkung der Geburten, sondern die Entscheidung *für* die Geburt eines Kindes zu erklären ist und daß hierbei *unterschiedliche* Faktoren eine Rolle spielen, je nachdem, ob es sich um das erste, zweite, dritte oder höherrangige Kind handelt. Wir konnten zeigen, daß unterschiedliche Lebensorientierungen junger

Menschen, insbesondere die Spannung zwischen Familien- und Berufsorientierung, aber auch die Dynamik der Partnerschaftsbeziehungen selbst, wesentliche Erklärungsmomente der Familienentwicklung sind. Ferner bestätigte sich die Vermutung, daß sich für die Ankunft erster, zweiter und dritter Kinder unterschiedliche Bedingungskonstellationen als erklärungskräftig erweisen. Ein direkter Einfluß ökonomischer Variablen ließ sich dabei nicht nachweisen, doch zeigten Untersuchungen zur Lebenslage junger Familien die vielfältigen Spannungen und Belastungen, denen heute junge Paare ausgesetzt sind. Sie beeinflussen das generative Verhalten wohl eher indirekt über die sinkende Attraktivität familialer Lebensformen.[30] Die geringe Erklärungskraft deterministischer, insbesondere monofaktorieller Erklärungen des generativen Verhaltens ist nach unserer Auffassung darauf zurückzuführen, daß der *systemische Charakter* von Familien (vgl. 3.1) in diesen Untersuchungen zu wenig ernst genommen wird. Familienentwicklung vollzieht sich in einem Vorstadium als Verfestigung von Partnerschaften, wobei heute dem Eheschluß in einem bedeutenden Teil aller Fälle eine Phase des nichtehelichen Zusammenlebens vorangeht. Die Familiengründung, d. h. die Geburt des ersten Kindes wird immer noch in einem ganz überwiegenden Teil aller Fälle mit dem Eheschluß verbunden.[31] Es hängt dann von der Entwicklung dieses neu entstandenen Familiensystems ab, und zwar sowohl von den erfahrenen Folgen der Familiengründung als auch von der Entwicklung der Einstellungen beider Partner sowie ihres Verhältnisses, ob und inwieweit weitere Kinder geboren werden. Inwieweit diese Geburten das Ergebnis eines bewußten, die Vor- und Nachteile abwägenden Entscheidungsprozesses der Partner sind, muß offen bleiben.[32] Daß aber die Wahrnehmung der familialen Situation wie auch der möglichen Folgen weiterer Kinder für das *Zulassen* weiterer Geburten im Regelfall mitentscheidend ist, darf für den Großteil der heutigen Paarbeziehungen als gesichert angenommen werden.

Geburten ereignen sich also immer seltener bloß zufällig oder als unvermeidbarer Schicksalsschlag, es geht ihnen in der Regel eine Phase der Annahme der Schwangerschaft voraus, deren Verlauf von den systemischen Bedingungen des Partnersystems sowie weiteren externen Einflüssen abhängt. Ob sich solche auch stark im Gefühlsmäßigen verwurzelten Prozesse mit den Mitteln empirischer Sozialforschung angemessen erfassen bzw. rekonstruieren lassen, scheint eher zweifelhaft. Aber auch die insbesondere von Ökonomen und Bevölkerungswissenschaftlern verfolgte Strategie, lediglich die Unterschiede auf der Aggregatdatenebene zu erklären, führte zu keinen befriedigenden Resultaten. *Wir müssen vielmehr davon ausgehen, daß Veränderungen des generativen Verhaltens das Resultat von Einflüssen auf mehreren Ebenen gleichzeitig ist.* Im Erklärungsmodell unserer eigenen Untersuchungen unterschieden wir neben den binnenfamilialen Faktoren der Strukturform, der Alltagsorganisation und der Systemeigenschaften der Familien die persönliche Ebene der Motive und Präferenzen der Partner, die kontextuelle Ebene der Lebenslage und der Einbindung in soziale Netzwerke sowie die ökologische Ebene unter dem Gesichtspunkt objektiver Lebensbedingungen und Chancen in Sozialräumen sowie subkulturell bestimmter Milieus.[33] *Charlotte Höhn* unterscheidet zwischen Gründen auf der Mikro-, Meso- und Makroebene: „Zu den Einflußfaktoren auf der Mikroebene gehören Veränderungen im Wert von Kindern, der Familienformen, der Familienplanung sowie Persönlichkeitsmerkmale. Zu den Einflußfaktoren der Mesoebene werden hier die wichtigsten Aspekte differentieller Kinderzahlen, nämlich Bildungsniveau, Konfession und Religiosität, Erwerbstätigkeit der Frauen, Wohnverhältnisse und finanzielle Gründe sowie Referenzgruppen gezählt ... Auf der Makroebene werden im Zusammenhang von Wertewandel und sozio-ökonomischem Strukturwandel als Einflußfaktoren die Verstädterung und die Kinderfeindlichkeit, die Modernisierung der Werte, die verantwortliche Elternschaft und unerfüllte Kinderwünsche, die Zukunftsangst und das demographische Klima diskutiert."[34]

Angesichts der weitgehenden *Intransparenz familialer Systeme* für außenstehende Beobachter und natürlich auch im Hinblick auf die Frage, wie durch politische Maßnahmen und sonstige Veränderungen die Wahrscheinlichkeit erhöht werden kann, daß Familien auch in Zukunft noch in ausreichender Zahl gegründet und aufrechterhalten werden, konzentrieren wir uns im folgenden auf die *Umweltfaktoren* familialer Systeme und ihre *Abhängigkeit* von gesamtgesellschaftlichen Veränderungen. Wir gehen dabei davon aus, daß familiale Systeme über ihre Mitglieder in Umweltkontakten stehen und aus diesen Kontakten Ressourcen gewinnen, welche für die Entwicklung und Aufrechterhaltung des familialen Zusammenhangs entscheidend sind. Wir gehen weiterhin davon aus, daß auch die verhaltensrelevanten Einstellungen der Familienmitglieder *mittelbar* von gesamtgesellschaftlichen Veränderungen rechtlicher und kultureller Art beeinflußt werden, und daß die bemerkenswerte Gleichförmigkeit familialer Entwicklungstendenzen in den Ländern Europas mit der Ähnlichkeit kultureller, rechtlicher und ökonomischer Entwicklungstendenzen zu tun hat. Am aussichtsreichsten erscheinen heute Erklärungsansätze, welche historische, soziologische, ökonomische und sozialpsychologische Hypothesen und damit unterschiedliche makro- und mikrotheoretische Erklärungsniveaus miteinander zu verbinden suchen. Ins Zentrum der Analysen rücken dabei *institutionelle Veränderungen, welche die Vorteils-/Nachteilsbalance des Kinderhabens zu beeinflussen geeignet sind.*[35]

4.3 Die Pluralisierung der privaten Lebensformen und ihre Bedingungen

Um die Zusammenhänge zwischen den gesamtgesellschaftlichen Veränderungen und den Veränderungen, welche die Familie betreffen, auf einen kurzen gemeinsamen Nenner zu bringen, bietet sich das Konzept der *Optionserweiterung* an. Was wir gemeinhin als das Fortschrittliche der neuzeitlichen Gesellschaftsentwicklung ansehen, hat vor allem mit dem Zuwachs an institutionalisierten Möglichkeiten für die verschiedensten Zwecke und Wechselfälle des Lebens zu tun: Von der Erweiterung des Güterangebots über die Entwicklung und Differenzierung des Bildungs- und Gesundheitswesens bis zu den hochkomplexen Organisationsformen moderner Staaten. Die zunehmende gesellschaftliche Arbeitsteilung, die Vervielfältigung erwerbswirtschaftlicher, staatlicher, verbandlicher, religiöser, gemeinnütziger oder vereinsmäßiger Einrichtungen führen zu einem Gewinn an Freiheit, aber auch zu *einem immer unüberschaubareren Angebot an Möglichkeiten* – der Informationsgewinnung, des Konsums, der Geselligkeit, der Hilfe in Gefahren und Notfällen, der Verfolgung von Liebhabereien und auch der legalen oder illegalen Erwerbschancen. Zwar sind diese Möglichkeiten nicht für alle Menschen gleich zugänglich, und niemand wäre angesichts der Beschränktheit unserer Tages- und Lebenszeit in der Lage, sie alle zu realisieren. Aber dieses Übermaß des Möglichen – systemtheoretisch formuliert: die Überkomplexität der sozialen Zusammenhänge und der daraus folgende Zwang zur Selektivität, ja Selbstorganisation aller sozialen und psychischen Systeme – prägt mehr und mehr auch das Bewußtsein der Individuen. *Der Zwang zum Auswählen, die Selektivität aller Entscheidungen wird mehr und mehr bewußtseinsfähig.*

Dieser Umstand scheint einen nachhaltigen Einfluß auf das Verhältnis der Individuen zu den Institutionen des öffentlichen Lebens nach sich zu ziehen. Die seitens dieser Institutionen eingeforderten Verbindlichkeiten werden mehr und mehr in Frage gestellt, insoweit und weil sie als nicht mehr von Entscheidungsdruck entlastend, sondern als Restriktion im Hinblick auf die eigenen Wahlmöglichkeiten erfahren werden.[36] Sicher gilt das nicht für alle Verbindlichkeiten in gleicher Weise, sondern vor allem für diejenigen, welche die private Lebensführung betreffen. Hierzu gehören auch Ehe und Elternschaft.

4.3.1 Kulturelle Liberalisierung von Ehe und Familie

Während in einer ersten Phase des Modernisierungsprozesses das allgemeine Recht zur Heirat und die mit der Überwindung der Massenarmut zunehmende Möglichkeit für jedermann, dieses Recht wahrzunehmen, als Optionserweiterung und damit als Freiheitsgewinn gegenüber den

Heiratsbeschränkungen des Ancien Régime und der Not der Frühindustrialisierung erfahren wurde, hat sich in den 60er Jahren diesbezüglich ein tiefgreifender öffentlicher Meinungsumschwung ereignet. Die monogame Ehe und insbesondere die geschlechtsspezifische Polarisierung der familialen Rollen wurden nunmehr als Fessel und nicht mehr als Entlastung definiert, die ‚bürgerliche Familie' geriet als Strukturelement der Verfestigung sozialer Ungleichheit in die Kritik, und Elternschaft wurde zunehmend als autoritäres Verhältnis definiert. Die Abschaffung der Familie in der Form einer rechtlich und motivationsmäßig zusammengeschweißten Einheit schien die Abschaffung der Leiden und Konflikte zu verheißen, denen der Mensch in seinem primären Lebenszusammenhang und seinem Kampf um Identitätsfindung ausgesetzt ist.[37]

Zwar hat sich diese radikale Familienkritik durch die Erfahrungen mit ‚emanzipatorischen Alternativen' und Verschiebungen in den öffentlichen Diskussionsfronten rasch überlebt, aber die soziale Bewegung, welche sie ausgelöst hat, ist keineswegs folgenlos geblieben. Der Meinungsumschwung machte eine Reihe von Erfahrungen und Lebensformen, die schon länger im Schatten der öffentlichen Aufmerksamkeit existierten, offenkundig und sozial akzeptabel. Das Prinzip der Optionserweiterung wurde nunmehr auch im Bereich der Intimbeziehungen legitimatorisch wirksam, allerdings nicht in der vollen Breite des theoretisch Möglichen. Die wichtigsten Varianten seien kurz skizziert.

a) Die Entkoppelung von Sexualität und Fortpflanzung

Zwar fanden schon seit dem späten 18. Jahrhundert Praktiken der Geburtenkontrolle, die zuerst im Bereich der außerehelichen Beziehungen entwickelt worden waren, allmählich Eingang in die Ehe, zunächst vor allem im französischen Bürgertum. Aber die Formen der Empfängnisverhütung blieben noch lange unsicher und das Wissen über sie angesichts einer weitgehenden öffentlichen Tabuisierung des Sexualbereichs beschränkt. Erst in diesem Jahrhundert verbreitete sich – zunächst vor allem unter dem Einfluß der sozialistischen Bewegung – die sexuelle Aufklärung, und in den fünfziger und sechziger Jahren brachten die neuen, vom Intimkontakt unabhängigen Möglichkeiten der Empfängnisverhütung eine neue Qualität der Zuverlässigkeit ohne Beeinträchtigung der Spontaneität. Parallel zur Erweiterung der Möglichkeiten zur Empfängnisverhütung verminderten medizinische Fortschritte auch die Risiken der Schwangerschaftsunterbrechung. In Verbindung mit im folgenden zu skizzierenden Entwicklungen ging der Verbindlichkeitsgrad von kirchlichen und teilweise auch rechtlichen Normen, die einer effektiven Geburtenkontrolle im Wege standen, erheblich zurück.[38]

Die Verfügbarkeit sicherer Methoden der Empfängnisverhütung wurde mehr und mehr zur akzeptierten Selbstverständlichkeit, zur *kulturel-*

len Prämisse aller Beurteilungen im Bereich von Partnerschaft und Elternschaft. Die Folgenlosigkeit des Sexualkontakts im Hinblick auf die Möglichkeiten einer Schwangerschaft wird heute sozial vorausgesetzt. Lediglich mit Bezug auf die absichtliche Unterbrechung von Schwangerschaften bleiben rechtliche Einschränkungen sowie moralische und psychohygienische Einwände bestehen, da diese Form der Geburtenkontrolle in Konflikt mit einer moralischen Grundnorm unserer Gesellschaft, dem Schutz menschlichen Lebens steht.

b) Die Entkoppelung von Liebe und Ehe

In dem Maße, als feudale und ständische Bindungen sich auflösten und die Partnerwahl individualisiert wurde, entwickelte sich ‚Liebe' als kultureller Komplex zur Legitimation und Steuerung von Intimbeziehungen.[39] Unter dem Einfluß des christlichen Eheideals gelang es der bürgerlichen Bewegung, die romantische Liebesvorstellung normativ an Ehe und Familie zu binden, so daß „man nicht plausibel lieben und die Heirat verweigern, nicht plausibel heiraten, aber das Zusammenleben verweigern kann usw. Hier ‚fordert' sinnhaft das eine das andere, und wenn einer, der A gesagt hat, nicht auch B sagt, entwertet er zwangsläufig A, stellt er alles in Frage".[40] In Verbindung mit der Abschaffung der Ehebeschränkungen und der Revitalisierung des religiösen Bewußtseins gelang es im 19. Jahrhundert, die seit dem 18. Jahrhundert verbreiteten Formen nichtehelicher Beziehungen, vor allem in den Unterschichten, zu stigmatisieren und die Intimbeziehungen stärker an die Liebe und diese an die Ehe zu binden. Im 20. Jahrhundert und insbesondere durch die beiden Weltkriege, welche den Frauen angesichts langdauernder Abwesenheit ihrer Männer erhöhte Chancen der Selbständigkeit und verbreitete Erfahrungen mit beruflicher Tätigkeit vermittelten[41], gewann ‚Partnerschaft' eine komplementäre Rolle zu ‚Liebe'. Zwar blieb ‚Liebe' der herrschende Grund der Partnerwahl, doch entwickelte sich ‚Partnerschaft' als Muster der *Regelung* der ehelichen Beziehungen. Dabei ist „von Partnerschaft typischerweise dort die Rede . . ., wo asymmetrische Sozialbeziehungen in symmetrische Konstellationen umgeformt werden sollen";[42] die Stoßrichtung geht also auf Delegitimierung männlicher Dominanz und geschlechtsspezifischer Arbeitsteilung in der Ehe.

Komplementär zur Entwicklung der Möglichkeiten einer Trennung von Intimkontakten und Fortpflanzung hat sich seit den sechziger Jahren auch die Verknüpfung von Liebe und Ehe gelockert. ‚Ehe' wird nun stärker an den Willen zum oder die Ankunft des Kindes, also an Fortpflanzung gekoppelt, während ‚Liebe' wie schon zur Zeit der Aufklärung wieder zur Legitimation eines breiteren Bereichs der Intimbeziehungen freigegeben wird. Dementsprechend schwindet die Diskriminierung nichtehelicher Beziehungen, von der Abschaffung des Kuppeleiparagraphen (1973) bis in den Bereich der gesellschaftlichen Umgangsformen, wo zunehmend nicht mehr ‚mit Gattin' sondern ‚mit Begleitung' eingeladen wird.

c) Die Entkoppelung von Ehe und Elternschaft

Die Norm, daß die leiblichen Eltern für das Aufziehen ihrer Kinder verantwortlich sind, ist zwar interkulturell weit verbreitet, aber nur für die Mutter einigermaßen universal. Ihre Verbindlichkeit war zum mindesten in der frühen Neuzeit regional und sozial sehr unterschiedlich, wie die Verbreitung des Ammen- und des Findelkinderwesens zeigen. Unter dem Einfluß protestantischer Familienpietät und aufklärerischer Hoffnungen auf die Bildsamkeit des Menschen wurde der *Erziehungsverantwortung der Eltern* im 19. Jahrhundert wachsende Bedeutung zugesprochen. Im 20. Jahrhundert wurden die zunehmenden Möglichkeiten der Geburtenkontrolle kulturell als ‚verantwortete Elternschaft' legitimiert: Die Eltern sollen nur soviel Kindern das Leben schenken, als sie glauben, auch aufziehen zu können. Weil damit die freie Entscheidung über die Zahl der Kinder und den zeitlichen Abstand ihrer Geburt ermöglicht wird, wie dies dem Prinzip der Optionserweiterung entspricht, haben die Techniken der Geburtenkontrolle eher zu einer Stärkung als zu einer Schwächung des normativen Komplexes der Elternschaft beigetragen (vgl. 4.5).

Infolge der Stigmatisierung außerehelicher Beziehungen, insbesondere der Frau, waren im herrschenden moralischen Bewußtsein des ausgehenden 19. Jahrhunderts Ehe und Elternschaft selbstverständlich miteinander verknüpft, so daß die Regelungen des Bürgerlichen Gesetzbuches von 1896 uneheliche Kinder der elterlichen Gewalt entzogen und sie unter Amtsvormundschaft stellten. Bereits Art. 121 der Weimarer Reichsverfassung, der als Abs. 5 von Art. 6 unverändert ins Grundgesetz übernommen worden ist, forderte, „den unehelichen Kindern die gleichen Bedingungen für ihre leibliche, seelische und gesellschaftliche Entwicklung zu schaffen, wie den ehelichen Kindern." Erst im Jahre 1969 hat jedoch der Gesetzgeber diesen Verfassungsauftrag durch eine Reform des Nichtehelichen-Rechts in etwa erfüllt. Die Zögerlichkeit, mit der dieses Verfassungspostulat verwirklicht wurde, zeigt das Fortwirken bzw. die Restauration der aus dem 19. Jahrhundert übernommenen ‚bürgerlichen' Familienauffassung.[43]

Die Tendenz zur Entkoppelung von Ehe und Elternschaft wird weiterhin durch die Zunahme der Ehescheidungen verstärkt. Zwar neigen deutsche Gerichte immer noch dazu, das Sorgerecht im Scheidungsfalle nur einem Elternteil zuzusprechen, doch scheint sich der Widerstand der vom Sorgerecht ausgeschlossenen Elternteile dagegen zu verstärken. In dem Maße, als die Ehescheidung entdramatisiert wird, und auch dies scheint eine breite Tendenz zu sein, dürften die Bedenken gegen ein gemeinsames Sorgerecht der geschiedenen Eltern zurücktreten.[44]

Deutlich beobachtbar sind zunehmende Tendenzen staatlicher Politik, die besondere Benachteiligung alleinerziehender Eltern auszugleichen. Dieser Nachteilsausgleich kann zu einer Bevorzugung nichtehelicher Lebensgemeinschaften werden, wie insbesondere aus den Vereinigten Staaten, der DDR und Österreich berichtet wird, wo das Ansteigen der nichtehelichen Geburten in Zusammenhang mit derartigen Maßnahmen gebracht wird.

d) Die Entkoppelung von biologischer und sozialer Elternschaft

Bereits die Zunahme von Stiefelternverhältnissen infolge der Wiederverheiratung Geschiedener relativiert die Bedeutung des Filiationsprinzips, doch ist dies eine bereits althergebrachte Modifikation, welche in früherer Zeit durch Verwitwung und Wiederverheiratung ausgelöst wurde. Auch die Adoption hat eine alte Tradition, hat aber in jüngster Zeit eine neue Bedeutung gewonnen: In dem Maße nämlich, als Elternschaft nicht mehr als schicksalshaft, sondern als zu verantwortende Entscheidung kulturell definiert und erlebt wird, verliert sich auch der Schicksalscharakter ungewollter Kinderlosigkeit.[45] Die Annahme von Kindern Dritter stellt eine erste Form dar, wie man seine auf Kinder gerichteten Lebenspläne trotz biologischer Unfruchtbarkeit realisieren kann. Auch hier spielt somit das Prinzip der Optionserweiterung: Man soll nicht nur auf Kinder verzichten, sondern auch Kinderwünsche realisieren können. Dieser Kontext wird noch wirksamer bei der Legitimation neuer Reproduktionstechnologien.[46] Während die homologe Insemination bzw. In-vitro-Fertilisation das Filiationsprinzip unberührt lassen, stellten es die heterologe Insemination, aber auch die Möglichkeit der sog. Leihmütter grundsätzlich in Frage. In all diesen Fällen findet zudem eine Entkoppelung von Liebesakt und Fortpflanzung statt, welche tief in die bisherige Ehesymbolik eingreift.

Grundsätzlich wird damit *fragmentierte Elternschaft* möglich: Im theoretischen Extremfall kann ein Kind einen unterschiedlichen biologischen und sozialen Vater, eine unterschiedliche biologische und soziale Mutter sowie eine davon noch einmal zu unterscheidende Leihmutter haben, wenn nämlich ein Paar sich für die Annahme eines von einer Leihmutter ausgetragenen Embryos entscheidet, der in vitro aus der Verschmelzung heterologer Gameten entstanden ist. Gegen derartige Formen reproduktionstechnisch vermittelter fragmentierter Elternschaft werden in der Bundesrepublik erhebliche ethische, psychologische und rechtliche Bedenken geltend gemacht,[47] und Fälle, in denen eine so weitreichende Fragmentierung sinnvoll erscheint – z. B. ein Paar, das durch die Kombination fremder Erbeigenschaften glaubt, seinen Traum von der Erziehung eines Spitzensportlers realisieren zu können, wo die Frau aber nicht bereit ist, die Schwangerschaft zu übernehmen – wirken konstruiert. Dennoch lassen sich für die eine oder andere der angedeuteten Optionen fragmentierter Elternschaft *im Einzelfall* durchaus plausible Gründe finden. Die Frage ist allerdings, „ob das Abrücken von institutionalisierten Mustern der Elternschaft in ähnlicher Weise machbar ist wie die Eientnahme, Retortenbefruchtung und Embryonentransfer".[48] Vieles spricht dafür, daß mit der Erweiterung des reproduktionstechnisch Machbaren neue Zumutungen und Enttäuschungen, ja Sozialzwänge entstehen.[49]

Die skizzierten Entkoppelungsprozesse beziehen sich primär auf den *institutionellen* Aspekt der Familie, d. h. entkoppelt werden bis dahin verbindlich vorgeschriebene Verknüpfungen nach dem Muster: Wenn Liebe, dann Ehe, dann biologisch-soziale Elternschaft. Die Verbindlichkeit dieser Verknüpfungen resultierte dabei aus dem Zusammenwirken herrschender moralischer Überzeugungen, darauf bezogener Rechtsvorschriften und nicht zuletzt aus rechtlichen und ökonomischen Sekundärfolgen, welche sich aus der Wirksamkeit dieser Verknüpfung für andere Lebenstatbestände ergeben. In der Lebenswirklichkeit der Individuen ergaben sich natürlich auch in der Zeit höchster normativer Wirkungen dieser Vorstellungen Abweichungen, die jedoch für die Betroffenen – und insbesondere auch für deren Kinder – zu Diskriminierungen und Belastungen führten, die zunehmend als ungerecht angesehen werden. Egalitäre Gerechtigkeitsvorstellungen in Verbindung mit dem Freiheitspostulat der Abschaffung aller unnötigen Zwänge wirkten gemeinsam als *kulturelles* Transformationsmotiv der Ehe- und Familienauffassung, wobei ihr gemeinsamer Ursprung aus den Gedanken der Aufklärung unverkennbar ist.

Ein weiteres kulturelles Motiv, das sich erst unter dem Einfluß der Psychologie und der Sozialwissenschaften im 20. Jahrhundert entwickelt hat, läßt sich am prägnantesten mit dem Begriff der *Selbstverwirklichung* fassen, transportiert aber auch ältere Vorstellungen wie diejenige des mündigen Individuums oder der Identitätsfindung. Ihm liegt eine Erfahrung zugrunde, welche im Anschluß an *Sören Kierkegaard* und *Friedrich Nietzsche* vor allem der Existenzialismus nach dem 2. Weltkrieg auf den philosophischen Begriff gebracht hat, nämlich die Erfahrung der Brüchigkeit kollektiver Ordnungsvorstellungen, der Kontingenz von Welt, der Angewiesenheit des modernen Menschen auf Individualität bzw. Selbstfindung, oder noch moderner: Selbstorganisation. „Der Mensch ist Freiheit ... Wir haben weder hinter noch vor uns im leuchtenden Reich der Werte Rechtfertigungen oder Entschuldigungen. Das will ich mit dem Wort ausdrücken, daß der Mensch zur Freiheit verurteilt ist. Verurteilt, weil er sich nicht selbst geschaffen hat, und doch frei, weil – einmal in die Welt geworfen – er für alles, was er tut, verantwortlich ist. ... Der Existenzialist denkt also, daß der Mensch dazu verurteilt ist, ohne Stütze und Hilfe in jedem Augenblick den Menschen zu erfinden."[50]

Auch wenn die humanwissenschaftlichen Einsichten in die soziale Bedingtheit und Zeitgebundenheit menschlicher Existenz den Verbalradikalismus des letzten Satzes relativieren, so bleibt die Grunderfahrung doch wirksam, daß nichts Vorgegebenes mehr letzten Halt verleihen kann, sondern daß Halt ein jeder – wenn überhaupt – *nur in sich selbst* zu finden vermag. Und in diesem Sinne wird das bürgerliche Familienleitbild in Frage gestellt, weil die Vorstellung, man könne in der Intimität von Ehe und Familie jene ‚heile Welt' finden, nach der sich das von der zunehmenden Beweglichkeit und Unüberschaubarkeit der Welt verunsicherte Individuum sehnt, immer offenkundiger eine falsche Hoffnung ist.

Ehe und Familie können nicht mehr als vorgegeben, sondern Ehe kann nur noch als zu leistende Partnerschaft, als Verknüpfung zweier Biographien und als Koevolution zweier Individuen,[51] *und Familie nur noch als zu leistende Nestbildung, als mühsam zu erringender Erholungs- und Gestaltungsraum inmitten einer geräuschvollen und übermächtigen Umwelt angemessen verstanden werden.* Ob man diese Mühen um der hinsichtlich ihrer Verwirklichung stets ungewissen Verheißungen eines gemeinsamen Lebens auf sich nehmen will oder ob man eher eine der immer mehr lebbaren Alternativen zur kernfamilialen Lebensform vorziehen soll, muß dem Einzelnen überlassen bleiben – jeder lebt auf eigenes Risiko![52] So lassen sich vielleicht einige Evidenzen einer *Kultur der Kontingenz* zusammenfassen, welche heute vor allem unter den Begriffen der Individualisierung[53] und des Postmodernismus[54] erörtert wird. Auch die verbreiteten Debatten über einen Wertewandel beziehen sich – allerdings in vordergründiger und den Kern des Sachverhalts eher verschleiernder Weise auf diesen Zusammenhang von zunehmenden Kontingenzerfahrungen und Individualisierungsdruck.

Wie schon *Georg Simmel* verdeutlicht hat, bringt die Herauslösung des Menschen aus traditionalen Bindungen überschaubarer Gemeinschaften und das mit der Modernisierung sich entfaltende Leben in sich kreuzenden sozialen Kreisen mit einer gewissen Zwangsläufigkeit ein Übermaß an Entscheidungszumutungen mit sich, dem sich das Individuum entweder nicht oder nur durch Rekurs auf sich selbst und seine Identität gewachsen zeigen kann. Die Optionserweiterung wird nur denen, die sich für bestimmte Möglichkeiten entscheiden und auf andere bewußt verzichten können, zur erlebbaren Freiheit; sonst wird sie zur Überforderung und Orientierungslosigkeit.[55] Die Gewinnung und Erhaltung von Identität wird damit zu einer individuell zu leistenden Aufgabe, für deren Gelingen oder Mißlingen familiale Voraussetzungen in der Kindheit oft entscheidend sind (vgl. 3.2.3).

4.3.2 Ökonomische Einflüsse

Den skizzierten kulturellen Veränderungen korrespondieren selbstverständlich Veränderungen in anderen Lebensbereichen, denen sie ihre zunehmende Plausibilität verdanken. Unter diesen kommt m. E. den ökonomischen Veränderungen die größte Bedeutung zu. Sie wirken vor allem auf drei Wegen, nämlich (1) der Steigerung und unterschiedlichen Verteilung des Wohlstands, (2) der Veränderung der Berufsstrukturen und Beschäftigungsverhältnisse und (3) der fortgesetzten Veränderung der Konsumstile. Ich beschränke mich auf eine kurze Skizze der wichtigsten Folgen dieser bekannten Entwicklungstendenzen auf den familialen Bereich.

Die geschichtlich wohl einmalige langfristige Expansion der westlichen Volkswirtschaften in der Nachkriegszeit hat zu einer außerordentlichen *Verbreiterung der Massenkaufkraft* und zu einem dauerhaften Rückgang des Anteils der lebensnotwendigen Ausgaben an den Einkünften geführt. In unserem Zusammenhang interessiert diese Entwicklung vor allem, weil sie die praktische Voraussetzung einer Pluralisierung der Lebensformen ist. *Die Wohlstandssteigerung bedeutet die lebenspraktische Erfahrung der Optionserweiterung*, sie befreite in der Vergangenheit insbesondere von den Notphänomenen, welche nach dem 2. Weltkrieg ein Zusammenrücken und eine hohe Solidarisierung der Familien begünstigt hatten.[56] Sowohl die zunehmende Verselbständigung der Jugendlichen als auch die größeren ökonomischen Möglichkeiten einer einvernehmlichen Scheidung sind von dieser Wohlstandssteigerung abhängig. Die Jugendarbeitslosigkeit der letzten Jahre dürfte den Prozeß der Verselbständigung etwas gebremst haben, aber es spricht vieles dafür, daß mit der zu erwartenden Verbesserung der Wirtschaftslage für die Jugendlichen der geburtenschwachen Jahrgänge die Verselbständigungstendenzen eher noch zunehmen werden. Nur am Rande sei schon hier der später (vgl. 4.6.1) zu vertiefende Sachverhalt erwähnt, daß die Strukturen der Einkommensverteilung zwar zu einer Nivellierung herkömmlicher Schichtunterschiede geführt haben, aber neue soziale Ungleichheiten, insbesondere auch hinsichtlich der Familien mit mehreren Kindern, geschaffen haben.

Die Veränderungen der Arbeitsnachfrage sind sowohl zyklischer wie struktureller Art. An dieser Stelle seien vor allem die strukturellen Verschiebungen hin zur beruflichen Qualifizierung und zur unselbständigen

Erwerbstätigkeit der verheirateten Frauen hervorgehoben. Die *zunehmende Qualifizierung der Arbeitskräfte* steht im Zusammenhang mit der allgemeinen Bildungsexpansion und mit einer verstärkten Aufstiegsorientierung, welche heute nicht nur die Mittelschichten, sondern auch einen guten Teil der jüngeren Facharbeiter erreicht. Dieses Qualifizierungsbedürfnis erscheint als eine der wesentlichen Ursachen der sog. *Post-Adoleszenz* als neuer Lebensphase, d.h. des Auseinandertretens von rechtlicher Mündigkeit, Verlassen des Elternhauses, Beginn der Erwerbstätigkeit, endgültiger Berufsfindung, Heirat und Gründung eines eigenen Haushalts. An die Stelle einer weitgehend definierten Statuspassage, die durch berufliche Etablierung und Heirat gekennzeichnet war, tritt heute eine mehrjährige, bei Hochschulabsolventen sich oft bis über das 30. Lebensjahr hinausziehende Lebensphase, die durch Provisorien verschiedenster Art gekennzeichnet ist und im Rahmen derer erst sehr allmählich und in wechselnder Reihenfolge biographische Festlegungen getroffen werden. *Ulrich Beck* spricht in diesem Zusammenhang zu Recht von einer „Enttraditionalisierung der industriegesellschaftlichen Lebensformen".[57] Die im Vorangehenden skizzierten kulturellen Transformationen dürften gerade in dieser Lebensphase besonders plausibel wirken.[58] Ob und inwieweit die Verbreitung post-adoleszenter Lebensformen auch auf die starke Verunsicherung durch die Jugendarbeitslosigkeit der letzten Jahre zurückzuführen ist, läßt sich heute noch nicht entscheiden. Es wird sich zeigen, ob die sich wiederum aufhellenden Berufsperspektiven der geburtenschwachen Jahrjänge zu erneuten Konsolidierungen führen.

Von größter Bedeutung für Ehe und Familie erscheint der langfristige Prozeß der *zunehmenden Einbeziehung der verheirateten Frauen in die Formen der außerhäuslichen, unselbständigen Erwerbstätigkeit*.[59] Im Gegensatz zur früher vorherrschenden Tätigkeit als mithelfende Familienangehörige bringt die unselbständige, außerhäusliche Erwerbstätigkeit zum einen größere Koordinationsschwierigkeiten zwischen Haushalt und Beruf, zum anderen aber auch eine größere Unabhängigkeit vom Ehemann, und eben die *Vermeidung von Abhängigkeit* scheint ein wichtiges Motiv der zunehmenden Erwerbstätigkeit gerade der verheirateten Frauen zu sein. Sie gewinnt insbesondere im Zusammenhang mit der Erwägung einer Scheidung für die meisten Frauen dominierende Bedeutung. Hinzu kommt, daß mit zunehmender Qualifikation der weiblichen Erwerbschancen auch das Moment der intrinsischen Arbeitsmotivation und der Aufstiegsmöglichkeiten an Bedeutung gewinnt. So ist heute für die jüngeren Frauengenerationen die Berufstätigkeit zu einer sozialen Selbstverständlichkeit geworden.[60] Ihre Einschränkung um der Sorge für die Kinder willen bedeutet heute für die meisten Frauen eher einen Verzicht als eine willkommene Option.

Die zunehmende unselbständige Erwerbstätigkeit von Frauen gewinnt eine zusätzliche Eigendynamik durch den Umstand einer strukturellen Benachteiligung von Frauen auf dem Arbeitsmarkt. Jüngste Forschungen am Max-Planck-Institut für Bildungsforschung in Berlin zeigen, daß die Benachteiligung von Frauen im Erwerbsleben und der sozialen Sicherung nur zum Teil auf der unregelmäßigen Erwerbsbeteiligung von Frauen beruhen. Nicht weniger einflußreich ist der Umstand, daß die Arbeitskräftenachfrage die Männer einseitig begünstigt. Es läßt sich eine *geschlechtsspezifische Segmentation des Arbeitsmarktes* beobachten, und zwar in verschiedener Hinsicht: Zum einen sind typische Frauenberufe vergleichsweise schlecht entlohnt; zum zweiten werden Männer mit Bezug auf dauerhafte Beschäftigungsverhältnisse vorgezogen, so daß Frauen ganz überwiegend im Bereich der ungesicherten Beschäftigungsverhältnisse tätig sind. Schließlich sind die Karrierechancen auch im Bereich der Dauerbeschäftigungsverhältnisse für Frauen deutlich ungünstiger als für Männer.[61] Hieraus resultiert für berufsorientierte Frauen ein überdurchschnittlicher Konkurrenzdruck, der die Vereinbarkeit von Erwerbs- und Familientätigkeit besonders beeinträchtigt.

Unter den Veränderungen der Konsumstile seien hier nur die wachsende Beweglichkeit und die Veränderungen des familialen Alltags durch das Fernsehen und die daran anschließenden neuen Medien erwähnt.[62] Die *zunehmende Mobilität* durch den Ausbau öffentlicher Verkehrsmittel und die Verbreitung des Automobils (häufig schon zwei pro Haushalt) ist die vielleicht wichtigste Einzelvoraussetzung für die Alltagserfahrung der Optionserweiterung. Sie ermöglicht nicht nur eine Erweiterung der Konsummöglichkeiten, sondern vor allem auch eine früher unbekannte Vielfalt der Lebensarrangements, die weit über das statistisch Erfaßbare hinausgeht. Die Beweglichkeit erleichtert die Vereinbarkeit von gemeinsamer Haushaltführung, Qualifizierung und Berufstätigkeit, beispielsweise durch die Beibehaltung eines gewohnten Wohnsitzes bei gleichzeitig vom Wohnort entfernten Studium oder Berufstätigkeit; sie ermöglicht aber auch die doppelte Haushaltsführung ohne Verlust intimer Kontakte oder als ambivalentes Prüf- bzw. Übergangsstadium zu einer Scheidung.[63]

Die *Verbreitung des Fernsehens* hat, wie zahlreiche Studien belegen, den familialen Alltag nachhaltig verändert.[64] Das gilt nicht nur für die Art der gemeinsamen Familienaktivitäten, sondern insbesondere auch für die Freizeitgestaltung der Kinder. Mehr und mehr wird die familiale Alltagsorganisation auf bestimmte Sendezeiten des Fernsehens abgestimmt. Die Medienwirkungsforschung zeigt, „daß durch das Rezipieren einer Fernsehsendung – besonders bei Programmen mit hoher Attraktivität – die interpersonelle Interaktion in der Familie minimiert wird. Selbst wenn gemeinsame Zeit vor dem Fernseher verbracht wird, so ist das

Fernsehen eine individuelle Tätigkeit, gemeinsames Zuschauen ist lediglich eine Art Überschneidung der individuellen Rezeptionsabläufe".[65] Mit der Verbreitung mehrerer Fernsehgeräte in der Familie, der zunehmenden Nutzung von Videofilmen und dem Eindringen von Computern in den Familienalltag dürfte die Tendenz zur Vereinzelung der Familienmitglieder sich noch verstärken. Dies hat den amerikanischen Kulturkritiker *Neil Postman* veranlaßt, von einem „Verschwinden der Kindheit" zu sprechen.[66] Wahrscheinlich ist dies allerdings kein genereller Trend, sondern eine Frage der Erziehungseinstellung und des Engagements der Eltern mit Bezug auf ihre Kinder. Vor allem für Unterschichtfamilien ist zudem zu fragen, ob hier jemals ‚Kindheit' als familiär geschützter Raum im Regelfall bestanden hat. Wahrscheinlich hat sich hier lediglich die Art der Abhängigkeit von schlichter Not zu unerfüllten Konsumwünschen verschoben.

Die Pluralisierung der Lebensstile und Lebensformen, von denen die Pluralisierung privater Lebensformen nur einen Teilaspekt darstellt, ist also eine durchaus plausible Konsequenz der ökonomisch induzierten Optionserweiterung, des Gewinns an individuellen Gestaltungsmöglichkeiten, welche so individuell allerdings gar nicht immer sind. „Pluralisierung der Lebensstile heißt: Zunahme von gruppen-, milieu- und situationsspezifischen Ordnungsmustern zur Organisation von Lebenslage, Ressourcen und Lebensplanung. Diese Zunahme ist im Querschnitt zu beobachten, d. h. wir können eine größere Streuung innerhalb der Bevölkerung erwarten, und sie ist auch im Längsschnitt zu beobachten, d. h. wir können häufigere Wechsel des Lebensstils im Lebensverlauf erwarten."[67] An die Stelle gesamtgesellschaftlicher Leitbilder der Lebensführung, wie sie z. B. durch das skizzierte Modell der auf dauerhafter Monogamie beruhenden Familie repräsentiert werden, treten zunehmend wiederum subkulturelle oder zum mindesten gruppenhafte Leitbilder mit geringerer Verbindlichkeit, aber dennoch einer gewissen Vorbildwirkung für die individuelle Lebensführung.

4.4 Die Ehe im Wandel der geschlechtsspezifischen Lebenszusammenhänge

Trotz der skizzierten Individualisierungs- und Pluralisierungstendenzen bleibt der Bereich der akzeptierten und tatsächlich in größerem Umfang realisierten familienbezogenen Lebensformen *beschränkt*. Traditionelle Leitbilder sind keineswegs wirkungslos geworden, aber sie werden freier – und teilweise nur auf Zeit – realisiert und kombiniert. Angesichts der tendenziellen Entkoppelung von Partnerschaft und Elternschaft[67a] empfiehlt es sich, diese beiden Dimensionen der Familienkonstituierung getrennt zu untersuchen.

Bei den Partnerschaftsbeziehungen hat der Grundsatz der Monogamie die libertinistischen Infragestellungen der späten sechziger Jahre in bemerkenswerter Weise überstanden, er wird allerdings in neuen Kontexten auch reinterpretiert.[68] Was sich hier verändert hat und welche Transformationstendenzen weiterhin wirksam sind, sei im folgenden dargestellt.

4.4.1 Nichteheliche Lebensgemeinschaften

Vor-, neben- und nacheheliche Verbindungen sind selbstverständlich kein exklusives Phänomen der jüngsten Zeit, es dürfte wohl auch im Abendland nie und nirgends gelungen sein, die Monopolisierung der Geschlechtsbeziehungen durch die Ehe voll durchzusetzen. Immerhin gelang dies in bezug auf den ‚ehrbaren Teil' des weiblichen Geschlechts zeitweise weitgehend, und außereheliche Geschlechtsbeziehungen der Männer nahmen je nach Stand und Klasse sehr unterschiedlich beurteilte und sanktionierte Formen an.

Das Aufkommen eheähnlicher, aber nicht durch Ehe legitimierter Haushaltsformen, das *dauerhafte ‚freie Zusammenleben'* oder die ‚nichteheliche Lebensgemeinschaft' ist dagegen außerhalb der Bohème, welche in dieser Hinsicht eine Avantgardefunktion einnahm, ein einigermaßen neues Phänomen,[69] von dem seit Beginn der siebziger Jahre aus vielen Ländern berichtet wird und das sich in den folgenden Jahren rasch ausgebreitet hat.[70] Über die Verbreitung herrscht immer noch eine gewisse Unsicherheit, was schon deshalb nicht überrascht, weil es hier per definitionem an einem ähnlich klaren Abgrenzungskriterium wie dem Eheschluß und der Ehescheidung mangelt. Temporäres Zusammenleben läßt sich von fester Haushaltgemeinschaft selbst aus der Perspektive der Beteiligten nicht immer klar unterscheiden, und bekanntlich existieren auch Ehen mit doppelter Haushaltführung in großer Zahl. Neu ist auf jeden Fall die Selbstverständlichkeit, mit der nicht-eheliches Zusammenleben verschiedengeschlechtlicher Partner heute von Dritten akzeptiert wird. Zwar gibt es weiterhin regionale und soziale Unterschiede, doch der Einstellungswandel ist frappant. Einstellungs- und Verbreitungsunterschiede laufen weitgehend parallel: *nicht-eheliche Lebensgemeinschaften sind ein antitraditionalistisches Phänomen*, sie sind daher dort am verbreitetsten, wo auf Traditionen weniger Wert gelegt wird, in Großstädten, in kirchlich ungebundenen Kreisen, unter den Gebildeteren usw.

Für die ‚alte' Bundesrepublik läßt sich aufgrund von Mikrozensusdaten schätzen, daß die Zahl der unverheiratet zusammenlebenden Männer und Frauen von 273000 im Jahre 1972 auf 1032000 im Jahre 1982 angestiegen ist. Die Zunahme betraf dabei vor allem die 18–35jährigen, wo sich die Zahl versiebenfacht hat und 1982 rund 4% dieser Altersgruppe ausmachte. Bei den 36–55jährigen Männern hat sich die Zahl nahezu vervierfacht (auf 1,4%), bei den Frauen verdoppelt (auf 1,1% der Altersgruppe). Bei den über 55jährigen waren nicht-eheliche Lebensgemeinschaften 1972 stärker verbreitet als unter den jüngeren Jahrgängen, haben sich aber bis 1982 nur unwesentlich – von 1,1% auf 1,4% bei den Männern und von 0,6% auf 0,8% bei den Frauen erhöht. Während 1972 18% der unverheirateten Paare mit Kindern zusammenlebten, waren es 1982 nur noch 14%, darunter überwiegend solche mit geschiedenen Frauen.[71] Von 1982 bis 1990 hat die Zahl der nichtehelichen Lebensgemeinschaften noch einmal um 87% zugenommen. Die Zunahme betrifft dabei vor allem die kinderlosen Paare. Während 1972 noch in 18% Kinder vorhanden waren, ist dies 1990 nur noch in 11% aller nichtehelichen Lebensgemeinschaften der Fall gewesen.[71a] In den neuen Bundesländern leben dagegen in 45% aller nichtehelichen Lebensgemeinschaften Kinder, und auch im früheren Bundesgebiet hat ihr Anteil von 1990 auf 1991 sprunghaft (durch Wanderungen oder geänderte Schätzweise?) auf 19% zugenonmmen (vgl. Tabelle 9, S. 87).

Die größte Verbreitung besteht in der Phase der Postadoleszenz, vor allem unter den 18–25jährigen. Überwiegend werden diese ‚jungen' nicht-ehelichen Lebensgemeinschaften als Vorphase zur Ehe bzw. als funktionales Äquivalent des Verlöbnisses eingestuft. *Rosemarie Nave-Herz* macht dagegen geltend „daß es unter den nicht-ehelichen Lebensgemeinschaften in dieser Hinsicht unterschiedliche Gruppierungen gibt. Denn nur 33% beabsichtigen, ihren gegenwärtigen Partner u. U. zu heiraten, 38% sind sich hierüber noch unklar, und 28% lehnen eine Heirat mit ihm ab, nicht aber unbedingt allgemein".[72]

M. E. muß hier deutlich nach Altersgruppen unterschieden werden. Nach unseren eigenen Längsschnittuntersuchungen ist unter den jungen (1981: 18–30jährigen) Frauen eine hohe Konstanz der Partnerschaft, und zwar sowohl unter den verheirateten wie unter den nicht-verheirateten Paaren festzustellen. Tabelle 10 verdeutlicht zunächst, wie mit zunehmendem Alter der Anteil der Frauen ohne Partner abnimmt und wie gleichzeitig der Anteil der verfestigten Partnerschaftsverhältnisse, insbesondere der Ehen zunimmt. Je älter die Frauen werden, um so häufiger leben sie in verfestigten Partnerschaften, 90% der über 30jährigen Frauen sind verheiratet.

Von besonderem Interesse ist jedoch die Frage, wie stabil die nichtehelichen Partnerschaften sind. Dies verdeutlicht Tabelle 11: Über den Beobachtungszeitraum von gut vier Jahren haben 62% derjenigen Frauen, welche bereits 1981 einen Partner nannten, noch immer den gleichen Partner; gleichzeitig hat sich in den meisten Fällen der Grad der Partnerschaft verfestigt.[73] Unter den Frauen, die den Partner in der Zwischenzeit gewechselt haben, handelt es sich vor allem um Partnerwechsel in

Tabelle 10: Die Verfestigung von Partnerschaften mit zunehmendem Alter (Paneldaten)

Altersgruppe	Von je 100 Frauen der jeweiligen Altersgruppe lebten . . .											
	1. Welle 1981				2. Welle 1983				3. Welle 1985/86			
	Altersgruppe				Altersgruppe				Altersgruppe			
Partnertyp	I	II	III	IV	I	II	III	IV	I	II	III	IV
ohne Partner	50	31	14	7	42	21	9	5	31	15	8	3
mit Partner*	36	25	10	5	35	20	6	4	25	12	3	4
Nichteheliche Lebensgemeinschaft*	6	13	8	4	10	14	6	2	15	9	2	1
Ehe	8	31	68	84	13	45	79	89	29	65	87	92
N = 100%	706	616	739	409	594	348	443	210	349	233	299	109
	I = 18–20 Jahre II = 21–23 Jahre III = 24–27 Jahre IV = 28–30 Jahre				I = 20–22 Jahre II = 23–25 Jahre III = 26–29 Jahre IV = 30–32 Jahre				I = 22–24 Jahre II = 25–27 Jahre III = 29–31 Jahre IV = 32–34 Jahre			

* Vgl. FN 74.

Quelle: Stichprobe des Projekts „Generatives Verhalten in Nordrhein-Westfalen“ des Instituts für Bevölkerungsforschung und Sozialpolitik, Universität Bielefeld.

Tabelle 11: Stabilität und Veränderung der Partnerschaftsverhältnisse: 1981–1985/6

Beziehung	Partnerschaftsform*	1981–1983 N		%	1981–85/86 N		%
Gleicher Partner	Partner – Partner	98		6,4	13		1,2
	Partner – NEL	38		2,5	27		2,6
	Partner – Ehe	34		2,2	47		4,5
			57,4			50,8	
	NEL – Partner	1		0,1	–		–
	NEL – NEL	50		3,3	12		1,1
	NEL – Ehe	29		1,9	30		2,8
	Ehe – Ehe	631		41,0	406		38,6
Partner-wechsel	Partner – Partner	52		3,3	71		6,7
	Partner – NEL	17		1,1	26		2,5
	Partner, NEL – Ehe	33		2,2	96		9,1
	NEL – Partner	9		0,6	2		0,2
			7,8			21,4	
	NEL – NEL	5		0,3	3		0,3
	Ehe – Partner	–		–	15		1,4
	Ehe – NEL	–		–	13		1,2
	Ehe – Ehe	4		0,3	–		
Partner-Verlust	Partner – ohne Partner	71		4,7	39		3,7
	NEL – ohne Partner	5		0,3	–		
			5,1			6,4	
	Ehe – ohne Partner	1		0,1	28		2,7
Partner-gewinn	ohne Partner – Partner	148		9,6	43		4,1
	ohne Partner – NEL	26		1,7	19		1,8
			13,6			8,9	
	ohne Partner – Ehe	35		2,3	32		3,0
ohne Partner	ohne Partner – ohne Partner	251		16,1	131		12,4
* Vgl. FN 74	Summe	1538		100	1053		100

Quelle: Stichprobe des Projekts „Generatives Verhalten in Nordrhein-Westfalen" des Instituts für Bevölkerungsforschung und Sozialpolitik, Universität Bielefeld

den sog. frühen, noch nicht etablierten Formen der Partnerschaft,[74] wobei die 1985/86 berichtete Partnerschaftsform in 68% aller Fälle stärker verfestigt und nur in 9% weniger verfestigt war als 1981. Gleichzeitig zeigt sich, daß zwischen dem Kennenlernen und der Heirat i. d. R. voreheliche Stufen der Partnerschaft durchlaufen werden und daß ein nicht unerheblicher Teil der partnerlosen Frauen auf eine frühere Partnerschaft zurückblicken kann. Nur 10% aller Frauen – überwiegend der jüngsten Altersgruppe – waren zu allen drei Befragungszeitpunkten ohne Partner.

Aufgrund dieser u. W. bisher einzigartigen Längsschnittbefunde[75], welche nicht nur auf einer retrospektiven Befragung, sondern auf anhand des Geburtsdatums des Partners kontrollierten, zu verschiedenen Zeitpunkten gemachten Angaben der Befragten beruhen, *erweist sich die nicht-eheliche Lebensgemeinschaft vorwiegend als ein Durchgangsstadium, das entweder mit dem Eheschluß oder mit der Auflösung des eheähnlichen Verhältnisses endet.* Unter Berücksichtigung des erklärten Ehewillens erscheinen 56% der 1981 bestehenden nicht-ehelichen Lebensgemeinschaften als Übergangsphänomen zur Ehe (erklärter Ehewille), 37% als Prüfstadium vor der Ehe (die Frauen dieser Gruppe waren sich nicht darüber im klaren, ob sie ihren Partner heiraten wollten) und nur in 6,4% aller Fälle als Äquivalent zur Ehe (keine Absicht, den Partner zu heiraten). Das tatsächliche Heiratsverhalten entspricht tendenziell diesen Absichten.[76] Auch die Befunde der im Auftrag des BMJFFG durchgeführten Befragung weisen in die gleiche Richtung: Die unverheiratet Zusammenlebenden *ohne* Heiratsabsicht sind zu zwei Dritteln über 30 Jahre alt.[77]

Deutlich anders dürfte somit die Motivlage im Falle *nach-ehelicher Lebensgemeinschaften* sein. Unter den Verwitweten und Geschiedenen ist ein nicht unerhebliches Ausmaß an nicht-ehelichem Zusammenleben zu vermuten, das jedoch in den vorliegenden Statistiken und Untersuchungen nur ungenügend manifest wird. Dies dürfte nicht zuletzt damit zusammenhängen, daß der Grund für die Nichtverehelichung häufig in bestimmten rechtlichen oder finanziellen Vorteilen liegt, die im Falle einer Heirat verlorengingen. Es ist von daher auch verständlich, wenn die diesbezüglichen Angaben in Befragungen weniger offen sind. In diesem Bereich dürften überdies die Grenzfälle – z. B. überwiegendes Zusammenleben trotz getrennter Wohnungen – angesichts der besseren Einkommensverhältnisse häufiger sein als bei den Jugendlichen. Diese Gruppe ist bisher noch kaum erforscht; auch die BMJFFG-Studie geht trotz gegebener Möglichkeiten auf die lebensphasenbedingten Unterschiede nicht ein.

Während für die beiden genannten Gruppen ein hohes Maß an Toleranz, ja zum Teil an Akzeptanz unterstellt werden kann, sind nebeneheliche Verhältnisse nach wie vor diskriminiert, da sie dem Grundsatz der Monogamie widersprechen. *Das Prinzip der Monogamie scheint auch in den nicht-ehelichen Lebensgemeinschaften eine erhebliche Bedeutung im Sinne einer wechselseitigen Treueerwartung zu spielen.* Diese Treueerwartung ist die durch das Monogamieprinzip legitimierte Regel, die heute jedoch wahrscheinlich stärker als in früheren Zeiten unter die *Norm der Reziprozität* gestellt wird. Wie die Untersuchungen von *G. Burkart* und *M. Kohli* zeigen, substituieren pragmatische Gründe zunehmend die moralischen im Hinblick auf sexuelle Treue: „Es ist zweckmäßig, im Interesse der Stabilität der Beziehung auf fragwürdige Abenteuer zu verzichten". Gleichzeitig zeigt sich eine Remoralisierung der Partnerschaftsbeziehung als ganzer: Der Treueanspruch wird „in einen übergreifenden Wertkomplex" in „Ansprüche auf Offenheit, Vertrauen, Wahrhaftigkeit, Rücksichtnahme, Gleichwertigkeit, Kommunikation usw.", also in ein Leitbild der auf Reziprozität beruhenden Partnerschaft integriert, das den früheren Standard der geschlechtsspezifischen Doppelmoral weitgehend verdrängt hat.[78] Wo ein Partner sich jedoch nicht an die Regel sexueller Treue gebunden fühlt, erscheint sie auch dem anderen Partner weniger verbindlich. Auch scheint die Praxis vorehelicher Sexualerfahrungen mit verschiedenen Partnern, die sich vermutlich ausbreitet, der ehelichen sexuellen Treue abträglich zu sein.[79] Inwieweit dies zum Zerbrechen der Ehe führt, scheint jedoch zunehmend weniger vom Tatbestand des ‚Seitensprungs' als von seiner Verarbeitung zwischen den Partnern abhängig zu sein. Dauerhafte Nebenbeziehungen gefährden jedoch regelmäßig die Beziehung zwischen den Partnern.

Im Gegensatz zu einigen skandinavischen Ländern und zur DDR – wie oben gezeigt – bleiben nichteheliche Lebensgemeinschaften in den alten Bundesländern in der Regel kinderlos, bzw. die Ankunft eines gemeinsamen Kindes veranlaßt die Partner zur Heirat. Dementsprechend handelt es sich beim ganz überwiegenden Teil der Alleinerziehenden sowie der nichtehelichen Lebensmeinschaften mit Kindern nicht um Ledige sondern um Geschiedene oder Verwitwete. (vgl. Tab. 8 und 9, S. 86f.) Ledige Mütter, die ihre Kinder allein großziehen, stellen eine der am stärksten ökonomisch und sozial belasteten Familienformen dar. In der Regel stammen diese Kinder übrigens aus zerbrochenen nicht-ehelichen Partnerschaften. Die früher nicht seltenen Geburten aufgrund von Gelegenheitsbeziehungen scheinen angesichts der verfügbaren Möglichkeiten der Empfängnisverhütung und Schwangerschaftsunterbrechung eine Ausnahme geworden zu sein. Auch „die oft zitierten Frauen, die sich gezielt schwängern lassen und dabei den Mann nur als Samenspender benutzen, sind exotische Ausnahmen und in unserer repräsentativen Studie . . . nicht nachweisbar."[80]

4.4.2 Sinkende Attraktivität der Ehe

Bei den noch seltenen Untersuchungen, welche unter kontrollierten Bedingungen Einstellung und Verhalten verheirateter und nicht verheirateter Paare vergleichen, fällt auf, daß die Unterschiede in der Regel nur gering sind. Sie liegen eher im Bereich allgemeiner Einstellungen – z. B. Unterschieden der religiösen Bindung und allgemeiner des Unabhängigkeitsstrebens – als in unterschiedlichen Erwartungen an die Partnerschaft. Auch die Rollenverteilung bei der Erledigung der Hausarbeiten erscheint nur unwesentlich modifiziert,[81] was allerdings nicht ausschließt, daß „ein wichtiger Grund, speziell für Frauen, die Ehe abzulehnen ... darin liegen (kann), daß sie sich in stärkerem Maße eine Gleichverteilung der Lasten der Hausarbeit erhoffen."[82]

Wesentlich deutlicher sind die Generationsunterschiede innerhalb der Gruppe der Verheirateten. Generell ist die Überzeugung von der Notwendigkeit der Ehe stark zurückgegangen: „Die Meinung, die Ehe sei ‚grundsätzlich notwendig', fand bei 14- bis 29-jährigen Männern und Frauen 1949 und 1963 eine Zustimmung von annähernd 90%; sie fand 1978 bei der entsprechenden Altersgruppe nur noch 40% Zustimmung bei den befragten Männern und 42% bei den Frauen".[83] Dennoch hielten 1992 zwischen 85 und 90% der Frauen und Männer in den alten wie in den neuen Bundesländern die Ehe „eine sinnvolle Einrichtung".[84] Das geht auch aus einer international vergleichenden Studie hervor, die gleichzeitig zeigt, wie sehr traditionelle Motive und Auffassungen hinsichtlich der Ehe auf breiter Front verloren gegangen sind.[85]

Qualitative Untersuchungen in einer norddeutschen Großstadt – also in einem für die Verhältnisse in der Bundesrepublik besonders ‚progressiven' Umfeld – lassen erkennen, daß auch unter Verheirateten der Sinn des rechtlichen Ehebandes weitgehend abhanden gekommen ist. „Bis auf eine Ausnahme war bei keinem der Befragten noch irgendein Verständnis dafür vorhanden, daß ‚der Staat' das Recht, wenn nicht die Pflicht habe, allgemeinverbindliche Regeln für das Zusammenleben zwischen Mann und Frau aufzustellen, sich ‚in eine Sache zwischen zwei Leuten reinzudrängen'. Es gab auch niemanden mehr, der glaubte, daß eine formelle Eheschließung noch irgendeinen Einfluß auf die moralische oder emotionale Qualität einer Beziehung, daß sie noch ‚wirklich erlebbare' Wirkungen haben könnte."[86] Als Hauptmotiv des Eheschlusses zeigte sich hier das fehlende Umgangs- und Sorgerecht der nichtehelichen Väter. Bei einer Minderheit gewinnt allerdings die Eheschließung eine neue Bedeutung, „um die lange und gewissenhafte geprüfte Überzeugung ‚wir gehören zusammen, und wir wollen auch zusammenbleiben' auch nach außen zum Ausdruck zu bringen. Dabei ging es jedoch nicht um eine Anpassung an geltende soziale Normen, sondern zumindest im Verständnis der Paare um die Verwendung, wenn nicht Umdeutung dieser Normen im Sinne eines Symbols für eine sehr individuelle und stark ethisch-moralisch fundierte Entscheidung."[87]

R. Nave-Herz hat die Entscheidungssituation lediger Mütter untersucht. Dabei zeigte sich, daß die Schwangerschaft in der Regel ungewollt war, aber „sie entschieden sich, das ungeplante Kind anzunehmen, wohl wissend oder vermutend, daß die Partnerbeziehung sich aufgrund dieser Entscheidung nicht weiter als tragfähig erweisen würde, was sich auch bestätigte. Das Kind wurde jedoch der Partnerbeziehung übergeordnet." Dennoch handelt es sich bei der weit überwiegenden Mehrheit dieser Frauen nicht um ‚Ehegegnerinnen'; „allein der Status des Verheiratet-Seins besitzt für die Schwangerschaft für die hier befragten Frauen keine zwingende Notwendigkeit mehr. Die Funktion der Ehe zur Legitimation des Kindes ist gegen den hohen psychischen Anspruch an die eheliche Beziehung sekundär geworden."[88]

Die Skepsis gegenüber der Ehe erscheint bei jungen Frauen etwas ausgeprägter als bei jungen Männern und hat offensichtlich mit der *zunehmenden Bewußtheit der Rollenüberlastung* zu tun, in die eine Frau gerät, wenn die ihre beruflichen und familiären Wünsche gleichzeitig erfüllen will.[89] Wie aus zahlreichen Untersuchungen hervorgeht, besteht bei den jüngeren, insbesondere den besser ausgebildeten Frauen ein verbreiteter Konflikt zwischen ihrer Berufsorientierung und ihrer Familienorientierung, die zwar je nach den Lebensumständen – insbesondere im Zusammenhang mit der Übernahme der Mutterrolle – umgewichtet werden: „Während vor der Familiengründung Beruf und Familie noch relativ gleich hoch bewertet werden, entwirft die Frau *nach der Familiengründung* ein Lebenskonzept, in dem der Familientätigkeit (Kind, Haushaltsorientierung) der Vorzug gegeben wird, insbesondere dann, wenn sie mehr als ein Kind hat. Die Erwerbstätigkeit wird als ‚latente' Lebensorientierung auch von diesen Familienfrauen mitgedacht. Auch wenn über 80% der Frauen mit zwei und mehr Kindern nicht erwerbstätig sind, äußern doch 65% von ihnen den Wunsch, wieder erwerbstätig werden zu wollen."[90]

Zwar heiraten immer noch rund drei Viertel aller Frauen in ihrem Leben wenigstens einmal, und das eheliche Zusammenleben stellt die nach wie vor dominante Lebensform dar, aber mit sinkenden Anteilen an der Gesamtzahl der Haushalte. Dies ist sowohl auf den Rückgang der Neigung zur Erstheirat als auf ein Absinken der Häufigkeit von Wiederverheiratungen zurückzuführen.

Nach den wohl differenziertesten Untersuchungen von *Gerhard Heilig*[91] lag der Anteil der Frauen, die mit 34 Jahren wenigstens einmal verheiratet waren, zwischen 1950 und 1972 kontinuierlich über 90%. Bis 1966 stieg zudem der Anteil der Frühheiraten kontinuierlich, und damit sank das durchschnittliche Heiratsalter. Zwischen 1966 und 1972 verharrte die Heiratsneigung auf dem erreichten hohen Niveau, um ab 1973 dann brüsk bis 1984 zurückzugehen. Besonders stark zurückgegangen sind dabei die Frühehen: Waren 1972 noch über 50% aller Frauen mit 22 Jahren verheiratet, so waren es 1983 nur noch 21%. Mit 34 Jahren waren nunmehr nur noch 73% aller Frauen wenigstens einmal verheiratet (vgl. Abb. 13). Seither ist zwar ein leichter Wiederanstieg der Heiratshäufigkeit registriert worden, aber am grundsätzlichen Phänomen hat sich

Abbildung 13: Heiratshäufigkeit und Heiratsalter: Von je 100 ledigen Frauen im Alter von 16 Jahren waren bis zum Alter von 19, 21, 23, 27, 30 bzw. 34 Jahren (mindestens einmal) verheiratet

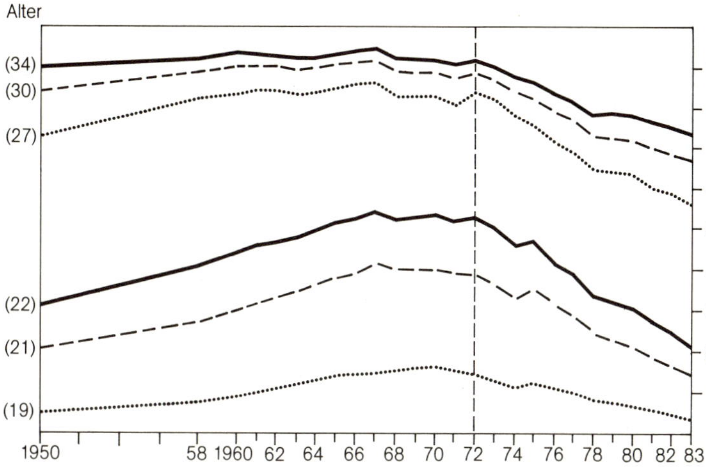

Quelle: G. Heilig, in: Zeitschrift für Bevölkerungswissenschaft 11 (1985), S. 528.

nichts geändert: Es wird nicht nur seltener, sondern vor allem erheblich später geheiratet.[92]

Anhaltspunkte für die Ursachen dieses Trends lassen sich einer Analyse von *Andreas Dieckmann* entnehmen: Je höher der Bildungsabschluß, das Berufsprestige und das Einkommen der Frauen, desto später wird geheiratet. Dies kann zwei Gründe haben: Zum einen die Konkurrenz der Bildungs- und Berufsaspirationen zum Heiratsmotiv und zum anderen die höhere Unabhängigkeit, welche einen geringeren Nutzen von den ehelichen Austauschbeziehungen erwarten läßt. Außerdem zeigt sich ein starker Kohorteneffekt, d. h. *generell* wird in den jüngeren Kohorten später geheiratet.[93] Dies dürfte auf die im vorangehenden angedeuteten Veränderungen, also die Deinstitutionalisierung der Ehe und die Verbreitung post-adoleszenter Lebensformen zurückzuführen sein. *Angelika Tölke* weist jedoch darauf hin, daß trotz zunehmender Individualisierung die Geschlechts- und Bildungsabhängigkeit des Heiratsverhaltens nicht etwa geringer, sondern stärker geworden sind: „So wird die Differenz im durchschnittlichen Heiratsalter zwischen Frauen und Männern größer. Noch deutlicher sind die Unterschiede in Abhängigkeit zum Schulabschluß sowie in den zusammenwirkenden Effekten von Ausbildung und Geschlecht. Abiturientinnen heiraten zunehmend später als Absolventinnen der Hauptschule, Männer mit Hauptschulabschluß sind zunehmend älter als Frauen mit gleichem Abschluß. Mit dem Prozeß der

Individualisierung ist also keine nachlassende Bedeutung dieser sozialen Merkmale einhergegangen. ... Für das einzelne Individuum breitet sich ein großes Verhaltensspektrum aus, es ist zunehmend herausgefordert, persönliche Entscheidungen zu treffen. Diese Optionen sind aber immer noch bzw. sogar zunehmend gruppenspezifisch verteilt."[94]

Diese Veränderung des Heiratsverhaltens korrespondiert mit *Sinnverschiebungen* der Ehe. Immer mehr junge Menschen, welche nicht heiraten, bezeichnen die Ehe als für ihre Lebenspläne ‚nicht nötig'. Denn offensichtlich hat sich der ‚Sinn der Ehe' – durchaus im Sinne des traditionellen Leitbildes – heute auf ‚Familie', d.h. ‚Kinder' konzentriert, während die frühmoderne Betonung der affektiven Partnerbeziehungen auch in freieren Formen gelebt wird. Kohortenbefragungen zeigen, daß „1950 und 1970 an den Eheschluß noch eine Vielzahl von Wünschen und Hoffnungen angeknüpft wurde, aber 1980 überwiegend nur noch der Kinderwunsch".[95] ähnliches ist auch aus unseren Längsschnittuntersuchungen zu entnehmen: Der Eheschluß steht überwiegend im Zusammenhang mit dem Wunsch nach einem Kind oder der Erwartung eines Kindes. Wo Kinder in den Lebensplänen keine Rolle spielen, wird auf den Eheschluß auch zunehmend verzichtet.[96]

Bekanntlich hat die Häufigkeit der Ehescheidungen im gleichen Zeitraum stark zugenommen, in welchem die Häufigkeit der Erstheiraten gesunken ist. Dementsprechend hat der Anteil der Wiederverheiratungen an allen Eheschließungen zugenommen. Bezogen auf die Zahl der Geschiedenen ist jedoch kein klarer Trend der Wiederverheiratungshäufigkeit – weder bei Männern noch bei Frauen – zu erkennen.[97] Da feststeht, daß die Ehen Wiederverheirateter kinderärmer sind als diejenigen der Erstheiraten,[98] darf vermutet werden, daß sich hier ebenfalls eine stärkere Dissoziation zwischen mehr oder weniger kindorientierten Paaren anzeigt.

Die Bedeutungsverschiebung des Eheinhalts auf Kinder kann allerdings nicht darüber hinwegtäuschen, daß auch der Anteil der kinderlos bleibenden Ehen in den letzten Jahrzehnten eher gestiegen ist. Inwieweit hierbei eine durch bestimmte Kontrazeptionsmethoden gesteigerte Sterilität von Frauen eine Rolle spielt und inwieweit gewollte Kinderlosigkeit vorliegt, läßt sich derzeit kaum sagen. Befragungen zeigen, daß „der Anteil von Ehepaaren, die sich bewußt für eine lebenslange Kinderlosigkeit entschieden haben, ... sehr gering (ist). Die Mehrzahl verbanden mit der Eheschließung sehr wohl einen Wunsch nach Kindern. Aus den verschiedensten Gründen, vor allem aber aus beruflichen, wird die Erfüllung des Kinderwunsches zunächst hinausgeschoben. Durch zwischenzeitliche Ereignisse oder über den Gewöhnungseffekt wurde dann bei vielen von ihnen aus der befristeten eine lebenslange Kinderlosigkeit."[99] Eine genaue Feststellung des Anteils der dauerhaft Kinderlosen ist aus Erhebungsgründen der amtlichen Statistik nicht möglich.[100] Eine korrigierte Schätzung von *H. Birg u.a.* kommt für den Frauengeburtsjahrgang 1958 auf 23% (vgl. Tab. 3, S. 46).

Wenn wir nähere Überlegungen zur Stabilität und zu den Belastungen von Ehen anstellen wollen, so sind wir weitgehend auf Spekulationen angewiesen. Deutlich sind zwar die dominierenden Erwartungen an (eheliche wie nicht-eheliche) Partnerschaft – Unterstützung, befriedigende Kommunikation und Sexualität –, und die eheliche Zufriedenheit scheint in diesen Hinsichten recht hoch zu sein, in Österreich allerdings höher als in der Bundesrepublik. Gleichzeitig werden jedoch auch Belastungserfahrungen und Konflikte artikuliert, so daß ein erhebliches Maß an Ambivalenz in vielen Ehen nicht auszuschließen ist.[101] Die Eheforschung ist wie die Ehescheidungsforschung im Rahmen der deutschen Familiensoziologie stark vernachlässigt. Einigermaßen verläßliche Untersuchungen wären zudem aufwendig, da beide Partner über einen längeren Zeitraum wiederholt befragt werden müßten; nur dann ließe sich die Partnerschaftsdynamik in etwa rekonstruieren. Erste Versuche in diese Richtung zeigen, daß zwischen *tatsächlicher* Einstellungsähnlichkeit der Ehepartner und dem *unterstellten* Konsens bzw. Dissens (Konsens/Dissens-Fiktion) unterschieden werden muß. Mindestens so wichtig wie die tatsächlichen Einstellungsähnlichkeiten scheint die Unterstellung des Konsenses mit Bezug auf bestimmte Themen zu sein. Dabei kristallisieren sich derzeit vor allem zwei *Dissensthemen* heraus, nämlich die Berufsorientierung von Frauen und die Frage nach der Verteilung der Hausarbeit bei Berufstätigkeit der Frau.[102] In diesen Bereichen ist der unterstellte Dissens typischerweise stärker als der faktische Dissens.[103] Das mit Bezug auf diese Themen angeheizte öffentliche Meinungsklima scheint sich also bis in die Partnerschaftsbeziehungen auszuwirken. Plausibel ist allerdings auch eine andere Interpretation: Mehrere Untersuchungen weisen darauf hin, daß sich zwar an den männlichen *Einstellungen* zur Beteiligung an der Hausarbeit einiges geändert habe, aber nur wenig am männlichen *Verhalten* (vgl. 4.4.4).

Vieles spricht dafür, daß eheliche Partnerschaften nur als dynamische Gebilde angemessen begriffen werden können, die durch Veränderungen von außen herausgefordert werden und stets erneut ein Gleichgewicht finden müssen. Eheliche Stabilität ist also nichts Statisches, sondern ein fortlaufender Prozeß wechselseitiger Anpassung, der normalerweise von einem hohen Grad an Vertrauen getragen wird. Wo diese Vertrauensprämisse zusammenbricht, ist auch die Ehe ernsthaft gefährdet.

4.4.3 Ehescheidungen

Wie Abbildungen 2, (S. 41) und 11, (S. 85) zeigten, hat die Scheidungshäufigkeit in den letzten zwei Jahrzehnten stark zugenommen und sogar die bisherigen Extremwerte der unmittelbaren Nachkriegszeit übertroffen. Dabei lag die Scheidungshäufigkeit in der DDR durchwegs höher als in der Bundesrepublik, wobei sich über die Ursachen nur spekulieren läßt (vgl. 4.1). Angesichts der gesunkenen Heiratsneigung, des gestiegenen durchschnittlichen Heiratsalters und der Regel, daß Frühehen besonders scheidungsanfällig sind, müßte unter sonst gleichbleibenden Bedingungen die Scheidungshäufigkeit wieder abnehmen. Sollte dieser Effekt nicht eintreten, müßte selbst ein Stagnieren der Scheidungshäufigkeit als Symptom weiter zunehmender Instabilität der Ehen gewertet werden.

Die Ehescheidungsforschung war bis vor kurzem ein Stiefkind der deutschen Familiensoziologie, doch ist das Thema nunmehr im Kommen.[104] Das meiste, was wir darüber wissen, stammt aus amerikanischen Quellen.[105] Aber auch die amerikanischen Befunde sind, was die Erklärung des Scheidungsrisikos angeht, z. T. widersprüchlich und wenig aussagekräftig, und ihre Übertragbarkeit ist fraglich.[106] Die meisten Ehen werden nach einer 2–7jährigen Ehedauer geschieden. Dabei hat sich in der Bundesrepublik der Höhepunkt der Scheidungshäufigkeit seit der Reform des Ehescheidungsrechtes (1977) von einer 2–4jährigen Ehedauer auf 5–6 Jahre verschoben, doch ist dies kein Zeichen höherer Ehestabilität, sondern eine Wirkung des neuen Scheidungsrechts und insbesondere des verlängerten Scheidungsverfahrens. Auf diese Verfahrensverlängerung ist auch der scharfe Einschnitt der Scheidungshäufigkeit in den Jahren 1978/79 zurückzuführen.[107]

Sozialdemographische Analysen zeigen, daß die Ehescheidung unter Katholiken seltener ist als unter Protestanten und Konfessionslosen und daß sie vor allem bei Bewohnern von Großstädten verbreitet ist. Der Einfluß des zunehmenden Bildungsgrades der Frauen ist nicht eindeutig. Das Scheidungsrisiko nimmt mit zunehmender Kinderzahl ab, eventuell allerdings bei besonders kinderreichen Familien wieder zu. Deutlich ist ein von sozialdemographischen Merkmalen unabhängiger Kohorteneffekt, welcher auf die Wirksamkeit der in Abschnitt 4.3 behandelten allgemeinen Veränderungen hinweist.[108]

Was die Scheidungsursachen betrifft, so führt deren Erforschung naturgemäß in unwegsames Gelände. Auffallend ist, daß in den Scheidungsprozessen sich ausgeprägte geschlechtstypische Muster der *Darstellung der Scheidungsursachen* feststellen lassen: Der bei beiden Geschlechtern häufigste Scheidungsgrund ist der Vorwurf der ehelichen Untreue bzw. des Abwendens von der ehelichen Gemeinschaft. „In der Gruppe der Männer ist er allerdings nicht nur der häufigste, sondern darüber hinaus auch gleichsam der einzige Scheidungsgrund (fast alle übrigen liegen hier unter der 10-Prozent-Grenze). Ganz anders sieht es dagegen bei den Frauen aus. Zwar wird auch bei ihnen die „eheliche Untreue" und/oder das „Abwenden von der ehelichen Gemeinschaft" von allen Scheidungsgründen am meisten thematisiert, aber oftmals – über 40% der Frauen – nennen sie auch andere Sachverhalte, die zum Scheitern der Ehe führten, z. B. Gewalttätigkeit, Alkoholismus oder Gleichgültigkeit."[109] Die Untersuchungen von *Nave-Herz und Mitarbeitern* weisen auf die multifaktorielle Bedingtheit des steigenden Trends der Ehescheidungen hin: Zum einen sinkt die kulturelle Verbindlichkeit der Ehe, zum zweiten wurden die Ehescheidungsgesetze liberalisiert, zum dritten sinkt infolge der wachsenden Erwerbschancen für Frauen deren Abhängigkeit von der Ehe; alle drei Entwicklungen dürften dazu beitragen, daß der Anteil der aufgrund von zwanghafter Kohäsion fortbestehenden Ehen abnimmt. Neben diesen der ehelichen Beziehung eher äußerlichen Bedingungen spielt die Zunahme externer Anforderungen an die *Strukturflexibilität von Ehen*, d. h. ihre Fähigkeit, sich wandelnden Bedingungen anzupassen, ohne die Bedürfnisse der Partner zu sehr zu beeinträchtigen,[110] eine erhebliche Rolle. Ehen mit häufigen beruflichen und räumlichen Veränderungen (Umzügen) weisen ein deutlich höheres Scheidungsrisiko auf als Ehen, die unter geringerem äußerem Veränderungsdruck stehen.[111] Die wichtigste Ursache der gestiegenen Scheidungshäufigkeit sieht *Nave-Herz* jedoch in der Steigerung der psychischen und emotionalen Anforderungen an die Ehe: „Nicht ein Bedeutungsverlust der Ehe, d. h. eine Zuschreibung der ‚Sinn'-Losigkeit von Ehen hat also das Ehescheidungsrisiko erhöht und veranlaßt Ehepartner heute, ihren Entschluß eher zu revidieren, sondern die idealisierten Vorstellungen von einer Ehe und die Ansprüche an eine bestimmte Qualität einer ehelichen Partnerbeziehung führen häufiger schneller zu unerfüllten Bedürfnissen und damit zu Spannungen in den ehelichen Beziehungen."[112]

In diesem Zusammenhang ist auch eine kulturelle Umdeutung der Ehescheidung zu vermuten. Mehr und mehr wird die Ehescheidung als legitime Form ehelicher Konfliktlösung akzeptiert und nicht mehr als moralisches Versagen der Ehepartner interpretiert. Daraus könnte eine Entdramatisierung der Scheidung resultieren, welche die in der Scheidungsfolgenforschung immer wieder hervorgehobenen negativen Folgen für Scheidungskinder abmildern könnte. Das gilt zum mindesten für die psychischen Belastungen der Kinder, welche sich zumeist wünschen, den Kontakt zu beiden Elternteilen aufrechtzuerhalten. Allerdings hat es den Anschein, daß die Entdramatisierung im wesentlichen nur für die kinderlosen Paare zutrifft,[113] so daß sich erneut das Gewicht des Zusammenhangs zwischen Ehe und Elternschaft bestätigt.

Weitgehend vernachlässigt ist in der Bundesrepublik bisher die Erforschung der *Scheidungsfolgen,* und zwar sowohl hinsichtlich der davon betroffenen Frauen und Männer als auch hinsichtlich der Kinder.[114] Dies steht in auffallendem Gegensatz zur amerikanischen Forschungslage, wo in zahlreichen Studien die erheblichen dauerhaften Beeinträchtigungen der von Scheidungen betroffenen Personen festgestellt worden sind.[115] Allerdings wird bei den meisten Untersuchungen nicht deutlich, inwieweit die ungünstigere psychische Lage der von Scheidungen Betroffenen tatsächlich eine Folge der Scheidungen ist und inwieweit möglicherweise auch die Selektion der von Scheidung Betroffenen bereits durch ungünstigere psychische Dispositionen zu charakterisieren ist. Trotz dieser methodischen Unschärfe kann jedoch kein Zweifel daran bestehen, daß in den allermeisten Fällen die Scheidung einen tiefgreifenden, belastenden Einschnitt in der Biographie darstellt.

In jüngster Zeit werden insbesondere die ökonomischen Belastungen der alleinerziehenden Mütter als benachteiligender Faktor hervorgehoben, welcher auch die größere Häufigkeit sozialer Abweichungen unter Scheidungskindern erklären könnte. Insofern verdienen alleinerziehende Mütter, deren ökonomischer Status im Durchschnitt deutlich unter demjenigen alleinerziehender Väter liegt, besondere sozialpolitische Beachtung.[116]

Altersmäßige, soziale (Endogamie) und einstellungsmäßige Ähnlichkeit (Homogamie) scheint der beste Prädiktor für eine stabile Ehe zu sein. Während soziale Ähnlichkeit in der Vergangenheit vor allem von der sozialen Herkunft bestimmt wurde, scheint heute dem Bildungsstatus, u. U. auch der Gleichartigkeit der Ausbildung und/oder der Berufstätigkeit wachsende Bedeutung zuzukommen.[117] Unsere Untersuchungen lassen bei der Partnerwahl immer noch deutliche Effekte von Endogamie und Homogamie erkennen[118], doch spricht natürlich vieles dafür, daß mit zunehmender Auflösung homogener sozio-kultureller Milieus, wie sie in der Arbeiterschaft, unter Katholiken und im protestantischen Bürgertum bestanden, und mit wachsender Individualisierung die Unähnlichkeit zunimmt.

Auch Forschungen über eheliche Konflikte lassen kein klares Bild erkennen. Ehen haben vermutlich eine recht hohe Konflikttoleranz, solange das grundlegende Vertrauensverhältnis intakt ist. Welche Ereignisse zu einer Destabilisierung der Erwartungen führen, läßt sich möglicherweise nicht einmal unter den Beteiligten eindeutig feststellen.

Für die Scheidungswahrscheinlichkeit gilt, daß sie mit der Unabhängigkeit der Frau von den männlichen Versorgungsleistungen zunimmt. Zudem steigt die Scheidungswahrscheinlichkeit mit dem Bildungsgrad von Männern und Frauen, vermutlich vermittelt über höhere Ansprüche an die partnerschaftliche Beziehung wie an die Selbstverwirklichung.[119]

Auch in dieser Hinsicht erscheint es plausibel, *daß der Wegfall ökonomischer und sozialer Zwänge, die Optionserweiterung als Grundzug der Veränderung der Lebensbedingungen in den letzten Jahrzehnten die wichtigste Ursache der gestiegenen Scheidungshäufigkeit ist.*

Aus den Vereinigten Staaten wird über die Verbreitung eines Familienmusters ‚sukzessiver Ehen' berichtet. An die Stelle der durch dauerhafte Monogamie geprägten Kernfamilie mit eindeutigen Verwandtschaftsbeziehungen tritt durch nachfolgende Heiraten der geschiedenen Elternteile der Aufbau neuer (Stief-) Verwandtschaftsbeziehungen für die Kinder – bei gleichzeitiger Aufrechterhaltung der biologisch fundierten bilateralen Verwandtschaft. Daraus resultiert ein diffuseres System der Verwandtschafts- und Hilfebeziehungen[120]. Voraussetzung hierfür ist, daß die Beziehungen zwischen den Scheidungskindern und beiden Elternteilen und den Großeltern aufrechterhalten bleiben, was bei einer Entdramatisierung der Scheidung leichter wird, und eben dies scheint sich als Nebenwirkung des Bedeutungsverluste der Ehe zu ereignen. Ob dieses Muster in Europa eine ähnliche Bedeutung gewinnen kann wie in Amerika, scheint mir fraglich. Zum einen haben die USA schon traditionell hohe Scheidungsquoten – gegenwärtig wird jede zweite Ehe wieder geschieden –, und auch die Neigung zur Wiederverheiratung ist höher.[121] Eine Änderung der Sorgerechtsregelungen könnte allerdings in diese Richtung wirken.

Alles in allem zeigt sich, *daß die Ordnung der Partnerschaft in der Bundesrepublik nach wie vor am Modell der monogamen Ehe* „bis ins Pianissimo des hohen Alters" (Max Weber) *orientiert ist, dieses aber nicht mehr als eine verbindliche Norm, sondern eher als ein Ideal oder Leitbild aufgefaßt wird, bei dessen Realisierung Verzichte und Kompromisse in Kauf genommen werden.* Hinsichtlich der Bereitschaft, Abweichungen von diesem Ideal ohne Mißbilligung zu tolerieren, hat sich Bemerkenswertes in den vergangenen Jahrzehnten verändert. Ein vermutlich wachsender Teil der jüngeren Generation schätzt die Kosten einer monogamen Dauerbindung in der Form der Ehe höher ein als die daraus erwarteten Nutzen. Nur dort, wo neben der Partnerschaft auch die Übernahme der Elternrolle angestrebt wird, scheint das Institut der Ehe nach wie vor eine plausible Regelung der wechselseitigen Beziehungen zu ermöglichen. Inwieweit dies auf die mit dem Eheschluß in der Bundesrepublik immer noch verbundenen vielfältigen Rechtsfolgen zurückzuführen ist, bleibe dahingestellt. In Dänemark und Schweden, wo die Ehe mit nahezu keinerlei Rechtsfolgen verbunden ist, verzichten seit längerem auch Paare mit Kindern überhaupt oder zum mindesten während langer Jahre auf den Eheschluß.[122] Dementsprechend liegt dort der Anteil der nicht-ehelichen Geburten an allen Geburten in jüngster Zeit über 40%. Dennoch bleibt auch dort das kernfamiliale Modell zusammenlebender Eltern mit ihren Kindern wegleitend.

Gleichzeitig macht eine rationale Abwägung der Chancen einer lebenslangen Ehe deutlich, daß man heute auch deren Scheitern in Betracht ziehen muß. Angesichts der zunehmenden Unüberschaubarkeit von Entscheidungsfolgen in modernen Gesellschaften scheinen generell flexible Handlungsstrategien aussichtsreicher als langfristige Festlegungen. Die Dynamik moderner Gesellschaftsentwicklung setzt alle auf Dauerhaftigkeit gerichteten institutionellen Legitimationen unter zumindest faktischen, wenn nicht auch normativen Druck. Das trifft auch die Ehe. Was sich heute als krisenhafte Symptomatik familialer Lebensformen manifestiert, läßt sich auch als soziales Wirksamwerden des kulturellen Komplexes „Modernität" im Bereich von Familie interpretieren.[123] Allerdings: Junge Menschen, die die institutionelle Forderung nach Dauerhaftigkeit der Ehe ablehnen und die Dauerhaftigkeit ihrer Beziehung im wesentlichen auf die Gemeinsamkeit ihrer Ziele und Gefühle stützen wollen, geraten leicht in die von *Klaus Wahl* so benannte *Modernisierungsfalle*, in die Kluft zwischen „internalisierten Verheißungen von selbstbewußter Autonomie, Familienglück und gesellschaftlichem Fortschritt einerseits und ... realen Erfahrungen verweigerter Anerkennung, mißachteter Menschenwürde und beschädigten Selbstbewußtseins in Familie und Gesellschaft andererseits."[124] Die Lebbarkeit dauerhafter menschlicher Beziehungen bedarf vermutlich nach wie vor der kulturellen und damit auch institutionellen Stütze, was institutionelle Veränderungen im Geschlechterverhältnis nicht ausschließt.

4.4.4 Die Arbeitsteilung zwischen den Geschlechtern

Unter den vielfältigen Gründen möglicher Instabilität von Partnerschaftsbeziehungen, insbesondere von Ehen, wird – namentlich von seiten der Frauenforschung – mit großem Nachdruck die Uneinigkeit über die geschlechtstypische Aufgabenteilung hervorgehoben. Wir haben einleitend auf die Polarisierung der Geschlechterrollen im Zuge der Entfaltung der bürgerlichen Gesellschaft hingewiesen (vgl. 2.3). Mit der strukturellen Trennung von Haushalt und Erwerbsarbeit lag zunächst auch eine Arbeitsteilung dergestalt nahe, daß die Männer die außerhäusliche Erwerbsarbeit, die Frauen dagegen die Haushaltsführung und Kindererziehung übernehmen und gleichzeitig die verwandtschaftlichen Netzwerkbeziehungen pflegen. Daraus resultierte die weitgehende Entgeltlichkeit aller männlichen und die weitgehende Unentgeltlichkeit aller weiblichen Tätigkeiten. Soweit solche Tätigkeiten – z. B. der Hilfe und Pflege – auf entgeltlicher Basis erledigt wurden, wurden sie deutlich schlechter bezahlt als vergleichbare männliche Tätigkeiten. Außerhäusliche Erwerbsarbeit von Müttern wurde zunehmend als ein Notphänomen angesehen, das sich zum mindesten für bürgerliche Frauen „nicht ziemt". Aber auch die Arbeiter wurden stolz darauf, wenn sie soviel verdienten, daß ihre Frau nicht „zur Arbeit gehen" mußte.

Die bürgerliche Frauenbewegung hatte zunächst andere Ziele, um die Gleichberechtigung der Frauen voranzutreiben; und die sozialistische Frauenbewegung blieb hier gegenüber der männlich dominierten Arbeiterbewegung offensichtlich erfolglos.[125] Es bedurfte – zum mindesten in Deutschland – der Änderung der wirtschaftlichen Gegebenheiten im langen Wirtschaftsaufschwung der Nachkriegszeit, um die Erwerbsarbeit der Mütter einigermaßen akzeptabel zu machen.[126] Obwohl das Grundgesetz in Artikel 3, Abs. 2 die Gleichberechtigung von Mann und Frau statuiert, hat sich dieser Grundsatz in der Rechtsordnung erst sehr allmählich, und meist unter dem Druck des Bundesverfassungsgerichts, entfaltet.[127]

Mit dem Erstarken der neuen Frauenbewegung nach 1968 wurde jedoch die Frage der Gleichberechtigung zunehmend auf das Verhältnis zwischen *Familienarbeit* – wie sie nun bewußt genannt wurde – und *Erwerbsarbeit* ausgedehnt, und dieses Thema beherrscht die neueren Auseinandersetzungen um den „Geschlechtervertrag" – vor allem in Deutschland.[128] Wie international vergleichende Zeitbudgetstudien aus der Mitte der 60er Jahre zeigen, beteiligten sich damals in der Bundesrepublik und in Belgien zwei Drittel der Männer überhaupt nicht an der Hausarbeit, während z. B. in Frankreich und in der DDR schon damals die Mehrheit der Männer an der Hausarbeit beteiligt war.[129] Zwar hat sich das Recht der Frauen auf außerhäusliche Erwerbstätigkeit heute normativ weitgehend durchgesetzt, aber die Konsequenzen der Wahrnehmung dieses Rechtes betreffen die innerfamiliale Arbeitsteilung, und hier scheint die Front der gegenwärtigen Auseinandersetzungen zu verlaufen:

„Für die Frauen der jüngeren Generation ergibt sich hier eine brisante und spannungsreiche Konstellation. Den Gleichheitserwartungen, die viele zumindest partiell internalisiert haben, die Teil ihres Selbstbildes geworden sind, stehen in der Berufswelt, aber auch im Privaten spürbare Ungleichheitserfahrungen entgegen. ... Der Partner, von dem sie Nähe und Unterstützung erhoffen, zeigt Einstellungen und Verhaltensweisen, die ihr Verständnis von gerechter Arbeitsteilung und Chancengleichheit verletzen, nimmt sich Privilegien heraus und überläßt den Großteil der Belastungen ihnen. Ein solches Verhalten bedeutet für viele Frauen heute nicht nur mangelnde Hilfe im Alltag. Es bedeutet aus ihrer Sicht ... auch die alltägliche Erfahrung von innerfamilialer Ungleichheit, einen Verstoß gegen Erwartungen und Ansprüche, die zu ihrem Lebensentwurf gehören, damit mehr noch: eine Mißachtung ihrer Person, ihrer existentiellen Wünsche und Rechte."[130]

Die so ins Grundsätzliche gehobene Frage gibt dem Problem der familialen Arbeitsteilung eine Dramatik, die wohl nur für eine Minderheit der heutigen Paare so zutrifft. Aber es kann kaum ein Zweifel bestehen, daß die Auseinandersetzungen um die familiale Arbeitsteilung – und insbesondere die männliche Beteiligung an der Hausarbeit – zu einem verbreiteten Konfliktpunkt selbst in den Paaren der mittleren Generation geworden ist, die noch unter anderen Prämissen den Bund fürs Leben geschlossen haben.

Auch in der ehemaligen DDR, wo die Einbeziehung der Frauen in die außerhäusliche Erwerbsarbeit nahezu vollständig war, blieb die innerfamiliale Arbeitsteilung traditionell: „Die fast ausschließlich an Frauen adressierten Regelungen zur Erleichterung der synchronen Verbindung von Familien- und Berufsarbeit schrieben traditionelle Rollenzuweisungen fest und trugen zur Zementierung der geschlechtsspezifischen Arbeitsteilung bei. Sie sollten es Frauen ermöglichen, die vielfältigen und ambivalenten Anforderungen in Beruf *und* Familie zu erfüllen ohne Männer stärker in Familientätigkeiten einzubeziehen."[131] Der Abbau der Kinderbetreuungseinrichtungen im Gefolge der deutschen Vereinigung hat zu einer massiven Verschärfung der Problematik geführt, da ein großer Teil der ostdeutschen Frauen auf Erwerbsarbeit nicht verzichten will.

Die innerfamiliale Arbeitsteilung ist in den letzten Jahren zu einem Standardthema der familiensoziologischen Forschung geworden, aber nur wenige Untersuchungen gehen die Frage mit der notwendigen Differenziertheit an. Die angemessene Methode ist hier die *Zeitbudgetforschung*, welche erst in jüngster Zeit in der Bundesrepublik zu einer anerkannten Methode geworden ist.[132]

Aufgrund einer Meta-Analyse von nicht weniger als 68 vorwiegend angelsächsischen Studien zur Zeitstruktur innerfamilialer Arbeitsteilung aus den Jahren 1966 bis 1988 kommt *Jan Künzler* zu differenzierten Ergebnissen: Einerseits ist der Zeitaufwand der Frauen für Hausarbeit insgesamt in diesem Zeitraum etwas zurückgegangen, und gleichzeitig läßt sich eine Zunahme des durchschnittlichen Zeitaufwandes der Männer für die Hausarbeit nachweisen. Das erreichte Niveau stagniert jedoch in neuerer Zeit auf einem überraschend monotonen Durchschnittswert von ca. 10 Stunden pro Woche. Erstaunlicherweise scheint dieses Ausmaß der häuslichen Beteiligung der Männer von weiteren Bedingungen weitgehend unabhängig. Wenn die Frau erwerbstätig wird, so reduziert sie ihren Zeitaufwand für die Hausarbeit, während der männliche Aufwand konstant bleibt. Dadurch entsteht *der Anschein* einer stärkeren männlichen Beteiligung, da der Anteil der männlichen Hausarbeitszeit nunmehr trotz absolut gleichbleibender Höhe *relativ* zunimmt. Auch die Kinderzahl hat keinen Einfluß auf die durchschnittliche zeitliche Beteiligung der Männer an der Hausarbeit: „Insgesamt kann die Hypothese ... daß Männer auf die mit steigender Kinderzahl steigende Nachfrage nach Hausarbeit reagieren und mehr Zeit für die Hausarbeit investieren, eindeutig als widerlegt gelten: Ihr absoluter Beitrag bleibt gleich, egal wieviele Kinder im Haushalt leben." Dagegen „leisten die Frauen um so mehr Hausarbeit, je mehr Kinder im Haushalt leben."[133] Wie auch aus der Familien-Stress-Forschung bekannt ist, *sind die Frauen nach wie vor die stille Reserve der Familie*, deren größere Flexibilität den überwiegenden Teil der unvorhergesehenen und belastenden Ereignisse im Familienleben auffangen muß – und zumeist auch tatsächlich auffängt (vgl. 3.2.1).

Wie stark die Wirkung der Geschlechtsrollenstereotype noch ist, belegt eindrücklich eine Untersuchung unter soeben verheirateten kinderlosen Doppelverdienerehepaaren in westdeutschen Groß- und Mittelstädten, also ein potentiell ‚progressives' Sample: Im Laufe der ersten vier Ehejahre verstärkt sich „die Bedeutung der Geschlechtsrollen für die Bindung der Aufgaben in der Ehe. Die kommt bei Doppelverdienern dadurch zum Ausdruck, daß der Mann aus dem Anteil gemeinsamer Tätigkeiten stärker die Arbeiten an sich bindet, die mit außerhäuslichen Kontakten verknüpft sind. Dagegen ... wenn die Frau aus dem Beruf herausgeht ... (sind) die Aufgaben, die traditionell bei der Frau zu finden waren, ... aus dem Bereich gemeinsamer Tätigkeiten verschwunden."[133a]

Gut bestätigen läßt sich auch die *Honeymoon-These*, derzufolge die häusliche Arbeitsteilung in der vorehelichen Phase und bis zur Ankunft des ersten Kindes egalitärer ist als nach der Ankunft von Kindern.[134] Diese Traditionalisierung der familialen Arbeitsteilung sollte jedoch nicht moralisierend dem männlichen Geschlecht angelastet werden, sondern muß unter dem Gesichtspunkt der Bedingungen betrachtet werden, denen heute eine junge Ehe mit Kindern ausgesetzt ist: Die Ankunft eines (weiteren) Kindes bedeutet stets eine zusätzliche zeitliche Belastung für das Paar, welche nun ‚erwirtschaftet' werden muß. Diese Zeit geht teilweise zu Lasten der Freizeit, nicht zuletzt zu Lasten des Kontaktes mit Freunden und Bekannten, während in der Regel die Kontakte zu den Verwandten wieder wichtiger werden. Die erforderliche Ganztagsbetreuung des Kleinkindes erfordert aber im Normalfall gleichzeitig den Verzicht auf Erwerbsarbeitszeit, welcher in der Regel von der Frau geleistet wird. Inwieweit dies primär Ausfluß herrschender gesellschaftlicher Erwartungen oder Ausdruck ehelicher Machtverhältnisse ist, läßt sich kaum entscheiden, auf jeden Fall verstärken sich beide Faktoren. Die allgemeinen Erwartungen gehen dahin, daß die Frauen sich primär um die Kleinkinder kümmern, und Männer müssen mit erheblichen Widerständen rechnen, wenn sie von den grundsätzlich auch für sie rechtlich vorgesehenen Möglichkeiten der teilweisen oder vollen Arbeitsbefreiung (Erziehungsurlaub, Teilzeitarbeit) Gebrauch machen. Dies wird dadurch belegt, daß 1991 nur 7700 Männer Erziehungsgeld in Anspruch genommen haben, das ist knapp 1% aller Fälle.[135] In der Praxis sind es also vor allem die Frauen, die ganz oder teilweise auf Erwerbsarbeit verzichten, was ihnen durch entsprechende sozialpolitische Maßnahmen erleichtert wird, ohne daß damit ein Ausgleich für längerfristige Einbußen an Karrierechancen gegeben würde.[136] Dies ist der eigentliche Kritikpunkt: Die Opportunitätskosten des Kinderhabens werden einseitig den Frauen angelastet.[137]

Offen bleibt bei dieser Sichtweise allerdings, ob es nicht auch tatsächliche Zweckmäßigkeits- und in vielen Fällen Neigungsgründe sind, die diese Form der Arbeitsteilung begünstigen. Man wird keineswegs bei allen Frauen die gleichen emanzipatorischen Bedürfnisse unterstellen dürfen. Die vorherrschende Definition der Problemlage entspricht in erster Linie den Einstellungen und Bedürfnissen qualifizierter Frauen der Mittelschicht, insbesondere der tonangebenden Akademikerinnen, welche oft gleichzeitig eine hohe Berufs- und Familienorientierung aufweisen. Frauen der Unterschicht zeigen nicht nur im Durchschnitt traditionellere Orientierungen, sondern es ist auch durchaus plausibel, daß diese eher ihren Bedürfnissen und Interessen entsprechen. Denn angesichts der beengteren Lebenslage und der geringeren erzielbaren Markteinkommen dürfte es den Haushalten kaum gelingen, durch die Verbindung von außerhäuslicher Erwerbstätigkeit beider Partner und die Vergabe von Haushaltsleistungen an Dritte einen positiven Nettoeffekt zu erzielen. Selbst wenn die Männer der Unterschicht weniger traditionelle Rollenauffassungen hätten, bleibt es fraglich, ob eine egalitärere Aufteilung der Familien- und Erwerbstätigkeit hier zu höheren Wohlfahrtseffekten auch für die Frauen führen würde.

Eine Reihe neuerer Untersuchungen richtet sich auf die Frage, wie sich die familiale Arbeitsteilung auf die Ehezufriedenheit, die Konflikthäufigkeit und die psychische Gesundheit der Partner auswirkt. Das hervorstechende Ergebnis ist, daß es weniger auf die objektive Form als auf die eingeschätzte Fairness der Arbeitsteilung ankommt.[138] „*McHale* und *Crouter* identifizierten zwei Gruppen, die besonders hohes Risiko für eine niedrige Ehequalität aufwiesen: Frauen, die weniger traditionelle Geschlechtsrollenorientierungen haben als ihre Partner und Männer, die traditionellere Geschlechtsrollenorientierungen haben als ihre Partnerinnen. Diese beiden Gruppen leisten vor allen anderen mehr Hausarbeit, als *sie* für richtig halten, und sind entsprechend unzufrieden mit der Beziehung zu ihren Partnern."[139] Was die Erwerbstätigkeit von Frauen betrifft, so zeigen zahlreiche Untersuchungen, daß sie das Wohlbefinden der Frauen dann hebt, wenn die Erwerbstätigkeit vom Partner begrüßt wird und sich der Partner an der Hausarbeit beteiligt. Eheliche Spannungen über die Beteiligung an der Erwerbstätigkeit belasten vor allem die Frauen. Aufgrund des Wohlfahrts-Surveys kommt *Regina Berger* zum Schluß: „Gleiche Erwerbsbeteiligung der Ehepartner hat also negative Konsequenzen für das Wohlbefinden der Frau in Form einer höheren Belastung. Bei anderen Aspekten des subjektiven Wohlbefindens wie

Lebenszufriedenheit, Glück, Einsamkeit, Defizit an Zufriedenheit mit der Familie, mit Liebe und Zuneigung ergeben sich aber keine signifikanten Unterschiede zwischen ganztags, halbtags und nicht erwerbstätigen Ehefrauen. Auch die Ehemänner ganztags erwerbstätiger Frauen sind auf diesen Dimensionen nicht schlechter gestellt als andere Ehemänner."[140]

Zu beachten ist ferner die ungleiche Einschätzung der Hausarbeit durch Männer und Frauen. In der ganz überwiegenden Mehrheit aller Familien scheint die *Verantwortung* für die Hausarbeit nach übereinstimmender Auffassung bei den Frauen zu liegen, während die Beteiligung der Männer als *Hilfe* bei der Hausarbeit interpretiert wird.[141] „Für viele Männer ist Hausarbeit noch keine ‚richtige', ernstzunehmende Arbeit." Sie wird eher als Freizeittätigkeit aufgefaßt.[142] Skandinavischen Forschungen zufolge betrachten Männer ihre Beteiligung am Haushalt zumeist als freiwillige Leistung und „Liebesbeweis", als „persönlicher Tribut an ihre Frauen".[143] Die männliche Beteiligung an der Hausarbeit scheint daher in hohem Maße von der emotionalen Stabilität der partnerschaftlichen Beziehung abhängig, so daß wahrscheinlich ein Verhältnis der Wechselwirkung zwischen Ehezufriedenheit und männlicher Beteiligung an der Hausarbeit besteht. Sofern dies der Fall ist, resultiert daraus eine charakteristische Risikoquelle ehelicher Stabilität: Kommt eine Partnerbeziehung – aus welchen Gründen auch immer – in eine Krise, muß der Rückzug des Mannes aus der Arbeitsteilung als eine die Frau gleichermaßen objektiv wie subjektiv belastende Entwicklung erscheinen, die wahrscheinlich statt zur Krisenbewältigung eher zur Krisenverschärfung beiträgt.

Nahezu alle diesbezüglichen Untersuchungen zeigen, daß die *einstellungsmäßige* Akzeptanz der männlichen Beteiligung an Haushalt und Erziehung größer ist als die *verhaltensmäßige* Beteiligung.[144] Dies kann Ausdruck einer noch nicht abgeschlossenen Entwicklung hin zu weniger traditionalen Formen der ehelichen Arbeitsteilung sein, aber wahrscheinlicher scheint mir angesichts des erwähnten internationalen Stagnierens der männlichen Beteiligung an der Hausarbeit bei durchschnittlich 10 Stunden, daß hier doch *objektive Hindernisse* von erheblicher Bedeutung sind. Auf sie wird in Abschnitt 5.2 zurückzukommen sein. Wenn die zusammenfassende Interpretation der Forschungsbefunde von *Künzler* zutrifft: „Je länger die bezahlte Arbeitszeit der Partnerin ist, umso mehr Hausarbeit übernehmen die Männer, wobei der Umfang ihrer eigenen Erwerbstätigkeit jedoch als Einschränkung wirkt: Sie reduzieren ihre Hausarbeitszeit, wenn ihre bezahlte Arbeitszeit zunimmt",[145] so läßt sich eine Enttraditionalisierung der familialen Arbeitsteilung nur durch eine Angleichung der bezahlten Arbeitszeiten von Frauen und Männern erreichen.

4.5 Elternschaft und die Veränderung kindlicher Lebensverhältnisse

Im Gegensatz zu den Normen der Ehe scheinen die Normen der Elternschaft in diesem Jahrhundert nicht an Verbindlichkeit eingebüßt, sondern eher noch an Gewicht gewonnen zu haben. Kindesvernachlässigung bis zum Tod und Kindesaussetzungen sind zu marginalen Phänomenen geworden, die Nachwuchsbeschränkung hat sich auf die vorgeburtliche Phase verlagert. Elternschaft ist so von einem oft ungewollten Schicksal mehr und mehr zu einer Lebensentscheidung geworden oder wird zum mindesten sozial als solche gewertet. Es entspricht dann dem Ethos der Freiheit, daß man zu den Konsequenzen seiner Entscheidungen zu stehen hat, und in der Tat wird die elterliche Verantwortung heute in eher zunehmendem Maße ernst genommen. Das zeigt sich nicht zuletzt am wachsenden Interesse der Väter an ihren Kindern: Während die Beteiligung der Männer an der Hausarbeit immer noch gering ist, hat das Ausmaß der Beschäftigung der Väter mit ihren Kindern im Zuge der Arbeitszeitverkürzung und der damit gewachsenen Freizeit deutlich zugenommen.

4.5.1 Neue Väterlichkeit

Die traditionelle Rolle des Vaters als Familienoberhaupt, welches Frau und Kinder gegenüber Dritten vertritt, im Hause jedoch im wesentlichen als Autoritätsperson geachtet oder gefürchtet wird, hat in diesem Jahrhundert ihre Bedeutung mehr und mehr eingebüßt. Ein wichtiger Grund hierfür war die Verbreitung der unselbständigen Erwerbstätigkeit, wodurch die Arbeit des Vaters und die durch sie vermittelte, als zentral angesehene Leistung der Einkommenssicherung immer unsichtbarer wurde. Mit der zunehmenden außerhäuslichen Erwerbstätigkeit der Mutter verliert der Vater auch das Monopol auf diese Leistung, er wird damit tendenziell ökonomisch ersetzbar. Auch seine Vorbildfunktion für die Söhne verliert sich in dem Maße, als die in der bürgerlichen Gesellschaft weit verbreitete Erblichkeit des Berufs durch wirtschaftlichen Wandel, Bildungsexpansion und Aufstiegsstreben sich auf die Restgruppe der freien Berufe reduziert. Die in der Barockzeit entstandene und im 19. Jahrhundert wiederbelebte ideologische Überhöhung der väterlichen Autorität wurde schon nach dem 2. Weltkrieg als Reaktion auf den Vaterkult das Nationalsozialismus in Frage gestellt. Ihren Todesstoß erhielt sie jedoch durch die antiautoritäre Bewegung der späten sechziger Jahre, und zwar von zwei Seiten, derjenigen der Söhne[146] und derjenigen der Frauen[147].

Entgegen der von *Alexander Mitscherlich* schon Anfang der sechziger Jahre prognostizierten und zwischenzeitlich auch von Soziologen vorausgesagten vaterlosen Gesellschaft[148] hat sich die Rolle der Väter jedoch in unerwarteter Weise verändert und gleichzeitig neu stabilisiert. Väter treten in den Binnenraum der Familie ein und übernehmen dort – in allerdings noch sehr unterschiedlichem Maße – Aufgaben, die traditionellerweise der Mutter oder auch älteren Geschwistern zukamen.[149]

Männer nehmen an der Schwangerschaft ihrer Frau und Geburt ihrer Kinder zunehmenden Anteil, bereits 80% aller Väter sollen nach Umfragedaten an der Geburt mehr oder weniger aktiv teilnehmen. Auch in der nachgeburtlichen Phase zeigt sich eine wachsende Beteiligung der Väter an der Kleinstkindpflege, mit zunehmender Veralltäglichung der Kinderpflege geht aber der Löwenanteil der Arbeit wieder auf die Frauen über. In der Bundesrepublik konzentriert sich die Beschäftigung der Väter mit den Kindern vor allem auf den Freizeitbereich und auf außerhäusliche Tätigkeiten. In Skandinavien dagegen scheint ein stärkeres Engagement der Männer auch im Hinblick auf Kinderpflege und Versorgung sich allmählich zu verbreiten, was auch darin zum Ausdruck kommt, daß die schon vor einigen Jahren eingeräumte Möglichkeit des ‚Vaterschaftsurlaubs' zunehmend in Anspruch genommen wird.

Das zunehmende familiale Engagement der Männer verbessert offensichtlich deren Beziehung zu den Kindern: „Die Verbesserung der Vater-Kind-Beziehung wird von Australien bis Skandinavien aus beinahe allen Industrieländern gemeldet, aus denen Untersuchungsergebnisse über vermehrte väterliche Partizipation vorliegen. Diese Verbesserungen lassen sich in Vorteile für Vater und Kind zusammenfassen, die sich vor allem auf ein besseres gegenseitiges Kennenlernen und Verstehen, verstärkte Empathie, mehr Nähe und Vertrauen und erhöhte Konfliktbereitschaft beziehen lassen."[150]

Offensichtlich stehen einer stärkeren väterlichen Beteiligung an der Erziehung ihrer Kinder trotz Arbeitszeitverkürzungen immer noch erhebliche zeitliche und soziale Restriktionen entgegen.[151] Noch immer ist die Vollzeiterwerbstätigkeit der Väter (einschließlich Überstunden) weithin die Regel, Teilzeitarbeitsplätze werden in der Bundesrepublik ganz überwiegend von Frauen eingenommen. Dieses durch die Ansprüche der Arbeitgeber, aber natürlich auch von den Gewerkschaften stabilisierte Muster erscheint als ein wesentliches Element der Aufrechterhaltung der traditionellen Rollenverteilung in der Familie. Deutlich sichtbar sind hier auch Schichtunterschiede: Die Beteiligung der Väter ist in den Mittelschichten deutlich höher als in Arbeiterfamilien. Dies dürfte nicht nur eine Frage der größeren Aufgeschlossenheit, sondern auch eine Folge objektiver Umstände sein: Die Erschöpfung durch die Arbeit ist größer, häufig ist der Tagesrhythmus durch Schichtarbeit beeinträchtigt, und nicht zuletzt dürfte auch bei Arbeiterfrauen die Rolle als Hausfrau und Mutter nach wie vor zentralere Bedeutung besitzen, so daß die ‚Einmischung' des Mannes auch weniger erwünscht ist.

Eine weitere Folge des wachsenden Interesses der Väter für ihre Kinder sind die zunehmenden Auseinandersetzungen über das Sorgerecht im Ehescheidungsverfahren und über die Rechte des nicht-sorgeberechtigten Vaters. Die deutschen Gerichte neigen nach wie vor dazu, das Sorgerecht nur einem Teil zuzusprechen, zumeist der Frau. Angesichts des Relevanzverlustes der Ehe und des Bedeutungszuwachses der Elternschaft ist damit zu rechnen, daß die Forderung auf Einräumung eines gemeinsamen Sorgerechtes sich verstärkt.[152] Sollte sich dieses Postulat durchsetzen, so wäre allerdings mit Weiterungen auch auf die Stellung des unehelichen Vaters, des Stiefvaters usw. zu rechnen; die Entwicklung könnte dann eventuell in Richtung auf die Anerkennung mehrfacher Vaterschaft und gleichzeitig auf einen weiteren Relevanzverlust der Ehe gehen.

4.5.2 Mutterschaft und außerhäusliche Erwerbstätigkeit

Zu den tiefgreifendsten Veränderungen der letzten Jahrzehnte gehört neben der wachsenden Bildungsbeteiligung der Frauen ihre vermehrte Berufstätigkeit, auch und gerade unter den Müttern.[153] Von 1950–1982 hat der Anteil der Erwerbstätigen unter den Müttern mit Kindern unter 15 Jahren von 22,5% auf 46,2% (bei 1 Kind), von 21,8% auf 36,7% (bei 2 Kindern) und von 25,7% auf 29,9% (bei 3 und mehr Kindern) zugenommen.[154] Bemerkenswerterweise liegt die Erwerbsbeteiligung bei den Müttern mit Kindern unter 6 Jahren nur unwesentlich niedriger. Wir können daraus auf ein erhebliches Interesse vieler Mütter an der Aufrechterhaltung einer kontinuierlichen Beschäftigung schließen. Das gilt insbesondere für die Mütter mit *einem* Kind, wobei die Beschränkung auf nur ein Kind häufig als akzeptabler Kompromiß zwischen Familien- und Berufsorientierung angesehen wird. Der geringe Anstieg des Anteils der erwerbstätigen Mütter mit drei und mehr Kindern verdeutlicht, daß hier das Überwiegen ökonomischer Notwendigkeiten gegenüber der Berufsneigung vermutet werden darf, was durch unsere Untersuchungen bestätigt wird.[155] Eine weitere Zunahme der Müttererwerbstätigkeit in den alten Bundesländern ist zu erwarten.[156] In den neuen Bundesländern sind dagegen die Frauen überproportional von Entlassungen betroffen, ihre Erwerbsquote ist von ca. 90% zum Zeitpunkt der Wende auf 77% bereits im April 1991 und damit weit deutlicher als diejenige der Männer (86%) abgesunken.[157] Inwieweit dies zu einem dauerhaften – wohl zumeist unfreiwilligen – Verzicht auf Erwerbstätigkeit führt, muß heute offenbleiben.

Die *Doppelbelastung der erwerbstätigen Mütter* – insbesondere im Falle vollzeitiger Erwerbstätigkeit – ist erheblich und hat zu vielfältigen Mutmaßungen über schädliche Auswirkungen auf die kindlichen Entwicklungschancen geführt. Wie insbesondere die Sekundäranalyse zahlreicher Untersuchungen durch *Ursula Lehr*[158] zeigt, ist jedoch nicht die Erwerbstätigkeit als solche, sondern die Zufriedenheit der Frau mit ihrer Lebenssituation der ausschlaggebende Faktor. Wo Mütter-Erwerbstätigkeit als Notphänomen auftritt – und dies dürfte überwiegend in ohnehin beengten Familienverhältnissen (Alleinerziehende, kinderreiche Familien, niedriges Einkommen des Mannes) der Fall sein – verschärft sie die ohnehin prekäre Lage; wo sie jedoch, wie vornehmlich unter den qualifizierteren Frauen, aus persönlichen Gründen gewollt wird, erscheint sie für die Erziehungssituation unter Umständen sogar günstiger als die Nur-Hausfrauensituation.

Jüngere Untersuchungen machen diese Zusammenhänge besser verständlich. Berufstätige Frauen wenden nur unwesentlich weniger Zeit für die Beschäftigung mit ihren Kindern auf, sondern verzichten vor allem auf freie Zeit und rationalisieren die Hausarbeit (vgl. 4.4.4). In unseren Untersuchungen des Tagesablaufs von Vorschulkindern stellten wir fest, daß die Zeit für qualifizierte Interaktionen zwischen Mutter und Kind (Unterstützungskontakte) bei erwerbstätigen Müttern im Durchschnitt 111 Min., bei nicht-erwerbstätigen Müttern im Durchschnitt 128 Min. pro Tag betrug.[159]

Während also unter dem Gesichtspunkt der Erziehungsqualität von generellen Nachteilen der Frauenerwerbstätigkeit nicht gesprochen werden kann, stellt sie doch einen offenkundig restriktiven Faktor für die Zahl der Kinder dar, für die die Erziehungsverantwortung übernommen werden kann. In allen Industrieländern liegt die durchschnittliche Kinderzahl erwerbstätiger Frauen unter derjenigen der nicht-erwerbstätigen. Dies darf allerdings nicht als Kausalverhältnis mißverstanden werden: Nach unseren Untersuchungen sind es vor allem Frauen, deren Kindorientiertung die Berufsorientierung deutlich überwiegt, welche mehr als zwei Kindern das Leben schenken. Dabei lassen sich eine eher ‚traditionelle‘ und eine eher ‚moderne‘ Motivation unterscheiden: Die Bereitschaft zu einem dritten Kind findet sich einerseits bei eher traditional orientierten Frauen mit überwiegend geringem Bildungsgrad, aber auch bei einer Minderheit der Frauen mit hohem Bildungsgrad, welche mehrfache Mutterschaft als zentrales Moment ihrer Selbstverwirklichung begreifen.[160]

Unabhängig davon, ob aktuelle Notwendigkeiten die Frau stärker oder weniger stark an Haushalt und Familie binden, haben die in Abschnitt 4.3 näher beschriebenen Tendenzen nicht nur zur Veränderung weiblicher Lebenszusammenhänge, sondern auch zu einer Veränderung der weiblichen Selbstbilder geführt, die sich auch in familialen Haltungen manifestieren. *Elisabeth Beck-Gernsheim* hat den Trend auf die prägnante Formel „Vom ‚Dasein für Andere' zum Anspruch auf ein Stück ‚eigenes Leben'" gebracht. Allerdings wird der kollektive Anspruch zunehmender Selbständigkeit individuell häufig als „aufgezwungene Selbständigkeit – der Möglichkeit nach eine Herausforderung, doch in Wirklichkeit oft eine Überforderung" empfunden. „Nicht zuletzt unter dem Eindruck solcher Risiken entsteht eine Tendenz zu Lebensformen, die die Risiken schon einplanen und gleichzeitig dagegen absichern sollen. Je häufiger Scheidungen werden, desto mehr bilden sich Lebensformen heraus, die die Möglichkeit eines späteren Alleinlebens vorgängig offenhalten."[161] Auch unter diesem Gesichtspunkt ist die zunehmende Neigung von Frauen zu verstehen, die Berufstätigkeit trotz Kindern nicht aufzugeben. Die Möglichkeit eines eigenen Einkommens verschafft Unabhängigkeit, gleicht die familieninterne Machtbalance aus.

Eine in jüngster Zeit häufiger diskutierte Alternative zur außerhäuslichen Erwerbstätigkeit der Mütter ist die *Heimarbeit,* insbesondere die Büroheimarbeit. Sie soll den Frauen die Vereinbarkeit von Familientätigkeit und Erwerbstätigkeit durch eine höhere Zeitsouveränität erleichtern. Auch von seiten der Privatwirtschaft wird diese Entwicklung gefördert, da zum einen die technischen Mittel der Tele-Heimarbeit sich stark entwickelt haben und da zum anderen die Beanspruchung besser an die variable Arbeitslage im Unternehmen angepaßt werden kann. Empirische Untersuchungen zeigen jedoch, daß die Erwartungen hier nicht zu hoch geschraubt werden sollten. Zum einen bleibt die Nachfrage doch recht beschränkt, und zum zweiten ist die Zeitsouveränität durch die Abhängigkeit von den zeitlichen Vorgaben der Arbeitserledigung seitens der Auftraggeber stark eingeschränkt. Nur insoweit der Arbeitsanfall freie Ressourcen im Zeitbudget der betreffenden Frauen (und Männer?) in Anspruch nimmt, ist die Tätigkeit problemlos in die Alltagsorganisation des Familienhaushalts integrierbar. Im Regelfalle führt jedoch die Dynamik der Auftragslage zu hohen Schwankungen des Arbeitsanfalls und häufig zu einer im Vergleich zur regulierten betrieblichen Tätigkeit noch wesentlich stärkeren zeitlichen Beanspruchung der Heimarbeiterinnen. Dabei hängt es entscheidend von der Strukturflexibilität des Familienhaushaltes, also der Unterstützungsbereitschaft des Mannes und der Belastbarkeit der Frau ab, inwieweit diese Beschäftigungsart günstigere oder ungünstigere Wirkungen hinsichtlich des Familienlebens zeitigt.[162]

Der Umstand, daß jedoch immer noch fast 60% aller Mütter mit Kindern unter 15 Jahren nicht erwerbstätig sind, ein im internationalen Vergleich sehr hoher Prozentsatz, läßt vermuten, daß in der Bundesrepublik besonders starke Hindernisse einer Vereinbarkeit von Familie und Erwerbstätigkeit entgegenstehen.[163] In Schweden, wo rund 80% aller

Mütter erwerbstätig sind, tut dies rund die Hälfte jedoch nur auf Teilzeitbasis. Ein entsprechendes Angebot an Teilzeitarbeitsplätzen existiert in der Bundesrepublik noch nicht, doch sind zum mindesten Ansätze zu einer Veränderung der Lage erkennbar.[164] Allerdings käme eine Flexibilisierung der Arbeitszeiten in Verbindung mit einem entsprechenden Angebot an Kinderbetreuungseinrichtungen vielen Frauen noch mehr entgegen als das Angebot an Teilzeitarbeit.[165]

4.5.3 Die Veränderung kindlicher Lebensverhältnisse

Wenn wir die Veränderungen des Phänomens Elternschaft angemessen begreifen wollen, so kann dies nicht ohne einen Blick auf die veränderten Anforderungen geschehen, die sich aus dem Wandel der Lebensweise der Kinder ergeben. Dieses Thema ist bisher nur wenig erforscht, eine Soziologie der Kindheit steht noch in den Anfängen, doch lassen sich einige offenkundige Veränderungen namhaft machen.

Eine der nachhaltig wirksamen Langfristentwicklungen scheint die *Einschränkung der für Kinder zugänglichen Lebensräume* zu sein. Insbesondere der zunehmende Kraftfahrzeugverkehr, aber auch die intensivierte Nutzung von Grund und Boden in verdichteten Siedlungsgebieten haben die Wohnumfelder der meisten Kinder anregungsärmer, gefährlicher und in größerem Umfange unzugänglich gemacht.[166] Damit schränkt sich der ‚erspielbare' Erfahrungsbereich nachhaltig ein. Kinder lernen jedoch spielend: „Spielen bedeutet den aktiven Umgang der Kinder mit einer Umwelt, die sie durch eigene autonome Sinngebungsprozesse in eine Spielwelt überführt haben. Sie bedienen sich derselben Räume, die auch ‚Lebensräume' der Erwachsenen sind, beziehen Gegenstände und Dinge dieser Erwachsenenwelt in ihr Spielen ein, suchen ihre Spielpartner aus der realen Welt und verwenden Symbole und ganze Erfahrungskontexte des realen Lebens, um daraus nach eigenen Regeln eine ‚Spielwelt' zu erzeugen."[167] So wachsen Kinder in den Alltag der Erwachsenen hinein, ohne doch von den überkomplexen Sinnbezügen der Erwachsenen überfordert zu werden. Dies alles erscheint heute immer weniger unbeaufsichtigt und im Kreis gleichaltriger Kinder möglich, sondern nur noch unter Anleitung oder zum mindesten Aufsicht von Erwachsenen, zumeist der Eltern, auf die damit zusätzliche Beanspruchungen oder zum mindesten das Organisieren einer Aufsicht zukommen.[168]

Ganz überwiegend vollzieht sich heute das Leben von Kindern außerhalb der Lebensräume von Erwachsenen in spezifischen ‚Sonderumwelten'. Hierzu gehören natürlich in erster Linie die Pflege- und Betreuungseinrichtungen wie Krippen, Horte, Kindergärten und auch Schulen, wo Kinder regelmäßig beaufsichtigt sind. Aber auch Spielplätze, deren

Anregungsarmut nicht selten durch den Namen ‚Abenteuerspielplatz' vernebelt wird, haben denselben Zweck. Charakteristisch für diese Sonderumwelten ist, daß sie von Erwachsenen organisiert sind, daß der Gestaltungsraum der Kinder also von vornherein mit den Intentionen der Erwachsenen interferiert. Insoweit es sich um organisierte Betreuungseinrichtungen handelt, haben zudem mehr oder weniger professionalisierte hauptamtliche Betreuungspersonen das Sagen. Im Gegensatz zum Internat sind diese Einrichtungen nicht darauf aus, einen umfassenden Lebenszusammenhang für die Kinder darzustellen. Sie beanspruchen die Kinder – wie ihr Personal – nur auf Zeit, und sie schützen und unterstützen sie auch nur auf Zeit.[169] *Schutz* und *Ausgrenzung* sind somit die dominierenden Haltungen, mit denen die Gesellschaft der Erwachsenen hierzulande Kindern begegnet.[170]

Für die Eltern ergibt sich damit die Aufgabe, mit diesem professionellen (z. B. Lehrer, Ärzte oder Psychologen) oder semiprofessionellen (Kindergärtner, Animatoren usw.) Personal umzugehen, das häufig seine eigenen Auffassungen über Erziehung hat, die mit denjenigen der Eltern nicht übereinstimmen und das zudem die Eltern als ‚Laien' definiert, welche weniger von Kindern und ihren Entwicklungsbedingungen verstehen als sie.[171] Demgegenüber „ist festzustellen, daß wissenschaftliche Theorien selbstverständlich in der Regel eine differenziertere Systematik aufweisen. Das heißt aber nicht, daß sie deswegen auch pragmatisch wertvoller sind."[172] Die Professionellen, welche in der Regel eine größere Zahl von Kindern gleichzeitig zu betreuen und zu unterrichten haben oder aber (z. B. im Falle medizinischer oder psychologischer Dienstleistungen) mit dem einzelnen Kind nur kurze Zeit konfrontiert sind, sind gar nicht in der Lage, in ähnlicher Weise die spezifischen Eigenarten und Bedürfnisse des einzelnen Kindes zu berücksichtigen wie die Eltern. Im Interesse des Kindes und seiner Identitätsentwicklung ist daher eine *advokatorische Funktion der Eltern*, d. h. die Wahrnehmung der spezifischen Interessen dieses einzelnen Kindes, zu einer entscheidenden Erziehungsaufgabe geworden. Ein Kind benötigt, wie es der bekannte amerikanische Kindheitsforscher *Urie Bronfenbrenner* einmal vortragsweise formuliert hat, „somebody who is crazy about that kid", also jemanden, der/die ihm gerade nicht in distanzierter, seine Ansprüche im Vergleich zu denjenigen anderer Kinder oder einer Einrichtung ausgleichender Form gegenübertritt, sondern sich mit seinen Bedürfnissen und Interessen identifiziert und eben diese zur Geltung bringt.

Kinder wachsen also gleichzeitig in der Familie und in außerfamilialen Sozialisationsarrangements auf, wobei das grundsätzlich Neue darin besteht, daß die Betreuungs- und Bildungseinrichtungen eine nach anderen Werten und Regeln organisierte *Sonderwelt* darstellen, die mit den Werten und der Lebenswelt der Eltern weit weniger vermittelt ist, als es die natürlich auch schon vielfältigen Sozialisationsfelder des dörflichen, kleinstädtischen oder quartiersbezogenen Lebensraums der Vorkriegszeit und auch noch der ersten Nachkriegsepoche gewesen sind. Vor allem die ‚Bildungsoffensive' der sechziger Jahre hat zu einer stärkeren Zentralisierung und Autonomisierung des Schulwesens beigetragen. Hinzu kommt die generell gesteigerte Mobilität und die damit verbundene tendenzielle Auflösung kleinräumiger Milieus. Die Kontakte der Eltern zum Betreuungspersonal der Kinder reduzieren sich auf die unmittelbar kindbezogenen Anlässe, diffusere Begegnungsfelder werden zur Ausnahme.

Diese *fragmentierte Sozialisationssituation* wird durch die Verbreitung des Fernsehens in der Weise verstärkt, daß hier ‚Erfahrungen zweiter Hand',[173] also lebensweltlich nicht auf ihren Nutz- oder Wahrheitswert prüfbare Informationen und Leitbilder unmittelbar in die familiale Kommunikationssituation einbrechen, und zwar vor allem zu den Tageszeiten, wo solche Kommunikation sonst als autonom gestaltete möglich wäre. All dies bewirkt gemeinsam eine starke *Relativierung des elterlichen Erziehungseinflusses*, bzw. es macht elterliche Erziehung stärker zu einem nur noch durch bewußte Konzentration von Kraft und Aufmerksamkeit *in direkter Zuwendung*, also als ‚Beziehungsarbeit' (ein Ausdruck der Frauenbewegung) zu leistenden Aufgabenbereich des familialen Zusammenlebens. Die Wirksamkeit familialer Erziehung ist darüber hinaus in starkem Maße davon abhängig, wie weit die Eltern die ihnen zustehenden Möglichkeiten einer Organisierung des kindlichen Alltags nutzen und damit auch hinsichtlich der außerfamilialen Einflüsse eine gewisse Schutz- und Kontrollfunktion ausüben (vgl. 3.2.3).

Die Wahrnehmung der Elternrolle ist also in den letzten Jahrzehnten anspruchsvoller und schwieriger geworden.[174] Das gilt insbesondere für diejenigen Eltern, die aufgrund ihres geringeren Bildungsgrades gegenüber den professionellen Erziehern ihrer Kinder sich als unterlegen erfahren, während die gebildeteren Eltern die neue Situation oftmals als Herausforderung begreifen. Indem sie in der Lage sind, die advokatorische Funktion für ihre Kinder besser und wirkungsvoller zu übernehmen, vermögen sie nicht selten die Position ihrer Kinder in der Konkurrenz um Bildung und Berufschancen zu verbessern.

Bemerkenswert und als Massenphänomen neu ist das hohe Interesse der meisten Eltern am Bildungs- und Berufserfolg ihrer Kinder. Es wird verständlicher, wenn wir ins Auge fassen, wie sehr die Familie zu einem kindzentrierten Zusammenhang und wie sehr die Schule zur zentralen Einrichtung der Zuteilung von Lebenschancen geworden ist. Die Wirkungen dieses elterlichen Ehrgeizes auf die Kinder sind allerdings ambivalent, wie zahlreiche Untersuchungen zeigen, und zwar vor allem bei den älteren Kindern und Jugendlichen:

„Verhaltensauffälligkeit und Gesundheitsbeeinträchtigung sind vor allem bei der Gruppe von Jugendlichen anzutreffen, die sich in schwierigen schulischen Leistungssituationen bei hohem Erwartungsdruck der Eltern befinden. Drohendes Schulversagen geht mit einem erheblichen Anstieg von delinquentem Verhalten, gesundheitlichen Beschwerden und Konsum legaler und illegaler Drogen einher. Der Erwartungsdruck der Eltern an die schulische Leistungsfähigkeit ihrer Kinder ist sehr stark: Nur 10% der Eltern wollen sich mit dem Schulabschluß der Hauptschule zufriedengeben, neun Zehntel erwarten Realschul- oder Gymnasialabschluß. Zeichnet sich ab, daß die Erwartung der Eltern nicht realisiert werden kann, so reagieren offenbar viele der betroffenen Jugendlichen mit psychosozialen und psychosomatischen Symptomen. ... Hierin spiegelt sich die zentrale Bedeutung, die dem schulischen Leistungsstand im Selbstbild Jugendlicher zukommt."[175]

Über erhebliche gesundheitliche Beschwerden als Folge schulischer Belastungen, die durch fehlendes Verständnis im Elternhaus verschärft werden, wird auch aus einem sozialmedizinischen Projekt berichtet: „Schülerinnen und Schüler (haben) ein deutlich höheres Beschwerdebild als junge Erwachsene zwischen 18 und 30 Jahren; Schülerinnen und Schüler der Hauptschulen sind am wenigsten, die der Realschulen am meisten belastet."[176]

Ein letzter, in diesem Zusammenhang zu erwähnender Gesichtspunkt ergibt sich aus dem Wandel der *Erziehungsleitvorstellungen:* Während die Erziehungsleitbilder der fünfziger Jahre vor allem an den ‚bürgerlichen Tugenden' der Ordnung, des Gehorsams und der Zuverlässigkeit ausgerichtet waren, steht heute die Selbständigkeit und die Entwicklung des freien Willens im Vordergrund der Erziehungsziele. Diese Umorientierung ist vor dem Hintergrund der skizzierten Optionserweiterung und der zunehmenden Notwendigkeit zur ‚Selbstorganisation' plausibel, macht aber die Erziehungsaufgabe keineswegs leichter. Es genügt nun nicht mehr, Forderungen an das Kind zu stellen und diese durchzusetzen, sondern *Erziehung verlangt ein differenziertes Austarieren von Forderung und Gewährenlassen, von Unterstützung und Ermunterung zur Eigenaktivität, von Schutz und Risiko.* Die unvermeidlichen Einflüsse außerfamilialer Ereignisse auf das Kind sollten mit ihm verarbeitet werden, obwohl der gemeinsame Erlebnishorizont oft fehlt. *Yvonne Schützes* Diagnose „Die Dauerklage über den ‚Schulstreß' sagt vielleicht mehr über das Eltern-Kind-Verhältnis als über die Schule"[177] verkürzt das Problem. Das Problem liegt in der Anforderung, dem Kind bei der Verarbeitung einer zu großen Heterogenität der Eindrücke und einer tendenziellen Überforderung durch die konkurrierenden Einseitigkeiten seiner Bezugssysteme behilflich zu sein, ohne doch den eigenen Standpunkt absolut zu setzen. Dies betrifft keineswegs nur die Schule, sondern z. B. auch die durch Werbung und Einfluß der Gleichaltrigen bewirkten ungesunden Ernährungsgewohnheiten oder die Kompensation des Mangels an Bewegung und sinnlichen Erfahrungen durch übermäßige Konzentration auf optische und akustische Eindrücke:

„Durch die gesamte physische und räumliche Umwelt sind Kinder heute stark auf die Schulung optischer und akustischer Sinneseindrücke angewiesen, erleben hier durch Radio, Fernsehen, Video, Walkman usw. zum Teil eine Überstimulierung („Reizüberflutung"), während sie im Motorischen und in anderen Sinnesbereichen teilweise – gemessen an optimalen Entwicklungsmöglichkeiten – nicht ausreichend stimuliert und damit in vielen Bereichen ihres Körperlebens und ihrer Körpererfahrung beeinträchtigt werden. Durch verbaute und versiegelte natürliche Umwelt, durch künstliche Bau- und Ausstattungsmaterialien und Spielzeuge und durch fehlende Körperkontakte mit emotionaler Qualität sind ihre sinnlichen Aneignungsmöglichkeiten oft stark reglementiert und kanalisiert. Demgegenüber werden über audio-visuelle und Print – Medien reizintensive und häufig sensationsreiche Erfahrungsformen angeboten, die quantitativ und qualitativ nicht immer zur realistischen Verarbeitung der sozialen Lebensrealität beitragen."[178]

4.6 Familie und soziale Ungleichheit

Herkömmlicherweise wird soziale Ungleichheit vor allem mit Unterschieden der sozialen Schichtzugehörigkeit in Verbindung gebracht. Ungleichheit der Lebenschancen resultiert demzufolge aus der Verknüpfung von Unterschieden der sozialen Herkunft, der Bildung, der Berufsposition, der Einkommen und der Wohnverhältnisse. Diese kumulierenden Ungleichheiten bewirken auch Ungleichheiten der Sozialisationsbedingungen, so daß häufig von einer ‚Vererbung sozialer Ungleichheit' aufgrund der mit der Schichtzugehörigkeit der Herkunftsfamilie gegebenen sozialen Plazierung gesprochen wurde.

Zahlreiche Untersuchungen zeigen, daß in den letzten Jahrzehnten die Festigkeit der Schichtunterschiede abgenommen hat, d.h. der Zusammenhang zwischen sozialer Herkunft, Bildung, Berufs-, Einkommens- und Wohnverhältnissen hat sich gelockert und die statusmäßige Mobilität zwischen den Generationen vergrößert. Insofern haben die Kategorien von Stand und Klasse ihre problemaufschließende Funktion weitgehend eingebüßt.[179] Ob man statt dessen von einer Individualisierung der Lebenslagen sprechen soll, scheint allerdings fraglich, denn nach wie vor lassen sich bestimmte soziale Eigenschaften namhaft machen, die in ihrer Kombination bevorzugte und benachteiligte soziale Lagen strukturieren, denen bestimmte Lebensstile entsprechen, welche ihrerseits unterschiedliche und z.T. kontroverse gesellschaftliche Anerkennung erfahren.[180] Nur die Kombinationsmöglichkeiten sind vielfältiger geworden, sie lassen sich – abgesehen von den Extremen der Oberschicht und der unteren Unterschicht – nicht mehr eindimensional nach höherem oder niedrigerem Status abbilden. Charakteristisch ist eine *multidimensionale Statusdifferenzierung*, die – mit Bezug auf herkömmliche Schichtungsvorstellungen – in den zahlreichsten mittleren Bevölkerungsschichten ein hohes Maß an Statusinkonsistenz vermuten läßt.[181]

Die Aufweichung oder Verflüssigung der Schichtgrenzen ist zum einen zweifellos von gesamtgesellschaftlichen Veränderungen, z. B. dem Bedeutungsverlust von Berufshierarchien, der Nivellierung von Einkommen und der Bildungsexpansion ausgelöst worden. Ein wesentliches, in diesem Zusammenhang selten erwähntes Moment stellt jedoch auch die zunehmende Qualifizierung der Frauen und das Selbstverständlichwerden ihrer Erwerbsbeteiligung dar. Die herkömmlichen Schichtungsmodelle benutzten mit großer Selbstverständlichkeit die Position des Vaters als zentralen Indikator,[182] und eben diese wird dadurch stark relativiert. Unsere eigenen Untersuchungen des Partnerwahlverhaltens junger Frauen zeigen, daß heute in der überwiegenden Zahl aller Fälle (59%) beide Partner dasselbe Bildungsniveau erreicht haben, nur noch ein knappes Viertel der Männer hat ein höheres Bildungsniveau, in 17% aller Fälle verfügen die Frauen über mehr Schulbildung. Noch ausgeprägter ist der Statuszuwachs der Frauen bei der Berufsposition: Hier hat ein Viertel aller Frauen bereits einen höheren Status als ihr Partner erreicht.[183]

Der soziale Status einer Familie resultiert heute also zunehmend aus dem kombinierten Status beider Ehepartner; dabei sind Bildung und Einkommen heute die beiden zentralen Variablen. Während Bildung als ein für allemal erworbene Variable durch den Prozeß der Familienentwicklung nicht direkt berührt wird, sind dagegen die Einkommensverhältnisse in zunehmendem Maße von der Kinderzahl abhängig. *Die Zahl der Kinder entwickelt sich in jüngerer Zeit zunehmend zu einem zentralen Element sozialer Ungleichheit.*

4.6.1 Einkommensverhältnisse

Diese These mag zunächst überraschen, denn daß Kinder eine finanzielle Belastung darstellen, ist seit dem Verbot der Kinderarbeit und der Einführung der allgemeinen Schulpflicht selbstverständlich. Es lassen sich jedoch eine Reihe von Entwicklungstendenzen namhaft machen, welche in ihrem Zusammenwirken die These von der *zunehmenden* ökonomischen Benachteiligung der Haushalte durch Kinder plausibel machen:

1. Auch wenn man annimmt, daß sich die Aufwendungen pro Jahr und Kind nicht stärker als die durchschnittlichen Einkommen erhöht haben, eine eher konservative Annahme, so steigen die Aufwendungen der Eltern pro Kind mit *zunehmender Ausbildungsdauer* an. Während Anfang der fünfziger Jahre über 80% aller Kinder mit 15 Jahren das Schulsystem verlassen hatten, waren es 1975 nur noch ca. 30%. Es scheint nicht unrealistisch, von einer Verlängerung der durchschnittlichen Ausbildungsdauer um ca. 4 Jahre in den letzten drei Jahrzehnten auszugehen, was die Zeit der finanziellen Abhängigkeit um mehr als ein Viertel erhöht.[184]

Abbildung 14: Monatliche Haushaltsnettoeinkommen nach dem Alter des Haushaltsvorstandes und dem Vorhandensein bzw. Nichtvorhandensein von Kindern

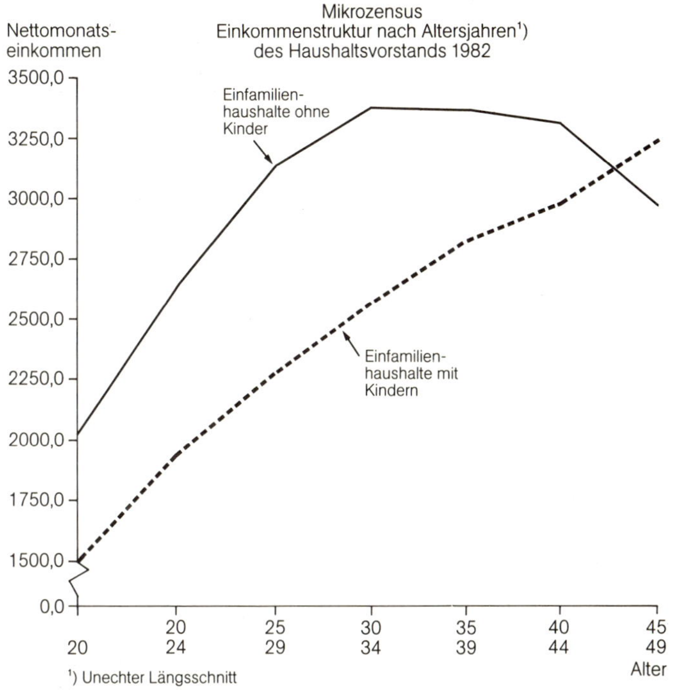

Quelle: Statistisches Landesamt Baden-Württemberg (Hrsg.) Ökonomische Rahmenbedingungen der Familien. Materialien und Berichte der familienwissenschaftlichen Forschungsstelle, Heft 15, Stuttgart 1986, S. 30

2. In dem Maße, indem die weibliche Erwerbstätigkeit vor und in der kinderlosen Ehe selbstverständlich wird, und eben dies hat sich in den letzten Jahrzehnten ereignet, *wird das zusammengefaßte Haushaltseinkommen beider Partner zum Normalfall und damit zur Basis des ,Familienkalküls'.* Der vollständige oder teilweise Verzicht eines der beiden Partner auf Erwerbsarbeit zugunsten von ,Familienarbeit', wie er sich mit der Ankunft von Kindern nahezu zwangsläufig ergibt, schlägt sich als Reduzierung des Haushaltseinkommens nieder. Dies verdeutlicht zunächst Abbildung 14 unter Betonung der familienzyklischen Komponente: Familienhaushalte ohne Kinder weisen vor allem in der Altersgruppe der für die Kinderzahl und die Qualität der Kindererziehung entscheidenden ,jungen Familien' einen deutlichen Einkommensvorsprung von ca. einem Drittel auf, der sich erst in einer späteren Lebensphase – vermutlich im Zusammenhang mit dem Wiedereintritt der Frauen ins Erwerbsle-

Tabelle 12: Monatliches Haushaltsnettoeinkommen (Median) in DM von Ehepaaren nach der Zahl der ledigen Kinder unter 18 Jahren und Alter des Haushaltsvorstandes, Baden-Württemberg 1986

		Darunter Haushaltsvorstände im Alter von ... bis unter ... Jahren			
Zahl der Kinder	Insgesamt	unter 25	25–35	35–45	45–55
0	2725	2779	3402	4051	3127
1	3332	2287	2774	3509	3838
2	3205	(.)*	2725	3377	3712
3	3295	(.)	2763	3485	3700
4 und mehr	2946	(.)	2618	3206	3167

* zu geringe Besetzungszahlen
Quelle: Mikrozensus 1986, nach M. Wingen/I. Cornelius. Einkommenssituation und Konsumverhalten, a. a. O. S. 246

ben, möglicherweise auch schon mit einem Beitrag der ins Erwerbsleben getretenen Kinder – auflöst.

Ein differenzierteres Bild vermittelt Tabelle 12: Hier zeigt sich, daß mit Ausnahme der Altersgruppe der 45–55jährigen das verfügbare monatliche Haushaltsnettoeinkommen seiner absoluten Höhe nach mit zunehmender Kinderzahl sinkt. *Dies bedeutet, daß die Gesamtheit der staatlichen Transferleistungen und Steuervergünstigungen nicht einmal ausreicht, um den Einkommensverlust auszugleichen, der aus der erforderlich werdenden Reduktion der Erwerbsbeteiligung der Eltern resultiert.*[185]

Tabelle 13: Die Reduktion des Pro-Kopf-Einkommens mit zunehmender Kinderzahl nach dem Alter des Haushaltsvorstands

			Darunter Haushaltsvorstände im Alter von ... bis unter ... Jahren							
Zahl der Kinder	Insgesamt		unter 25		25–35		35–45		45–55	
	DM	Index	DM	Index	DM	Index	DM	Index	DM	Index
0	1362	100	1389	100	1701	100	2025	100	1563	100
1	1281	94,0	879	63,3	1066	62,7	1349	66,6	1476	94,4
2	1001	73,5	(.)	(.)	851	50,0	1055	52,0	1160	74,2
3	867	63,7	(.)	(.)	727	42,8	917	45,3	973	62,2
4 und mehr	669	49,1	(.)	(.)	595	35,0	728	36,0	719	46,0

Quelle: Umrechnung aus Tabelle 12.

Wie gravierend die relative ökonomische Benachteiligung durch Kinder ist, wird jedoch erst deutlich, wenn wir die Unterschiede des Pro-Kopf-Einkommens berechnen. Dieses zeigt Tabelle 13 unter der eher vorsichtigen Annahme, daß der Bedarf eines Kindes im Durchschnitt 60% desjenigen eines Erwachsenen beträgt. In allen Altersstufen des Haushaltsvorstands sinkt das Pro-Kopf-Einkommen drastisch ab, besonders jedoch in den jüngeren Altersgruppen. Hier erreicht eine Zwei-Kinder-Familie nicht einmal die Hälfte des Pro-Kopf-Einkommens eines entsprechenden kinderlosen Ehepaares.[186]

3. Die Entwicklung der staatlichen Transferleistungen für die Familie hat im Zeitablauf mit der allgemeinen Einkommensentwicklung nicht Schritt gehalten. Wie Tabelle 14 zeigt, ist der ‚Wert' des Familienlastenausgleichs (als Summe von Kindergeld und Steuerfreibeträgen) im Vergleich zu anderen Einkommensgrößen überwiegend gesunken; die Steuerreformen seit 1986 haben immerhin eine gewisse Verminderung des Rückstandes bewirkt. Allerdings bleibt die Anpassung des Familienlastenausgleichs stets auf neue gesetzgeberische Maßnahmen angewiesen, es fehlt an einer Bindung des Familienlastenausgleichs an die Einkommensentwicklung wie z. B. in der Renten- und Arbeitslosenversicherung. Das Kindergeld ist immer wieder als Bestandteil der finanzpolitischen Manövriermasse betrachtet worden und hat mit der Einkommensentwicklung nicht Schritt gehalten.

Hinzu kommt, daß der Familienlastenausgleich verteilungspolitisch ungünstig ausgestaltet ist. Die wichtigste Form der Steuererleichterung, nämlich das Ehegattensplitting, ist von der Kinderzahl unabhängig und begünstigt die kinderlosen Hausfrauenehen am stärksten. Der Anteil des Familienlastenausgleichs bei der Deckung der Kinderkosten, welcher derzeit im Durchschnitt ein Drittel beträgt – d. h. zwei Drittel der Kinderkosten sind von den Eltern zu tragen[187] – variiert je nach Höhe des Haushaltseinkommens und nach der Kinderzahl. Eine detaillierte Wirkungsanalyse hat gezeigt, daß der Deckungsanteil des Familienlastenausgleichs zwar mit der Kinderzahl steigt, nicht jedoch mit sinkendem Einkommen; *die niedrigen Einkommensschichten profitieren vom Familienlastenausgleich also weniger als die höheren.*[188] Ähnliches gilt für die Wohnungspolitik: Beim Wohngeld werden die Aufwendungen für den Unterhalt von Kindern und der mit steigender Kinderzahl steigende Wohnraumbedarf nicht ausreichend berücksichtigt; zudem hat seine Erhöhung mit der Einkommensentwicklung und erst recht mit der Entwicklung der Mietniveaus nicht Schritt gehalten. Was die steuerliche Förderung von Wohneigentum betrifft, das für kinderreiche Familien von besonderer Bedeutung ist, so kommt diese nur solchen Familien zugute, die überhaupt steuerpflichtig sind, und hierfür braucht es bei steigender Kinderzahl ein um so höheres Einkommen. Die steuerliche Entlastung wächst

Tabelle 14: Die Entwicklung des Familienlastenausgleichs für Einkommen in der Proportionalzone des Steuertarifs, 1960–1992 (Monatswerte)

A. Entwicklung des Kindergeldes[1]

	1954	1959	1961	1964	1971	1975	1979	1981	1982	1986	1990	1992
1. Kind	–	–	–	–	–	50,–	50,–	50,–	50,–	50,–	50,–	70,–
2. Kind	–	–	25,–	25,–	25,–	70,–	100,–	120,–	100,–	100,–	130,–	130,–
3. Kind	25,0	40,–	40,–	50,–	60,–	120,–	195,–	240,–	220,–	220,–	220,–	220,–
4. Kind	25,–	40,–	40,–	60,–	60,–	120,–	195,–	240,–	220,–	240,–	240,–	240,–
5. Kind	25,–	40,–	40,–	70,–	70,–	120,–	195,–	240,–	240,–	240,–	240,–	240,–

seit 1985 wird ein Kindergeldzuschlag in Höhe unterstehender Steuerermäßigung gezahlt, wenn der seit 1982 wieder eingeführte Steuerfreibetrag nicht voll ausgenutzt werden kann

B. Entwicklung der Steuerermäßigung[2]

	1960	1965	1970	1975	1980	1985	1986	1990	1992
1. Kind	15,–	19,–	19,–	–	–	8,–	46,–	48,–	65,–
2. Kind	28,–	26,60	26,60	–	–	8,–	46,–	48,–	65,–
3. Kind	30,–	28,50	28,50	–	–	8,–	46,–	48,–	65,–
4. Kind	30,–	28,50	28,50	–	–	8,–	46,–	48,–	65,–
5. Kind	30,–	28,50	28,50	–	–	8,–	46,–	48,–	65,–

C. Vergleich der Summe von Kindergeld[1] *und Steuerermäßigung*[2] *bei unterschiedlicher Kinderzahl mit der Entwicklung anderer Einkommensgrößen (1965 = 100)*

	1960	1965	1970	1975	1980	1985	1986	1990	1992
A									
1 Kind	78,9	100,0	100,0	263,2	263,2	305,3	505,3	518,8	710,5
2 Kinder	38,4	100,0	100,0	169,0	211,3	233,8	340,8	391,0	467,4
3 Kinder	65,8	100,0	100,0	161,1	231,5	264,4	340,9	364,9	412,5
4 Kinder	64,3	100,0	100,0	151,3	226,9	261,3	333,6	350,1	387,2
B	87,7	100,0	112,2	151,2	184,2	222,8	222,2	239,3	258,4
C	66,3	100,0	144,2	236,5	319,8	382,8	397,3	464,5	508,3
D		100,0	157,2	243,1	324,6	400,1	412,4	476,9	508,3

A: Index der Summe von Kindergeld[1] und Kinderfreibetrag[2]
B: Preisindex für Privathaushalte
C: Index der Bruttoeinkommen aller Versicherten
D: Index der durchschnittlichen Versichertenrente (Arbeiterrentenversicherung)

[1] Ohne Berücksichtigung evtl. Einkommensgrenzen.

[2] Anhand der in § 32 EStG ausgewiesenen Kinderfreibeträge wurde der Steuerbetrag innerhalb der unteren Proportionalzone (= niedrigster Steuersatz) berechnet und durch 12 geteilt.

Quelle: K. Lüscher u. F. Schultheis: Familienpolitische Maßnahmen und Einrichtungen im Südwesten Baden-Württembergs, Wiesbaden 1987; Statistisches Taschenbuch 1987; StBA, Fachserie 17, Reihe 7, H. 3 (1989); StBA: Statistisches Jahrbuch 1993; Kommentare zum Einkommenssteuergesetz; eigene Berechnungen.

zudem mit dem Einkommen überproportional.[189] Schließlich sollte nicht übersehen werden, daß die wiederholt vorgenommenen Reduktionen des Einkommenssteuertarifs bei mehr oder weniger paralleler Aufstockung der Mehrwertsteuer ebenfalls dazu beigetragen haben, die Steuerbelastung der Familien mit Kindern relativ zu erhöhen, und zwar infolge der regressiven Wirkung der Mehrwertsteuer vor allem bei den einkommensschwachen Familien.

4. Auch die allerdings von einer Vielzahl unkontrollierbarer Faktoren mit abhängige Untersuchung der allgemeinen Einkommensentwicklung nach dem Familienstand erbringt gleichsinnige Ergebnisse: Die bereits zitierte Studie des Statistischen Landesamtes Baden-Württemberg stellt zusammenfassend fest, „daß sich die Einkommenslage von Familien mit Kindern gegenüber kinderlosen Ehepaaren in keiner der hier ausgewählten Lebensphasen seit 1972 entscheidend verbessert, teilweise sogar relativ verschlechtert hat".[190] In unserer eigenen Längsschnittuntersuchung konnten wir für *dieselben* Familien feststellen, daß bei einer durchschnittlichen Steigerung der Haushaltsnettoeinkommen zwischen der ersten (1981/2) und der dritten Befragungswelle (1986) um 28% das durchschnittliche Pro-Kopf-Einkommen bei den Ein-Kinder-Familien um 31%, bei den Zwei-Kinder-Familien um 28% und bei den Drei- und Mehr-Kinder-Familien nur um 20% zugenommen hat. Während im Jahre 1981/2 die Familien mit drei und mehr Kindern über ein Pro-Kopf-Einkommen von 67% desjenigen der Ein-Kinder-Familie verfügten, hat sich diese Relation bis 1986 auf 61% verschlechtert. Der Anteil der Familien unterhalb der nach Sozialhilfesätzen definierten Armutsgrenze hat sich im Beobachtungszeitraum für alle Familien von 6 auf 12% verdoppelt; besonders stark war die Zunahme bei den Familien mit nichterwerbstätigen Müttern und mehr als 3 Kindern, nämlich von 17 auf 29%.[191]

Insgesamt läßt sich also festhalten, daß – bezogen auf den Durchschnitt aller Familien – *mit der Übernahme der Erziehungsverantwortung für zwei Kinder heute für viele Jahre eine durchschnittliche Wohlstandseinbuße von ca. 50% verbunden ist* und daß vieles dafür spricht, daß die relative Benachteiligung der Familien mit Kindern sich in den letzten Jahren vergrößert hat. Zwar haben natürlich auch die Familien mit Kindern an der allgemeinen Einkommensentwicklung partizipiert, aber mutmaßlich in geringerem Maße als die Kinderlosen. *Mit jedem zusätzlichen Kind ergibt sich eine doppelte, scherenartige Verschlechterung der ökonomischen Familienhaushalte: einerseits zunehmende Kosten, andererseits sinkende Arbeitseinkommen.* Steuervergünstigungen und Transfereinkommen vermögen diese Einkommensverluste nur unzureichend und mit sinkendem Wirkungsgrad auszugleichen.

Eine ökonomisch besonders benachteiligte Gruppe stellen die *alleinerziehenden Mütter* dar. Während alleinerziehende Väter überwiegend ihre

Erwerbstätigkeit beibehalten, leben laut Mikrozensus 1985 rund ein Drittel der alleinlebenden Mütter an oder unterhalb der Sozialhilfeschwelle. Die Möglichkeiten der Vereinbarkeit von Erwerbstätigkeit und Elternverantwortung sind hier besonders beschränkt.[192]

4.6.2 Arbeitslosigkeit

Neben dieser in solchem Ausmaße neuen Form sozialer Ungleichheit, die sich aus der unterschiedlichen Kinderzahl ergibt, dürfen die klassischen Formen sozialer Ungleichheit aufgrund unterschiedlicher Erwerbschancen natürlich nicht übersehen werden. Der starke Anstieg der Arbeitslosigkeit im letzten Jahrzehnt hat diesen Tatbestand zu einem dominierenden Armutsfaktor werden lassen.[193] Bedenklich erscheint in diesem Zusammenhang insbesondere der Umstand, *daß von der Massenarbeitslosigkeit der letzten Jahre anscheinend überproportional viele Familien mit jüngeren Kindern betroffen sind.* Arbeitslosigkeit ist ein besonders gravierender Faktor sozialer Benachteiligung, der sich auf die kindliche Entwicklung nicht nur wegen der damit verbundenen ökonomischen Einschränkungen, sondern auch wegen besonderer psychischer Belastungen der Eltern auswirkt. „Nach den Erhebungen der Arbeitsämter hatten Ende September 1984 insgesamt 1,296 Mio. Kinder und Jugendliche einen arbeitslosen Elternteil, das sind im Durchschnitt 6,7% aller im Haushalt der Eltern lebenden Kinder. Am häufigsten sind Kinder unter 6 Jahren betroffen, von denen rd. 381000 oder 11% einen arbeitslosen Vater oder eine arbeitslose Mutter haben. Dies liegt, sofern man die durchschnittliche Arbeitslosenquote als Bezugsgröße nimmt, über dem Erwartungswert (Arbeitslosenquote Ende September 1984 8,6%). Dieser Anteil geht mit steigendem Alter der Kinder zurück, was jedoch möglicherweise auf die statistische Untererfassung bei älteren Kindern zurückzuführen ist."[194] Das Gewicht dieser Feststellungen wird durch die Überlegung noch schwerwiegender, daß Familien mit Kleinkindern am wenigsten die Möglichkeit doppelter Erwerbstätigkeit offensteht. Dies ist jedoch der beste Schutz gegen das Verarmungsrisiko. Auch unter Berücksichtigung der familialen Umständen Rechnung tragenden Sozialhilfe zeigt sich, „daß ein mit zunehmender Familiengröße steigender Einkommensbedarf die Gefahr der Verarmung bei Arbeitslosigkeit beträchtlich erhöht."[195] Auch aus den neuen Bundesländern wird berichtet, daß Arbeitslosigkeit in Haushalten mit Kindern häufiger auftritt als in Haushalten ohne Kinder und daß Alleinerziehende überproportional betroffen sind.[195a]

Über die Auswirkungen der Arbeitslosigkeit auf die Familie gibt es viele Mutmaßungen, aber kaum präzise Untersuchungen.[196] Alle Anzeichen deuten jedoch darauf hin, daß die Arbeitslosigkeit des Haushaltsvorstands neben der Ehescheidung den stärksten Einzelstressor des Familienlebens darstellt. Angesichts des Umstandes, daß familialer Stress alle Familienmitglieder betrifft und beim Überschreiten der individuellen Toleranzwerte zu krisenhaften Entwicklungen tendiert, muß die Situation von Kindern in Familien Arbeitsloser als besonders belastend bezeichnet werden. Allerdings sind hier Differenzierungen erforderlich: Zum mindesten in den alten Bundesländern scheint Arbeitslosigkeit des Mannes die Familien situativ stärker zu belasten als diejenige der Frau, und dies insbesondere dann, wenn die Frau nicht erwerbstätig ist. Dabei wird nicht nur ein Effekt größerer ökonomischer Belastung vermutet, sondern „je ‚enger' der Kontakt zur Partnerin ist, desto eher lassen die Angaben der Arbeitslosen auf eine höhere Belastung schließen."[197] Arbeitslosigkeit scheint auch für Personen, die aus einer bisher stabilen Erwerbskarriere herausgefallen sind, besonders belastend und dauerhaft, während es andererseits auch durchaus eine Gewöhnung an instabile Beschäftigungsverhältnisse zu geben scheint, die unter Frauen verbreiteter sind.[198] Noch wenig untersucht sind die Strategien, mit denen Familien die ökonomischen Einschränkungen zu verarbeiten suchen. Neben monetären Strategien verdient dabei insbesondere die Frage der Aktivierung von Netzwerkressourcen (und die durch Arbeitslosigkeit ausgelöste Veränderung von Netzwerken) Beachtung.[199]

Gravierend erscheint dabei, daß kinderreiche Familien unter den Langfristarbeitslosen besonders häufig sind. Hier kumulieren ökonomische und psychische Benachteiligungen in bedrückendster Weise, doch bleibt dies angesichts der vorherrschenden depressiven und damit sich abschließenden Tendenzen in diesen Familien weitgehend unbekannt.[200]

4.6.3 Wohnverhältnisse

Unter den vielen Dimensionen sozialer Benachteiligung sei hier lediglich noch die Wohnungsversorgung herausgegriffen, da die Wohnung von besonderer Bedeutung für das Familienleben und die Entwicklungsbedingungen von Kindern ist.[201] Überdies ist dieser Bereich vergleichsweise gut dokumentiert.[202]

Die Wohnungsversorgung von Familien ist nicht ausschließlich von den Einkommensverhältnissen, sondern in erheblichem Umfange vom Wohnort und der Wohnform abhängig. Die Programme des Miet- und Eigentumswohnungsbaus sind ganz überwiegend auf die Bedürfnisse der Erwachsenen ausgerichtet. Dabei hat sich zwar der verfügbare durchschnittliche Wohnraum in den letzten Jahrzehnten erhöht, aber zumeist unter gleichzeitiger Spezialisierung der Raumnutzungen und bei besonders kleinräumigem Zuschnitt der Kinderzimmer. *Vor allem für Familien mit mehreren Kindern werden nur selten geeignete Wohnungen gebaut.*

Unabhängig davon, ob zur Miete oder zu Eigentum, erscheint das Ein- bzw. Zweifamilienhaus als die geeignetste Wohnform für Familien mit Kindern.

Insgesamt haben sich die Wohnverhältnisse in den letzten Jahrzehnten zweifellos verbessert. Nach der Wohnungsstichprobe von 1950 betrug die durchschnittliche Wohnungsgröße 57 qm, 1982 schon 82 qm. Von dieser Entwicklung haben allerdings nicht alle Bevölkerungsgruppen gleich profitiert. „Nach der Kinderzahl ist festzustellen, daß an der allgemeinen Verbesserung der Wohnsituation die kinderreichen Familien – vor allem dann, wenn sie zur Unterschicht gehören – nur geringfügig partizipiert haben. Insbesondere kinderreiche Familien der Unterschicht wohnen häufig in Wohnungen, die nach den heute geltenden Mindestanforderungen sowohl im Hinblick auf Größe, Anzahl der Räume als auch Ausstattung der Räume nicht mehr akzeptabel sind.“[203] Nach dem Mikrozensus 1985 stehen „4,7 Millionen Haushalte, die vier und mehr Personen umfassen, einem Realbestand von lediglich 3,95 Millionen Wohnungen gegenüber, deren Wohnfläche 120 m^2 und mehr beträgt.“[204] Zwischen 1987 und 1992 hat sich in den alten Bundesländern das Ungleichgewicht auf den Wohnungsmärkten wieder verstärkt, da einer Zunahme der Privathaushalte um 2 Millionen eine Erhöhung der Wohnungszahl um nur 0,9 Millionen gegenübersteht. Noch wesentlich ungünstiger ist insgesamt die Wohnungsversorgung in den neuen Bundesländern, da der Baubestand überaltert und Neubauten überwiegend in Plattenbauweise erstellt sind. Zwar dürfte zum Zeitpunkt der Vereinigung die relative Benachteiligung von Familien mit Kindern geringer gewesen sein als in den alten Bundesländern, doch ist infolge der Mietpreissteigerungen und der Entstehung eines Wohnungsmarktes mit einer Verdrängung finanziell und sozial schwacher Gruppen zu rechnen.[205]

Eine allerdings schon ältere Untersuchung zeigt starke Unterschiede der Wohnversorgung nach der Kinderzahl: Aufgrund der Wohnungsstichprobe 1972 erwiesen sich nur 4% der kinderlosen Ehepaare wohnungsmäßig unterversorgt, dagegen 18% der Ehepaare mit einem Kind, 46% der Ehepaare mit zwei Kindern, 66% der Ehepaare mit drei Kindern und 73% der Familien mit vier und mehr Kindern.[206] Erschwerte Wohnbedingungen lassen sich insbesondere auch bei den alleinerziehenden Eltern beobachten, deren Anteil in den letzten Jahren stark zugenommen hat.[207] Der *Fünfte Familienbericht* bestätigt anhand neuester Daten die starken Versorgungsdifferenzen in Abhängigkeit von der Kinderzahl: „Während bei den rund 11,5 Millionen Hauptmieterhaushalten mit ein bis drei Personen ohne Personen unter 18 Jahren die Wohnfläche pro Person 41,02 m^2 betrug, belief sie sich bei den Vierpersonenhaushalten mit zwei Personen unter 18 Jahren auf 22,06 m^2 und bei den Fünfpersonenhaushalten mit drei Personen unter 18 Jahren auf 18,43 m^2. Die entsprechenden Relationen für die rund 5,7 Millionen Eigentümerhaushalte lauten: 49,73 m^2, 30,96 m^2 und 26,70 m^2. ... Als Problemgruppen des Wohnungsmarktes sind nach wie vor einkommensschwache junge Familien, einkommensschwache kinderreiche Familien und Alleinerziehende anzusehen."[208]

Soweit es die Einkommensverhältnisse erlauben, scheinen allerdings Familien erhebliche Anstrengungen zu unternehmen, ihre Wohnverhältnisse zu verbessern. So zeigt die Längsschnittstudie des Bundesinstituts für Bevölkerungsforschung, daß schon nach dreijähriger Ehedauer fast die Hälfte der befragten Familien in einem Ein- oder Zweifamilienhaus wohnt, und fünf Jahre später bereits zwei Drittel. Hierunter sind die Familien mit zwei und drei Kindern überproportional vertreten; bei einer größeren Kinderzahl geht der Anteil allerdings stark zurück, so daß hier noch besondere Notlagen zu vermuten sind.[209]

Zusammenfassend ist festzuhalten, *daß sich der Wohlstandszuwachs der letzten Jahrzehnte zwar auch auf die Lebenslage der meisten Familien mit mehreren Kindern positiv ausgewirkt hat, aber in geringerem Maße als auf die Lebenslage kinderloser und kinderarmer Haushalte.* Vor allem die kinderreichen Familien der Unterschicht blieben eine Problemgruppe. Zudem hat die Stagnation des Wirtschaftswachstums zwischen 1975 und 1985 und seit 1992 die Erwerbschancen der nachwachsenden Generation erheblich beeinträchtigt, und die zunehmende Wohnungsnot der letzten Jahre dürfte junge Menschen, auch junge Familien, am härtesten treffen. Inwieweit familiale Desorganisationstendenzen hierdurch begünstigt wurden, kann nur vermutet werden.[210] Auf jeden Fall wurde ein überdurchschnittlicher Anteil von Haushalten mit jüngeren Kindern von Arbeitslosigkeit betroffen, und der Anteil der Haushalte mit Kindern an den Sozialhilfeempfängern hat stark zugenommen. Darunter sind alleinerziehende Frauen überproportional vertreten.[211]

5 Perspektiven der Familienförderung

5.1 Zur gesellschaftstheoretischen Deutung des familialen Wandels

In der gegenwärtigen wissenschaftlichen und populärwissenschaftlichen Diskussion zu Familienfragen finden sich zahlreiche Deutungen der hinsichtlich der letzten Jahrzehnte skizzierten Entwicklungstendenzen. Die wichtigsten Metaphern sind „Individualisierung", „Pluralisierung", „Deinstitutionalisierung" und „Postmoderne".[1] Derartige Etikettierungen erklären allerdings nichts, solange sie nicht in stringenter Weise bestimmte gesamtgesellschaftliche Entwicklungen mit beobachtbaren familialen Veränderungen verknüpfen.

Nahezu alle Kommentatoren sind sich darin einig, daß sich ein *Strukturbruch* im Prozeß der neuzeitlichen Entwicklung etwa in den 60er Jahren dieses Jahrhunderts ereignet habe, der z. B. als Übergang von einer ‚halbierten' zu einer ‚entfalteten' Moderne oder als Übergang von der Moderne zur Postmoderne beschrieben wird. Ohne in diese vielfältigen Diskussionen hier einzutreten, welche die Gesellschaftsdiagnose im ganzen betreffen, läßt sich festhalten, daß die These eines Strukturbruchs im Prozeß der Modernisierung mit Bezug auf die Bereiche von Religion und Familie und damit auch hinsichtlich der individuellen Lebensführung plausibel ist. Dagegen kann im Hinblick auf die Entwicklung von Technik, Wirtschaft und Politik wie auch mit Bezug auf die Differenzierungs- und Erweiterungsprozesse der Gesamtgesellschaft eher von einer *kontinuierlichen Dynamik* gesprochen werden, welche die Modernisierungsprozesse seit ihren Anfängen charakterisiert.

Die Sonderstellung von Familie und Religion im Prozeß der *deutschen* Modernisierung – es lassen sich hier durchaus charakteristische nationale Unterschiede beobachten – ist auf eine vor allem für den Katholizismus charakteristische ‚reaktive Milieubildung' zurückzuführen, aber es haben sich im 19. Jahrhundert in Deutschland auch andere sozial-moralische Milieus konservativer, liberaler und sozialistischer Prägung gebildet, die für Trägerschichten in bestimmten Soziallagen charakteristisch waren.[2]

Die Funktion dieser gleichermaßen durch ähnliche lebensweltliche Erfahrungsbedingungen und durch ähnliche weltanschauliche Einstellungen gekennzeichneten Milieus war es, angesichts der desorientierenden Dynamik von Industrialisierung, Verstädterung und Demokratisierung Muster der Lebensführung zu vermitteln, die sich bald zu Traditionen verfestigten. Gesamtgesellschaftlich ist für die deutsche Entwicklung im

19. Jahrhundert eine zunächst durch die Romantik ausgelöste starke Institutionalisierung von Familie und Religion charakteristisch, wobei zum mindesten in den konfessionellen Milieus religiös legitimierte Leitbilder des Familienlebens entstanden. *Ehe und Familie gehörten – wenngleich im einzelnen unterschiedlich gedeutet – zu den zentralen Elementen aller sozialmoralischen Milieus.*

In der Restaurationsphase nach dem Zweiten Weltkrieg in der Bundesrepublik setzte sich zunächst eine christlich-bürgerliche Ehemoral als Amalgam katholischer und evangelisch-bürgerlicher Auffassungen durch, welche in Verbindung mit den positiven Familienerfahrungen in der Zusammenbruchszeit am Ende des Zweiten Weltkrieges zu einer „Hochzeit der Hochzeiten" geführt hat, „eine beispiellose Heiratsfreudigkeit... Den Statistiken zufolge haben über 90% der Bevölkerung wenigstens einmal im Leben geheiratet und wurden über 90% aller Kinder ehelich geboren."[3]

Die gegenwärtigen Pluralisierungsprozesse der privaten Lebensformen heben sich vor dieser Folie einer besonders einheitlichen „Normalbiographie" oder „Standardisierung der Lebensverläufe" ab und haben zu dramatisierenden Interpretationen eines Verfalls der Familie geführt: „Die traditionelle Familie, die sich in unseren Gesellschaften zu einem universellen und quasi-natürlichen Phänomen entwickelt hat, befindet sich nicht einfach in einem Prozeß des Wandels, sondern ist dabei, sich aufzulösen."[4] Alle traditionellen Bindungen lösen sich auf, die Individuen werden auf sich selbst gestellt und können am leichtesten als allein auf sich selbst gestellte ‚Singles' oder allenfalls als in getrennten Haushalten lebende Paare („living apart together") mit den tendenziell überfordernden Ansprüchen einer hochmobilen Gesellschaft fertigwerden; wir befinden uns „auf dem Wege zur autistischen Gesellschaft".[5]

Vielfach wird auch die Individualisierungsthese so verstanden, als ob der Modernisierungsprozeß gleichsinnige Auswirkungen auf alle Individuen habe und sie in die Singularisierung treibe. Demgegenüber macht bereits *U. Beck* darauf aufmerksam, daß zwar „die Individuen ... innerhalb und außerhalb der Familie zum Akteur ihrer marktvermittelten Existenzsicherung und ihrer Biographieplanung und -organisation" werden, daß dies aber „mit einer hochgradigen Standardisierung" der individuellen Lebenslagen einhergeht, „sie sind nicht mehr nur private, sondern immer auch institutionelle Lagen."[6] Diese institutionellen Lagen sind hochgradig von Art und Richtung der Staatstätigkeit abhängig (vgl. 5.4).

Wenn wir uns über die gegenwärtige Lage der Familie und ihre Zukunftschancen in gesellschaftstheoretischer Perspektive vergewissern wollen, ist es erforderlich, die kulturellen und die strukturellen Bedingungen der sogenannten Individualisierung zu unterscheiden. Auf der *kulturellen Ebene* hat die zunehmende Erosion der erwähnten sozial-moralischen Milieus und die z. T. bewußt antitraditionalistische Emanzipation des gebildeteren Teils der jüngeren Generationen zu einer Liberalisierung der privaten Lebensbeziehungen und Lebensstile geführt, die von den einen als Befreiung zur Selbstverwirklichung, von den anderen als Überlastung mit Entscheidungszumutungen durch eine tendenziell anomische Situation interpretiert wird und auf jeden Fall zu einem Verlust an kulturell einheitlich vorgegebenen Lebensorientierungen geführt hat. Dies betrifft im wesentlichen die Ebene der öffentlichen Meinung; inwieweit dies auf die individuellen Lebensorientierungen durchschlägt, dürfte je nach sozialer Verankerung und Teilhabe an den Prozessen der öffentlichen Kommunikation verschieden sein. Insgesamt kann aber auf der kulturellen Ebene durchaus von einem „Monopolverlust der Familie" (*T. Meyer*) die Rede sein: Die Übernahme familialer Rollen ist heute kein obligatorisches Element eines allgemein verbindlichen kulturellen Lebensentwurfs mehr. Die Exklusivität einer familienzentrierten „Normalbiographie" hat es allerdings auch in früheren Zeiten nicht gegeben, welche z. B. unterschiedliche Leitbilder zölibatärer Lebensweisen kannten.[7] Allerdings kennen alle bisherigen Gesellschaften eine explizite Verwandschaftsordnung, die grundsätzlich allen Mitgliedern einer Gesellschaft bestimmte familiale Positionen zuweist.

In *struktureller Hinsicht* sind die Veränderungen weniger ausgeprägt. Die Rede von einer „Pluralisierung der familialen Lebensformen" überzeichnet die tatsächlichen statistischen Veränderungen im Bereich der Lebensformen *mit Kindern*. Zugenommen und sich diversifiziert haben insbesondere die *kinderlosen* privaten Lebensformen, aber ebenfalls in einer typisierbaren Bandbreite (vgl. Abb. 1, S. 26). Einen theoretisch und heuristisch fruchtbaren Systematisierungsvorschlag hat kürzlich *Thomas Meyer* vorgelegt, der zwischen kindorientierten, partnerschaftsorientierten und individualistisch orientierten privaten Lebensformen unterscheidet.[8] Diese Unterscheidung trägt einer zunehmenden Spannung zwischen Partnerschaft und Elternschaft Rechnung, die sich heute sowohl auf der institutionellen Ebene (z. B. Sorgerecht nach der Scheidung) als auch auf der Gruppenebene der Familien beobachten läßt.[9] Nach Meyer bedeuten die skizzierten Wandlungstendenzen also keinen Individualisierungs- oder konturenlosen Pluralisierungstrend, sondern eine neue Stufe des gesellschaftlichen Differenzierungsprozesses, eine Ausdifferenzierung der privaten Lebensformen in den Dimensionen der Verantwortung für Kinder, der partnerschaftlichen Beziehung und der primär an Selbstverwirklichung orientierten singulären Lebensweise. In dem Maße als das kinderlose Leben zu zweit und das Alleinleben auch kulturell als eigenständige Lebensformen anerkannt werden, wird deutlich, daß sich die kulturelle Pluralisierung der privaten Lebensformen im wesentlichen auf diese drei Strukturtypen reduziert.

Familie wird demzufolge zu einer wesentlich kindzentrierten Lebensform. Dem entspricht die wachsende Bedeutung des Normkomplexes Elternschaft im Vergleich zu demjenigen der Partnerschaft in den öffentlichen Familiendiskursen. Während die Deinstitutionalisierungsthese für die Ehe durchaus Plausibilität beanspruchen kann, wird man im 20. Jahrhundert von einer wachsenden Institutionalisierung der Elternschaft sprechen dürfen; sie kommt sowohl im Bedeutungszuwachs des Vaters (vgl. 4.5.1) als auch im Normkomplex der *verantworteten Elternschaft* zum Ausdruck (vgl. 3.2.2).

Offen scheint zunächst die Frage, inwieweit sich die kulturelle Stilisierung der Kindorientierung in Zukunft eher mit einer Paarorientierung oder derjenigen einer singulären Existenz verbindet, oder ob sich möglicherweise neue Leitbilder des Zusammenlebens mit Kindern herauskristallisieren, die nicht dem kernfamilialen Typus entsprechen, z. B. das Zusammenleben Gleichgeschlechtlicher mit ihren Kindern, Kinderdörfer, Wohngemeinschaften usw. Derartige ‚Alternativen zur Familie', ja selbst ‚alternative familiale Lebensformen' sind jedoch kaum in Sicht. Das Leitbild der monogamen Dauerbeziehung mit eigenen Kindern, das den Kern der europäischen Familienvorstellung ausmacht, wird nur von marginalen Positionen her in Frage gestellt. Es bildet nach wie vor die Norm, an der sich auch diejenigen orientieren, die – aus welchen Gründen auch immer – an der Realisierung dieses Leitbildes gehindert sind: Die Adoptiveltern, die wieder Heiratenden, die Geschiedenen und die nichtehelichen Lebensgemeinschaften mit Kindern. Wenn die Letzteren die Ehe als öffentliche Beglaubigung ihrer Beziehung ablehnen, so lassen doch die meisten unter ihnen die Ansprüche des Familienleitbildes auch im Hinblick auf ihre Beziehung gelten (vgl. 4.4.2). Unter Rückgriff auf die vortridentinische Ehelehre der katholischen Kirche kann man sich sogar fragen, inwieweit es sich hier nicht auch um Ehen handelt, falls der Wille zur dauerhaften Lebensgemeinschaft besteht. Der Konsens der Partner bildet den Kern der europäischen Eheauffassung, nicht die öffentliche Zertifizierung, welche erst der entstehende Staat – vornehmlich im eigenen Interesse – eingeführt hat. Auch die Mehrzahl der alleinerziehenden Eltern ist der Auffassung, daß ein Elternteil allein nicht allen Bedürfnissen seiner Kinder gerecht werden kann.[10] Alle Lebensformen mit Kindern in unserer Kultur, selbst die Pflegekinderarrangements und die Kinderdörfer, orientieren sich heute mehr denn je am familialen Vorbild.[11] In diesem Sinne kann von einem *intakten Familienleitbild* gesprochen werden, doch ist sogleich hinzuzufügen, daß die Verbindlichkeit dieses Leitbildes zurückgegangen ist, daß es sich *idealisiert* hat. Abweichungen vom Leitbild werden stärker geduldet, und es besteht eine gewisse Tendenz, insbesondere den Kindern daraus keine Nachteile erwachsen zu lassen. *Die tatsächlich zu beobachtende Pluralisierung familialer*

Lebensformen ist also nicht als Signal einer neuen Familienauffassung zu werten, sondern als Symptom für die zunehmenden Schwierigkeiten, dem nach wie vor gültigen Familienleitbild zu entsprechen.

Diese Schwierigkeiten wurden im vorangehenden skizziert. Sie sind in ihren leichter nachweisbaren Aspekten sachlicher Natur: Eltern sind im Konkurrenzkampf um Einkommen, Status, Wohnungs- und Freizeitchancen benachteiligt, und bei alleinerziehenden Eltern verschärfen sich die Probleme. Nicht weniger gravierend sind jedoch vermutlich die Folgen der kulturellen Veränderungen: Die Hierarchie der Verbindlichkeiten ist – insbesondere für die Frauen – unklarer geworden. Die gewachsene Berufsorientierung gerät in Konflikt mit der Familienorientierung,[12] die Belastung durch Kinder scheint die Partnerbeziehung in Frage zu stellen,[13] und insbesondere bringt der Niedergang der kulturellen Verbindlichkeit der Ehe und die allgemeine Liberalisierung der privaten Lebensformen ein hohes Maß an Entscheidungszumutungen mit sich. Man kann sich immer weniger an kollektiv verbindlichen Leitbildern und Handlungsmustern orientieren,[14] sondern darf und muß selbst sein Leben in die Hand nehmen und aus der Vielfalt der biographischen Möglichkeiten sich seinen Lebenslauf zurechtzimmern. Die langfristig festlegenden Optionen der Eheschließung und der Übernahme von Elternverantwortung werden angesichts der abnehmenden kulturellen Stützung und sozialen Anerkennung nahezu zwangsläufig weniger attraktiv.[15]

Es ist daher nicht verwunderlich, daß der Bevölkerungsanteil derer zunimmt, die nicht nur im Sinne einer verlängerten Postadoleszenz auf Eheschluß und Kinder verzichten, sondern – häufig ohne ausdrückliche Entscheidung – in den hinsichtlich ihres zeitlichen Bindungswertes weniger anspruchsvollen Lebensformen der kinderlosen Partnerschaft oder des Alleinlebens verharren bzw. zwischen ihnen pendeln. Das gilt insbesondere für die Teile der nachwachsenden Generationen mit höherer Schulbildung, während unter den weniger Gebildeten sich traditionale Familienverhältnisse leichter etablieren. Unter dem Gesichtspunkt privater Entscheidungen ist hierüber nicht zu befinden, unter *gesellschaftspolitischen Gesichtspunkten* ist damit jedoch ein Sachverhalt von höchster Brisanz angesprochen: In dem Maße, indem die Übernahme von Elternverantwortung nicht nur in ein späteres Lebensalter verschoben, sondern von einem wachsenden Bevölkerungsanteil dauerhaft unterlassen wird, entsteht eine *Polarisierung der Bevölkerung in diejenigen, die „in Familie investieren" und damit nachhaltig zur Humanvermögensbildung beitragen, und denjenigen, die darauf verzichten, aber gleichzeitig von der Humanvermögensbildung der anderen – z.B. über das Rentensystem – profitieren.*[16] Kinder geraten damit in die Situation eines „öffentlichen Gutes": Die Kosten der einen werden zu Nutzen der anderen, ohne daß diese – wegen ihrer

Nicht-Ausschließbarkeit – dafür bezahlen müssen. Wenn die Kinderlosigkeit von Jahrgang zu Jahrgang zunimmt (vgl. Tab. 3, S. 46) und bald ein Viertel aller Frauen kinderlos bleibt – bei den Männern läßt sich das leider nicht feststellen, aber der Anteil derer, die keine väterliche Verantwortung übernehmen, ist sicher noch größer – stellt sich mit Nachdruck die Frage, ob und mit welchen Mitteln es gelingen kann, dieser Entwicklung gegenzusteuern.

Den praktischen Aspekten dieser Frage sind die restlichen Abschnitte dieses Kapitels gewidmet. An dieser Stelle ist jedoch die gesellschaftstheoretische Argumentation zu vervollständigen. Wir haben oben (3.3) die Sicherung des Nachwuchses in quantitativer und qualitativer Hinsicht sowie die Stabilisierung der Solidarität zwischen den Generationen als die gesellschaftlichen Funktionen von Familie bestimmt, d. h. es handelt sich hier um unverzichtbare Leistungen der Familien für den Fortbestand einer Gesellschaft. Die besondere Fähigkeit der Familien zur Erfüllung dieser Leistungen resultiert aus der Verknüpfung von Fortpflanzung, Zuwendung, Pflege und Erziehung, welche ihrerseits durch Zusammenhalt und Anpassungsfähigkeit der Eltern ermöglicht wird und in der Regel eine lebenslange Solidarisierung von Eltern und Kindern bewirkt. Bis vor wenigen Jahrzehnten waren auch innerhalb der sich modernisierenden Gesellschaften diese Leistungen normativ selbstverständlich und faktisch gesichert, wobei die zu erbringende Arbeit im wesentlichen Frauensache blieb und nicht bezahlt wurde. Es war im wesentlichen der Zusammenhang der *Verwandtschaft,* welcher zusammen mit Religion und Recht diese gesellschaftlichen Leistungen sicherstellten. Sie beruhten auf einer bestimmten, d. h. polaren und komplementären Auffassung des Geschlechterverhältnisses, die weitgehend akzeptiert war. In differenzierungstheoretischer Perspektive können wir in diesem Zusammenhang von der Existenz eines ausdifferenzierten gesellschaftlichen Teilsystems „Familie" sprechen.

Gemäß den referierten Überlegungen von *Thomas Meyer* entwickelt sich dieses Teilsystem Familie heute zu einem „Teilsystem privater Lebensformen", unter denen die Familie nur noch eine Variante darstellt. Wenn von einem gesellschaftlichen Teilsystem privater Lebensformen die Rede ist, so stellt sich allerdings die Frage, was dessen gesellschaftliche Funktion ist, worin also die gemeinsame Leistung aller privaten Lebensformen besteht, die als für den Fortbestand der Gesellschaft unentbehrlich angesehen werden müssen. Meyer bestimmt diese im Anschluß an *Niklas Luhmann* als „Inklusion der Vollperson" und spricht von einem „Teilsystem für Intimbeziehungen", welche eben dies sollen leisten können. Und er fügt hinzu, dies sei „eine, wenn auch theoretisch sicherlich vage, dafür aber hinreichend kontingente Bestimmung, welche der komplexten Verfaßtheit des modernen Privatheitssystems entgegenkommt."[17] Ich habe an anderer Stelle auf die Inkonsistenzen hingewiesen, die Luhmanns Behandlung der Familienproblematik kennzeichnen und kann nicht erkennen, inwiefern diese Bestimmungen den gesellschaftstheoretischen Anforderungen an ein Teilsystem genügen sollen.[18] Von einer „Inklusion der Vollperson" mit Bezug auf singuläre Lebensformen zu sprechen, verbietet sich schon aufgrund der dort fehlenden Intimität; ob aber die im wesentlichen auf einer „Intensivierung seiner emotional-expressiven Funktion" beruhendes Paarsystem mit einem „eher befristete(n) Zeithorizont als charakteristische(m) Merkmal", das nicht für Notzeiten geschaffen ist, mehr als die Illusion einer Inklusion der Vollperson zu leisten vermag, müßte noch dargetan werden.

In gesellschaftstheoretischer Hinsicht erscheint die neuere deutsche familiensoziologische Diskussion in erstaunlichem Maße ‚verwandtschaftsblind'.[18a] Das zugrunde liegende Familienkonzept ist das populäre eines kernfamilialen Haushalts, und es ist vor allem die Diversifizierung der Verknüpfung von Haushaltsführung und Verwandtschaft, welche unter dem Stichwort einer Pluralisierung familialer Lebensformen diskutiert wird. Dabei steht zu vermuten, daß seit geraumer Zeit die Vorstellungen über Verwandtschaft in Bewegung geraten sind.

Aus soziologischer Sicht legt die Universalität von Verwandtschaftsordnungen die Vermutung nahe, daß dieser Normkomplex ein gesellschaftliches Strukturproblem löst. Verwandtschaft als Normkomplex legt fest, „wer wem nahesteht und umgekehrt, wer wem fern steht. Vor allem in lebenswichtigen Fragen darf es nicht dem Zufall überlassen bleiben, wer zu wem gehört, wer mit wem dauerhaft kooperiert, wer für wen da zu sein und zu sorgen hat. Vom Individuum her gesehen läßt es sich so formulieren: Wie läßt sich sicherstellen, daß dem einzelnen sozialen Wesen Mensch diejenigen Menschen, die er täglich und lebenslang braucht, verläßlich zur Seite stehen?"[18b] Dieses Problem wird in der neueren soziologischen Literatur als Netzwerkproblematik erkannt, aber nur selten mit der Verwandtschaftsproblematik in Beziehung gesetzt. Tatsächlich erweisen sich jedoch in allen einschlägigen Untersuchungen Verwandte als verläßlichste und vielschichtigste Hilfe- und Beziehungspartner, allerdings erscheinen die aktivierbaren Verwandtschaftsbeziehungen heute selektiver als früher. Als verbindlich gelten nur noch die Verwandten ersten Grades, aber auch entferntere Verwandte können eine wichtige Rolle spielen. Es wäre eine lohnende Forschungsperspektive, den gegenwärtigen familialen Wandel unter dem Gesichtspunkt sich ändernder Zuordungsregeln und Verwandtschaftsvorstellungen zu thematisieren. Aktuelle Forderungen nach einer Änderung sorgerechtlicher Regeln für unverheiratete oder geschiedene Väter sind z. B. typische Bemühungen um eine Änderung der Verwandtschaftsordnung. Will man Familie gesellschaftstheoretisch fassen, so erscheint auf jeden Fall die Unterscheidung „verwandt/nicht verwandt" als die grundlegende Differenz, welche soziale Orientierung in familialer Hinsicht ermöglicht.

Angesichts der skizzierten Entwicklungstendenzen muß man deshalb m. E. zum Schluß gelangen, daß entweder der Normkomplex Verwandtschaft und mit ihm der teilsystemische Charakter von Familie langsam erodiert – mit entsprechenden gesamtgesellschaftlichen Leistungsminderungen und unabsehbaren Konsequenzen – oder es gelingt, verwandtschaftliche Reziprozität und familiale Leistungen auf neue Weise zu institutionalisieren. Der Erforschung dieser zweiten Alternative ist der Rest dieses Buches gewidmet.

5.2 Ist der Familie zu helfen?

Zahlreiche Untersuchungen lassen erkennen, daß in Europa – auch in der Bundesrepublik – „ein glückliches Familienleben" zu den erstrebenswertesten Lebenszielen gehört. Hieran hat sich auch im Laufe der letzten Jahrzehnte wenig geändert: Auf die Frage „Glauben Sie, daß man eine Familie braucht, um wirklich glücklich zu sein – oder glauben Sie, man kann allein genauso glücklich leben?" wählten 1953 78% und 1979 73% die Antwort „Man braucht eine Familie". Die Antwortvorgabe „Allein kann man genauso glücklich leben" wählten 1953 14%, 1979 16% der Befragten.[19] Neuere Untersuchungen lassen ebenfalls erkennen, „daß im Gegensatz zu den Normen der Ehe die Leitbilder und Normen der Elternschaft in ihrer Bedeutung und Verbindlichkeit nicht nur nichts eingebüßt haben, sondern vermutlich eher noch verbindlicher geworden sind. Die Elternschaft ist kein mehr oder weniger zufälliges Ereignis, kein Unglücksfall nicht gelungener Verhütung, sondern unabhängig von religiöser, sozialer und politischer Herkunft ein gewolltes Ereignis. ... Obwohl die Elternschaft selbst zu einer Angelegenheit der freien Entscheidung – also zu einer Option – geworden ist, entscheiden sich erstaunlich viele Menschen in unserer Gesellschaft nicht gegen, sondern für die Elternschaft. Nur 8 Prozent der von uns befragten Frauen unter 35 Jahren und 9 Prozent der Männer in nicht-ehelichen Lebensgemeinschaften wollen kein Kind. Von den von uns befragten verheirateten jungen Paaren wollen nur 3 Prozent der Frauen und 4 Prozent der Männer kein Kind. Die Realisierung des Kinderwunsches, insbesondere die Frage wann, wieviele Kinder, in welcher zeitlichen Reihenfolge, konkurriert allerdings mit anderen Optionen. Vor allem den Zeitpunkt der Realisierung knüpft man an verschiedene Bedingungen."[20] Offensichtlich fällt es jedoch einem erheblichen Teil der jüngeren Generationen schwerer, sich diesen Wunsch zu erfüllen. Familiale Lebensformen sind in den letzten zwei Jahrzehnten weniger attraktiv (Rückgang der Heiratshäufigkeit), weniger stabil (Zunahme der Scheidungshäufigkeit) und weniger ‚produktiv' (Rückgang der Kinderzahl pro Ehe) geworden. Auch zeigen Untersuchungen zur Lebensqualität in der Bundesrepublik, daß Ehe und Familie zu den wenigen Dimensionen der Lebensqualität gehören, in denen sich die Zufriedenheit zwischen 1978 und 1984 verringert hat, wenngleich sie nach wie vor positiver als alle anderen Lebensbereiche beurteilt werden. Auch weitere Indikatoren der Qualität von Ehebeziehungen sind eher rückläufig. „Die Zufriedenheit mit der Ehe (hat sich) vor allem bei Frauen im erwerbsfähigen Alter, die keine Kinder (mehr) zu versorgen haben, vergleichsweise stark vermindert. Eine verringerte Identifikation mit der Hausfrauenrolle und nicht realisierte Erwerbswünsche sind der Hintergrund dieser Veränderungen. Mit dem Familienleben sind insbesondere die erwerbstätigen Ehefrauen mit Kindern unzufriedener geworden; die hohe Belastung durch Berufs- und Hausarbeit und eine zunehmende Unzufriedenheit mit der innerfamilialen Arbeitsteilung scheinen die Ursachen dafür zu sein."[21]

Jüngste Befragungen im Rahmen des Wohlfahrtssurveys 1993 lassen erkennen, daß „Familie" für die Menschen in den neuesten Bundesländern der wichtigste, in den alten Bundesländern (nach „Gesundheit") der zweitwichtigste Lebensbereich ist. Die Zufriedenheit mit „Ehe und Partnerschaft" sowie dem „Familienleben" (wie auch übrigens mit der „Arbeitsteilung im Haushalt") ist sehr hoch, bezüglich „Familienleben" allerdings in West und Ost leicht rückläufig. 49% aller Männer und 56% der Frauen im Westen bezeichnen die Familie wichtiger als den Beruf, im Osten sind es nur 24% bzw. 41%. Den Beruf wichtiger als die Familie bezeichnen im Westen 11% der Männer und 10% der Frauen, im Osten 17% bzw. 5%; der Rest gewichtet beide Bereiche gleich.[22] Bemerkenswert scheint, wie stark sich im Westen die Einschätzungen der Männer und Frauen in dieser Frage bereits angeglichen haben. Was die Rollenverteilung betrifft, so sind die Auffassungen im Westen deutlich traditioneller als im Osten, die Zufriedenheit mit der Aufteilung der Hausarbeit ist jedoch praktisch gleich hoch. Auffallend ist jedoch die geringe Zufriedenheit über die Aufteilung der Hausarbeit bei Paaren mit Kindern zwischen 12 und 18 Jahren in den alten Bundesländern;[23] in der Praxis scheinen die Spannungen hinsichtlich der Hausarbeit zwischen den Generationen stärker als zwischen den Geschlechtern! Diese für die familialen Verhältnisse insgesamt günstigen Werte müßen jedoch vor dem Hintergrund der Erfahrung relativiert werden, daß Zufriedenheitswerte im Nahbereich der Menschen stets höher ausfallen als in den Fernbereichen, und daß gerade in der Partnerschaftsdimension starke Bewußtseinsschranken einer öffentlichen Artikulation von Unzufriedenheit entgegenstehen.

5.2.1 Die Frauenfrage als entscheidendes Moment der Transformation

Die immer noch günstigen Meinungswerte über Partnerschaft und Familie können nicht über die zunehmenden Schwierigkeiten hinwegtäuschen, die im vorangehenden skizziert wurden und *als kumulative erst langfristig zur Wirkung kommen dürften.* Sie sind – zum mindesten vordergründig – in erster Linie auf die sich ändernden weiblichen Lebenszusammenhänge zurückzuführen. Verbesserte Methoden einer ausschließlich vom eigenen Entschluß abhängigen Empfängnisverhütung, zunehmende Schulbildung, eigenes Arbeitseinkommen und vom Partner unabhängige soziale Verkehrskreise markieren die Fortschritte weiblicher Unabhängigkeit, welche zum mindesten von den beruflich qualifizierten Frauen überwiegend als Befreiung erlebt werden. Auf jeden Fall ist die Machtbalance zwischen den Geschlechtern dabei, sich gründlich zu verändern. Und man darf hinzufügen, daß im Vergleich zu den übrigen, sich als fortgeschritten verstehenden westlichen Ländern die Bundesrepublik hier durchaus einen Nachholbedarf hat. Selbst wer diese Entwicklung bedauert, hat Mühe, überzeugende Argumente gegen sie anzuführen. Auch die Bedenken, welche sich auf die Erfordernisse des Familienlebens, die Bedürfnisse der Kinder oder gar die Geburtenentwicklung beziehen, tragen nicht weit, denn es ist schlechterdings von den herrschenden Wertüberzeugungen her nicht begründbar, weshalb diese Anforderungen, die als solche durchaus plausibel zu machen sind, *allein von den Frauen* übernommen werden sollen.

Eben dieses war jedoch in der Vergangenheit der Fall. Die neuzeitliche Familie war eine ausgesprochen frauenzentrierte Angelegenheit, was nicht zuletzt darin zum Ausdruck kommt, daß Familienminister – zum mindesten in der Bundesrepublik – ganz überwiegend weiblichen Geschlechts sind, während andere Ressorts nur ausnahmsweise Frauen übertragen werden. Auf die Gründe, welche die oft als patriarchalisch apostrophierte Rollenpolarisierung im Zuge der frühneuzeitlichen Entwicklung hervorgebracht haben, braucht hier nicht mehr eingegangen zu werden;[24] die gegenwärtige Frauenforschung neigt m. E. allzu sehr dazu, schon dort ein historisches Unrecht zu postulieren, wo diese Entwicklung *für beide Geschlechter* noch als Fortschritt gelten konnte. Ebenso wie der Nationalstaat ein wichtiges Element der Modernisierung war, in seinen zentralen Steuerungsfunktionen heute jedoch zunehmend durch übernationale und regionale Entwicklungen wieder relativiert wird, muß auch im Bereich der Familie damit gerechnet werden, daß einstmals notwendige und erfolgreiche Arrangements ihre Zweckmäßigkeit verlieren und sich überleben. Diese fortwährende Dynamik, die Interdependenz eigendynamischer Teilprozesse, welche aufeinander rückwirken und sich dadurch modifizieren, scheint eine strukturelle Eigenschaft moderner Gesellschaften zu sein. Ihr entspricht die Idee der Modernität als Legitimation von Veränderlichkeit.[25]

Mit dieser Diagnose sei allerdings nicht behauptet, daß die Veränderlichkeit aller Dinge nur zum Gesetz erhoben werden brauchte, um die Folgeprobleme der fortgesetzten gesellschaftlichen Dynamik aufzufangen. Vielmehr scheint das Bewußtsein der Veränderlichkeit auf die meisten Menschen zum mindesten im privaten Bereich einen *verunsichernden Effekt* auszuüben, der sich als wichtiges Erklärungsmoment der gegenwärtigen Destabilisierungstendenzen der Familie ausweist.

Die zunehmende Unabhängigkeit der Frauen bedeutet keine Familienfeindlichkeit, wohl aber den Anspruch, Lebenserfüllung nicht allein und nicht um jeden Preis in der Familie zu finden.[26] Die Stabilität der bisherigen modernen Familienform beruhte in hohem Maße auf der Abhängigkeit der Frauen von der ertragreicheren männlichen Erwerbstätigkeit und dem Mangel an Lebensoptionen, die ein vergleichbares Maß an Sicherheit auch unabhängig von der Ehe gewährleistet hätten. Eben dies hat sich unter dem Einfluß gewandelter Bedürfnisse des Arbeitsmarktes und der den Frauen ja nicht mit guten Gründen vorzuenthaltenden erhöhten Bildungsbeteiligung grundlegend geändert. Damit sind die bisherigen Prämissen des ‚Geschlechtervertrags' in Frage gestellt, der dem bürgerlichen Ehemodell und der ‚Parson'schen Normalfamilie' zugrunde lag. *Die Zukunft der Familie wird sich daran entscheiden, ob es gelingt, dauerhafte Partnerschaftsbeziehungen auf der Basis nicht nur ideeller, sondern auch praktischer Gleichberechtigung in genügender Zahl und Dauer zu stabilisieren.*

Entgegen der aus der Perspektive einzelner Partnerschaften naheliegenden Auffassung ist dies nicht in erster Linie eine Frage der Einstellungsänderung oder gar des bloßen guten Willens seitens der Männer, sondern eine Frage der *Veränderbarkeit der männlichen Lebenszusammenhänge*. Die Angleichung der weiblichen Lebenszusammenhänge an diejenigen der Männer, also die Erschließung der Berufssphäre für die Frauen, bewirkt ja noch nicht automatisch eine entsprechende Freistellung der Männer für den familialen Bereich.[27] Der männliche Lebenszusammenhang ist vielmehr aufgrund ökonomischer und politischer Vorgaben auf Berufstätigkeit, ja auf Vollzeiterwerbstätigkeit und nicht selten auf eine über die Normalarbeitszeit hinausgehende Disponibilität hin festgeschrieben. Nur wenn eine Wiederherstellung der ‚Solidarpotentiale' unter Beteiligung der Männer gelingt, kann mit einer Restabilisierung der familialen Verhältnisse gerechnet werden (vgl. 5.3.5).

Wenn wir nach den Ursachen für die skizzierten Veränderungen des weiblichen Lebenszusammenhangs fragen, so stellen wir fest, daß sie ganz überwiegend von Wirtschaft und Staat ausgehen. Das spezifische Interesse an Frauen als Arbeitskräfte für Industrie und Verwaltung belebte sich zuerst in der Zeit des 1. und 2. Weltkriegs, und es verstärkte sich in der langen Aufschwungphase der Nachkriegszeit. Neben den Bedürfnissen des Arbeitsmarktes war es vor allem die staatliche Bildungspolitik, welche die Qualifizierung und damit die wachsende Selbständigkeit der Frauen vorantrieb. Diese Entwicklungstendenzen gerieten notwendig in Widerspruch mit den bisherigen Anforderungen des Familienlebens und lösten dort die Suche nach Kompensationen aus. Diese wurden einerseits durch die Wirtschaft, über die Technisierung der Haushalte und die zunehmende Substitution hauswirtschaftlicher Tätigkeiten durch Fertigprodukte, andererseits durch den Staat, über die Förderung sozialer Dienste für Kinder, bereitgestellt. Der Ausbau des Kindergartenwesens zwischen 1965 und 1975 lief weitgehend parallel mit der zunehmenden Erwerbsbeteiligung der Mütter.

5.2.2 Solidarität als Stabilitätsbedingung

Aber diese Modifikationen, welche die Familienhaushalte in unterschiedlichem Maße verändert haben, lösen nicht das grundlegende *Dilemma der modernen Familie.* Es besteht darin, *daß die Familie als System eines erheblichen Erhaltungsaufwandes bedarf*, daß Familienleben sich nicht nach ökonomischen oder gar politischen Kriterien rationalisieren läßt.

Wie in Kapitel 3 gezeigt wurde, sind Familien soziale Einheiten, die ihre spezifische Leistungsfähigkeit aus der Verknüpfung von emotionaler Verbundenheit und wechselseitiger Befriedigung sachlicher Bedürfnisse ziehen. In dem Maße, als Autoritätsgesichtspunkte obsolet werden – und sie sollten nicht mit der fortdauernden Anerkennung differenzierter Zuständigkeiten verwechselt werden – treten Solidarität und Reziprozität als die eigentlichen Steuerungsnormen des familialen Zusammenhangs hervor. Sie sind weit über den familialen Zusammenhang hinaus für einigermaßen egalitär strukturierte Kleingruppen charakteristisch, nicht jedoch für die Kommunikation innerhalb oder zwischen großen Organisationen. *Solidarität* bedeutet dabei ein Verhalten, das sich an gemeinsamen Wertorientierungen und Situationsdefinitionen orientiert, personenbezogen reagiert und bloß individuelle Interessen zurückstellt. Solidarität bewirkt spontane Kooperation, auch ohne vorherige Pläne oder Absprachen und ohne unmittelbare Gegenleistungen. Sie beruht im wesentlichen auf Sympathie oder Empathie, d. h. der Einfühlung in die Perspektive von Bezugspersonen, und sie wird im wesentlichen durch Anerkennung seitens dieser Bezugspersonen, also z. B. durch Achtung, Liebe, Dank oder Vertrauen stabilisiert.[28]

In dem Maße, als der Glaube an die institutionelle Verbindlichkeit bestimmter Lebensformen zurücktritt – und dies ist, wie gezeigt wurde, für den Bereich der Ehe, nicht jedoch denjenigen der Elternschaft heute der Fall –, können sich Paarbeziehungen nur noch dauerhaft stabilisieren, indem in fortgesetzten Anpassungs- und Ausbalancierungsprozessen gemeinsame Wertorientierungen gefunden und bestätigt und gemeinsame Situationsdefinitionen ausgehandelt werden.[29] Die *allmähliche Verfestigung von Partnerschaftsbeziehungen*, wie das heute vorherrschende Muster der Familiengründung beschrieben wurde, erscheint daher als eine durchaus zweckmäßige Form der Familienentwicklung, und es wird auch verständlich, weshalb der bloß äußere Akt des Verlöbnisses oder des Eheschlusses keine entsprechende innere Verbindlichkeit mehr stiftet. Die Institution des Verlöbnisses als formalisierter Probezeit wird angesichts des inkrementalen Charakters der Partnerschaftsbeziehungen entbehrlich, und der Eheschluß gewinnt seinen Sinn in der Tat nur als ‚krönender' Abschluß eines Prozesses zunehmender Vertrautheit und Solidarität. In diesem Sinne besteht die Heirat in Schweden im wesentlichen in einem wahlweise kirchlichen oder staatlichen Ritual, das jedoch kaum rechtliche Konsequenzen nach sich zieht. Das öffentliche Interesse knüpft hier im wesentlichen an den Tatbestand der Elternschaft an und überläßt die Regelung der Partnerschaft der Disposition der Beteiligten. Allerdings kann dies nicht bedeuten, daß sich solche Paarbeziehungen in einem völlig rechtsfreien Raum entwickeln, denn ebenso wenig wie in allen anderen Lebensbereichen kann auch im Bereich von Ehe und Familie menschliche Einsicht und Güte allein vorausgesetzt werden. Inwieweit hierfür die allgemeinen Grundsätze der Rechtsordnung ausreichen und inwieweit spezifische Rechtsnormen erforderlich sind, insbesondere zum Schutze des schwächeren Partners, ist umstritten.

Die Verfestigung von Partnerschaften wird unter der Prämisse einer hochgradig differenzierten und dynamischen Gesellschaft zu einem sehr voraussetzungsvollen Vorgang, der sich einer externen Steuerung weitgehend entzieht. Dies hat bereits das 19. Jahrhundert durch die Anerkennung von ‚Liebe' als Selektionskriterium anerkannt. Je weniger jedoch feste soziale Grenzen den Kreis potentieller Ehepartner einschränken und eine hohe soziale Ähnlichkeit der meisten potentiellen Partner garantieren, je individualisierender also die sozialen Strukturen wirken, desto mehr muß das Zueinanderpassen erprobt und in gewisser Weise entwickelt werden.

Der Prozeß der Partnerwahl und Partnerbindung ist aber heute nicht nur voraussetzungsvoller, sondern auch *‚kostspieliger'* geworden. Jede Entscheidung bedeutet Verzicht auf Alternativen, und im Falle einer langfristig wirksamen Entscheidung wie dem Eheschluß ist der Verzicht auf Alternativen besonders ausgeprägt und in seinen Konsequenzen nicht übersehbar. Auch von daher wird verständlich, daß junge Menschen diese ‚Kosten' erst übernehmen wollen, wenn deren Notwendigkeit und Gewicht einsehbar geworden sind, und eben diese Einsicht wird durch die verstärkt wirksamen Normen der Elternschaft vermittelt. *Die zuneh-*

mende Koppelung des Eheschlusses an die beabsichtigte oder vollzogene Übernahme von Elternverantwortung erscheint von daher als durchaus plausibles neues Muster der Familiengründung, das Aussichten auf eine langfristige Stabilisierung bietet.

Allerdings wird damit gleichzeitig deutlich, daß der Aufbau einer solidarischen Beziehung heute im Regelfall dem Eheschluß und insbesondere der Elternschaft vorausgeht. *Die Ankunft von Kindern ereignet sich immer weniger als ‚Naturereignis', sondern als Konsequenz der Verfestigung partnerschaftlicher Zusammenhänge.* Dies ist der unhintergehbare, für das Nachdenken über Familie und Bevölkerungsentwicklung *neue* Tatbestand. Während wir also mit Bezug auf die Weltbevölkerungsprobleme immer noch darüber nachdenken, ob und wie junge Menschen zu einer Beschränkung ihrer Geburten veranlaßt werden können, müssen wir in modernisierten Gesellschaften, in denen das Recht und die Möglichkeit zur Kontrolle der Geburten anerkannt ist, darüber nachdenken, wie junge Menschen zur Übernahme der Elternrolle motiviert und die Kosten dieser Entscheidung reduziert werden können.

Ähnlich wie im Falle der natürlichen Umwelt, welche angesichts zunehmender, durch unsere Produktionsweise und unsere Konsumformen ausgelöster Belastungen zum Gegenstand bewußter Rücksichtnahme und politisch oktroyierten Schutzes werden muß, *verliert heute Familie ihre ökonomische und politische Neutralität.* Die Erhaltung der Familie wird zum gesellschaftspolitischen Problem. Und ebenso, wie die Ökologie die Rücksichtnahme auf die erkennbaren Eigengesetzlichkeiten der natürlichen Umwelt bedeutet, *bedarf Familienförderung der Rücksichtnahme auf die Eigengesetzlichkeiten der Familie.*

Diese Eigengesetzlichkeiten zu verdeutlichen, war ein wesentliches Ziel dieser Ausarbeitung. Sie lassen sich am kürzesten im Erfordernis der *Aufrechterhaltung familialer Solidarität* zusammenfassen. Solche Solidarität setzt *Eigensinn* voraus, und zwar sowohl als eigentümliche, für keinen anderen Lebensbereich charakteristische Sinndeutung von Familie im allgemeinen wie auch als Eigenart und in gewissem Sinne Widerspenstigkeit jeder einzelnen Familie gegenüber der Vielfalt der Erwartungen, die an ihre Mitglieder von außen herangetragen werden.[30]

Auf die allgemeine Sinndeutung von Familie, also ihre kulturelle Stilisierung, wird später eingegangen. An dieser Stelle sei jedoch das Erfordernis familialen Eigensinns als sehr konkrete Bedingung des stabilen Zusammenlebens im Einzelfalle betont. Nur in dem Maße, indem Mann und Frau sich auf eine gemeinsame Lebensform einlassen, die sie als *gemeinsames Eigenes* ansehen, nur insofern als Partner eine gemeinsame Geschichte begründen, als sie ihre biographischen Entscheidungen und auch ihre Selbstverwirklichung an eben dieses gemeinsame Schicksal binden, kann Familie als dauerhafte Lebensform entstehen. Dies ist in einem Zeitalter, das Selbstverwirklichung mit guten Gründen zur Norm gelingenden Lebens erhoben hat (vgl. 4.3.1), ein schwierig zu vermittelnder Zusammenhang. In dem Maße jedoch, indem eingesehen wird, daß Selbstverwirklichung nicht durch beliebige und entscheidungslose Offenheit für die Vielfalt der Möglichkeiten, sondern nur durch die *Entscheidung* für *bestimmte* Möglichkeiten und ihre konsequente Verfolgung erreicht werden kann, wird die Sinnhaftigkeit der Festlegung auf eine ‚Familienkarriere', welche die individuelle Biographie im Regelfall zum mindesten auf zwei Jahrzehnte bindet, einsichtig.

Wer dies aber tut, sollte sich auch der Bedingungen des Erfolges einer solchen Familienkarriere vergewissern: *Nur wo die Partner gewillt und in der Lage sind, ihrer Partnerschaft ausreichendes Gewicht im Gesamt ihrer Biographie zuzumessen, wo diese also eine gewisse Verbindlichkeit im Sinne einer Verpflichtung zur Gemeinsamkeit gewinnt, kann sie überhaupt Erfolg haben.* Das ist der tiefere Sinn des Instituts der Ehe. Die Ehe symbolisiert einen Bruch mit der bisherigen Einzelbiographie und das Setzen neuer Prioritäten, die nunmehr gemeinsam ausgehandelt werden müssen. Soziologisch formuliert: „Es ergibt sich notwendigerweise, daß jeder Ehepartner von Anbeginn der Ehe eine neue Modalität seiner eigenen sinnbedeutsamen Erfahrung der Welt im allgemeinen, der Mitmenschen und seiner selbst entwickelt. Unsere Definition besagt somit, daß die Ehe einen *nomischen* (d. h. die Ordnung der Dinge betreffenden, Anm. d. V.) Bruch begründet. Die Ehe löst hinsichtlich der Einzelbiographien der beiden Partner einen neuen *nomischen* Prozess aus. Die Tragweite dieser Tatsache wird jedoch selten auch nur annähernd klar von den Beteiligten erkannt."[31] Aus dieser Perspektive wird die *Bedeutung von Kindern* für die Stabilisierung der Partnerschaft unmittelbar einsichtig. Denn was gäbe es, das stärker als gemeinsames Eigenes angesehen werden kann, als gemeinsame, eigene Kinder? Dies ist keine biologistische Begründung, die biologischen Voraussetzungen der in gemeinsamer Liebe erzeugten neuen Existenz bilden nur die sinnliche Evidenz der intersubjektiven, nur als soziale Beziehung zu verstehenden Gemeinsamkeit. Und es ist nicht zuletzt die Unabweisbarkeit kleinkindlicher Bedürfnisse, der spontane Eigensinn des Säuglings, welcher auch die Eltern zu Eigensinn gegenüber ihrer Umgebung veranlaßt, also ihnen Motivation und Kraft gibt, auf bisherige Gewohnheiten zu verzichten, die Reduktion ihrer Freizeit hinzunehmen, den Ärger der Nachbarn für gering zu erachten und notfalls auch berufliche Beanspruchungen zurückzustellen.

Was in der Kleinkindphase mit einer gewissen allgemeinen Evidenz gilt, hat seine allerdings weniger offenkundige Bedeutung auch in der Folge: Die ungestörte kindliche Entwicklung ist von der Solidarität der Eltern abhängig, und in dem Maße, indem es sich aufgrund der alltäglichen Interaktion an die Eltern bindet, entwickelt das Kind selbst Mittel, seine Eltern anzuerkennen und damit dem Grundsatz der Reziprozität genüge zu tun. Je älter das Kind wird, desto mehr gewinnen jedoch für alle Familienmitglieder andere Lebensbereiche an Gewicht, und es entsteht eine *Konkurrenzsituation*, in der sich die Stärke familialer Solidarität nicht zuletzt in dem Ausmaß an Zeiteinsatz und Leistungsbereitschaft für den gemeinsamen Haushalt, für die emotionale Unterstützung und die Hilfe im Bedarfsfall bewähren muß. Gerade in diesen fortgeschritteneren Phasen der Familienentwicklung wird die Aufrechterhaltung der Solidarität zur gemeinsamen Aufgabe der Familienmitglieder (vgl. 3.2.1), die sie nur mit Eigensinn, d. h. unter mehr oder weniger bewußtem *Verzicht auf alternative Zeitverwendungen* und unter Zurückweisung der Ansprüche aus anderen Lebensbereichen, insbesondere denjenigen des Konsums, des Berufes und der Freizeit, erfüllen können. Die *Autonomie der Familie*, ihre „Selbststeuerungsfähigkeit" die wir mit der Formel von der Familie als Privatsache stets voraussetzen, ist eben nichts naturhaft Gegebenes, sondern etwas nur von den Mitgliedern gemeinsam und häufig nur unter Anstrengungen erneut zu Erringendes. Der französische Schriftsteller *Charles Péguy* hat mit seiner Anmerkung, die Familienväter seien die großen Abenteurer des 20. Jahrhunderts, die Riskiertheit und den hohen Anspruch, der mit einem Familienleben unter modernen Bedingungen verbunden ist, bereits vor dem Ersten Weltkrieg auf eine Pointe gebracht, die wir nur um die Mütter zu erweitern brauchen, um die gegenwärtige Situation schlaglichtartig zu beleuchten.

Abenteurertum ist allerdings nicht jedermanns Sache. Und auch wenn wir bescheidener von einem *Weg* sprechen, auf den eine dauerhafte solidarische Bindung zwei Partner führt, dessen Ende nicht absehbar ist, so wird deutlich, daß biographische Entscheidungen vom Typus des Eheschlusses oder der Übernahme der Elternrolle nicht nur Entscheidungen unter Risiko, sondern *Entscheidungen unter Ungewißheit* sind. Das, worauf man verzichtet, und das, was zu gewinnen ist, ist im Augenblick der Entscheidung weitgehend unbekannt. Eine rationale Strategie für Entscheidungen unter Ungewißheit ist ein inkrementales Vorgehen, also eine allmähliche Steigerung des Grades wechselseitiger Verpflichtungen unter Vorbehalt einer Widerrufbarkeit oder zeitlichen Befristung der Verpflichtung. Eben diese Rationalität scheint die Verbindlichkeit des Eheversprechens in Frage zu stellen. Sie versagt aber offensichtlich vor der Entscheidung für die Elternschaft, welche nach fester Auffassung unserer Kultur unwiderrufbar ist. So kann es nicht überraschen, daß abgesehen von allen mutmaßlichen Vor- und Nachteilen des Kinderhabens die Entscheidung für die Übernahme der Elternrolle heute schwerer geworden ist.

5.2.3 Erste Schlußfolgerungen

Diese Skizze sollte zweierlei deutlich machen: *Die Familie braucht Hilfe, aber es ist schwer, ihr zu helfen.* Das Wesentliche, was familiale Lebensformen ausmacht, müssen die Familienmitglieder selbst leisten, und es kann niemandem von außen aufgezwungen oder durch materielle Unterstützungen entlockt werden. Hier liegt der tiefere Grund für die Skepsis und Kritik, welche die *Familienpolitik* seit ihren Anfängen begleitet hat:

> „Die Vorstellung, das Private und Intime, die Individualität der Personengebundenheit unmittelbar mit öffentlichen Mitteln und Zugriffen stabilisieren, stärken und verlebendigen zu können, gehört zu den Paradoxa, an die sich das Macht- und Planungsbewußtsein der Regierenden unserer Zeit so sehr gewöhnt hat, daß selbst christliche Politiker nicht mehr spüren, wie sehr sie darin den Grundimpulsen eines fortschrittsüchtigen Aufklärungszeitalters erlegen sind ... Die Aufgabe, die der Familienminister übernommen hat, könnte man unter diesem Aspekt mit dem boshaften Wort von Karl Kraus als ‚die Mission einer Landplage' bezeichnen, insofern sie darin besteht, das Thema der Familie im politischen Bereich und in der öffentlichen Diskussion nun von Amts wegen nicht mehr zur Ruhe kommen zu lassen, obwohl die tiefe soziale und menschliche Sicherheitsleistung der Familie für ihre Glieder und für die Gesamtgesellschaft eben in der Ruhe besteht, in der man sie nicht läßt."[32]

Diese Pauschalkritik beruht offensichtlich auf einer Vorstellung von Naturwüchsigkeit der Familie, welche Bestandteil der damals von *Schelsky* mitgeschaffenen und in der Nachkriegszeit höchst wirksamen kulturellen Stilisierung von Familie gewesen ist. *Daß sie heute nicht mehr trägt, sollten die vorangehenden Ausführungen deutlich machen.*

Eine erste hilfreiche Unterscheidung in diesem Zusammenhang ist diejenige von Selbstbestimmung oder Fremdsteuerung der Familie.[33] Die Vorstellung, familiale Lebenszusammenhänge ließen sich gemäß bestimmten politischen Intentionen *zielgerecht* beeinflussen, ist angesichts der diffizilen Stabilitäts- und Erhaltungsbedingungen in der Gegenwart noch weit unrealistischer als unter den Bedingungen der traditionellen Familienverfassung. Die Anerkennung familialer Autonomie ist daher nicht nur ein Gebot des Grundgesetzes, sondern sie muß *auch aus Zweckmäßigkeitsgründen* zur Prämisse aller familienpolitischen Diskurse werden.

Doch die Anerkennung familialer Autonomie als Norm gewährleistet noch nicht ihre Verwirklichung im Sinne einer praktischen Umsetzung. Familiale Selbststeuerungsfähigkeit, wie wir diesen Sachverhalt in Anlehnung an neuere systemtheoretische Überlegungen bezeichnen können, resultiert aus familialer Solidarität und Flexibilität, und eben diese beruhen – wie wir gesehen haben – auf Leistungen der Familienmitglieder. Wo sie gelingt, scheint sie mit hohen emotionalen Gratifikationen und auch einer Reihe sachlicher Vorteile verbunden zu sein,[34] aber die Entstehung familialer Solidarität beruht auf riskanten, d. h. mit anderweitigen Verzichten und zudem mit ungewissen Folgen verbundenen Vorentscheidungen.

Das zunehmende Bewußtsein von der Risikohaftigkeit dieser Entscheidungen ist *kulturell* vermittelt, nämlich als *Schwund der kulturellen Selbstverständlichkeit von Familie und Ehe.* Das Einschlagen einer ‚Familienkarriere', also die Wahl eines Partners und die Verfestigung dieser Beziehung bis zum Eheschluß und in ein- oder mehrfacher Elternschaft ist heute nicht mehr für jedermann und jede Frau selbstverständlich. Sie ist kein kulturell vorgegebener, sozusagen notwendiger Bestandteil weiblicher und männlicher Lebensentwürfe mehr, sondern *eine Frage der Wahl, der individuellen Entscheidung geworden.* Auch der Druck der Eltern und erst recht weiterer Verwandter hat in dieser Hinsicht stark nachgelassen. Lediglich *wenn* solche Entscheidungen gefällt worden sind, werden daran – wie gezeigt wurde – nach wie vor kulturelle Verbindlichkeiten und rechtliche Verpflichtungen geknüpft. Wenn man Institutionen als für *alle* Gesellschaftsmitglieder gleich verbindliche und ihre Lebensführung *umfassend* regelnde Einrichtungen begreift, wie dies die von *A. Gehlen* und *H. Schelsky* vertretene Institutionentheorie tut, so läßt sich diese Entwicklung als Deinstitutionalisierung von Ehe und Familie begreifen.[35] Aber in diesem Sinne ist Deinstitutionalisierung ein allgemeiner Zug der gesellschaftlichen Modernisierung, ein Korrelat der skizzierten Optionserweiterung (vgl. 4.3). *Es ist also keineswegs so, daß sich die moralischen Grundlagen der Familie auf breiter Front auflösen, wie manche Kulturkritiker behaupten, aber ihre Verbindlichkeit wird stärker konditionalisiert, an die freie Entscheidung für die verbindliche Partnerschaft oder die Übernahme der Elternrolle gebunden.* Überdies wird – was die Partnerschaft betrifft – das Bestehen dieser Verpflichtungen stärker als früher an die Bedingung der Gegenseitigkeit und den Fortbestand der emotionalen Zuneigung geknüpft. Die Auflösung von Partnerschaftsverhältnissen, seien sie informeller oder legalisierter Art, wird ebenfalls als Akt freier Entscheidung grundsätzlich respektiert, selbst wenn dadurch Folgeprobleme, z. B. für gemeinsame Kinder, entstehen. Die Verpflichtungen gegenüber den Kindern dagegen erscheinen dem heutigen Bewußtsein eher umfassender und verbindlicher, so daß man in der Sprache der Institutionentheorie von einer Deinstitutionalisierung der Ehe und einer verstärkten Institutionalisierung der Elternschaft sprechen könnte.

Folgt man diesem Gedankengang, so erscheint heute *Elternschaft* und nicht mehr Ehe als der zentrale Tatbestand, an den öffentliche Regulierungs- und Förderinteressen anzuknüpfen haben. Aber auch hier gilt, daß die Motivation zur Übernahme der Elternrolle weder politisch noch ökonomisch ausgelöst, sondern bestenfalls durch Beeinflussung der damit verbundenen Folgen risikoärmer und attraktiver gemacht werden kann.

Über die Gründe, welche junge Menschen veranlassen, sich für die Übernahme der Elternrolle zu entscheiden, ist – wenngleich unter dem irreführenden Namen des ‚Kinderwunsches' oder des ‚generativen Verhaltens' – viel geforscht worden. Das Ergebnis dieser Forschungen ist mager (vgl. 4.2). Wie auch immer man die festgestellten Zusammenhänge gewichten mag, offensichtlich sind keine darunter, die einer direkten politischen Beeinflussung offenstehen. Für unsere weiteren Überlegungen scheint es zweckmäßig, von der Vorstellung auszugehen, daß sich Kinderwünsche nach Maßgabe der Verfestigung von Partnerschaften im Regelfall spontan, d. h. als Resultante psychischer Dispositionen, situativer Gegebenheiten und kultureller Prägungen einstellen, wobei in Ausnahmefällen solche Wünsche auch ohne feste Partnerschaft Gestalt annehmen mögen.[36] *Ob aus dem Wunsch eine Entscheidung wird, hängt von den mutmaßlichen Folgen ab, welche mit der Ankunft eines (weiteren) Kindes vorstellungsmäßig verbunden werden.* Diese Folgeneinschätzung ist selbstverständlich höchst subjektiv, allenfalls intersubjektiv im Partnersystem, aber – so darf unterstellt werden – nicht unabhängig von objektiven Gegebenheiten.[37] Auch wenn diese – z. B. als Rechtsfolgen – im Einzelfall nicht genau bekannt sind, so bilden sich doch über die Wahrnehmung der konkreten Folgen *bei anderen*, insbesondere bei persönlich bekannten Personen oder Paaren, einigermaßen realistische Erwartungen heraus. *Diese Erwartungsbildung durch gezielte Gestaltung der objektiven Folgen der Geburt von Kindern zu beeinflussen, kann das einzige realistische Ziel einer an der Steigerung der Geburtenhäufigkeit orientierten Politik sein.* Unter ‚Folgen' sollten hier allerdings nicht allein materielle Gesichtspunkte verstanden werden, obwohl unsere vorangehende Darstellung deutlich gemacht haben dürfte, welche ökonomischen Nachteile Eltern heute mit zunehmender Kinderzahl auf sich nehmen müssen. Die ‚Folgen' beziehen sich auch auf die Wertschätzung, die Vätern und Müttern entgegengebracht wird, von seiten der Arbeitgeber, der Vertreter der Öffentlichkeit, der Erziehungsexperten und insbesondere natürlich von bedeutenden Bezugspersonen wie den eigenen Eltern, Geschwistern, Freunden und Nachbarn. Auch in dieser Hinsicht ist für die Bundesrepublik eine zum mindesten skeptische Beurteilung am Platze.

Die *fehlende öffentliche Anerkennung für junge Paare und junge Eltern* steht m. E. in engem Zusammenhang mit der kulturellen Verunsicherung des Familienleitbildes, welches sich in der Nachkriegszeit stabilisiert hatte. *Die allgemeine Sinndeutung von Familie, also ihre bisherige kulturelle Stilisierung ist in der Bundesrepublik weit stärker in die Krise geraten als in anderen vergleichbaren Ländern. Diese Krise hängt im wesentlichen mit der sich wandelnden Auffassung der Geschlechterbeziehungen zusammen, welche durch die Veränderung der weiblichen Lebenszusammenhänge ausgelöst wurde.* Die vergleichsweise große Spannung, welche diesbezüglich in der Bundesrepublik unter dem Einfluß zunächst der Studentenbewegung und dann der Frauenbewegung entstanden ist, erklärt sich m. E. durch den Umstand, daß die Bundesrepublik – anders als die Siegermächte – nach dem 2. Weltkrieg ihre Identität im wesentlichen über eine *Restaurationsphase* gefunden hat, in der zur Stabilisierung des gesellschaftlichen Zusammenhangs auf Modelle und Leitbilder der Zeit vor dem Dritten Reich zurückgegriffen wurde.[38] Nicht zuletzt der starke Einfluß der Kirchen (insbesondere der katholischen) auf die öffentliche Meinung, aber auch die Wiederherstellung der bürgerlichen Familienvorstellungen prägten im Verbund mit der damaligen Familiensoziologie ein Bild der Familie, in dem der *Ehe* und einer mit ihr verbundenen polaren Rollenauffassung zentrale Bedeutung zukam (vgl. 2.4). Die ‚Hausfrauenehe' wurde damit erneut zum Leitbild der Sozial- und Familienpolitik in der Aufbauphase der Bundesrepublik, d. h. eine Vielzahl rechtlicher Regelungen, welche oft gar keinen direkten Bezug auf Ehe nahmen, erhalten ihren Sinn dann, wenn man sie unter der Prämisse der Hausfrauenehe liest. Die rechtliche Regulierung von Ehe und Familie beschränkt sich ja keineswegs auf das Familienrecht, sondern umfaßt eine Vielzahl weiterer Rechtsmaterien.[39] In anderen Ländern Europas wurde dagegen schon in der Nachkriegszeit und beim Aufbau der dortigen Wohlfahrtsstaaten stärker von der Gleichberechtigung von Mann und Frau ausgegangen, wie sie ja bereits in der vertragstheoretischen Grundlegung der Ehe zur Zeit der Aufklärung angelegt war.[40] Dieses restaurative Familienbild scheint heute seine Plausibilität endgültig verloren zu haben, ohne daß doch ein neues, positives Familienverständnis schon kulturprägend geworden wäre. *Die kulturelle Stilisierung der Familie ist im öffentlichen Bewußtsein der Bundesrepublik derzeit besonders schwach ausgeprägt, und eben dies dürfte als allgemeiner Verunsicherungsfaktor heute wirksam sein.*

Beispielhaft sei in diesem Zusammenhang auf die *katholische Ehelehre* hingewiesen: Ihre insbesondere auf Entscheidungen des tridentinischen Konzils (1563) zurückzuführenden Rigiditäten lassen sich mit der heutigen gesellschaftlichen Situation, den Lebenserfahrungen und den sinnhaften Erlebnisverarbeitungsmöglichkeiten junger Menschen kaum mehr zur Deckung bringen. Sie scheint ihren ursprünglich befreienden, die Menschenwürde fördernden Sinngehalt (vgl. 2.2) weitgehend verloren zu haben und wird überwiegend als etwas Fremdbestimmtes, Hölzern-Moralisierendes erfahren. Indem sie die Ehe im wesentlichen als Ehe*schließungs*-Sakrament versteht, verschenkt sie die Möglichkeit, das Sakramentale der Ehe als den Vollzug des partnerschaftlichen Zusammenlebens, das Ertragen der menschlichen Schwächen des anderen, die Überwindung der Hoffnungslosigkeit und die Möglichkeit gemeinsamen Wachsens und Reifens zu verstehen. Eine situationsangemessene christliche Ehelehre müßte Leitbilder und Wege aufzeigen, welche diejenigen nicht ausschließen, die Umwege einschlagen oder teilweise scheitern, welche die unbedingte Würde jedes Partners in der Ehe betonen und jede Form der wechselseitigen Ausbeutung verurteilen.[41]

Größeren Einfluß auf die allgemeine Kultur nehmen derzeit wohl die *Humanwissenschaften*. Auch wenn es durchaus fragwürdig erscheint, inwieweit und unter welchen Bedingungen humanwissenschaftliche Einsichten für die Führung einer Ehe oder die Erziehungsfähigkeit der Eltern unmittelbar hilfreich sein können,[42] so kann doch kein Zweifel daran bestehen, daß die kollektiven Deutungsmuster von Ehe und Elternschaft heute tendenziell verwissenschaftlicht sind, d. h. in ihrer Veränderung von Vorstellungen abhängen, die zuerst im Kontext der Humanwissenschaften entwickelt wurden und sich dann in popularisierter Form ausbreiten, insoweit als sie als plausible Deutungen empfunden werden.[43] Angesichts der pluralistischen Struktur der Humanwissenschaften ist allerdings von ihnen keine eindeutige Stilisierung neuer Familienleitbilder zu erwarten, wohl aber eine deutende Verallgemeinerung von Erfahrungen, die zu Konvergenzen führen kann. Manches davon wird auch in Beratungssituationen in mehr oder weniger dem Einzelfall angemessener Weise den Familien als problemlösendes Wissensangebot vermittelt.

Breiteren Einfluß gewinnen die *Medien*, deren Darstellung familialer Leitbilder und Handlungsmuster bisher in der Bundesrepublik m. W. nicht untersucht ist. Viele der beliebten Fernsehserien sind voll von auf Liebe, Ehe und Familie bezogenen Situationen, denen jedoch ein zeitbezogener Realitätsgehalt weitgehend abgeht. Die öffentliche Darstellung familialer Sachverhalte schwankt zwischen Idyllisierung und Familienkritik; Darstellungen lebbarer Modelle familialen Zusammenlebens unter den Herausforderungen der Gegenwart sind selten. Das trägt zweifellos zu jener Spannung zwischen Glückserwartungen und enttäuschender Realität bei, die *Klaus Wahl* als „Modernisierungsfalle“ beschrieben hat.[44]

Diese Hinweise sollten lediglich verdeutlichen, daß eine *kulturelle* Stilisierung von Ehe und Familie nicht die Aufgabe staatlicher Politik sein kann. Zwar mögen auch einzelne Politiker hierzu Kluges zu sagen wissen, doch ist dies nicht ihr Geschäft als Politiker, sondern als kulturrelevante Personen der Zeitgeschichte. Die Politik kann allenfalls – beispielsweise durch die Besetzung des Familienministeriums mit einflußreichen Politikern, durch die Vergabe von Forschungsaufträgen, durch öffentliche Würdigung familienbezogener Kulturerzeugnisse oder durch die Familienberichterstattung – das tun, was *Schelsky* von ihr befürchtete, nämlich dafür sorgen, daß das Thema nicht zur Ruhe kommt. Im übrigen sollte sie sich auf die Beeinflussung der Rahmenbedingungen von Familienentwicklung konzentrieren. *In solcher praktischer Familienförderung liegt auch eine spezifische Form von kultureller Anerkennung der Familie, denn hier dokumentiert Politik auf die ihr eigentümliche Weise, inwieweit es ihr auf Familie ankommt.*

5.3 Kinderfeindlichkeit oder strukturelle Rücksichtslosigkeit gegenüber der Familie?

Die Diagnose, von der wir in unseren weiteren Überlegungen ausgehen, läßt sich also wie folgt zusammenfassen: Ehe und Elternschaft haben ihren scheinbar naturwüchsigen Charakter verloren, sie sind heute zu Optionen unter anderen in einem gesellschaftlich konstituierten Horizont biographischer Möglichkeiten geworden. Zwar gehört die Familie neben der Gesundheit zu den wichtigsten Elementen individuellen Glücksstrebens, aber ganz praktisch gesprochen kommt man heute mehr denn je auch ohne Ehe und Familie aus, ja in mancher Hinsicht lebt sich's besser und einfacher ohne die Mühen und Lasten einer Familie. Zum mindesten aber lassen sich die Freuden und Vorteile einer Familie nach dem Urteil der meisten Zeitgenossen bereits mit ein oder zwei Kindern genießen. Und selbst unter dem Gesichtspunkt verantworteter Elternschaft scheint die kinderreiche Familie fraglich geworden zu sein, zeigen doch empirische Untersuchungen, daß Kinder aus kinderreichen Familien sowohl hinsichtlich des Ausmaßes elterlicher Zuwendung als auch hinsichtlich der materiellen Voraussetzungen ihrer Entwicklung im Durchschnitt deutlich ungünstiger dastehen als ihre Generationsgenossen aus kleineren Familien. Und ebenso weisen zahlreiche Befunde darauf hin, daß im Falle einer gescheiterten Partnerbeziehung auch für die Kinder ein Ende mit Schrecken besser als ein Schrecken ohne Ende ist. In dem Maße jedoch, als sich die Ehescheidung verbreitet, trägt sie zum Bewußtsein des Risikos dauerhafter Partnerbeziehungen bei und untergräbt den ehelichen Durchhaltewillen. Da unsere Kultur immer weniger plausible Gründe dafür bereit hält, warum man an der Möglichkeit einer lebenslangen Partnerbindung auch in schwierigen Zeiten festhalten sollte, verliert das Modell der lebenslangen Ehe an Verbindlichkeit und wird zu einem bloßen Ideal, das zu verfehlen man sich nicht zu schämen braucht. Vereinzelt findet sich auch schon der Entschluß, zwar auf dauerhafte Partnerschaft, aber nicht auf Elternschaft zu verzichten und ein Kind bewußt allein aufzuziehen.

Aus dieser Perspektive sind die gegenwärtig zu beobachtenden niedrigen Heirats- und Geburtenquoten und die hohe Scheidungshäufigkeit ein plausibles Ergebnis der kulturellen, sozialstrukturellen und ökonomischen Lage jener Generationen, deren Verhalten sich in diesen statistischen Ziffern niederschlägt.

Der starke Anstieg der Häufigkeit nichtehelicher Geburten in einigen Ländern ist dagegen nicht auf eine besonders starke Abkehr vom Ideal dauerhafter Partnerschaft zurückzuführen, sondern lediglich auf einen Plausibilitätsverlust der kirchlich oder staatlich registrierten Eheschließungen.[45] Auch dort werden die meisten Kinder in verfestigten Partnerbeziehungen geboren und wachsen in ihnen auf. Ob diese informellen Beziehungen wesentlich instabiler sind als die ehelichen, ist eine offene Frage, häufig münden sie schließlich doch in eine Ehe. Auf jeden Fall sind die alleinerziehenden Eltern in der Bundesrepublik überwiegend geschieden oder verwitwet, nicht aber ledig.

Die sowohl aus individueller wie aus politischer Sicht entscheidende Alternative ist also nicht diejenige zwischen ehelichem und nichtehelichem Zusammenleben, sondern zwischen einem Leben mit und ohne Verantwortung für Kinder. Dies wird auch deutlich, wenn wir die unverzichtbaren gesellschaftlichen Funktionen der Familie bedenken: Nachwuchssicherung und die Stabilisierung des Verhältnisses zwischen den Generationen (vgl. 3.3) werden primär durch das Eltern-Kind-Verhältnis vermittelt. Wir konzentrieren daher die folgenden Überlegungen zur Familienpolitik auf das Problem der Elternschaft und beziehen die Partnerschaftsdimension nur insoweit ein, als sie auf Elternschaft bezogen ist. Somit interessiert Partnerschaft hier im wesentlichen nur unter zwei Gesichtspunkten, nämlich demjenigen des Zusammenhangs zwischen Partnerschaft und Motivation zur Elternschaft sowie zwischen Partnerschaft und kindlichen Entwicklungsbedingungen.[46] Deutlicher als in der bisherigen Diskussion müssen auch die Kinder als eigenständige Dimension familialer Problemlagen in den Vordergrund gestellt werden.

5.3.1 Kinder zwischen Familie und Gesellschaft

Eine in der Bundesrepublik verbreitete Erklärung für die im internationalen Vergleich besonders niedrige Geburtenrate führt diese auf eine unterstellte *‚Kinderfeindlichkeit'* zurück. Zahlreiche Verbände sind in den letzten Jahren entstanden, welche die ungünstigen Lebensbedingungen von Kindern anprangern und nunmehr die Kinder nach den Frauen als neue Problemgruppe unserer Gesellschaft ins öffentliche Bewußtsein zu heben versuchen. Das ‚Kindeswohl' ist zu einer neuen gesellschaftspolitischen Zielformel geworden.[47] Auch auf der Ebene der Vereinten Nationen wurde eine Konvention über ‚Rechte des Kindes' verabschiedet, und der Bundestag hat sich zur Ernennung von ‚Kinderbeauftragten' in allen Fraktionen entschlossen.[48]

Für die hier nur anzudeutenden Ansätze einer Sozialpolitik für das Kind bestehen zweifellos gute Gründe.[49] Kinder – und in vermindertem Maße selbst Jugendliche – haben keinen direkten Zugang zur Öffentlichkeit und erst recht nicht zur Politik; sie sind keine Interessengruppe und haben doch Bedürfnisse, deren Befriedigung direkt oder indirekt von politischen Maßnahmen abhängig ist. Deshalb wird heute mehr und mehr versucht, den Gesichtspunkt des Kindeswohls auf verfassungsrechtlichem Wege im politischen System zur Geltung zu bringen.[50]

Die Perspektive einer eigenständigen Politik für Kinder in Differenz zur Familienpolitik entstand in den siebziger Jahren, und zwar im wesentlichen aufgrund der Einsicht, daß kindliche Entwicklung als integrales Sozialisationsgeschehen zu begreifen sei, an dem nicht nur die Familie, sondern mit wachsendem Gewicht auch außerfamiliale ‚Sozialisationsagenten' wie Kindergarten, Schule, Massenmedien usw. beteiligt sind. Zudem brachte die Familienkritik der damaligen Zeit erhebliche Mängel familialer Sozialisation, insbesondere in den sozial benachteiligten Bevölkerungsteilen zutage, denen mit Hilfe sog. kompensatorischer Erziehungsprogramme begegnet werden sollte. Damit verschob sich das politische Interesse von der Familienförderung auf die direkte Förderung der Kinder mit Hilfe professionalisierter Einrichtungen der Jugendhilfe und des Bildungswesens. Insofern bekam die Betonung des Kindeswohls in den Anfängen einen deutlich familienkritischen Bezug, der sich beispielsweise bei den Diskussionen um die Reform des elterlichen Sorgerechtes manifestiert hat.

Vor allem unter dem Einfluß des Ergebnisses amerikanischer Evaluationen der dort weit stärker ausgebauten kompensatorischen Erziehungsprogramme hat sich jedoch ein Einstellungswandel ergeben, der bis in die jüngsten Reformen des Jugendhilferechtes von 1990 nachwirkt: Es zeigte sich nämlich, daß kompensatorische Erziehungsprogramme nur insoweit dauerhafte Erfolge zeitigen, als sie die Mütter der Kinder mit einbeziehen.[51] Die kindliche Entwicklung wird nunmehr als von der *Gesamtheit der Umweltbedingungen* abhängig verstanden, und es entwickelte sich – in bewußter Abkehr von der älteren Erziehungsstilforschung – die ökologische Sozialisationsforschung, welche auch die dauerhaften Ergebnisse der schichtspezifischen Sozialisationsforschung zu integrieren in der Lage ist.[52] Sozialpolitik für das Kind läßt sich nunmehr verstehen als staatliches Einwirken auf die Umwelten kindlicher Entwicklung innerhalb und außerhalb der Familie.[53]

Untersucht man die kindlichen Sozialisationsbedingungen in dieser Perspektive, so lassen sich zwar eine Vielzahl belastender Faktoren identifizieren, von denen einige in Abschnitt 4.5 und 4.6 erwähnt wurden, aber *Kinderfeindlichkeit* tritt eigentlich nirgends in manifester Form auf. Man gewinnt vielmehr den Eindruck, daß sowohl die Eltern als auch die professionellen Erzieher sich überwiegend mit großem Einsatz und mit eher zunehmender denn abnehmender Kompetenz um die ihnen anvertrauten Kinder kümmern. Gravierende Phänomene wie Gewalt gegenüber Kindern sind zwar nicht verschwunden, werden aber immer stärker öffentlich kritisiert und sind infolgedessen vermutlich rückläufig. Selbst für die nicht selten geäußerte Vermutung, daß Eltern ihre Kinder infolge einer zunehmenden hedonistischen Orientierung mehr als früher vernachlässigten, gibt es bisher nur impressionistische Belege. Kindsvernachlässigungen hat es immer gegeben; die Frage ist, ob sie gesellschaftsweit zunehmen. Allerdings scheint die Vermutung nicht unbegründet, daß ein zunehmender Teil der Eltern durch die komplexer gewordene Sozialisationssituation ihrer Kinder überfordert wird, was die familiale Erziehungsleistung beeinträchtigt.

Was die Vitalsituation der Kinder und Jugendlichen betrifft, so gibt es ernstzunehmende Bedenken, daß sie sich im Lauf der Jahre eher verschlechtere, daß kindliche Verhaltensstörungen und Lernschwierigkeiten zunähmen und sich sozial auffällige Verhaltensweisen unter Jugendlichen eher ausbreiteten als zurückgingen. Im einzelnen sind diese vor allem für die Vereinigten Staaten belegten Entwicklungstendenzen für die Bundesrepublik noch schwer zu prüfen, weil hier kaum vergleichbares Untersuchungsmaterial von verschiedenen Zeitpunkten vorliegt.[54] Betrachtet man die wenigen verfügbaren Zeitreihen der amtlichen Statistik, so ergibt sich bei den Selbsttötungen (immer in relativen Zahlen) ein konstanter Wert bei den unter 15-jährigen und ein kontinuierlicher Rückgang seit 1960 bei den 15- bis 20-jährigen. Die Zahl der bei Verkehrsunfällen getöteten und verletzten Kinder hat von 1957 bis 1970 zugenommen und seither abgenommen; auch aus der Kriminalstatistik lassen sich je nach zugrundegelegten Zeitreihen sowohl eine Zunahme wie ein Rückgang der Jugendkriminalität begründen.[55]

Befragungen von Kindern und Jugendlichen lassen erkennen, daß die sie belastenden Bedingungskonstellationen vor allem im Bereich von *Familie und Schule* zu suchen sind. Ein im Jahre 1980 durch den Sonderforschungsbereich 3 (Mannheim) durchgeführter ‚Kindersurvey',[56] eine bundesweite Befragung von acht- bis zehnjährigen Grundschulkindern ergab, daß das kindliche Wohlbefinden am stärksten durch das von den Kindern wahrgenommene Erziehungsverhalten der Eltern beeinflußt wird. Die Wahrnehmungen der Kinder stimmen dabei häufig *nicht* mit der Selbsteinschätzung der Eltern hinsichtlich ihres Erziehungsverhaltens überein. Als wichtigster Streß *auslösender* Faktor erscheint die Schule, wo die Kinder im Vergleich zu allen anderen Lebensbereichen das geringste Wohlbefinden äußern.[57] Schulangst ist in diesem Alter eher auf allgemeine Ängstlichkeit als auf das Erziehungsverhalten der Eltern zurückzuführen, sowie auf das Ausmaß der Lernschwierigkeiten;[58] aber von den Kindern als überzogen wahrgenommene Anforderungen und Erwartungen der Eltern beeinträchtigen das Wohlbefinden in der Schule. Objektivierbare Lebensbedingungen wie Wohnung, Wohnumfeld und Spielmöglichkeiten spielen für das kindliche Wohlbefinden nur eine untergeordnete Rolle, dennoch sind „die Äußerungen von Kindern über ihre wahrgenommene Lebensqualität deutlich von ihren objektiven Lebensbedingungen abhängig ... Die objektiven Lebensbedingungen haben Auswirkungen auf Komponenten wie Erziehungsstile oder Familienklima, und sie beeinflussen das Wohlbefinden der Kinder auch indirekt, indem sie dazu führen, daß Eltern sich z. B. mit Rücksicht auf Nachbarn oder die Gefährlichkeit des Straßenverkehrs den Kindern gegenüber restriktiv verhalten."[59]

Untersuchungen zur psychosozialen Belastung Jugendlicher durch den Sonderforschungsbereich 227 (Bielefeld) zeigen noch deutlicher die zentrale Bedeutung von Eltern und Schul- bzw. Ausbildungssituation für das Ausmaß der Belastung, doch tritt hier als dritter Faktor die Gruppe der Gleichaltrigen hinzu. „Ob in heutigen Gesellschaften ein höherer Grad von gesundheitlicher Beeinträchtigung (in einem weiten Wortsinn) vorherrscht als etwa vor ein oder zwei Jahrzehnten ... ist mit empirisch abgesicherten Untersuchungsergebnissen kaum zu belegen. Viele Indizien sprechen aber dafür, daß die Lebenssituation von Jugendlichen, ... grob gesprochen also von Menschen im zweiten Lebensjahrzehnt sehr spannungsreich und konfliktbeladen ist. Das gilt für die Sektoren der Schul- und Berufsbildung, der Kontakte zu den Eltern, der Eingliederung in die Gleichaltrigengruppe und auch für die Bewältigung der vielfältigen ‚Stimulationen' im Freizeitbereich, am Konsummarkt und im Mediensektor."[60] Soziale Spannungen im Elternhaus und die Wahrnehmung einer unsicheren schulischen und beruflichen Zukunft sind die zentralen Faktoren für die Genese psychosozialer Belastungen, und nicht selten verstärken sich diese Faktoren wechselseitig und führen zu Reaktionsformen abweichenden Verhaltens wie Delinquenz, Aggressivität bzw. Alkohol- und schließlich Drogenkonsum. Für die Wahl der Reaktionsform ist die Bezugsgruppe der Gleichaltrigen von großer Bedeutung.

Es bestätigt sich also der Eindruck einer erheblichen Belastung der Kinder und Jugendlichen durch die gegenwärtigen Lebensverhältnisse, aber der Einfluß wird durch ihre unmittelbare Umwelt ‚gebrochen', d. h. entweder abgemildert oder verstärkt. *Wohlstandsorientierung, Konkurrenzprinzip und leistungsorientierte Selektion als zentrale Merkmale einer vom Primat des Wirtschaftlichen geprägten Kultur schlagen sich vermittelt im Lebensraum der Kinder und Jugendlichen nieder und produzieren ‚psychosoziale Kosten',*[61] *deren Höhe von der Fähigkeit der Eltern und Lehrer abhängt, den Kindern trotzdem ein auf ihre beschränkten Fähigkeiten und vielfältigen Motive abgestimmtes Entwicklungs- und Lernklima zu schaffen.* Wir können diese Bedingungen als wenig kindgeeignet bezeichnen, und eben deshalb wachsen Kinder zunehmend in Sonderumwelten heran. Aber Kinderfeindlichkeit gehört nicht zu den Faktoren, die Kinder belasten.

Auch für die Behauptung, die niedrige Geburtenhäufigkeit sei auf ein ‚kinderfeindliches Klima' in der Bundesrepublik zurückzuführen, gibt es m. W. keine über das Anekdotische hinausgehenden Belege. Zwar mag es zutreffen, daß Hauseigentümer Wohnungen lieber an kinderlose Paare mit und ohne Haustier statt an Familien mit Kindern vermieten und daß letztere in südlichen Ländern in der Öffentlichkeit auf mehr Sympathie stoßen, doch sind dies eher oberflächliche Phänomene. *Das eigentliche Problem scheint nicht die Ablehnung von Kindern, sondern eine weitgehende Indifferenz gegenüber Kindern und ihren spezifischen Bedürfnissen sowie eine ungenügende Anerkennung der Elternleistungen in weiten Bereichen der Gesellschaft zu sein.*

Die anzusprechenden Probleme entziehen sich also weitgehend einer moralischen Verurteilung, sie sind vielmehr vorwiegend *struktureller Art.* Die Strukturen, von denen unser alltägliches Leben abhängt, werden mit ihrer fortschreitenden Spezialisierung und Rationalisierung immer selektiver und immer ausschließlicher auf die Bedürfnisse von Erwachsenen zugeschnitten. Ihre Indifferenz gegenüber den spezifischen Bedürfnissen von Kindern wirkt sich als *strukturelle Rücksichtslosigkeit* aus. Des weiteren werden auch die Erwachsenen stets nur unter bestimmten Gesichtspunkten in Betracht gezogen, worunter deren familiäre Verpflichtungen nur ausnahmsweise fallen. *Unser gesamtes Rechtssystem geht von der Gleichheit der Individuen aus und berücksichtigt den sehr existenziellen Faktor der Elternschaft nur ausnahmsweise.* Auch aus dieser Indifferenz ergeben sich Rückwirkungen, die Familien benachteiligen.[62] „Der dominierende Tatbestand in unserer Gesellschaft ist somit nicht die Ablehnung von Kindern, sondern die Indifferenz gegenüber dem Umstand, ob Menschen die Verantwortung für Kinder übernehmen oder nicht, *also die fehlende Anerkennung der Tatsache, inwieweit Menschen familiale Leistungen erbringen oder nicht.* Die fehlende Anerkennung liegt primär in den institutionalisierten Regeln, denen die verschiedenen Gesellschaftsbereiche folgen. Es sind die gesellschaftlichen Strukturen, welche primär die Benachteiligung der Familien bedingen. Es handelt sich primär um einen Konstruktionsfehler unserer gesellschaftlichen Verhältnisse, nicht um eine psychologische Disposition der Beteiligten. Diesem Sachverhalt soll der Begriff *strukturelle Rücksichtslosigkeit gegenüber Familie* Ausdruck geben. Elternschaft gilt als „Privatsache", Eltern werden daher im Regelfall „wie jedermann" behandelt. *Diese Privatisierung der Elternverantwortung bringt jedoch den Kinderlosen im Regelfall Konkurrenzvorteile*, und vor allem bedeutet die Übernahme von Elternverantwortung zunehmend Verzicht auf andere Möglichkeiten des Lebens. Nicht nur die direkten, auch die Opportunitätskosten des Kinderhabens steigen."[63] Das Leben als ‚Single' oder allenfalls als ‚kinderloses Paar' entspricht sozusagen am stromlinienförmigsten den privilegierenden Lebensbedingungen in unserer Gesellschaft. Deshalb ist die Frage berechtigt, ob die Familie mit Kindern im Begriff ist, zur Lebensform einer Minderheit zu werden.[64] Diese Frage ist bereits heute zu bejahen, wenn man von der Haushaltsstatistik ausgeht (vgl. Tabelle 1, S. 23). Sie ist – noch – zu verneinen, wenn wir im Rahmen eines kohortenspezifischen Ansatzes fragen, wie hoch der Anteil einer Generation ist, die im Laufe ihres Lebens *keine* Verantwortung für Kinder übernimmt. Sie läßt sich aus den vorliegenden Statistiken (insbesondere infolge der Wiederverheiratungen) nicht genau beantworten, doch dürfte der Anteil in den jüngeren Generationen bereits über 20% liegen (vgl. Tabelle 3, S. 46).

Im folgenden seien einige der wirkmächtigsten strukturellen Eigenschaften moderner Gesellschaften namhaft gemacht, welche die *Privilegierung eines Lebens ohne Kinder* bewirken.

5.3.2 Die mangelnde Rücksichtnahme der Wirtschaft auf die Familie

Den grundlegenden Mangel des herrschenden Wirtschaftsverständnisses hat bereits der deutsche Klassiker der Nationalökonomie *Friedrich List* auf die provokante Formel gebracht: „Wer Schweine erzieht, ist . . . ein produktives, wer Menschen erzieht, ein unproduktives Mitglied der Gesellschaft.“[65] Zu den grundlegenden Strukturelementen unseres Wirtschaftssystems gehören das Privateigentum und der Vertrag, und beide gehen vom Individuum als alleinigem Träger von Rechten und Pflichten aus. Frühere Rechtsordnungen kannten verschiedene Formen des *Familieneigentums*, welche alle durch die Rechtsfigur des *Privateigentums* abgelöst worden sind. Auch die Rechtsbeziehungen zwischen Personen waren teilweise körperschaftlicher Art, sie sind heute – abgesehen vom Familienrecht – nahezu ausschließlich vertraglicher Art. Das bürgerliche Gesellschafts*modell*, d.h. die gedachte Ordnung der auf Privateigentum und Vertrag beruhenden Gesellschaft, betrachtete das bürgerliche Subjekt nicht nur als Privateigentümer, sondern sozusagen *implizit als Familienvater*, wie es der vorbürgerlichen Rechtsordnung entsprach (vgl. 2.3). Diese Annahme war angesichts der Vision plausibel, daß unter den Bedingungen einer liberalen Wirtschaftsordnung ein jeder bei genügendem Fleiß in der Lage sein würde, Eigentümer seiner Produktionsmittel, also selbständig Erwerbender zu werden. Unter dieser Voraussetzung bedeutete eine Familie, auch eine große Familie, nicht bloß eine ökonomische Belastung, sondern gleichzeitig einen ökonomischen Vorteil, da Frau und Kinder als mithelfende Familienangehörige zum Prosperieren des Familienbetriebs beitragen konnten. Überdies konnte der alternde Selbständige seinen Hof oder Betrieb an die Nachkommen mit Auflagen übergeben, welche ihm ein auskömmliches Alter sicherten. In dem Maße allerdings, indem sich diese liberale Vision als *Illusion* erwies, indem sich statt dessen das lebenslange unselbständige Arbeitsverhältnis ausbreitete, wurde der auf dem individualistischen Vertragsrecht beruhende Arbeitslohn zum Normalfall der Existenzsicherung. Er war als *Individuallohn* und nicht als Familienlohn konzipiert, wie schon früh nicht nur von sozialistischer, sondern auch von konservativer Seite kritisiert wurde. Das war aber keineswegs dem besonderen Egoismus der Unternehmer, sondern dem System kapitalistischer Konkurrenzwirtschaft zuzuschreiben. Insbesondere in Frankreich experimentierten schon früh christliche Unternehmer unter dem Einfluß von *Frédéric Le Play* mit dem Familienlohn, doch dieser war unter Konkurrenzbedingungen nicht zu halten. Das Risiko unterschiedlicher Familiengrößen wurde daraufhin durch überbetriebliche Familienausgleichskassen kollektiviert, welche bis heute ein Kernelement des französischen sozialen Sicherungssystems darstellen[66].

Solange auch Frau und Kinder als Arbeitskräfte eingesetzt wurden, stimmte das Familieneinkommen immerhin der Tendenz nach mit der Familiengröße überein, doch führten die schlechten Arbeitsbedingungen und die überlangen Arbeitszeiten (12–16 Stunden) der Frühindustrialisierungsphase zu immer eingreifenderen staatlichen Maßnahmen des Arbeitsschutzes, insbesondere für Kinder und Frauen, so daß deren Erwerbsmöglichkeiten im Vergleich zu denjenigen der Männer beschränkt wurden. Mit dem Ausbau der allgemeinen Schulpflicht und der allmählichen Erhöhung des Ausschlußalters vom Erwerbsleben von zunächst acht (1839 in Preußen) auf heute fünfzehn Jahre entfiel der Beitrag der Kinderarbeit für das Haushaltsbudget vollends. *Der soziale Fortschritt ging also nicht zu Lasten der Unternehmer, sondern der Eltern!* Für das Arbeitsverhältnis ist nach wie vor der Individuallohn maßgebend, der – außerhalb des am Alimentationsprinzip orientierten öffentlichen Dienstes – auf den Familienstand keine Rücksicht nimmt. Dies ist sozusagen das primäre, zahlreiche weitere Benachteiligungen präformierende Strukturelement einer ökonomischen Privilegierung aller Kinderlosen (vgl. auch 4.6.1).

Die *ökonomischen Konkurrenzvorteile der Kinderlosen* reichen natürlich weiter: Da sie in höherem Maße für die Berufsarbeit disponibel sind, sind ihre betrieblichen Aufstiegschancen größer, ebenso ihre Möglichkeiten zur Verlängerung der Arbeitszeit und zur aufstiegsorientierten beruflichen Mobilität. Dieser *Konkurrenzvorteil der Kinderlosigkeit* wird insbesondere spürbar, seitdem die gleichzeitige Erwerbsbeteiligung von Männern und Frauen selbstverständlich geworden ist (vgl. 4.5.2) und die Ansprüche an Kinderbetreuung und Kindererziehung stark zugenommen haben (vgl. 4.5.3). Auch diese Veränderungen sind von wirtschaftlichen Interessen ausgelöst worden, ohne daß die Folgeprobleme für die Familie innerhalb des Wirtschaftssystems abgearbeitet werden. Zwar haben staatliche Maßnahmen gewisse Abmilderungen geschaffen, die über erhöhte Steuern teilweise auch von der Wirtschaft finanziert werden, doch die Hauptkonsequenz liegt nach wie vor bei den Familien selbst. *Die Vorteile der säkularen Wohlstandssteigerung kommen also mit einer gewissen Zwangsläufigkeit überproportional denjenigen Haushalten zugute, die ihre Arbeitskraft uneingeschränkt der Erwerbstätigkeit zuwenden können.* Berücksichtigt man, daß nach amerikanischen Untersuchungen der durchschnittliche Zeitaufwand eines Ehepaares für Dienstleistungen an ihre Kinder (ohne gemeinsame Freizeit u. ä.) bei einem Kind 4,3 Std., bei zwei Kindern 6,5 Std., bei drei Kindern 7,6 Std. und bei Familien mit vier und mehr Kindern 9,9 Std. *täglich* beträgt, so wird die Einschränkung der beruflichen Disponibilität offenkundig.[67] Auch wenn in jüngster Zeit durch die technologisch ermöglichte Dezentralisierung von Arbeitsplätzen eine teilweise Rücknahme der Trennung von Familienhaushalt und Arbeitsplatz auch für unselbständig Erwerbende, insbesondere für unselbständig erwerbende Frauen angestrebt wird, so führt dies, wie erste empirische Untersuchungen zeigen, doch nur dort zu einer Entlastung der Familien, wo der zeitliche Umfang *begrenzt* bleibt. Sonst wird die Belastung nunmehr in den familialen Zusammenhang hinein verlegt, da die Abhängigkeit von den Zeitvorgaben der Unternehmen, die sich dieser Produktionsformen vor allem zum Ausgleich von Spitzenbeanspruchung ihres Produktionsapparates bedienen, nicht aufgehoben wird.[68]

Ein letztes Moment der Auswirkungen von Wirtschaftsstrukturen auf den familialen Zusammenhang sei hervorgehoben: die Stabilisierung der Rollenpolarisierung zwischen Mann und Frau, welche sich heute – wie gezeigt wurde – mehr und mehr als Hemmschuh einer Restabilisierung der familialen Verhältnisse erweist. *Noch immer wird lediglich die Frauenerwerbstätigkeit als problematisch für die Familie angesehen, doch im Prinzip gilt dassselbe für die männliche Erwerbstätigkeit.*[69] Diskussionswürdig ist daher die These von *Künzler*: „Je länger die bezahlte Arbeitszeit der Partnerin ist, umso mehr Hausarbeit übernehmen die Männer, wobei der Umfang ihrer eigenen Erwerbstätigkeit jedoch als Einschränkung wirkt: Sie reduzieren ihre Hausarbeitszeit, wenn ihre bezahlte Arbeitszeit zunimmt. Dieser Befund ist familien- und sozialpolitisch brisant, besagt er doch, daß eine Angleichung der bezahlten Arbeitszeiten von Frauen und Männern – eine Ausweitung der Wochenarbeitszeit der Frauen und eine Reduktion der Wochenarbeitszeit für Männer – zu einer Enttraditionalisierung der familialen Arbeitsteilung führen dürfte!"[70] Der Umstand jedoch, daß bei Arbeitgebern wie bei Gewerkschaften nach wie vor erhebliche Vorurteile hinsichtlich geschlechtsspezifischer Eigenarten des Arbeitskräfteangebotes vorherrschen, bringt einen Konkurrenzvorteil der Männer auf dem Arbeitsmarkt für Dauerarbeitsplätze mit sich und verweist die Frauen eher in den marginalen Bereich der Beschäftigung.[71] Bei

Vollzeittätigkeit liegen „die durchschnittlichen Bruttowochenverdienste der Arbeiterinnen . . . immer noch um rd. 30% unter denen der Arbeiter. Bei den Angestellten machen die durchschnittlichen Bruttomonatsverdienste der Frauen nur 64,2% der Männer aus."[72] Teilzeitarbeitsplätze werden für Männer kaum angeboten, und praktische Möglichkeiten eines Vaterschaftsurlaubs bestehen, soweit ich sehe, nur im Öffentlichen Dienst. Empirische Untersuchungen zeigen, daß die meisten erwerbstätigen Frauen im Zusammenhang mit der Übernahme der Mutterrolle Statuseinbußen in Kauf nehmen müssen, und daß eine kontinuierliche Berufstätigkeit auf erhebliche Hindernisse stößt. „Die gesellschaftlich bedeutsame Verantwortung und Arbeit für die Erziehung und Versorgung des Kindes (bleibt) in der betrieblichen Sphäre unberücksichtigt und der individuellen Kraftanstrengung der Frauen anheimgegeben, die im Betrieb möglichst nicht spürbar werden soll."[73]

Eine ganz andere Einwirkungsform der Wirtschaft auf die familialen Verhältnisse sei schließlich wenigstens erwähnt. Die mitunter aggressive Werbung, insbesondere über das Fernsehen, dringt unmittelbar in den familialen Zusammenhang ein und beeinflußt das Anspruchsniveau der Familienmitglieder in unterschiedlicher, aber vermutlich häufig konfliktsteigernder Weise. Berücksichtigt man ferner, daß die Vervielfachung der Fernsehprogramme in den letzten Jahren eine wachsende Abhängigkeit des Fernsehens von den Werbeeinnahmen und damit indirekt von den Einschaltquoten bewirkt hat, so wird hier eine Interessenstruktur sichtbar, die unmittelbar auf den Familienalltag und seine Zeitverwendung gerichtet ist. Für Eltern und Kinder wird es immer schwieriger, sich gegenüber solchen anonymen „Miterziehern" zu behaupten.

5.3.3 Die mangelnde Rücksichtnahme des Staates gegenüber der Familie

Die Entstehung staatlicher Familienpolitik erscheint im historischen Rückblick vor allem an zwei Motive gebunden, das bevölkerungspolitische und das sozialpolitische. Die Erhaltung und Vermehrung des Bevölkerungsstandes war bereits ein Motiv des Merkantilismus und hat sich sowohl in Frankreich wie im Deutschen Reich mit ausgeprägt nationalistischen Motiven verbunden. Im Vordergrund einer *bevölkerungspolitisch* orientierten Familienpolitik steht das Ziel der Erhöhung der Geburtenraten. Das *sozialpolitische* Motiv der Familienpolitik geht von der Ungleichheit der Lebenslagen der Familien und ihrer Benachteiligung in der primären Einkommensverteilung aus und versucht, über den Abbau sozio-ökonomischer Benachteiligung die Handlungsfähigkeit der Familien und insbesondere ihre Sozialisationsleistungen abzusichern. Hier steht also das Interesse an Chancengleichheit und der Entwicklung von Humanvermögen im Vordergrund. Zwei weitere Motive, deren Konflikt für die Familienpolitik in der Bundesrepublik charakteristisch ist, lassen sich als *familieninstitutionelles* und als *emanzipatorisches* Motiv kennzeichnen. Inbesondere christlich und konservativ inspirierte Kreise haben Familienpolitik immer wieder unter Berufung auf den Eigenwert der Familie als einer naturrechtlich vorgegebenen Institution menschlichen Zusammenlebens betont. Da sich dieses Argument de facto mit der Idealvorstellung einer bestimmten historischen Familienform, nämlich der patriarchalisch orientierten bürgerlichen Familie verband, geriet diese Position in Konflikt mit dem vor allem von sozialistisch inspirierten Bewegungen getragenen emanzipatorischen Motiv der Familienpolitik, dem es darum geht, die in den herkömmlichen familialen Lebensformen enthaltenen Herrschaftsbeziehungen und Machtstrukturen aufzubrechen und die Abhängigkeit der Frauen von ihren Männern wie die Abhängigkeit der Kinder von ihren Eltern abzubauen. In der Praxis der politischen Auseinandersetzungen um die Förderung der Familie lassen sich diese vier Motive in unterschiedlichen Mischungsverhältnissen nachweisen.[74]

Die moderne *Familienpolitik* hat ihren Ursprung in Frankreich, wo die Geburtenraten bereits in der ersten Hälfte des 19. Jahrhunderts deutlich sanken. Insbesondere aufgrund des bevölkerungspolitischen und des familieninstitutionellen Motivs entwickelte Frankreich als erstes Land Maßnahmen des Familienlastenausgleichs und verabschiedete schon 1939 einen ‚Code de la famille', welcher der Familie neben den Individuen eigenständige Rechte sichert. Er wurde nach dem 2. Weltkrieg wirksam, und bis heute kommt der Familienpolitik im Rahmen der französischen Sozialpolitik weit stärkeres Gewicht zu als in der Bundesrepublik.[75] Schweden folgte in den dreißiger Jahren, vor allem aufgrund einer Verbindung von sozial- und bevölkerungspolitischen Motiven.[76] Im nationalsozialistischen Deutschland wurde die Familienpolitik ganz der Bevölkerungspolitik untergeordnet und bestand in der selektiven Unterdrückung einzelner Volksgruppen bei gleichzeitigem Anreiz zur selektiven Vermehrung der den Herrschenden genehmen ‚germanischen Rasse'.[77] In der Schweiz entstanden die ersten familienpolitischen Maßnahmen im Zusammenhang mit der Ordnung des Erwerbsausfalls für die diensttuenden Soldaten während des 2. Weltkriegs und führten 1945 zur Einfügung eines Familienschutzartikels in die Bundesverfassung.[78] Die meisten westlichen Industrieländer entwickelten im Rahmen des Aufbaus ihrer wohlfahrtsstaatlichen Einrichtungen nach dem 2. Weltkrieg spezielle, in ihrer Ausgestaltung jedoch recht unterschiedliche Maßnahmen zugunsten der Familie.[79]

Die Bundesrepublik Deutschland hat trotz des schon in der Weimarer Verfassung in Art. 119 verankerten Schutzes der Ehe „als Grundlage des Familienlebens und der Erhaltung und Vermehrung der Nation" und des in Art. 6 GG ohne bevölkerungspolitischen Bezug erneut ausgesprochenen „besonderen Schutzes“ von Ehe und Familie erst spät und sehr zögernd mit dem Aufbau einer Familienpolitik begonnen. Dies hing nicht zuletzt damit zusammen, daß der alliierte Kontrollrat die Zahlung von Kindergeld als „Teil der nationalsozialistischen Rassengesetzgebung und Bevölkerungspolitik“ verboten hatte.[80] Es waren in der unmittelbaren Nachkriegszeit vor allem die Länder und Kommunen, welche Maßnahmen der Familienhilfe einführten. Auch manche Arbeitgeber zahlten Familienzulagen, welche durch das Kindergeldgesetz von 1954 ab dem 3. Kind allgemein verbindlich gemacht wurden. Erst 1961 bzw. 1964 nahm das Kindergeld seine heutige Form als aus allgemeinen Steuermitteln finanzierter Familienlastenausgleich an.[81] Da das Bundesverfassungsgericht die verfassungsmäßige Bestandssicherung von Sozialleistungen an das Kriterium der Beitragszahlung band, blieb jedoch das Kindergeld in der Folge Bestandteil der finanzpolitischen Manövriermasse und wurde je nach politischer und wirtschaftlicher Konjunktur erhöht oder auch reduziert. Bis heute fehlt ihm im Gegensatz zu den Altersrenten jede gesicherte Anbindung an die Kaufkraftentwicklung. Immerhin hat das Bundesverfassungsgericht durch zwei Entscheidungen im Jahre 1990 (BVerfGE 82,60; 82,198) den Gesetzgeber verpflichtet, die Einkommenssteuertarife so zu modifizieren, daß nicht nur das Existenzminimum des Steuerpflichtigen, sondern auch dasjenige aller von seinem Unterhalt abhängigen Familienmitglieder steuerfrei bleibt. Unter den im Sozialbudget als ‚Leistungen an die Familie‘ aufgeführten Leistungen kommt dem Ehegatten-Splitting im Steuerrecht das mit Abstand größte Gewicht zu (vgl. Tab. 16, S. 198). Diese Maßnahme ist allerdings weniger familienpolitisch als steuertechnisch motiviert, und die mit ihr verbundene Begünstigung allein von der Differenz der Einkommensgröße beider Ehegatten und nicht von der Kinderzahl abhängig. Der Umstand, daß Kinderfreibeträge nach der Systematik des deutschen Steuerrechts umso höhere Steuerentlastungen bewirken, je größer das Einkommen ist, daß sie also den wirtschaftlich besonders belasteten Familien den geringsten Nutzen bringen, hat auch den Ausbau der Steuererleichterungen immer wieder paralysiert. Die Kommission für den Fünften Familienbericht hat im Anschluß an die erwähnten Entscheidungen des Bundesverfassungsgerichts das Problem nun dahingehend präzisiert, daß „von einem Ausgleich von Lasten zwischen Gesellschaftsmitgliedern mit Kindern und ohne Kinder ... sinnvoll erst dann gesprochen werden (kann), wenn durch diese Transfers eine relative Besserstellung der Familien oberhalb des Familienexistenzminimums im Vergleich zu kinderlosen Gesellschaftsmitgliedern erfolgt. Eine solche Besserstellung der Familien gegenüber kinderlosen Steuerpflichtigen hat – entgegen offiziellen Verlautbarungen der Bundesregierung – auch die Steuerreform der Jahre 1986 bis 1990 nicht gebracht.“[82]

So ist der eigentliche Kinderlastenausgleich in der Bundesrepublik bis heute wenig entwickelt und deckt bei weitem nicht die direkten Kosten, welche den Eltern durch das Aufziehen der Kinder entstehen. Und erst recht vermag er nicht jene Einkommensausfälle zu kompensieren, welche durch den Verzicht eines Ehepartners auf Erwerbstätigkeit resultieren. Hierfür wurde in jüngster Zeit ein Erziehungsgeld eingeführt, das wenigstens einen teilweisen Ausgleich bringt. Weitere Maßnahmen existieren auf Länderebene.[83]

Erst sehr allmählich hat sich die Familienpolitik dem Gedanken geöffnet, daß die Probleme moderner Familien nicht allein im Familienlastenausgleich bestehen, sondern daß darüber hinaus *spezifische Problemlagen* von Bedeutung sind, die sich überwiegend an bestimmte *lebenszyklische Phasen* binden. Insbesondere Alleinerziehende und die jungen Familien erscheinen als Problemgruppen, aber auch diejenigen älteren Familien, welche behinderte bzw. pflegebedürftige Menschen zu betreuen haben. Besondere Entlastungen und Unterstützungen wurden auch für diejenigen Familien geschaffen, die ihren Kindern eine über die allgemeine Schulpflicht hinausreichende Ausbildungsdauer ermöglichen. Nicht unerwähnt bleiben können schließlich die öffentlichen Aufwendungen für Kindergärten und insbesondere für das Bildungswesen, welche zwar nicht direkt den Familien zugute kommen, aber als öffentliche Leistungen für die Kinder natürlich auch im Interesse der Eltern liegen. Dabei ist festzuhalten, daß die nahezu völlige Unentgeltlichkeit des Bildungswesens (unter Einschluß der Hochschulbildung) in der Bundesrepublik zu einer erheblichen *relativen Begünstigung der Mittelschichten* beiträgt, da die Unterschichten die Möglichkeiten des weiterführenden Bildungswesens weit weniger in Anspruch nehmen.[84] Diese unterschiedliche Bildungsbeteiligung scheint sowohl eine Folge schulischer Leistungsunterschiede (welche ihrerseits vermutlich teilweise genetisch, teilweise umweltbedingt sind) als auch auf geringere Bildungsaspirationen der Eltern und nicht zuletzt auf deren ungünstigere ökonomische Lage rückführbar zu sein.

Mit diesem bildungspolitischen Gesichtspunkt haben wir allerdings den Bereich dessen verlassen, was in der Bundesrepublik als Familienpolitik gilt. Doch eben dies ist eine zu enge Perspektive. Betrachtet man die Familienpolitik allein, so wird man sie als zwar zu wenig nachhaltiges, aber doch grundsätzlich familienorientiertes Wirken des Staates auf der Ebene des Bundes, der Länder und der Kommunen zu würdigen haben. *Was hier unter mangelnder Rücksichtnahme des Staates auf die Familie verstanden werden soll, bezieht zwar den vergleichsweise geringen Stellenwert der Familienpolitik in der Hierarchie politischer Prioritäten mit ein, betrifft aber in erster Linie den Sachverhalt, daß in den meisten Politikbereichen außerhalb der Familienpolitik dem Umstand, ob Menschen die Verantwortung für die Erzie-*

hung und Versorgung von Kindern tragen, keine oder nur ungenügende Rechnung getragen wird. Diese Zusammenhänge können hier nur exemplarisch verdeutlicht werden.[84a]

Auf die Steuerpolitik wurde bereits am Beispiel des Ehegatten-Splitting und der umstrittenen Kinderfreibeträge hingewiesen. Die dominierenden Gesichtspunkte der Steuersystematik sind so gestaltet, daß sie familienrelevante Tatbestände entweder nicht oder in einer den Belastungsausgleich nicht fördernden Form berücksichtigen. Einen weiteren charakteristischen Problembereich stellt die soziale Alterssicherung dar. Hier setzen sich die Wirkungen des Individuallohnprinzips im Rentenrecht fort: Der Verzicht auf Erwerbsarbeit zugunsten der Kindererziehung wurde erst seit kurzem durch die Anrechnung von zunächst einem, für die Geburten ab 1993 von drei Erziehungsjahren anerkannt. Das stellt zweifellos einen Fortschritt dar, aber er bleibt insoweit unsystematisch, als das herrschende Rentenrecht (wie übrigens auch das Alimentationsrecht des Öffentlichen Dienstes) nach wie vor von der Annahme der Hausfrauenehe als Normalfall ausgeht. Durch die Koexistenz von Verwitwungsleistungen und eigenen Rentenansprüchen entstehen ungerechtfertigte Disproportionalitäten in der Rentenstruktur. Generell zeigt sich, daß das geltende Sozialrecht die Veränderung des weiblichen Lebenszusammenhangs, also den Übergang von der Hausfrauenehe auf die neue, durch eine Vielfalt unterschiedlicher Erwerbsarrangements zwischen den Partnern und nicht zuletzt auch durch Formen alleinerziehender Elternschaft gekennzeichneten Familienwirklichkeit nur mit großer Mühe verarbeitet. Insbesondere aus der Frauenperspektive resultiert daraus ein breites Spektrum von sozialrechtlichen Unterschieden, die als diskriminierend angesehen werden.[85]

Problematisch ist weiterhin die ungenügende Berücksichtigung der Familie, insbesondere der kinderreichen Familien, im Rahmen des sozialen Wohnungsbaus und des Wohngeldes. Beachtung verdient das Baukindergeld, weil es im Unterschied zu allen anderen kindbezogenen Steuerermäßigungen nicht in den Steuertarif eingearbeitet ist, sondern von der Steuerschuld abgezogen wird. Auf diese Weise kommt es allen berechtigten Steuerpflichtigen in gleicher Weise zugute, während die übrigen Steuerermäßigungen umso höhere Vorteile bringen, je höher das Einkommen ist.[86]

Ebenso beginnt sich die staatliche Politik erst allmählich des Problems einer Erleichterung der Vereinbarkeit von Beruf und Familie anzunehmen: Hier besteht die Schwierigkeit darin, daß aus der Sicht der einzelnen Familien sehr unterschiedliche und im Laufe der Familienentwicklung wechselnde Arrangements sinnvoll erscheinen, so daß es in erster Linie um eine Flexibilisierung der Möglichkeiten der Erwerbsbeteiligung geht.[87]

Einen besonders delikaten Bereich staatlicher Politik im Hinblick auf die Familie stellt die juristische Regelung familialer Tatbestände dar. Sie findet insbesondere im Ehe- und Ehescheidungsrecht, im Unterhaltsrecht, im Recht der elterlichen Sorge und dem korrespondierenden Jugendhilferecht statt. Die zahlreichen Reformen dieser Rechtsmaterien, insbesondere in den siebziger Jahren, haben ihrerseits die Tendenzen der Optionserweiterung und der Pluralisierung familialer Lebensformen unterstützt, aber gleichzeitig auch die staatliche Regelungskompetenz in familialen Angelegenheiten erhöht.[88] Hier hat sich also überwiegend das emanzipatorische gegenüber dem familieninstitutionellen Motiv durchgesetzt, aber so, daß der Rekurs auf außerfamiliale Schlichtungsinstanzen (Familiengerichte, Sozialämter, Jugendämter) erleichtert wird. Hierfür lassen sich manche gute Gründe anführen, aber es ist doch nicht zu übersehen, daß die tendenzielle Verrechtlichung der familialen Beziehungen den Bedingungen jener eigensinnigen Solidarität, von der oben (5.2.3) als Stabilitätsbedingung von Familie die Rede war, zuwiderläuft.[89]

5.3.4 Die mangelnde Rücksichtnahme des Bildungswesens und der sozialen Dienste auf die Familie

Die Sozial- und Bildungseinrichtungen, welche der Betreuung und Förderung von Kindern dienen, werden überwiegend aus Steuermitteln finanziert und befinden sich teilweise in staatlicher und kommunaler, teilweise aber auch in freigemeinnütziger Trägerschaft. In beschränktem Umfange kommen privatwirtschaftlich organisierte Angebote hinzu, die aber im Vergleich zu manchen anderen Staaten in der Bundesrepublik nur eine untergeordnete Rolle spielen. Trotz des starken staatlichen Einflusses verdienen diese Dienste eine gesonderte Betrachtung, da hier zusätzliche, von der Politik weitgehend unabhängige Interessenlagen ins Spiel kommen.

Wie bereits in Abschnitt 5.3.1 angedeutet, ist die Lebenslage von Kindern heute zunehmend durch ihre gleichzeitige Verankerung in familialen und außerfamilialen Lebenszusammenhängen gekennzeichnet. Während in der Familie, und zumal in der Ein- oder Zwei-Kinder-Familie, jedes Kind seine einzigartige Stellung besitzt und – zum mindesten im günstigen Falle – von seinen Eltern auch in seiner Einzigkeit anerkannt und gefördert wird, sind öffentliche Bildungs- und Betreuungseinrichtungen schon von ihrem Auftrag her auf eine gewisse Gleichbehandlung der Kinder (mit leichten pädagogischen Modifikationen) festgelegt. *Familiale und schulische Sozialisation folgen daher mit einer gewissen Zwangsläufigkeit unterschiedlichen Mustern*, deren Heterogenität Kinder dann überfordern kann, wenn sie von beiden Seiten ohne Rücksicht auf die spezifischen Eigenarten des jeweils anderen Sozialisationsfeldes verfolgt werden.[90] Ähnliches gilt in abgeschwächtem Maße für das Verhältnis der Familie zu den sozialen Dienstleistungen wie Kindergärten, Beratungsstellen, Einrichtungen der Jugendhilfe oder auch des Gesundheitswesens.

Die Vielfalt der Sozialisationsfelder, zu denen auch die Beziehungen zu den Gleichaltrigen und die Massenmedien zu zählen sind, hat zweifellos Vorteile für das Hineinwachsen der Jugendlichen in eine ‚offene Gesellschaft', aber sie relativiert die elterliche Autorität und auch den bescheidener ansetzenden familiären Einfluß auf die Kinder. Es scheint eine durchaus offene Frage zu sein, inwieweit die jüngeren Generationen noch die gleichen Loyalitätsverpflichtungen zu ihren Eltern entwickeln, wie sie für die Vergangenheit charakteristisch gewesen sind; diese bilden eine wesentliche Voraussetzung der bis heute dominierenden familialen Pflegeleistungen im Alter. Eine *Relativierung der familialen Bindungen durch die Vervielfältigung der Sozialisationsfelder* könnte in Verbindung mit den infolge der allgemeinen Optionserweiterung gestiegenen Opportunitätskosten zu einer fortschreitenden Erosion der bisherigen Formen familialer Alterssorge führen.

Zur Erklärung des Wunsches nach Kindern hat sich das Konzept des ‚Wertes von Kindern' (Value of children) eingebürgert, das sich aus mehreren Dimensionen zusammensetzt. Hierzu gehört nicht zuletzt das *Bedürfnis der Eltern, den schulischen und beruflichen Erfolg ihrer Kinder als Element ihrer eigenen Selbstverwirklichung zu erleben.* In dem Maße jedoch, als konkurrierende Erziehungsinstanzen mit einem professionellen Anspruch gegenüber den Eltern auftreten, der die Elternkompetenz direkt oder indirekt in Frage stellt, oder wo im Namen der sogenannten Chancengleichheit die Einflußnahme der Eltern, welche die Interessen ihrer Kinder im Rahmen von Bildungseinrichtungen und sozialen Diensten wahrnehmen wollen, abgewehrt oder minimiert wird, muß damit gerechnet werden, daß auch diese Dimension des ‚Wertes von Kindern' beeinträchtigt wird. Die Belastung von Kindern und Jugendlichen durch das Unverständnis der Eltern gegenüber dem Schulstreß und die verbreitete Überforderung der Leistungsmöglichkeiten von Kindern sind ebenfalls ein Ausfluß des Bedürfnisses der Eltern, Bestätigung im Erfolg ihrer Kinder zu finden. Es handelt sich hier offenbar um ein sehr sensibles Problemfeld, das durch die verbreitete Beziehungslosigkeit zwischen Eltern und Lehrern zusätzlich belastet wird (vgl. 4.5.3).

Erhebliche Bedeutung für die familiale Zeitgestaltung hat das *zeitliche Programm* der Kindergärten und Schulen. In der Bundesrepublik findet der Schulunterricht im Gegensatz zu zahlreichen anderen Ländern nahezu ausschließlich am Vormittag statt. Auch die Kindergärten bieten ihre Leistungen in der Regel lediglich halbtags an. Auf diese Weise werden die beruflichen Möglichkeiten – zumeist der Mütter – eingeschränkt, soweit andere, in der Regel familial zu organisierende Betreuungsarrangements nicht zur Verfügung stehen. Insbesondere dort, wo die Öffnungszeiten rigide gehandhabt werden und die Kinder – z. B. aus Gründen der Verkehrssicherheit oder des Fehlens ausreichender Verbindungen mit öffentlichen Verkehrsmitteln – nicht allein nach Hause kommen können, ergeben sich erhebliche Einschränkungen. Mütter suchen diese vor allem dadurch zu kompensieren, daß sie Beschäftigungsmöglichkeiten in unmittelbarer Wohnungsnähe aufnehmen.[91]

Die Vorteile öffentlicher Dienstleistungen für Kinder sollen hierdurch in keiner Weise in Frage gestellt werden, aber es muß darauf hingewiesen werden, daß in einem bisher unbekannten Ausmaße für die Eltern auch ein *Inanspruchnahmeaufwand* und Folgeprobleme aus der Inanspruchnahme solcher Dienstleistungen entstehen.[92] Es ist zu vermuten, daß Nutzen und Belastungen nicht zuletzt von der Handlungskompetenz und dem Bildungsniveau der Eltern, unter der vorherrschenden Rollenverteilung insbesondere der Mütter, abhängen. Wo diese gering sind, wo also die Eltern ihre advokatorische Funktion für ihre eigenen Kinder gegenüber den dienstleistenden Einrichtungen nicht in genügendem Maße wahrnehmen können, ist mit einer stärkeren Benachteiligung ihrer Kinder und auch einer stärkeren Beeinträchtigung des Elterneinflusses auf die Kinder zu rechnen.

5.3.5 Ein zentrales Problem: Solidarpotentiale in einer individualistischen Kultur

Die Skizze der vorangehenden Unterabschnitte sollte einen Gedanken vertiefen, den wir bereits zu Beginn dieses Gutachtens (vgl. 3.1) ausgeführt haben: Moderne Gesellschaften sind durch strukturelle Ausdifferenzierung von Lebenssphären gekennzeichnet, welche im Zuge ihrer Spezialisierung auf bestimmte Leistungsbereiche eine Art Eigenlogik entwickeln, die sich immer stärker von derjenigen anderer Lebenssphären unterscheidet. So entspricht der Individuallohn durchaus der Eigenlogik der Wirtschaft, die zunehmende Verrechtlichung – auch der Familie – der Eigenlogik des Staates und die zunehmende Professionalisierung der Eigenlogik des Dienstleistungssektors.

Die Familie hat sich als auf Reproduktion, Regeneration, emotionale Stabilisierung und Kindererziehung spezialisierter Lebenszusammenhang ausdifferenziert und wurde im 20. Jahrhundert zu einer nahezu universalen Lebensform. Auch hier entwickelte sich eine Art Eigenlogik, nämlich der auf emotionalen Bindungen beruhende Zusammenhalt, eine emotional begründete Solidarität, die aus der körperlichen und psychischen Intimität sowie dem Vertrauen in die Dauerhaftigkeit der familialen Beziehungen ihre Kraft zieht. Familien existieren *als Familie*, d. h. als motivierende und handlungsrelevante Wirklichkeit der Familienmitglieder nur insoweit, als sich diese solidarisch verbunden wissen, also an die Bereitschaft der übrigen Familienmitglieder zu einer vorrangigen, andere Verpflichtungen notfalls zurückstellenden Zuwendung und Hilfe *glauben.*[93]

Es wäre eine Illusion, anzunehmen, Individuen seien allein von sich aus in der Lage, verläßliche dauerhafte Beziehungen einzugehen und aus ihnen diejenige Befriedigung zu ziehen, welche erst die Solidarität und damit einen Zirkel fortgesetzter Selbstbestätigung in Gang zu setzen vermag, der den familialen Zusammenhalt sichert.[94] Stabile Familien sind etwas höchst Voraussetzungsvolles, wie man nicht zuletzt an der familialen Desorganisation in den meisten großstädtischen Agglomerationen der Dritten Welt beobachten kann. Es bedarf hierfür zu allererst starker *kultureller Vorgaben*. Die kulturelle Interpretation von Familie als auf Ehe gegründetem Intimverband ist das europäische Grundmuster, das jedoch von der christlichen Betonung ehelicher Treue über die Stilisierung der ehelichen und elterlichen Liebe durch die Romantik bis zu den neuen Modellen kommunikativer Konfliktregelung, psychischer Koevolution und lustbetonter Elternschaft (‚Familie macht Spaß') manche Modifikation durchgemacht hat. Derartige kulturelle Leitbilder sind allerdings nicht unmittelbar, sondern nur in der Vermittlung durch soziale Bezüge wirksam, durch das Vorbild der Eltern, von Verwandten und zunehmend von Freunden und Bekannten. *Ebenso wie das Recht nur durch den Glauben an seine Legitimität dauerhaft wirksam wird, kann auch die Familie ihre Leistungsfähigkeit nur auf der Basis eines in ihren Mitgliedern tief verwurzelten Glaubens oder Vertrauens in die gemeinsame Bereitschaft zum Zusammenhalten, zur emotionalen Unterstützung und praktischen Hilfe im Alltag und insbesondere in schwierigen Situationen bewahren. Solcher Glaube wird durch kulturelle Leitbilder ermöglicht und stabilisiert* (vgl. 3.2.1).

Das Ausmaß konkreter Verwirklichung familialer Solidarität ist natürlich nicht nur von diesen kulturellen Vorgaben, sondern auch von einer Vielzahl von Bedingungen abhängig, unter denen der Umfang gemeinsamer – auch materieller – Interessen, räumliche Nähe, der Grad der Komplementarität der Bedürfnisse und der Umfang geteilter Wertorientierungen unter den Familienmitgliedern besonders einflußreich sind.

Zunehmend wird in der Forschung jedoch noch ein weiterer Gesichtspunkt hervorgehoben: Familien gedeihen nicht in absoluter Isolation, sondern sie sind trotz aller Privatheit auf *Netzwerkkontakte*, auf Austausch von Erfahrungen, auf Rat und praktische Hilfe sowie auf emotionale Unterstützung durch Personen außerhalb der Kernfamilie angewiesen. Die hohe Stabilität des modernen europäischen Familientyps dürfte in hohem Maße durch das Fortwirken der Solidarität der Herkunftsfamilie in den nachfolgenden Generationen, also die enge Beziehung zu den Großeltern und Geschwistern mitbedingt sein, welche nach wie vor die wichtigsten Netzwerkbeziehungen der meisten Familien darstellen (vgl. oben 3.2.5). Eine der entscheidenden Fragen für die zukünftige Entwicklung unseres Familiensystems wird es sein, *inwieweit diese verwandtschaftlichen Beziehungen dem Individualisierungsdruck standhalten oder inwieweit sie durch andere Netzwerkbeziehungen ergänzt bzw. substituiert werden können.*[95]

Die Veränderungen, welche soziale Netzwerkbeziehungen im Prozeß der Modernisierung erfahren haben, lassen sich idealtypisch wie folgt zusammenfassen: Unter traditionalen Bedingungen herrschte geringe Mobilität und demzufolge eine stark durch räumliche und verwandtschaftliche Vorgaben abgegrenzte Netzwerkstruktur. Die Art der Sozialkontakte und insbesondere die Anlässe und der Umfang von Beistandsverpflichtungen waren in hohem Umfang durch Sitte und teilweise Gewohnheitsrecht geregelt. Verwandtschaft und Nachbarschaft waren die hervortretenden Anknüpfungspunkte für die Zuschreibung von Unterstützungsansprüchen und Beistandsverpflichtungen. Noch heute finden sich in ländlichen Gegenden Restbestände derartiger Sitten. Sie bewirken, daß Netzwerkbeziehungen *zugeschrieben* werden und die mit ihnen verbundenen Leistungen und Gegenleistungen definiert und hochgradig erwartbar sind. Hilfs- und Unterstützungsleistungen haben hier somit Pflichtcharakter, man kann sich ihnen nur um den Preis sozialer Ächtung entziehen. Sie werden entweder moralisch oder traditional legitimiert.

Unter modernisierten Sozialverhältnissen, die durch räumliche Mobilität, funktionale Differenzierung, tendenzielle Anonymität und hohen Individualisierungsgrad der Lebensformen zu kennzeichnen sind, sind Netzwerkbeziehungen in der Regel ebenfalls differenzierter, d.h. themenspezifischer, stärker auf bestimmte Personen, und zweckrationaler, d.h. weniger an Pflicht- denn an Nützlichkeitsgesichtspunkten orientiert. Insbesondere müssen jedoch Netzwerkbeziehungen durch ein entsprechendes Kontaktverhalten hergestellt, *erworben* und aufrecht erhalten werden, sie sind nicht mehr durch Sitte und Tradition vordefiniert und gesichert.

Während unter traditionalen Bedingungen nicht nur die Frauen, sondern auch die Männer in hohem Maße definierte Beistandsverpflichtungen hatten, haben sich in der modernen Familienverfasung die Hilfe- und Beistandsverpflichtungen sehr stark auf die Frauen allein konzentriert. Mit der skizzierten Modernisierung weiblicher Lebenszusammenhänge scheinen familiale und verwandtschaftliche Verpflichtungsmuster an Verbindlichkeit einzubüßen, da insbesondere die Frauen der mittleren Generation zunehmend erwerbstätig sind, welche bisher die Hauptlast der Hilfeleistungen übernommen haben.[96] Überdies muß damit gerechnet werden, daß mit der Verbreitung von Kinderlosigkeit und Geschwisterlosigkeit die Zahl der Personen des engeren verwandtschaftlichen Netzwerkes sich drastisch reduziert.

Aber nicht nur die praktischen Belange, auch die kulturellen Veränderungen sind einer Stabilisierung der familialen und intergenerationellen Solidarpotentiale nicht förderlich:

„Die Verinnerlichungen, die sich auf langfristig durchgehaltene Solidarität und Selbstbeschränkung in der Familie stützen, weichen einem doppelten Druck, einmal den Tendenzen zur Selbstverwirklichung ... zum anderen der weitgehenden Allzugänglichkeit von ... Informations- und Genußchancen im Urlaubs- und Freizeitbetrieb. Während Affektivität in verschiedenster Weise in Partnerschaft und Eltern-Kind-Beziehung sich als ebenso tragend wie prekär und bedroht erweist und häufig durch Tendenzen auf Dyadisierung, also der Einschränkung auf je zwei Personen sich verengt, findet *familiäre Affektivität als Gruppenphänomen in der Gesamtkultur wenig Stütze*, Symbolik und Auszeichnung. Fast könnte man sagen, je kontinuierlicher Affektivität sich bindet, desto weniger wird sie gesellschaftlich und öffentlich bewundert. Das Krisenhafte, das Sensationell-Andere in intimen und persönlichen Beziehungen beherrscht wegen seines Spannungs- und zum Teil auch Aufklärungswertes die mächtigen Medien und über sie wieder die Phantasien.“[97]

Das bisherige Funktionieren der Eigenlogik von Familie wird heute also sowohl durch kulturelle Veränderungen als auch durch die Veränderungen des weiblichen Lebenszusammenhangs und nicht zuletzt durch die allgemeinen Tendenzen der Optionserweiterung in Frage gestellt. Die Stabilisierung von Familien stellt heute eine voraussetzungsvollere Leistung als früher dar, und zwar müssen nicht nur die Partner zueinander finden und miteinander reifen, sondern sie müssen darüber hinaus sich ihre Netzwerkbeziehungen durch mehr oder weniger systematische Kontaktpflege – neuerdings auch ‚Netzwerkarbeit‘ genannt – selbst schaffen. Auch dies ist eine voraussetzungsvolle Leistung, über deren Bedingungen bisher nur wenig bekannt ist.[98]

Da es völlig illusorisch ist, die Gesamtheit der heute in Eigenarbeit, familialer Selbsthilfe, Nachbarschaftshilfe und sonstigen Formen unbezahlter oder unterbezahlter ‚Schattenarbeit‘ durch zu Marktpreisen abgerechnete Leistungen zu ersetzen, stellt sich schließlich die Frage, ob und wie die sich vermindernde Leistungsfähigkeit familialer und verwandtschaftlicher Netzwerke durch neue Formen der Netzwerkförderung und des organisierten Dienstleistungstausches ergänzt werden können.[99] Insbesondere im Bereich der Altenpflege, aber auch im Bereich der ganztägigen Betreuung von Vorschul- und Schulkindern dürften schon bald Engpässe auftreten, die eine Besinnung auf neue Formen der Hilfe unumgänglich machen.

5.4 Zukunftsperspektiven und politische Optionen

Es ist nicht Aufgabe dieser Schrift, eine Analyse der bestehenden Familienpolitik zu geben oder gar ein familienpolitisches Aktionsprogramm zu entwerfen.[100] Ihr Ziel ist vielmehr eine möglichst gegenstandsadäquate Darstellung langfristiger Entwicklungstendenzen im familialen Bereich, mit denen die Politik zu rechnen hat. In diesen abschließenden Überlegungen sollen jedoch einige politikrelevante Anregungen und Thesen formuliert werden, die aufgrund der vorangehenden Analysen naheliegen bzw. die hier vertretene soziologische Perspektive verdeutlichen.

5.4.1 Beschränkte Reichweite politischer Maßnahmen

Der Umfang der Aufgaben des Staates, die Kompetenzverteilung auf verschiedene Träger öffentlicher Aufgaben und nicht zuletzt die Angemessenheit der Methoden staatlichen Einwirkens auf die gesellschaftlichen Verhältnisse sind bekanntlich selbst Gegenstand politischer Kontroversen. Ihre Reichweite wird durch bestimmte verfassungsmäßige Vorgaben und natürlich auch durch faktische politische Entscheidungen in der Vergangenheit eingegrenzt, deren Abänderung angesichts der mit ihnen verbundenen Interessen erschwert ist und einem besonderen Begründungszwang unterliegt. Politikorientierte sozialwissenschaftliche Analysen können sich den durch die politischen Zusammenhänge vorstrukturierten Interessenlagen nicht vollständig entziehen. Im Rahmen der Diskurse, welche der Formulierung politischer Prioritäten und Entscheidungsalternativen voranzugehen pflegen, kommt ihnen im wesentlichen eine zweifache Aufgabe zu, nämlich (1) zur Definition der Sachprobleme beizutragen, die in politischen Diskursen häufig eher unter Wert- und Interessengesichtspunkten als unter Sachgesichtspunkten artikuliert werden; und (2) Ideen für sachangemessene Lösungen zu entwikkeln und diese unter verschiedenen Gesichtspunkten (z. B. auf Legitimität, Durchsetzbarkeit, Wirksamkeit und Nebenwirkungen hin) zu erörtern. Dies kann und muß auf verschiedenen Abstraktionsebenen geschehen. Im Rahmen dieser Schrift, der das umfassende Thema ,Zukunft der Familie' gestellt ist, kann nur eine recht allgemeine und damit abstrakte Perspektive entwickelt werden.

Auf der abstraktesten, nämlich der gesellschaftstheoretischen Ebene erscheint ,Familie' als ausdifferenziertes ,Teilsystem der Gesellschaft', ähnlich wie ,Wirtschaft', ,Politik', ,Wissenschaft' oder ,Religion'. Während der systemische Charakter der übrigen gesellschaftlichen Teilsysteme durch Verweis auf die ihnen zugrunde liegenden Ideen und Rechtsnormen sowie auf die sie tragenden Organisationen und deren Kommunikationsformen sich recht eindeutig beschreiben läßt, fällt dies für den Bereich der Familie schwerer. Auf den ersten Blick existieren hier nur die Millionen Einzelfamilien, jede mehr oder weniger für sich, als sozusagen naturwüchsige Gebilde. Diese immer noch vorherrschende Perspektive sollte im Vorangehenden korrigiert werden. Die natürlichen, sprich physischen Voraussetzungen gegengeschlechtlicher Anziehung und eines möglicherweise angeborenen Schutz- und Hegetriebes für kleine Kinder würden bei weitem nicht ausreichen, um jene vergleichsweise hohe Ordnung der familialen Beziehungen zu ermöglichen, die auch heute, angesichts einer zunehmenden Pluralisierung familialer Lebensformen, zu beobachten ist. *Kulturelle Leitbilder (einschl. ihrer massenmedialen Vermittlung) und rechtliche Vorgaben, ökonomische Strukturen und nicht zuletzt die netzwerkartigen Verflechtungen der Einzelfamilien mit ihren Verwandten, Nachbarn, Freunden und Bekannten und die daraus resultierenden Vorbilder und Einflüsse bewirken einen schwer faßbaren, aber durchaus effektiven systemischen Zusammenhang, dessen Strukturen unter dem zunehmenden Einfluß der skizzierten Optionserweiterungen vielfältiger und in den Übergängen fließender werden.*[101]

Was aus der Sicht der Beteiligten als familialer Lebensbereich gilt – eheliche (und für manche auch schon eheähnliche) Partnerschaftsbeziehungen, Eltern-Kind-Beziehungen und Geschwisterbeziehungen, sowie die damit verbundenen sachlichen Gemeinsamkeiten und Handlungen – erscheint aus sozialwissenschaftlicher Sicht zunächst als Gesamtheit familialer Lebensformen. Sie lassen sich nach Ähnlichkeiten typisieren sowie in ihrer Veränderbarkeit auf verschiedenen Analyseebenen beschreiben: auf der Ebene der Einzelfamilie, auf der Ebene einer bestimmten familialen Lebensform, auf der Ebene der Arten familialer Lebensformen und auf der Ebene der Veränderung der Häufigkeit verschiedener Arten familialer Lebensformen.[102]

Diese familialen Lebensformen können aber nicht unmittelbarer Gegenstand politischer Interventionen sein. *Politische Maßnahmen richten sich vielmehr auf die institutionellen Voraussetzungen und Opportunitätsstrukturen*, unter denen konkrete Familien sich bilden, die für ihre Entwicklung notwendigen Ressourcen gewinnen, ihr Leben führen und damit die gesellschaftlich erwünschten Leistungen in mehr oder weniger erfolgreicher Form erbringen. Die in fortgesetzter Entwicklung befindlichen Familien, welche sich auf der Basis ihrer Solidarität und in Auseinandersetzung mit ihrer Umwelt entwickeln, sind das *Wirkungsfeld politischer Maßnahmen*. Was familienförderliche Politik bewirkt, muß sich letztlich auf dieser Ebene zeigen. Aber diese Wirkungen sind nicht *unmittelbares* Ergebnis der politischen Maßnahmen, sondern individueller und familialer Entscheidungen, die in Wahrnehmung und Auseinandersetzung mit der erfahrbaren Umwelt und in Antizipation bestimmter Folgen getroffen werden. Politisches Einwirken kann im günstigsten Falle die familialen Umwelten und die Folgenerwartungen beeinflussen.

Das wichtigste sozialwissenschaftliche Ergebnis von Wirkungsanalysen sozialpolitischer Maßnahmen ist die Einsicht, daß es eine *determinierende* Wirkung im strengen Sinne nicht geben kann.[103] Die Vorstellung, politische Entscheidungen vermöchten bestimmte gesellschaftliche Wirkungen von sich aus zu verursachen, ist unrealistisch. *Die Wirkungen politischer Maßnahmen entstehen aus der Reaktion der Betroffenen auf diese Maßnahmen*, und diese Reaktion kann und wird in der Regel *unterschiedlich* ausfallen. Zudem sind die Wirkungen politischer Maßnahmen um so weniger prognostizierbar, je höher die Freiheitsgrade der Betroffenen, je größer das Spektrum ihrer Handlungsalternativen ist. Da wir realistischerweise davon ausgehen müssen, daß ein dominierender Zug der jüngeren Gesellschaftsentwicklung die Optionserweiterung, und d. h. im Regelfall auch die Erweiterung individueller Handlungsspielräume ist, so wird schon von daher deutlich, daß die Durchsetzung politischer Absichten, die den Interessen oder Bedürfnissen der Betroffenen widersprechen, immer schwieriger wird und eines erhöhten Kontroll- bzw. Erzwingungsaufwandes bedarf. Für den Bereich familienförderlicher Politik stellen jedoch Zwangsmaßnahmen ohnehin nur eine Verlegenheitslösung dar, die nur dann zu vertreten ist, wenn das Ziel, nämlich die Unterstützung familialer Solidarität und Selbststeuerungsfähigkeit, zu offenkundigem und fortgesetztem Machtmißbrauch gegenüber schwächeren Familienangehörigen (Gewalt in der Ehe, Kindesmißhandlung) führt.

Schon der Begriff der Familien*förderung* enthält das Moment der *Freiwilligkeit der Mitwirkung*, um dessen Berücksichtigung es hier geht. Anders formuliert: Familien und ihre Mitglieder verhalten sich *selektiv* gegenüber staatlichen Maßnahmen, und wir haben keinen Grund zu bezweifeln, daß sie das in der Regel in ihrem eigenen, Dritten allerdings nicht immer durchschaubaren Interesse tun.

5.4.2 Fortdauernde Tendenz zur Kinderarmut

Die vergleichsweise geringe Wirksamkeit bevölkerungspolitisch motivierter Maßnahmen, insbesondere solcher zur Steigerung der Geburtenzahlen, hat hierin ihren tieferen Grund.[104] Ein zentrales Ergebnis unserer Untersuchung ist die Tendenz zur Optionserweiterung auch im familialen Bereich. Der Umfang der Lebensalternativen hat sich generell durch die allgemeine Wohlstandssteigerung und speziell für die Frauen infolge ihrer zunehmenden Bildungs- und Erwerbsbeteiligung stark erweitert, und es gibt keinen Grund anzunehmen, daß sich diese Entwicklungstendenz in absehbarer Zeit umkehrt. Damit relativiert sich zwangsläufig das biographische Gewicht einer Familienkarriere, zum mindesten im Durchschnitt aller Frauen. Die in Abschnitt 4.3.1 beschriebenen Deinstitutionalisierungstendenzen der Ehe, d. h. die Entkoppelungsmöglichkeit von Partnerschaft und Elternschaft, bedeutet weiterhin, daß viele Vorteile der Partnerschaft heute auch ohne Elternschaft zu haben sind, ja daß manchmal die Ankunft von Kindern die Möglichkeiten der Partnerschaft zum mindestens kurzfristig sogar beeinträchtigt. Von daher erscheint die gesamtgesellschaftliche Tendenz zur Kinderarmut ein geradezu selbstverständliches Ergebnis des Modernisierungsprozesses.[105] Es zeigt sich in allen industrialisierten Ländern dieselbe Tendenz, und zwar besonders ausgeprägt in stark modernisierten Lebenslagen, bei der städtischen, gebildeten, weißen usw. Bevölkerung. Die in Europa zu beobachtende rasche Anpassung des generativen Verhaltens von Zuwanderergruppen aus weniger entwickelten Ländern belegt eindrücklich die kollektive Wirksamkeit dieser strukturellen Momente.[106] In der Sprache der ökonomischen Theorie der Fertilität: Nicht nur die direkten Kinderkosten, auch die Opportunitätskosten des Kinderhabens sind stark gestiegen.[107] Nach einer Schätzung von *Heinz Lampert* beliefen sich die Opportunitätskosten eines durchschnittlich verdienenden Paares für das Aufziehen von zwei Kindern Ende der achtziger Jahre auf insgesamt über 700000 DM.[108]

Von dieser grundlegenden Tendenz moderner Gesellschaften sind zwei weitere, der Geburtenhäufigkeit entgegenwirkende Bedingungskonstellationen zu unterscheiden, nämlich der Umbruch der Geschlechtsrollen und die damit zusammenhängende Gefährdung von Solidarpotentialen sowie die ökonomische Benachteiligung der Familien.

Die skizzierten Veränderungen des weiblichen Lebenszusammenhangs lassen es – nicht nur für Frauen – uneinsichtig werden, warum die Gesamtheit der unentgeltlichen ökonomischen Leistungen, welche sozusagen als Restbestände der Subsistenzwirtschaft auch in modernen Gesellschaften fortexistieren, ausschließlich von Frauen erbracht werden sollen.[109] Man kann über die Abgrenzung zwischen ökonomischen und familialen Aspekten des Familienhaushalts streiten.[110] Aus volkswirtschaftlicher Sicht sind als ökonomisch alle die Tätigkeiten zu bezeichnen, welche, sofern sie nicht unentgeltlich erbracht würden, zu unabweisbaren entgeltlichen Aufwendungen Dritter führen müßten. Es handelt sich also um Arbeit, Herstellen oder Handeln, das nicht nur einen Nutzen für die betroffene Person selbst, sondern auch für Dritte stiftet, der volkswirtschaftlich relevant ist. Hierzu gehört neben der Hausarbeit auch die Gesamtheit der Hilfen zwischen den Generationen, welche ebenfalls nahezu ausschließlich eine Domäne der Frauen zu sein scheinen. Es ist undenkbar, daß die Gesamtheit dieser Leistungen (vgl. oben 3.2.4 und 3.2.5) auf entgeltlichem Wege erbracht werden könnte. Sollte die unentgeltliche ‚Wohlfahrtsproduktion' entfallen, müßte mit erheblichen Wohlfahrtseinbußen gerechnet werden. Sowohl die Forderung nach Ausbau der sozialen Dienste für Kinder zu Ganztageseinrichtungen als auch die Forderung nach Einführung einer Pflegekostenversicherung machen jedoch deutlich, daß die Formen solidarischer Leistungserbringung in diesen Bereichen rückläufig sind und die Kosten externalisiert werden sollen. *Nur wenn es gelingt, auch die Männer (wie schon in vorindustrieller Zeit) in höherem Maße an der familialen Wohlfahrtsproduktion zu beteiligen und diese Erwartung auch im Geschlechterverhältnis zu stabilisieren, darf erhofft werden, daß die gegenwärtige Verunsicherung der Frauen und die damit zusammenhängende Infragestellung wesentlicher Elemente der Familienkultur einer neuen kulturellen Stabilisierung der Familie Platz macht.* Da nach der hier vertretenen Auffassung das europäische Familienleitbild in seinen Grundstrukturen unverändert ist, scheint eine Reinterpretation und kulturelle Umstilisierung durchaus möglich. Sofern dies gelänge, könnte daraus eine Stärkung der Heiratsneigung und der Motivation zur Elternschaft resultieren. Allerdings brauchen solche Umorientierungen Zeit und können politisch nur indirekt gefördert werden.

Unmittelbarer politischer Beeinflussung ist schließlich ein dritter Bedingungskomplex zugänglich, nämlich die ökonomische Benachteiligung der Familien. Auch wenn in allen industrialisierten Ländern das Reproduktionsniveau gegenwärtig unter 1 liegt, so ergeben sich doch

Tabelle 15: Geburtenraten und Sozialleistungen für die Familie in den Staaten der Europäischen Union, 1987–1989

Land	Geburten auf 1000 Einwohner 1989 (1)		Sozialleistungsquote in % 1987–89 (2)		Aufwendungen für: ... in % aller Sozialausgaben 1987–89: Mutterschaft u. Fmilie (3)		Alter (4)		Verhältnis Fam./Alter (Sp. 3: Sp. 4) (5)	
Irland	14,6	1	22,2	8	11,9	1	30,2	12	0,39	1
Großbritannien	13,6	2,5	22,1	9	10,5	3	41,3	6	0,25	3
Frankreich	13,6	2,5	28,1	3	10,0	4	42,7	5	0,23	4
Niederlande	12,7	4	30,8	1	6,0	9	32,0	11	0,18	7,5
Luxemburg	12,4	5	25,9	6	9,7	5	45,7	3	0,21	5,5
Belgien	12,2	6	27,8	5	8,6	6	40,9	7	0,21	5,5
Dänemark	12,0	7	28,8	2	11,8	2	35,8	10	0,33	2
Portugal	11,5	8	17,1	11	6,7	8	38,2	9	0,17	9
Deutschland	11,0	9	27,9	4	7,6	7	40,6	8	0,18	7,5
Spanien	10,5	10	17,2	10	1,8	12	44,7	4	0,04	11
Griechenland	10,1	11	16,3	12	1,8	11	52,2	2	0,03	12
Italien	9,7	12	23,1	7	4,6	10	56,5	1	0,08	10
Rangkorrelation zu Sp. 1 (nach Spearman)				r = +0,34 ns		r = +0,77 p< 01		r = −0,54 p< 05		r = +0,8 p< 01

Quelle: Eurostat; StBA: Statistisches Jahrbuch für das Ausland 1992, eigene Berechnungen.

deutliche Unterschiede im Ausmaß der Reproduktion, welches in Deutschland etwa bei 63%, in Frankreich aber bei 85% liegt. Wie Tabelle 15 zeigt, bestehen unter den Staaten der Europäischen Union deutliche Korrelationen zwischen der Geburtenhäufigkeit und den relativen öffentlichen Aufwendungen für die Familie (Sp. 3), während kein signifikanter Zusammenhang zur Gesamtheit der Sozialaufwendungen besteht (Sp. 2).[111] Je höher also der Anteil der Sozialaufwendungen, der an die Familien geht, desto höher die Geburtenrate[112]. Dieser Zusammenhang verstärkt sich noch, wenn die Aufwendungen für die nachwachsende Generation unmittelbar auf die Aufwendungen für die nicht mehr erwerbstätige Generation bezogen werden (Sp. 5). In beiden Hinsichten schneidet die Bundesrepublik vergleichsweise ungünstig ab. *Oswald von Nell-Breuning* ist recht zu geben, wenn er die einseitige Bevorzugung der Rentnergenerationen gegenüber den nachwachsenden Generationen im bundesrepublikanischen System der sozialen Sicherung als System zur Prämierung der Kinderlosigkeit qualifiziert.[113] Wie Nobelpreisträger *Paul Samuelson* schon 1958 aufgezeigt hat, wird unter Gesichtspunkten der ökonomischen Nutzenmaximierung das Aufziehen von Kindern in dem Maße irrational, als die Alterssicherungskosten kollektiviert, die Kosten für das Aufbringen von Kindern dagegen individualisiert werden.[114]

Der individuelle ökonomische Nutzen von Kindern *für die Eltern* tendiert heute gegen Null, da sie in der Regel weder zum Familieneinkommen noch zum Lebensunterhalt im Alter direkt beitragen. Kinder werden damit paradoxerweise zu einem *öffentlichen Gut*: Ausreichender Nachwuchs liegt im Interesse von jedermann, aber jedermann hat auch gleichzeitig die individuelle Möglichkeit, sich den hierfür erforderlichen Aufwendungen zu entziehen. Dies ist eine typische Situation, in der staatliches Eingreifen gefordert ist.

Ein verstärkter Familienlastenausgleich ist dabei nicht nur aus bevölkerungspolitischen, sondern auch aus sozialpolitischen Gründen zwingend geworden (vgl. 4.5.1). Die Forderung nach einer Einkommensumverteilung von den Kinderlosen zu den Kinderreichen gewinnt durch genauere Analysen des generativen Verhaltens der jüngsten Frauenkohorten an Gewicht: Es scheint sich – insbesondere bei den Frauen mit weiterführender Schulbildung – eine *Polarisierung* zu entwickeln zwischen denjenigen, die auf Kinder ganz verzichten und denjenigen, die zwei und mehr Kinder zur Welt bringen. „Die Bildungsexpansion (ist) immer häufiger für die prinzipielle Entscheidung gegen Kinder verantwortlich, während der Einfluß auf die Kinderzahl weit geringer ausfällt und der historische Rückgang der Familiengröße kaum mit der Bildungsexpansion in Beziehung steht.“[115] Entgegen der Vermutung, die Einkinderfamilie stelle den optimalen Kompromiß einer Verknüpfung von Familie – und Erwerbstätigkeit dar, läßt sich empirisch ein Trend zur Einkinderfamilie in der Bundesrepublik nicht feststellen. Die Einkinderfamilie scheint dagegen z. B. in Italien die typische Antwort auf die sozialen Zwänge im Hinblick auf das Familienleben zu sein. International vergleichende Studien aus jüngster Zeit lassen erkennen, daß nationale Unterschiede des generativen Verhaltens sich als plausible Reaktionen auf unterschiedliche politische und soziale Rahmenbedingungen erklären lassen. Die Tendenz zu wachsender Kinderlosigkeit und damit die Polarisierung der privaten Lebensformen ist in keinem anderen der zehn untersuchten Länder Europas so ausgeprägt wie in Deutschland.[115a]

5.4.3 Was läßt sich politisch tun?

Familienpolitische Diskurse beginnen normalerweise mit Zielformulierungen. Diese können unterschiedlich konkret sein und unterschiedliche Prioritäten setzen. Die Sprache der Politiker ist voll von Versprechungen, was für Ziele sie mit ihrer Politik erreichen wollen. Der Inhalt der Versprechungen variiert sowohl mit den öffentlichen Definitionen sozialer und politischer Probleme als auch mit parteipolitischen Orientierungen, in denen sich in der Regel auch unterschiedliche ideelle Traditionen äußern – also mit der jeweiligen *Familienrhetorik* (*K. Lüscher*). Leider sind derartige Äußerungen, wie sie sich z. B. in Parteiprogrammen, Regierungserklärungen oder auch Regierungsberichten finden, für die Bundesrepublik bisher nicht systematisch aufgearbeitet.[116] Eine solche Übersicht ist für die nachfolgenden Überlegungen aber auch weitgehend entbehrlich, da wir nicht einer an politischen Zielen, sondern an sozialwissenschaftlichen Problemanalysen orientierten Denkweise folgen.

Allerdings sind auch diese Problemanalysen von Umformulierungen der familienpolitischen Problemstellungen nicht unabhängig. Während in den frühen siebziger Jahren die Sozialisationsleistungen der Familie im Vordergrund des politischen Interesses standen, hat in der Folge die Problematik der Bevölkerungsentwicklung, die Frauenfrage und zuletzt die Frage der älteren Generation politische Aufmerksamkeit gefunden.[117] Das öffentliche Interesse an den Leistungen der Familie wurde damit breiter definiert; zudem trat die Frage nach dem Begriff und den Stabilitätsbedingungen von ‚Familie' stärker ins öffentliche Bewußtsein. Familienpolitik kann sich heute nicht mehr an einem einzigen Ziel oder Problem, z. B. dem Familienlastenausgleich oder der Förderung der Erziehungsfähigkeit von Familien, festmachen. Die Aufgabe der Familienpolitik ist komplexer geworden und betrifft zunächst die Bestandsvoraussetzungen von Lebensformen mit Kindern schlechthin und erst dann mögliche spezifische Leistungen von Familien.[118] Da diese, wie unsere Analysen zeigen sollten, ohnehin nur einer mittelbaren Beeinflussung zugänglich sind, somit die Zielgenauigkeit staatlicher Interventionen in diesem Bereich prinzipiell beschränkt ist, sollte man diesbezüglichen Deklarationen von Politikern auch keine allzu große Bedeutung zumessen.

Im Vordergrund der folgenden Überlegungen steht deshalb auch weniger die Frage nach den Zielen, als nach den praktischen Möglichkeiten der Familienpolitik, nach der Bewirkbarkeit bestimmter Wirkungen. Auch diese Frage wird jedoch durch eine bestimmte Problemauffassung angeleitet, die sich aus den vorangehenden Analysen herausgeschält hat. Ich sehe im wesentlichen drei Probleme, welche heute zu familienpolitischen Zielsetzungen Anlaß bieten sollten:

1. Die relative Benachteiligung der nachwachsenden Generation im Rahmen des Sozialbudgets;

2. die fehlende Anerkennung des produktiven Charakters von Familientätigkeit im Rahmen staatlicher Politik;

3. die Benachteiligung der Frauen gegenüber den Männern im Hinblick auf ihre Erwerbs- und Sicherungschancen.

Aus diesen Defiziten bisheriger Sozial- und Familienpolitik lassen sich *drei Verteilungsprobleme* ableiten: *Zwischen den Generationen, zwischen den Kinderlosen und den Kinderreichen und zwischen den Geschlechtern.* Auch wenn sie bei bestimmten sozialen Gruppen – z. B. den Frauen, die mehrere Kinder aufziehen oder pflegebedürftige Angehörige pflegen – kumulieren, so sind diese drei Verteilungsprobleme doch voneinander grundsätzlich unabhängig, und ihre Bearbeitung setzt weitgehend verschiedene Maßnahmen voraus. Entsprechend den vorangehenden Analysen konzentrieren wir uns im folgenden auf die Frage nach den Möglichkeiten der Unterstützung von Elternschaft, welche im wesentlichen die beiden erstgenannten Verteilungsprobleme betrifft.

Staatliche Politik kann Kinderwünsche nicht erzeugen, sie kann aber die Folgen des Kinderhabens so zu beeinflussen suchen, daß Individuen und Paare die Risiken und Kosten, die mit der Übernahme der Verantwortung für ein (weiteres) Kind verbunden sind, geringer einschätzen. Auch dieser Effekt läßt sich nicht zielsicher in jedem Einzelfall erzielen, aber es spricht viel für die Annahme, daß sich generalisierte Interessenlagen wenn nicht für alle Familien, so doch für bestimmte Typen familialer Lebensformen formulieren lassen, auf die dann mit politischen Maßnahmen einigermaßen zielsicher eingewirkt werden kann. So ist es beispielsweise plausibel, daß bei alleinerziehenden Müttern bzw. Vätern die Betreuungsprobleme und bei kinderreichen Familien die Wohnungsprobleme besonders gravierend sind. Ganz generell lassen sich die positiven Wirkungen familienfördernder Maßnahmen um so eher nachweisen, je genauer sie einen *Engpaßfaktor* der jeweiligen familialen Lebenslage treffen.[119] Wenn also beispielsweise nicht Einkommensschwäche, sondern der Mangel an größeren Wohnungen für kinderreiche Familie der Engpaß ist, der eine ausreichende Wohnungsversorgung beeinträchtigt, so hilft auch eine Erhöhung des Kindergeldes oder des Wohngeldes nur wenig. Dennoch bedeutet das selbstverständlich nicht, daß eine solche Hilfe unnütz sei, da sie auf jeden Fall zum Familienlastenausgleich beiträgt.

Im allgemeinen ist heute zwar politisch ziemlich unumstritten, daß Familien Förderung verdienen, aber über die Priorität solcher Förderung, warum und mit welchen besonderen Zielsetzungen sie gewährt werden soll, und welches die geeigneten Mittel hierfür sind, darüber gehen die Meinungen weit auseinander. Ein zur Delegitimierung familienpolitischer Forderungen beliebtes Argument, das z. B. periodisch in Leitartikeln der FAZ auftaucht, besagt, *politische Maßnahmen zugunsten der Familie bewirkten wenig oder nichts.* Der Verfasser ist sich bewußt, daß seine starke Betonung der Eigensinnigkeit familialer Zusammenhänge und der Bedeutung von politisch nicht manipulierbaren kulturellen Faktoren einer solchen Argumentation Vorschub leisten könnte. Die intellektuelle Redlichkeit gebietet jedoch, die Beschränktheit staatlicher Einflußmöglichkeiten zunächst zu betonen, um vor ordnungspolitischen Kurzschlüssigkeiten zu warnen.

Der Staat kann nicht alles, was er will, sondern seine Einwirkungsmöglichkeiten sind an die aus der Eigenart des jeweiligen Interventionsfeldes und an die aus der Implementationsstruktur resultierenden Bedingungen für die Wirkungsweise seiner Maßnahmen gebunden.[120] Das heißt jedoch nicht, daß er nichts vermag. *Auch wenn angesichts der Vielfalt familialer Lebensbedingungen die Engpaßfaktoren breit streuen und daher die Wirksamkeit politischer Maßnahmen sich bei der Untersuchung eines breiten Querschnittes von Familien nicht eindeutig nachweisen läßt, so bedeutet das nicht schon den Nachweis der Unwirksamkeit.* Selbst die besonders umstrittenen demographischen Wirkungen der Familienförderung lassen sich bei ausreichend präziser Untersuchungsanlage durchaus plausibel machen.[121] Häufig bleibt allerdings nur das Gedankenexperiment als schlüssiges Prüfverfahren. In diesem Sinne läßt sich z. B. schätzen, wie sehr sich die ökonomische Lage bestimmter Familientypen beim Wegfall des Familienlastenausgleichs oder beim Wegfall weiblicher Erwerbstätigkeit verschlechtern würde.[122] Selbstverständlich reichen derartige Informationen nicht zu exakten Kosten/Nutzen-Vergleichen aus, aber dies trifft auch für eine Vielzahl anderer Politikbereiche zu, wo dennoch der Einwand der Wirkungslosigkeit nicht erhoben wird.

Bei aller Anerkennung der familienpolitischen Bemühungen der letzten Jahre[123] ist festzuhalten, daß der Anteil der Aufwendungen für die Familie am Sozialbudget nicht zugenommen hat, sondern lediglich der seit 1970 mehr oder weniger kontinuierliche Rückgang dieses Anteils angehalten werden konnte: Der Wert für 1992 liegt immer noch unter dem von 1980, der Zuwachs der jüngsten Zeit konzentriert sich zudem auf die Jugendhilfe infolge des neuen KJHG. Auch bezogen auf das Bruttosozialprodukt sind die Aufwendungen für die Familie unterproportional gestiegen, d.h. die ohnehin geringere Beteiligung der Familien an der Wohlstandssteigerung (infolge der geringeren Erwerbsbeteiligung) wird durch die Sozialpolitik noch verstärkt (vgl. Tab. 16).

Vor allen Erörterungen von Einzelmaßnahmen ist somit festzuhalten, daß es in der Bundesrepublik *an einem durchsetzungsfähigen politischen Willen fehlt,* die durch die Rücksichtslosigkeiten der Wirtschaft und der bisherigen staatlichen Sozialpolitik entstandenen Benachteiligungen der Eltern zu verringern und die hierfür erforderlichen Umverteilungsprozesse *innerhalb* des Sozialbudgets in Gang zu setzen. Diese mangelnde Durchsetzungsfähigkeit der Familienpolitik ist aus politikwissenschaftlicher Perspektive keineswegs überraschend, da Eltern und erst recht Kinder politisch schwer organisierbare Bevölkerungsgruppen sind und auch nur sehr indirekt – nämlich über eine gesamtgesellschaftlich unerwünschte Reduktion der Geburten – Möglichkeiten haben, durch Leistungsverweigerung (wie z.B. Streik!) politischen Druck auszuüben. Realistischerweise ist davon auszugehen, daß politische Forderungen umso größere Chancen haben, Gehör zu finden, je stärker die hinter ihnen stehenden Interessen sind. Politik, welche die Belange von Eltern und Kindern berücksichtigt, muß dagegen ohne die Unterstützung mächtiger Interessengruppen auskommen; sie muß auf Gemeinwohlüberlegungen aufbauen und kann nur durch Überzeugungsprozesse zum Erfolg geführt werden. Dies wird allerdings zusätzlich durch den Umstand erschwert, daß viele Politiker (und übrigens auch Journalisten!) auf ein gelingendes Familienleben haben verzichten müssen, und daß sich die übrigen zumeist in einer biographischen Phase befinden, in der die familiären Belastungen nicht mehr so dringend sind.

Vielleicht kann der hier entwickelte Gedanke, daß es keineswegs um Vergünstigungen, sondern um einen *Abbau der Rücksichtslosigkeit gegenüber den Familien* geht, daß es letztlich auch nicht um Förderung, sondern

---

Anmerkungen zu Tabelle 16:

* Die wesentlich höheren Anteilswerte, welche hier im Vergleich zu Tab. 15 für die Bundesrepublik ausgewiesen werden, sind auf andersartige statistische Abgrenzungen zurückzuführen.

Quelle: Materialband zum Sozialbudget 1986, S. 40–55, sowie S. 7 (Funktion ‚Ehe und Familie' + Ausbildungsförderung). Für 1988, 1990 und 1992: Mitteilung des BM für Arbeit und Sozialordnung.

Eigene Berechnungen.

Tabelle 16: Entwicklung der Zusammensetzung des Familienlastenausgleichs

Leistungsarten und Adressaten	1970	1975	1980	1983	1985	1988	1990	1992
	%	%	%	%	%	%	%	%
1. Für Kinder								
1.1 Kindergeld	9,2	29,1	26,4	22,6	20,8	17,7	15,9	15,6
1.1.a Erziehungsgeld	–	–	–	–	–	4,2	5,0	6,0
1.2 Leistungen der gesetzlichen Rentenversicherung	4,0	4,6	4,1	3,9	3,9	2,2	1,7	1,3
1.3 Leistungen des beamtenrechtl. Systems	12,7	7,5	6,4	6,5	6,6	6,8	6,0	5,5
1.4 Steuerermäßigungen	15,7	0,4	3,6	3,8	4,2	12,9	14,0	16,0
1.5 Jugendhilfe	3,3	5,8	7,2	7,5	7,9	8,9	15,5	14,4
1.6 Ausbildungsförderung	2,0	4,6	4,8	3,8	0,7	0,6	0,6	0,9
1.7 Sonstige	2,6	2,6	2,5	2,6	2,7	2,6	3,7	3,5
Für Kinder insgesamt	49,4	54,6	55,0	50,6	46,7	56,0	62,4	63,2
2. Für Ehegatten								
2.1 Steuerermäßigungen	37,1	32,6	31,8	35,8	40,0	31,8	26,2	26,1
2.2 Leistungen des beamtenrechtl. Systems	7,4	6,9	5,7	5,8	5,8	5,5	5,0	4,6
2.3 Sonstige	1,7	1,6	1,5	1,6	1,6	1,6	1,5	1,3
3. Für Mutterschaft	4,4	4,3	6,1	6,1	5,8	5,0	4,9	4,8
Für Ehe und Mutterschaft insgesamt	50,6	45,4	45,0	49,4	53,3	44,0	37,6	36,8
Summe (= 100%) in Mio. DM	100 31434	100 50307	100 65085	100 66686	100 68207	100 78537	100 91452	100 108316
Anteil am Sozialbudget*	17,5%	14,5%	13,7%	12,5%	11,9%	11,9%	12,7%	13,1%

um Rücksichtnahme auf Belange der Familie geht, welche durch wirtschaftliche und politische Strukturentscheidungen *absichtslos beeinträchtigt werden*, die Plausibilität einer Umorientierung der Politik erleichtern.

Politische Maßnahmen werden aus rechtlichen und verfahrenstechnischen Gründen in der Regel *nur im Einzelfall* geformt und verabschiedet. Das gibt allen politischen Kräften, welche ein Interesse daran haben oder Präzedenzwirkungen befürchten, Gelegenheit, weiterreichende Intentionen durch Detaileinwendungen in Frage zu stellen oder durch Zusatzbedingungen zu durchkreuzen.[124]

Nachteilig wirkt sich dabei insbesondere der Umstand aus, daß für die meisten familienpolitisch relevanten Maßnahmen die Federführung bei anderen Ministerien liegt, das für Familienfragen zuständige Bundesministerium also von Anfang an kompetenzschwach war und noch heute ist.[125] Familienpolitik ist notwendigerweise eine Querschnittsaufgabe und setzt das Zusammenwirken unterschiedlicher Ressorts voraus. Außerdem fallen wesentliche Maßnahmen, beispielsweise Finanzierung und der Ausbau von Kinderbetreuungs- oder Pflegeeinrichtungen, in die Kompetenz der Länder und Kommunen.

Es bedarf erheblicher Detailkenntnis und eines besonderen Sachverstandes, um die Zweckmäßigkeit bestimmter Lösungen für die anstehenden Probleme zu beurteilen. Wichtiger als die Erörterung von Einzelmaßnahmen erscheint daher hier die auf Grund der vorangehenden Darstellung hoffentlich plausible These, *daß eine Politik zugunsten von Familien umfassend konzipiert werden und die Perspektive der Betroffenen, insbesondere der Mütter, mit einbeziehen muß*. Ohne Anspruch auf Vollständigkeit, sondern eher beispielhaft seien abschließend einige Elemente einer umfassenderen familienpolitischen Konzeption skizziert.

Förderung der Familie meint zunächst und unmittelbar Förderung der *Eltern*. Denn nur über die Eltern sind die kindlichen Lebensverhältnisse in den Familien beeinflußbar. Daher ist Familienpolitik auch nicht identisch mit einer Politik für Kinder, welche primär die Lebensverhältnisse der Kinder – auch außerhalb der Familie – zum Gegenstand hat. Offensichtlich besteht aber zwischen beiden Politikfeldern ein enger Zusammenhang, vor allem wenn man berücksichtigt, daß für Schulkinder und Jugendliche der Zusammenhang zwischen familialem und schulischem Kontext das zentrale und häufig belastende Spannungsfeld ausmacht (vgl. 5.3.1). Ferner ist zu berücksichtigen, daß aus Kindern junge Erwachsene werden, und daß es ein Ziel der Familienpolitik sein muß, die Motivation zur Elternschaft zu unterstützen. Schließlich gehören nicht nur die elterliche und die nachwachsende, sondern auch die vorangehende Generation ins Blickfeld der Familienpolitik. Die familialen Bindungen sind die stärksten Solidarpotentiale unserer Gesellschaft, von denen der ganz überwiegende Teil der weder politisch noch marktmäßig vermittelten Wohlfahrtsproduktion abhängt (vgl. 3.2.4, 5.3.5). Angesichts der verbreiteten Mobilität sind familiale Bindungen zudem häufig die einzigen, welche – wenn überhaupt – einen Menschen sein Leben lang begleiten und für ihn eine wichtige Stütze seiner Identität darstellen (vgl. 3.2.1). Individuelle Biographien realisieren sich heute im wesentlichen in der Verknüpfung von Bildungs-, Erwerbs- und Familienkarriere. Je nachdem, wie die Rahmenbedingungen gestaltet sind – und hierauf haben politische, insbesondere bildungs-, familien-, arbeitsmarkt- und sozialpolitische Maßnahmen erheblichen Einfluß – sind diese biographischen Entwicklungen stärkeren oder geringeren Belastungen ausgesetzt. Eine an Gesichtspunkten individueller und familialer Wohlfahrt ausgerichtete Politik sollte daher ihren systematischen Orientierungsgesichtspunkt in der Art und Weise finden, *wie verschiedene, im Grenzfall die Gesamtheit relevanter politischer Maßnahmen die biographischen Optionen von Individuen im typischen Falle formen.*[126] Natürlich ist dies zunächst eine wissenschaftliche Perspektive, die für die politische Praxis nur schwer handhabbar erscheint. Sobald sie jedoch konkretisiert wird, macht sie charakteristische Problemlagen besser verständlich, wie sie im vorangehenden analysiert wurden:

1. Als besonders problematisch erweisen sich die *Lebenszusammenhänge junger Frauen*, welche den Wunsch nach Familie mit ihren beruflichen Neigungen vereinbaren wollen (vgl. 4.4.4, 4.5.2, 5.2.2).

2. Ein noch eher latentes, aber über die steigende Belastung der Sozialhilfe doch schon in die Öffentlichkeit dringendes Problem stellt die *Hilfe für alte Menschen* dar, welche heute vor allem zwischen den Ehepartnern sowie von Seiten der Töchter und Schwiegertöchter geleistet wird und insbesondere im Falle umfassender Pflegebedürftigkeit zu schwerwiegenden Einschränkungen und Belastungen der Pflegepersonen führt. Die Selbstverständlichkeit dieser Verpflichtung und auch die Möglichkeit, ihr nachzukommen, geht mit zunehmender Frauenerwerbstätigkeit zurück (vgl. 3.2.5).

3. Ebenfalls noch wenig manifest sind die *Belastungen kindlicher und jugendlicher Vitalsituationen* durch das Zerbrechen von Ehen, elterliche Spannungen, emotionale Vernachlässigung und den fehlenden Kontakt zwischen Elternhaus und Schule bzw. sonstigen sozialen Diensten. Soweit dieser überhaupt gepflegt wird, scheint dies überwiegend eine Angelegenheit der Mütter zu sein (vgl. 3.2.3, 5.3.1).

4. Die drei vorangehenden Gesichtspunkte betreffen vorwiegend die Frauen. Ein viertes Problem besteht gerade darin, *daß Männer weit weniger familiäre Probleme haben, daß sie sozusagen strukturell von familia-*

len Verpflichtungen weitgehend freigestellt und nahezu vollständig durch die Tätigkeiten in anderen Gesellschaftsbereichen absorbiert werden. Nicht nur die Erwartungen der Arbeitgeber und die Interessen der Gewerkschaften, sondern auch die Rechtsordnung orientiert sich ganz selbstverständlich an der vollen Verfügbarkeit des Mannes für berufliche Aufgaben. Daraus resultiert de facto eine arbeits- und sozialrechtliche Privilegierung des Mannes, welche ihn gleichzeitig von einer stärkeren Orientierung an familiären Aufgaben fernhält (vgl. 4.5.1) und zur Verfestigung des status quo beiträgt.[127]

Damit sind im wesentlichen Probleme angesprochen, welche als Kriterien in die *Zielformulierung* familienrelevanter politischer Maßnahmen Eingang finden sollten: *Das Geschlechterverhältnis, die Konsolidierung von Solidarpotentialen und die Vitalsituation von Kindern.* Nicht nur in der Ziel-, sondern auch in der Träger- und in der Maßnahmendimension müssen familienpolitische Konzeptionen heute umfassender angelegt werden. Bezogen auf die *Träger* bedeutet dies, daß nicht nur die Bundesebene, sondern auch die Länderebene und die kommunale Ebene als familienpolitische Handlungszentren mit in Betracht gezogen werden müssen.[128] Wie sogleich zu verdeutlichen sein wird, eignet sich nämlich die Bundesebene keineswegs als Träger aller familienrelevanten Maßnahmen. Die Berücksichtigung der verschiedenen Trägerebenen ist jedoch auch unter macht- und finanzpolitischen Gesichtspunkten von Interesse: Sozialreformerische Versuche des Bundes scheitern häufig am Widerstand der Länder, sobald diese dadurch ihre Kompetenzen oder Ressourcen als bedroht vermuten, so z. B. bei einer Stärkung der steuerrechtlichen Komponente im Familienlastenausgleich. Angesichts der argwöhnischen Rivalität zwischen Bund und Ländern, welche ein konstitutives Moment der föderalen Verfassung darstellt, wäre es illusorisch, eine praktische Koordination der Politik zugunsten von Familien zwischen diesen Ebenen zu fordern; um so wichtiger ist jedoch die wissenschaftliche Durchdringung dieser Beziehungen und der von ihnen ausgehenden Effekte, um die nachteiligen Wirkungen auf dem Wege ihrer Aufklärung zu bekämpfen.

In der Dimension der *Maßnahmen* gilt es schließlich zu betonen, daß trotz der zentralen Bedeutung des Familienlastenausgleichs familienförderliche Politik sich keinesfalls auf diese Dimension beschränken kann. Ein erheblicher Teil der hier angesprochenen Probleme läßt sich durch eine Verbesserung der Einkommensverhältnisse der Kinder erziehenden Eltern überhaupt nicht oder nur sehr mittelbar beeinflussen. Zur Verdeutlichung sei hier auf eine Systematisierung sozialpolitischer Maßnahmen zurückgegriffen, die der Verfasser an anderer Stelle ausführlich begründet hat[129].

Abbildung 15: Soziale Teilhabe und sozialpolitische Intervention

	soziale Teilhabe			
Dimensionen sozialer Teilhabe	Status	Ressourcen	Gelegenheiten	Kompetenzen
sozial-politische Güter	Rechtsansprüche	Geldleistungen	infrastrukturelle Einrichtungen	personenbezogene Dienstleistungen
Interventions-form	rechtliche	ökonomische	ökologische	pädagogische

Quelle: Kaufmann, Steuerung wohlfahrtsstaatlicher Abläufe durch Recht, a. a. O. S. 89

Abbildung 15 systematisiert sozialpolitische Maßnahmen unter dem Gesichtspunkt der Möglichkeiten staatlicher Träger, die Lebenslagen bzw. die sozialen Teilhabechancen unterschiedlicher Bevölkerungsgruppen zu beeinflussen. Soziale Teilhabe wird dabei in vier Dimensionen aufgefächert, denen unterschiedliche sozialpolitische Güter entsprechen, die ihrerseits durch unterschiedlich strukturierte Maßnahmen hergestellt werden, deren Wirkungsweise durch den Begriff der Interventionsformen angedeutet wird.

Aus der Sicht der Adressaten bedarf es aller vier Teilhabedimensionen, d. h. der Verbindung von Status, Ressourcen, Gelegenheiten und Kompetenzen, damit Wohlfahrtseffekte politisch produziert werden. So setzt z. B. die Wirksamkeit der Sozialhilfe für kinderreiche Familien erstens die Einräumung eines Rechtes auf Sozialhilfe (Status), zweitens die Bereitstellung entsprechender Mittel in den kommunalen Haushalten (Ressourcen), drittens die räumliche Erreichbarkeit des zuständigen Sozialamtes (Gelegenheit) und viertens das Wissen der Betroffenen über ihre Anspruchsberechtigung, die Überwindung der „Schwellenangst" und die Fähigkeit, den Rechtsanspruch gegenüber der Sozialbehörde in wirksamer Weise geltend zu machen (Kompetenzen), voraus. *Aus sozialpolitischer Sicht ist daher Familienförderung als kombinierte Wirkung rechtlicher, ökonomischer, ökologischer und pädagogischer Maßnahmen zu begreifen.* Diese Maßnahmen werden hier als staatliche Interventionen aufgefaßt, um ihren spezifischen, stets von den Reaktionen der Betroffenen abhängigen Charakter hervorzuheben. Im folgenden werden wichtige familienpolitische Probleme und Vorschläge in der Form dieser Systematik diskutiert.

5.4.4 Intervention mittels der Gestaltung von Rechtsverhältnissen

Dies ist die klassischste Form staatlicher Familienpolitik, wobei hier zu unterscheiden ist zwischen der rechtlichen Regulierung der familialen Binnenverhältnisse, also dem Eherecht, dem Elternrecht, dem Unterhaltsrecht usw. und den Rechtsansprüchen, die bestimmten Familienmitgliedern, insbesondere den Eltern, gegenüber Dritten eingeräumt werden.[130] Maßgeblich sind hier zunächst die verfassungsrechtlichen Normen des Art. 6 (Ehe und Familie) und Art. 3, Abs. 2 („Männer und Frauen sind gleichberechtigt"), wobei jedoch die verfassungsrechtliche Interpretation dieser Normen sich im Laufe der Zeit nicht zuletzt unter dem Einfluß der hier skizzierten Veränderungen gewandelt hat.[131] Ebenso einflußreich ist jedoch die Kodifikation des Familienrechts, *wobei dessen familienpolitische Problematik nicht nur in der rechtlichen Normierung der Familie selbst, sondern auch in den Folgen besteht, welche Normen des Familienrechts für andere Rechtsmaterien haben.* Diesem Gesichtspunkt wird in der Literatur nur selten Beachtung geschenkt[132]. Es gilt hier also, das Zusammenwirken unterschiedlicher Rechtsmaterien in ihren Effekten zu untersuchen.

Von großer Bedeutung hat sich in diesem Zusammenhang die Rechtsprechung des Bundesverfassungsgerichts erwiesen, ja man ist geneigt, das Bundesverfassungsgericht als die wirksamste Instanz der Familienpolitik in der Bundesrepublik Deutschland zu bezeichnen! Das galt bereits für die Durchsetzung des Gleichberechtigungsgrundsatzes (Art. 3, Abs. 2 GG) und hat sich in jüngster Zeit bestätigt: Von wegweisender Bedeutung für die zukünftige Ausgestaltung des Familienlastenausgleichs dürfte das Urteil vom 29. 5. 1990 werden, welches eine Besteuerung des Existenzminimums für verfassungswidrig erklärt (BVerfGE 82, 60; 82, 198); da das Existenzminimum von der Zahl der zu versorgenden Personen abhängt, kommt dieses Urteil unmittelbar den Familien, insbesondere solchen mit mehreren Kindern zugute. Ein weiteres Grundsatzurteil vom 7. Juli 1992 (BVerfGE 87,1) verpflichtet den Gesetzgeber, die Benachteiligung derjenigen, die wegen der Erziehung von Kindern auf Erwerbstätigkeit verzichten, im Zusammenhang mit künftigen Reformen des Rentenrechtes weiter abzubauen. In diesen Urteilen wird eine Perspektive sichtbar, welche diese Benachteiligung am Vergleich von sozio-ökonomisch ähnlich gestellten Haushalten mit und ohne Kinder mißt. Dies entspricht genau der hier suggerierten Perspektive eines Abbaus der Privilegien der Kinderlosen.[133]

Nachdem die Familienrechtsreformen der siebziger Jahre die Rechte aller Familienmitglieder stärker ausgestaltet haben, stehen heute Gesichtspunkte der *Ausgestaltung des Rechtsstatus der Eltern gegenüber anderen gesellschaftlichen Teilbereichen* im Zentrum. Hierzu gehört beispielsweise die Schaffung des Rechts auf Erziehungsurlaub und Erziehungsgeld, die Freistellung von alleinerziehenden Vätern oder ‚Hausmännern' vom Wehrdienst, die Schaffung von Beteiligungs- und Anhörungsrechten im Schulwesen, die Einräumung eines Rechtsanspruchs auf einen Kindergartenplatz usw. Die Einräumung derartiger Rechte ist im Grundsatz besonders geeignet, die in Abschnitt 5.2.2 bis 5.2.4 skizzierte strukturelle Benachteiligung der Familien zu reduzieren. Es darf allerdings nicht übersehen werden, daß die Einräumung von Rechten in der Regel auch Belastungen und Pflichten für andere mit sich bringt. Sie kann dort kontraproduktiv wirken, wo die Normadressaten sich ohne Schwierigkeiten der beabsichtigten Wirkung einer Norm entziehen können. In diesem Sinne könnte z. B. ein verstärkter Mieterschutz für kinderreiche Familien deren Position auf dem Wohnungsmarkt eher verschlechtern als verbessern, da Vermieter dann von vornherein auf die Vermietung von Wohnungen an kinderreiche Familien verzichten würden. Zur Lösung dieses Problems bedarf es also anderer Maßnahmen (vgl. ökologische Intervention).

Nicht zu übersehen ist in diesem Zusammenhang auch, *daß die zunehmende Pluralisierung familialer Lebensformen zu erheblichen Problemen für eine angemessene Steuerung der Sozialleistungen führen kann.* In dem Maße, in dem die Rechtsformen von Partnerschafts- und Elternschaftsverhältnissen auch im Bewußtsein der Bevölkerung als disponibel angesehen werden, ergeben sich insbesondere für rechtskundige und eigennützig denkende Personen Möglichkeiten zur Ausnutzung steuer- und sozialrechtlicher Vorteile, die ihnen nach der Absicht des Gesetzgebers nicht zukommen sollten.[134] Dies ist ein allgemeines Problem staatlicher Steuerung mittels Rechtsnormen, das nur durch sorgfältige Abwägungen im Gesetzgebungsverfahren und eine stärker an den Gesetzeszwecken orientierte Rechtsprechung unter Kontrolle gehalten werden kann.

Aus der hier entwickelten Perspektive auf die Familienproblematik seien drei Probleme angesprochen, deren Lösung in erster Linie rechtliche Interventionen voraussetzt:

1. Die *eigenständige Alterssicherung der verheirateten Frau.* Sie ermöglicht eine wesentlich zielgerechtere Berücksichtigung der wesentlichen neuen Tatbestände, nämlich der Normalität der Erwerbstätigkeit, insbesondere auch der Teilzeitarbeit von Müttern, der Anerkennung von Pflege- und Erziehungszeiten und nicht zuletzt der größeren Scheidungsanfälligkeit von Ehen.[135]
2. Die *Verbesserung der Vereinbarkeit von Familien- und Erwerbstätigkeit für beide Geschlechter.* Hier bedarf es nicht nur arbeitsrechtlicher Vorkehrungen, insbesondere vermehrte Möglichkeiten der Arbeitszeitflexibilisierung, sondern auch des Ausbaus sozialer Dienste für die Kinder erwerbstätiger Mütter.[136] Einen grundsätzlichen Fortschritt stellt hier

die Einräumung eines Rechtes auf einen Kindergartenplatz durch das neue Kinder- und Jugendwohlfahrtsgesetz dar; allerdings scheinen weder Länder noch Kommunen bisher bereit und in der Lage, dieses Recht innerhalb der vorgesehenen Fristen umzusetzen.

3. *Die Erleichterung des gemeinsamen Sorgerechtes im Falle nicht (mehr) verheirateter Eltern.* Trotz des Urteils des Bundesverfassungsgerichts vom 3. 11. 1982, das den Ausschluß einer gemeinsamen elterlichen Sorge nach der Scheidung gemäß § 1671 IV 1 BGB für verfassungswidrig erklärt hat, hat sich die Praxis der Gerichte hier bisher nur sehr langsam bewegt. Noch völlig ausgeschlossen ist das Sorgerecht des unverheirateten Vaters; hier herrscht in den alten Bundesländern immer noch die Regel, daß der nicht-ehelichen Mutter ein Amtspfleger zur Seite steht. Im Gegensatz dazu kannte das Familienrecht der DDR bereits die volle elterlichen Sorge der nicht-ehelichen Mutter, allerdings ebenso wenig wie in den alten Bundesländern das Sorgerecht des nicht-ehelichen Vaters. Die Frage verdient eine ernsthafte Prüfung, ob die Regelung des gemeinsamen Sorgerechtes für den Fall des Einverständnisses beider Partner nicht zu einem lediglich zu registrierenden Normalfall gemacht werden könnte, so daß nur noch in strittigen Fällen das Jugendamt und die Familiengerichte tätig werden müßten.[137]

4. Zu erwägen wäre auch die *Einführung eines Familienwahlrechts,* um den politischen Einfluß der Eltern zu stärken. Der Grundgedanke dieses in Frankreich seit langem diskutierten Vorschlags besteht darin, daß auch Kinder Bürgerrechte haben, die bis zur Volljährigkeit oder einem davon abweichenden Alter von den Eltern stellvertretend wahrgenommen werden. Dies wäre die einzige Möglichkeit, das *politische Gewicht der nachwachsenden Generation* gegenüber dem ohnehin in Zukunft immer stärker anwachsenden Gewicht der alten Generation zu stärken. Die Durchsetzung ausreichender Rücksichtnahme auf familiäre Belange in der Ausgestaltung von Rechtsverhältnissen ist eine typische Aufgabe des Bundesgesetzgebers.[138]

5.4.5 *Ökonomische Intervention: Die Beeinflussung der verfügbaren Einkommen*

Der Familienlastenausgleich stellt den am meisten debattierten Komplex einer familienorientierten Politik dar, wobei es vordergründig meist um die Prinzipien seiner Ausgestaltung, im Kern aber stets um den Anteil der Familie am Gesamt der Umverteilungsvorgänge geht. Wie schon Tabelle 16 (S. 198) zeigte, bleiben die öffentlichen Aufwendungen für die Familie hinter der Entwicklung des Sozialbudgets zurück, d. h. der Anteil der Aufwendungen für Familienleistungen ist im langfristigen Trend deutlich rückläufig. Zwischen 1981 und 1990 nahm das Bruttosozialprodukt um 58,6%, das Sozialbudget um 37,4%, die Löhne um 32,7%, die Preise um 21,5% und der Familienlastenausgleich um 13,9% zu.[138a] Der Wert des Familienlastenausgleichs hat sich also real vermindert, im Gegensatz zu allen anderen Einkommensformen.

Ohne auf technische Details einzugehen, seien hier lediglich die Grundprobleme des Familienlastenausgleichs aufgrund der vorangehenden Überlegungen systematisch zusammengefaßt. Die ökonomische Benachteiligung der Familien resultiert aus drei Komponenten:[139]

1. den direkten finanziellen Aufwendungen für die Kinder, also den monetären Kosten für das Aufziehen von Kindern;[140]
2. den entgangenen Erwerbseinkommen der Mütter und Väter, die um des Aufziehens ihrer Kinder willen weniger erwerbstätig sein können als kinderlose Paare. Dieser natürlich nur zu schätzende Einkommensverlust betrifft nicht nur aktuelle Einkommensverzichte, sondern im Regelfall auch die Minderung der langfristigen Erwerbschancen infolge instabilerer Beschäftigungsverhältnisse, eines Kompetenzverlustes im Falle zeitweisen Ausscheidens aus dem Arbeitsleben oder verminderter Chancen zum beruflichen Aufstieg;
3. den sozialversicherungsrechtlichen Folgewirkungen entgangener Erwerbseinkommen, welche in der Arbeitslosenversicherung, insbesondere jedoch im Bereich der Rentenversicherung zu Buch schlagen.

ad 1: In den politischen Diskussionen um den *Familienlastenausgleich* (FLA) steht in der Regel nur der erstgenannte Sachverhalt zur Diskussion. Dabei stehen sich zwei grundsätzliche Auffassungen gegenüber: Die eine geht davon aus, daß die Verantwortung für Kinder zu einer Minderung der steuerlichen Leistungsfähigkeit führt und befürwortet daher den FLA über Steuerfreibeträge, die in ihrer Konsequenz einen höheren Zuwachs der verfügbaren Einkommen bei den besser Verdienenden bewirken als bei den gering Verdienenden, welche im Grenzfall sogar leer ausgehen. Die andere Auffassung betrachtet den Ausgleich der Kinderkosten primär als Aufgabe des sozialpolitischen Umverteilungssystems und plädiert daher für eine ausschließliche Kompensation des Kinderaufwandes durch Kindergeld.[141] Hinter dieser auch gegenwärtig virulenten Konfliktlinie stehen unterschiedliche Wertvorstellungen und Interessen: So sprechen Gesichtspunkte der Leistungsgerechtigkeit für eine Anerkennung des höheren Kinderaufwands der Einkommensstärkeren, während Gesichtspunkte der Bedarfsgerechtigkeit eine einheitliche oder gar mit sinkendem Einkommen wachsende Entlastung von den Kinderkosten nahelegen. Es überrascht nicht, daß die erstgenannte Position vor allem von der CDU/CSU, die zweite von der SPD vertreten wird, deren überwiegende Klientel jeweils eher begünstigt würde. Ein zweiter Interessengegensatz macht sich am Finanzierungsverfahren fest:

Steuerfreibeträge (oder erst recht Splittingvorteile) gehen teilweise zu Lasten der Einkommenssteueranteile der Länder und Kommunen, während das Kindergeld ausschließlich vom Bund zu bezahlen ist! Dies war auch der Hauptgrund, weshalb seinerzeit der Vorschlag scheiterte, das Kindergeld durch die Finanzämter administrieren zu lassen. Statt dessen wurde auf Druck der Länder eine kostspielige Sonderverwaltung im Rahmen der Bundesanstalt für Arbeit aufgebaut, die auch heute einer zweckmäßigen Lösung des Familienlastenausgleichs im Wege steht.

Schließlich gibt es eine dritte Konfliktlinie zwischen den Finanzpolitikern und den Familienpolitikern: Erstere sind zu Reformen des Familienlastenausgleichs nur unter der Bedingung bereit, daß diese budgetneutral erfolgen, also keine zusätzlichen öffentlichen Mittel beanspruchen, während letztere vor allem für eine Erhöhung des Anteils der Familienleistungen am Sozialbudget plädieren.

Die bereits erwähnte Entscheidung des Bundesverfassungsgerichts über die Steuerfreiheit des familialen Existenzminimums hat hier eine gewisse Klärung gebracht: Bis zur Höhe des Existenzminimums sind Kinderfreibeträge keine vom Staat gewährte Steuer*ermäßigung*, gehören sie also überhaupt nicht zum FLA. Das Existenzminimum – auch der Kinder – stellt also eine Grenze der Besteuerungsrechte des Staates dar. Ein steuerlicher FLA beginnt also erst, wo Kinderfreibeträge höher als das Existenzminimum, d. h. bei derzeit jährlich etwa 6–7000 DM pro Kind liegen würden. Die derzeitigen Kinderfreibeträge von DM 4032 DM bewegen sich also immer noch im Bereich der verfassungswidrigen Besteuerung!

Die Steuerfreiheit des Existenzminimums besagt jedoch nach der Entscheidung des Bundesverfassungsgerichts nicht, daß dies notwendigerweise den Höherverdienenden größere Einkommensvorteile bringen muß, wie dies die Folge der gegenwärtigen Gestaltung des Einkommenssteuertarifs ist. Die Systematik des bundesrepublikanischen Steuertarifs bringt es nämlich mit sich, daß diese Steuerfreibeträge eine um so höhere Steuerersparnis bewirken, je höher das Einkommen der betroffenen Haushalte ist. Zudem profitieren die am schlechtesten gestellten Familien von dieser Maßnahme an sich noch gar nicht, da ihr Einkommen unter den Freibetragsgrenzen liegt. Für das letztgenannte Problem ist grundsätzlich bereits eine Lösung gefunden: Seit der Steuerreform von 1985 werden die sich aus den Kinderfreibeträgen ergebenden Steuerermäßigungen als Zuschläge zum Kindergeld ausbezahlt, falls das steuerpflichtige Einkommen so niedrig ist, daß die Kinderfreibeträge nicht geltend gemacht werden können (vgl. Tab. 14 S. 142). Hier wurde erstmals eine dem Grundgedanken der „negativen Einkommensteuer“ entsprechende Kompensation in die Umverteilungsvorgänge eingeführt und damit das bis dahin herrschende unkoordinierte Nebeneinander von

Steuerrecht und Sozialrecht koordiniert. Eine entsprechende Koordination ist jedoch im Hinblick auf die wachsende Steuerentlastung in der Progressionszone des Einkommenssteuertarifs bisher nicht erfolgt. Sie ist grundsätzlich auf zwei Wegen möglich: Entweder durch ein vom Umfang der Steuerentlastung abhängiges, *variables* Kindergeld oder aber durch die Ersetzung der bisherigen Kinderfreibeträge durch einen Kinder*grund*freibetrag, welcher eine konstante Steuerentlastung pro Kind unabhängig von der Einkommenshöhe festschreiben würde. Dieser Grundfreibetrag muß um ein Kindergeld ergänzt werden, das sich an den durchschnittlichen Aufwendungen für ein Kind orientiert, die zu einem bestimmten, politisch zu bestimmenden Prozentsatz den Eltern zu ersetzen sind. [142] Beide Lösungen ließen sich in zweckmäßiger Form durch die Finanzämter administrieren, womit sich gleichzeitig die recht kostspielige Kindergeldadministration im Rahmen der Arbeitsverwaltung einsparen ließe. Diese Vorschläge vermeiden die verteilungspolitisch ungünstigen Wirkungen des sog. Familiensplittings, das gelegentlich als Ersatz für das Ehegattensplitting vorgeschlagen werden: Ein Familiensplitting würde infolge des höheren Divisors (Ehepartner + Kinder) noch nachhaltiger die einkommensstärkeren Schichten begünstigen. Die Beschränkung des Ehegattensplittings könnte die Finanzierung derartiger Vorschläge erleichtern. Eine vollständige Abschaffung des Ehegattensplittings ist jedoch nicht zu rechtfertigen, da ihm die wechselseitige Fürsorgepflicht der Ehegatten gegenübersteht, welche die öffentlichen Haushalte erheblich entlastet.

Eine besondere Schwäche des gegenwärtigen FLA besteht ferner darin, daß das Kindergeld eine der wenigen Sozialleistungen ist, die nicht an die Entwicklung des Geldwertes und der Einkommen rechtlich gekoppelt ist. Das ist der Hauptgrund, weshalb alle scheinbaren Verbesserungen des FLA in Wirklichkeit bisher bloße Augenwischerei geblieben sind. Jede ernsthafte Familienpolitik wird sich nach dem Maßstab messen lassen müssen, ob sie bereit ist, den Familienlastenausgleich wie alle anderen Sozialleistungen auch zu dynamisieren, d. h. durch eine Koppelung an den Index der Lebenshaltungskosten oder besser an die Entwicklung der Renten den Substanzerhalt sicherzustellen. Auf lange Frist ist hiervon weit mehr zu erwarten als selbst von substantiellen einmaligen Erhöhungen des Kindergeldes, welche im übrigen seit langem ausgeblieben sind. *Nur eine Dynamisierung des Familienlastenausgleichs kann zu einer mit den übrigen Sozialleistungen gleichberechtigten sozialstaatlichen Verankerung und damit zu einer Stabilisierung des ‚Drei-Generationen-Vertrags' führen.*

ad 2: Dem *Ausgleich der entgangenen Erwerbseinkommen* dienen das Mutterschutz- und das Erziehungsgeld, wobei im Regelfall nur ein teilweiser Ausgleich des Einkommensausfalls beschränkt auf ein Jahr erfolgt. Diese

Maßnahme weist zweifellos in die richtige Richtung, ist aber vor allem in zeitlicher Hinsicht noch ungenügend, da eine vollzeitliche Betreuung der Kinder durch Vater oder Mutter mindestens bis zum Ende des zweiten Lebensjahres (nach Auffassung mancher Kinderärzte bis zum Ende des dritten Lebensjahres) entwicklungsmäßig geboten scheint. *Insbesondere müßte die Dauer des Erziehungsurlaubs mit dem Zugangsalter für öffentliche Regeleinrichtungen der Kinderbetreuung abgestimmt werden.* Einzelne Bundesländer sind daher dazu übergegangen, den nicht erwerbstätigen Müttern ergänzende Leistungen bis zum Ende des zweiten oder dritten Lebensjahres ihres Kindes auszurichten.[143] Auch diese Leistungen verlieren im übrigen mangels Dynamisierung von Jahr zu Jahr an Wert.

ad 3: Die *sozialversicherungsrechtlichen Folgewirkungen* werden im Rahmen der Reform der gesetzlichen Rentenversicherung von 1992 durch die Anerkennung von drei Erziehungsjahren pro Kind geregelt, doch reicht dies, wie auch das Bundesverfassungsgericht festgestellt hat, bei weitem nicht aus, um die versicherungsrechtlichen Nachteile einer ‚Familienkarriere' auch nur einigermaßen aufzufangen. In diesem Zusammenhang ist insbesondere zu berücksichtigen, daß für die meisten Familien mit einem Kind die Fortführung einer wenigstens teilzeitlichen Erwerbstätigkeit beider Ehepartner bei nur kurzen Unterbrechungen praktisch möglich erscheint, während bei zwei und erst recht bei drei und mehr Kindern zumeist die Mutter auf mehrere Jahre ganz auf Erwerbstätigkeit verzichtet. Hier erscheint deshalb *eine mit der Kinderzahl überproportional ansteigende Anrechnung von Kindererziehungszeiten* gerechtfertigt und notwendig. Für die teilweise oder ganz erwerbstätig bleibenden Mütter sollte ebenfalls eine Anrechnung der Kindererziehungszeiten bis zu einer bestimmten Grenze möglich sein, da ihre erzieherische Leistung ja nicht vom Verzicht auf Erwerbstätigkeit notwendigerweise abhängig ist. Die technische Ausgestaltung ist selbstverständlich von der Grundentscheidung abhängig, ob es beim gegenwärtigen System der Teilhaberente für verheiratete Frauen bleibt oder ob eine eigenständige soziale Sicherung der Frauen angestrebt wird.[144]

Diese Vorschläge beschränken sich auf grundsätzliche Gesichtspunkte eines unspezifischen Familienlastenausgleichs. Daneben gibt es zweckbezogene Sonderprogramme (z. B. Wohngeld, BaföG); hier kann die Zielgenauigkeit beabsichtigter Wirkungen durch die Vorgabe entsprechender Inanspruchnahmebedingungen erhöht werden, allerdings um den Preis komplizierter und administrativ aufwendiger Lösungen. Träger ökonomischer Interventionen können alle politischen Ebenen (Bund, Länder, Kommunen) sein.

In diesem Zusammenhang sei daran erinnert, daß neben dem Ausgleich der Benachteiligungen für das Aufbringen von Kindern ein analoges Problem für diejenigen Menschen, zumeist Frauen der mittleren

Generation besteht, die auf Erwerbstätigkeit zugunsten der *Pflege nahestehender Angehöriger* verzichten, die nicht mehr für sich selbst sorgen können (vgl. 3.2.5). Angesichts der enormen Summen, die durch diese Hauspflege den Sozialhilfeträgern erspart bleiben, erscheint die nunmehr eingeführte Anrechnung von Pflegezeiten in der Rentenversicherung nicht nur sozialpolitisch notwendig, sondern auch volkswirtschaftlich gerechtfertigt. Was die nunmehr ‚in Raten' anstehende Einführung einer *Pflegeversicherung* angeht, so zeigt sich hier wie auch bei zahlreichen anderen Versuchen einer Restrukturierung der Umverteilungsvorgänge, daß die Folgen eines Verzichtes auf solche Maßnahmen nicht dieselben öffentlichen Teilhaushalte treffen wie die dafür aufzuwendenden Kosten, so daß primär finanzwirtschaftliche Überlegungen dominieren, ohne daß die familiale Zweckmäßigkeit der daraus resultierenden Entscheidungen ernsthaft erörtert würden. Ausgelöst wurde die Debatte um die Pflegeversicherung nicht durch die Belastungen der Haushalte und Familien, die die Verantwortung für pflegebedürftige Mitglieder übernehmen, sondern durch die zunehmende Belastung der Sozialhaushalte der Kommunen mit den Heimkosten für jene Minderheit von Pflegebedürftigen, die keine Pflege durch ihnen nahestehende Personen erfahren oder wo der Schweregrad der Pflegebedürftigkeit die Hilfenetze überfordert. Die politische Auseinandersetzung der letzten Jahre hat sich nahezu ausschließlich um Finanzierungsfragen und um die damit verbundenen Zuständigkeiten gedreht.[145]

Die nunmehr verabschiedete sozialversicherungsrechtliche Lösung hat in jedem Fall den Vorteil, daß die Verknüpfung mit der gesetzlichen Krankenversicherung hier keine zusätzlichen Konflikte zwischen den Finanzierungsträgern der Krankenversorgung und der Pflege erwarten läßt, die bei allen anderen Lösungen zu erwarten gewesen wären. Es ist aber nicht einzusehen, weshalb bestimmte Bevölkerungsgruppen von dieser Versicherungspflicht ausgenommen werden, noch ist sachlich zu begründen, weshalb hier die Arbeitgeber an der Finanzierung mitbeteiligt werden. Vor allem aber berücksichtigt das vorgesehene Finanzierungsverfahren nicht die unterschiedliche Risikostruktur derjenigen, die aufgrund ihrer eigenen Erziehungsleistungen mit hoher Wahrscheinlichkeit im Alter auf Pflegeunterstützung seitens ihrer Partner und Kinder zählen können, im Vergleich zu denjenigen, die mangels solcher Formen der Netzwerkunterstützung auf einen wesentlich teureren Heimplatz angewiesen sein werden. *Die hochindividualisierten posttraditionalen Lebensformen ohne Kinder und mit bestenfalls rechtlich unverbindlicher Partnerschaft profitieren damit erneut von den Leistungen der Familien.* Ihre Anwartschaft auf die knappen Heimplätze wird sich in der Regel stets dringlicher darstellen als diejenige der bereits in Familienpflege befindlichen Personen. Eine praktikable Korrektur wäre hier die Einführung *degressiver*

Beitragssätze je nach Kinderzahl. Im Unterschied zur Rentenversicherung wäre dies hier kein ‚systemfremdes' Verfahren, da die Höhe der Versicherungsleistungen ihrer Natur nach nicht von der Höhe der Beiträge, sondern von der Verfügbarkeit oder Nicht-Verfügbarkeit nahestehender Pflegepersonen abhängt. Das Risiko von Kinderlosen, im Pflegefall ohne familiale Unterstützung zu sein, ist zweifellos größer als dasjenige von Eltern.

Die Heranziehung der Familienväter und Familienmütter zu den Kosten der Pflegeversicherung in gleichem Umfange wie diejenige der kinderlosen Personen wird zudem die mit der Lockerung der familialen Beziehungen ohnehin steigende Neigung verstärken, auch hier nach Möglichkeit außerfamiliale Betreuungsarrangements in Anspruch zu nehmen, auf die man ja nunmehr einen selbsterworbenen Rechtsanspruch zu besitzen glaubt, während im Falle der sozialhilferechtlichen Lösung neben ihrem von vielen immer noch als diskriminierend angesehenen Charakter auch die Regreßmöglichkeiten der Sozialbehörden auf die Unterstützungspflicht der Kinder zur Beibehaltung familialer Betreuungsarrangements beitrug. Die zweite Stufe der neuen Pflegeversicherung wird hier völlig andere Anreize setzen und wahrscheinlich zu Verhaltensänderungen erheblichen Ausmaßes hinsichtlich der Betreuungsbereitschaft in Familien führen. Und diese Verhaltensänderung ist umso wahrscheinlicher, je mehr man nur auf die Finanzierungsprobleme starrt und die Frage nach dem Ausbau von Sozialstationen, teilstationären Diensten (z. B. zur Ermöglichung der Erholung von stark beanspruchten Pflegepersonen) und ähnlichen praktischen Hilfen verzichtet.[146]

Die veränderten Anreizstrukturen werden sich allerdings voraussichtlich in den wohlhabenderen und in den bedürftigeren Schichten der Bevölkerung *unterschiedlich auswirken:* Da die Leistungen der Pflegeversicherung aller Voraussicht nach nicht ausreichen werden, um einen Heimplatz zu bezahlen, ist mit einem Wachstum des Angebots an Heimplätzen vor allem in den privat finanzierten gehobenen Kategorien zu rechnen, so daß die Inanspruchnahme dieser teureren Lösung primär denjenigen Pflegebedürftigen zugute kommen wird, die aufgrund höherer Alterseinkünfte die Differenzbeträge aufbringen können. Die frei finanzierten Einrichtungen werden voraussichtlich auch das ohnehin knappe Pflegepersonal noch stärker an sich ziehen, so daß die Frage der Pflege wenig bemittelter Personen ohne familiale Netzwerke dadurch keineswegs gelöst wird. Für die unteren Sozialschichten wird daher die familiale Pflege die zweckmäßigste Lösung bleiben, während sich infolge der Pflegeversicherung in den gehobenen Schichten die Nachfrage nach Heimplätzen verstärken wird. Die den gegenwärtigen Beschlüssen zur Einführung einer Pflegeversicherung zugrunde liegenden Finanzierungsannahmen scheinen daher extrem optimistisch. Wahrscheinlich werden die Kosten aufgrund der Verhaltensänderung überproportional expandieren, ganz abgesehen von der zu erwartenden Expansion infolge der demographischen Veränderung. Von den Leistungen werden die kinderlosen und die wohlhabenden Bevölkerungsgruppen stärker profitieren, da sie bessere Zugangschancen zu den teureren Heimlösungen besitzen. Dennoch sei natürlich nicht bestritten, daß auch für die einkommensschwachen Familien die in Aussicht gestellten Pflegegelder eine gewisse Erleichterung darstellen können; effektiv wird dies jedoch nur, wenn komplementäre Dienstleistungen systematisch verbessert werden.

5.4.6 Ökologische Intervention: Die Beeinflussung von räumlichen Voraussetzungen des Familienlebens

In diesem Zusammenhang ist in erster Linie an das Problem der Verfügbarkeit ausreichenden Wohnraums zu denken, ein Problem, von dem vor allem junge und kinderreiche Familien betroffen sind. Die Wohnung ist heute der Ort, wo sich das Familienleben im wesentlichen abspielt, sie ist sozusagen der gesellschaftliche Ort von Familie schlechthin. Die Wohnbedingungen stellen für junge Familien und insbesondere deren Kinder ein weit zentraleres Element der Lebensqualität dar als für andere Bevölkerungsgruppen (vgl. 4.6.3).

Dennoch scheinen sich gerade in dieser Hinsicht die Bedingungen progressiv zu verschlechtern. Hierzu trägt eine Eigenart des Wohnungsmarktes bei, nämlich seine Inflexibilität. Wer eine zufriedenstellende Wohnung hat, neigt dazu, darin auch in höherem Alter wohnen zu bleiben, selbst wenn sie – beispielsweise wegen des Auszugs der Kinder oder dem Verlust des Ehepartners – größer als der Bedarf ist. Hinzu kommt, daß der Preis neu erbauten Wohnraums überproportional ansteigt. Junge Menschen haben entsprechend ungünstige Chancen, an vergleichsweise preisgünstigen Wohnraum heranzukommen und sind überwiegend auf die teuren Neubauwohnungen angewiesen; Analoges gilt für den Erwerb von Wohneigentum. Empirische Untersuchungen zeigen demzufolge seit langem, daß einerseits junge Familien und andererseits Familien mit mehreren Kindern zu den mit Wohnraum am stärksten unterversorgten Gruppen der Bevölkerung gehören.[147] Und dies gilt verstärkt für Arbeiterfamilien sowie die Familien in den neuen Bundesländern.[148]

Wie zuletzt die Sachverständigenkommission für den Fünften Familienbericht festgestellt hat, entspricht jedoch das wohnungspolitische Instrumentarium der Bundesrepublik trotz einer entsprechenden Zieldeklaration im II. Wohnungsbaugesetz in keiner Weise den Grundsätzen der Familiengerechtigkeit.[149] Weder wird im Rahmen des öffentlich geförderten Sozialen Wohnungsbaus der Schaffung ausreichend großer Wohnungen für kinderreiche Familien Priorität eingeräumt, noch sind die Einkommensgrenzen für Sozialwohnungen so angehoben worden, daß ein erheblicher Teil der jungen Familien darauf einen Anspruch erheben könnte. Die Ausgestaltung des Wohngeldes trägt dem mit der Kopfzahl steigenden Wohnungsbedarf nur ungenügend Rechnung.[150] Unter familien- und verteilungspolitischen Gesichtspunkten völlig unzweckmäßig ausgestaltet ist die Förderung des Wohneigentums, das für Familien von besonderer Bedeutung wäre: Im Einkommenssteuerrecht „treten für die unteren Einkommensschichten keine Entlastungseffekte ein, für die Bezieher mittlerer und höherer Einkommen sind die Entlastungseffekte um so größer, je größer das steuerpflichtige Einkommen ist ... Dies ist familienpolitisch nicht nur nicht gerechtfertigt, sondern zielwidrig. Geradezu paradox ist es auch, daß für die Familien bei gleichem Einkommen die Entlastungen mit steigender Kinderzahl sinken."[151] Auch die Praxis der Gewährung von Familienzusatzdarlehen ist völlig unzureichend. Die Familienberichtskommission plädiert im Anschluß an *A. Oberhauser* für die Ersetzung der bisherigen Form der Wohneigentumsförderung durch ein System zinsloser Darlehen und Annuitätshilfen, das vor allem auch jungen Familien zugute kommen könnte und dessen Amortisierung den im Zeitablauf steigenden verfügbaren Einkommen der Familien angepaßt werden kann.[152]

Neben den Wohnbedingungen sind natürlich auch die Wohnumfeldbedingungen für die Lebensqualität von Familien von großer Bedeutung, das gilt insbesondere für Familien mit Kindern im Vorschulalter, welche auf eine ungefährliche, ‚erspielbare Umwelt' angewiesen sind.[153] Einen sehr wesentlichen Gesichtspunkt für die Lebenslage von Familien stellt schließlich die Erreichbarkeit von Einrichtungen für die verschiedensten Zwecke der Familie dar: Arbeitsplätze, Freizeitmöglichkeiten, Gesundheitsdienste, Krippen, Kindergärten, Schulen usw. Es geht hier also um die *Gestaltung der familienbezogenen kommunalen Infrastruktur*, was sich praktisch nur als Berücksichtigung familialer Komponenten im Rahmen kommunaler und evtl. regionaler Planungen verwirklichen läßt.[154] Dementsprechend liegt das Schwergewicht dieser Interventionsform bei der Landes- und Kommunalpolitik.

Im Übergangsfeld von ökologischer und pädagogischer Intervention bewegt sich die Frage nach Art und Umfang familienergänzender sozialer Dienste, insbesondere im Bereich der Gesundheits- und Jugendhilfe. Während die Notwendigkeit gesundheitsbezogener ergänzender Dienste (z. B. Frühförderstellen) nahezu unbestritten ist, sind Einrichtungen der Jugendhilfe wie z. B. Kindergärten, Kinderkrippen und Horte Gegenstand von z. T. erbitterten finanzpolitischen und pädagogisch-psychologischen Auseinandersetzungen. Die Probleme können hier nur andeutungsweise umrissen werden.

Was zunächst den finanziellen Aspekt betrifft, so sind Dienstleistungen, die von professionellem Personal allein erbracht werden, außerordentlich kostenintensiv. Das gilt zum mindesten unter der Voraussetzung einer angemessenen Qualität, welche die unverzichtbare Bedingung für die politische Förderung entsprechender Dienste sein muß. Die Diskussion um die Krippenbetreuung von Kleinkindern in der ehemaligen DDR und die Möglichkeit der Einführung eines breiteren Krippenangebots in den alten Bundesländern krankt nicht zuletzt an der Vermengung der grundsätzlichen Frage außerhäuslicher Betreuung von Kleinkindern mit den unbestreitbaren Mängeln der Krippenbetreuung in der DDR.[155] Daß in den Augen der betroffenen Mütter in den neuen Bundesländern der ehemalige DDR-Staat mit seinen Einrichtungen als wesentlich familien- und kinderfreundlicher galt als die heutigen Verhältnisse, machen noch unveröffentlichte Befragungen des Deutschen Jugendinstituts deutlich: „Während sich in der Kinderbetreuung für die meisten Mütter nur wenig verändert – in manchen Punkten sogar eher verbessert hat (z. B. mehr Elternbeteiligung, weniger ideologische Beeinflussung), ist das Klima für Kinder in der Wahrnehmung der Mütter offenbar sehr viel rauher geworden als vor der Wende. So bezeichnen im Frühjahr 1992 54% der Mütter den *Staat als kinderfeindlich* und nur 11% als kinderfreundlich. Vor der Wende war das Verhältnis diametral entgegengesetzt: 74% hielten den Staat für kinderfreundlich und nur 6% für kinderfeindlich." Ganz ähnlich urteilen die Mütter, was den *„Betrieb bzw. die Arbeitsstätte"* betrifft ... Weitere Dimensionen, wo die Befragten einen deutlichen Rückgang an Kinderfreundlichkeit verzeichneten, waren: die Menschen auf der Straße, Ämter, Behörden und die Autofahrer."[156] Wie die gegenwärtige Auseinandersetzung um die Verwirklichung des im Kinder- und Jugendhilfegesetz nunmehr festgeschriebenen Rechtsanspruchs auf einen Kindergartenplatz ab 1996 zeigen, sehen sich nach Pressemeldungen die Kommunen nicht in der Lage, die vom Deutschen Städtetag auf 21 Mrd. DM geschätzten Investitionskosten sowie die jährlichen Betriebskosten von mehr als 4 Mrd. DM zusätzlich aufzubringen, ganz abgesehen von der Frage, ob sich das erforderliche Personal in so kurzer Frist gewinnen und qualifizieren läßt. Berücksichtigt man den hohen Versorgungsgrad mit Kindergartenplätzen in der ehemaligen DDR (95%) bzw. in den alten Bundesländern (80%), der bereits heute gegeben ist, so wird deutlich, in welche Größenordnungen eine flächendeckende professionelle Kleinkindbetreuung der 3- oder gar 2jährigen wie auch die schulergänzende Betreuung in verschiedenen Formen führen müßte. Das wird sich in absehbarer Zeit auch bei einem besseren als dem vorhandenen politischen Willen nicht realisieren lassen. Eine vorrangige Zuteilung von Krippenplätzen an Alleinerziehende scheint eine besonders zweckmäßige Maßnahme zum Ausgleich ihrer besonderen Belastungen.

Es ist allerdings auch die Frage zu stellen, ob die vorherrschenden Formen einer ausschließlich durch Hauptamtliche geleisteten Klein- und Vorschulkindbetreuung ein notwendiges und flächendeckend sinnvolles pädagogisches Modell darstellen. Angesichts des starken Rückgangs der wöchentlichen Arbeitszeit und der zunehmenden Arbeitszeitflexibilisierung lohnt es sich, über neue Modelle einer stärker vernetzten Kinderbetreuung nachzudenken, wie sie von der Kinderladenbewegung zuerst praktiziert und mittlerweile auch in Form unterschiedlicher Modellversuche erprobt werden.[157] Modelle der Beteiligung von Müttern *und Vätern* an kommunal oder freigemeinnützig, ja auch in Form von Selbsthilfe organisierten Formen der Klein-, Vorschul- und Schülerbetreuung verdienen aus einer Vielzahl von Gründen Beachtung: Hier ließen sich Sozialisationsarrangements entwickeln, die gerade durch den Zusammenhang von professioneller Arbeit und Selbsthilfe für Eltern und Kinder gleichermaßen befriedigender sind, weil damit auch soziale Kontakte zwischen den Eltern geschaffen und verstärkt werden, also die Netzwerkbildung gefördert wird.[157a] Gleichzeitig handelt es sich hier am ehesten um eine realistische Perspektive, um zeitlich ausgedehntere Betreuungsarrangements als die bisherige Halbtagesbetreuung zu ermöglichen.

5.4.7 Pädagogische Intervention: Die Förderung familienrelevanter Handlungskompetenzen

Unsere Darstellung suchte zu verdeutlichen, daß die Motivation zur Übernahme von Elternverantwortung sich heute in Konkurrenz zu zahlreichen anderen Motiven befindet und starker kultureller Stützen entbehren muß. Hinzu kommt jedoch noch ein weiterer Faktor als Konsequenz zunehmender Kinderarmut und der Ausgrenzung von Kindern in Sonderumwelten: Mehr und mehr Menschen werden des Umgangs mit Kindern überhaupt entwöhnt, sie begegnen Kindern in ihren lebensweltlichen Vollzügen überhaupt nicht mehr. Dies gilt in einem besonderen Sinne auch für Kinder und Jugendliche: Ihr Bezugskreis beschränkt sich in der Regel auf Gleichaltrige oder im Alter nahestehende Geschwister (sofern überhaupt vorhanden), Schulkameraden oder sonstige Bekannte. Auch die Begegnung mit Neffen oder Nichten wird angesichts der Ausdünnung des Geschwistern- und Vetternkreises immer seltener. Dieses *Verschwinden von Kleinkindern aus der Erfahrungswelt Heranwachsender* bedeutet einen Verlust an Selbstverständlichkeit im Umgang mit Kindern, der die spätere Übernahme von Elternverantwortung zu einem völlig ungewohnten Ereignis mit sozusagen ‚unbekanntem Risiko' werden läßt.

Dieser in der Fachliteratur kaum erwähnte, aber z. B. vom ehemaligen Bundespräsidenten *R. von Weizäcker* betonte Umstand der *Entwöhnung von Kindern* stellt m. E. eine besonders nachhaltige Gefährdung der Motivation zur Elternschaft dar. Die Förderung familienrelevanter Handlungskompetenzen hätte demzufolge bereits im Schul- und Jugendalter einzusetzen, und zwar weniger durch Wissensvermittlung als durch *Vermittlung von Erfahrungen mit jüngeren Kindern*, z. B. durch Praktika in Kindergärten oder Krippen, Nachhilfestunden oder Hausaufgabenhilfen oder durch die Übertragung von Verantwortlichkeiten für jüngere Kinder im Rahmen der Freizeitgestaltung von Ganztagesschulen.

Natürlich könnten auch solche kurzfristigen Erfahrungen nicht jene Selbstverständlichkeit des Umgangs mit Kindern vermitteln, die in verwandtschaftlich vernetzten oder nachbarschaftlich vertrauten Familienumwelten einer kinderreicheren Zeit sich einstellten. Hinzu kommt, daß familiale Zusammenhänge heute nicht mehr auf die Selbstverständlichkeit einer schicht- oder milieuhomogenen Familienkultur zählen können, so daß viele junge Menschen unter dem Eindruck leben, nicht einfach das Vorbild ihrer Eltern übernehmen zu dürfen. Junge Menschen müssen daher heute Familie in weit stärkerem Maße als früher ‚neu erfinden'. Hierzu bedürfen sie – vor allem in den ersten Phasen der Familienentwicklung, aber auch bei späteren krisenhaften Übergängen – des *Rates* und evtl. der *Unterstützung*, die sie im Regelfall wohl vor allem bei Familienangehörigen sowie im näheren Bekanntenkreis suchen, der sich im Zuge der Familiengründung meist auch in Richtung auf andere junge Paare mit Kindern verändert.

Neben diesen informellen Formen hat sich jedoch auch ein formelles *Beratungs- und Elternbildungsangebot* entwickelt, das in der Bundesrepublik im wesentlichen von freien Trägern erbracht wird, während sich im Ausland teilweise auch schon staatliche Programme – vor allem im Zusammenhang mit der Gesundheitserziehung – finden.[158] Inhalt und Wirksamkeit dieser Einrichtungen sind in der Bundesrepublik allerdings nicht unumstritten.[159] Insbesondere wird eingewandt, daß die Angebote nur einen Bruchteil der Eltern, vorzugsweise aus der Mittelschicht, erreichen und damit wahrscheinlich gerade diejenigen Eltern nicht, deren familienrelevante Kompetenzen besonderer Förderung bedürften. Grundsätzlichere Einwendungen ergeben sich hinsichtlich der Nützlichkeit pädagogischer Wissensvermittlung für das erzieherische Handeln: „Universales Wissen wird gesellschaftlich legitimiert, bevorzugt als Ausdruck allgemeiner Wertvorstellungen (Ideologien) und allgemeingültiger Erkenntnis (Wissenschaft). Partikuläres Wissen legitimiert sich aus der eigenen Erfahrung. Diese bezieht sich auf Individuen, auf personelle Prämissen und auf situative Kontexte von Eltern wie Kindern. Universales Wissen wird – definitionsgemäß – als umfassend, mithin der partikulären Erfahrung überlegen aufgefaßt. Darum ist der Elternbildung immer ein Moment der Beeinflussung eigen, und sie ist dementsprechend prinzipiell mit ‚Interessen' verflochten. Je umfassender die beabsichtigten bzw. die tatsächlichen Auswirkungen von Elternbildung, desto dringender und problematischer ist ihre Legitimation."[160]

Noch grundsätzlicher problematisiert *Peter Gross* pädagogische Interventionen: „Wer bestimmt denn die Wertorientierungen und Wissensbestände, die familienpolitisch aktiviert oder zurückgedrängt werden sollen? Wie soll dies geschehen? ... Die ‚Pädagogik' ... ist im allgemeinen Verständnis auf unselbständige, insbesondere junge Menschen ausgerichtet. ‚Politik' hingegen ist doch die gemeinsame Regelung gemeinsamer Angelegenheiten unter der Voraussetzung der Selbständigkeit der beteiligten Personen."[161] Gross bemängelt weiterhin die Unklarheit der Zielsetzung, die Fraglichkeit der Effektivität und die fehlende Evaluation von auf Elternbildung und Erziehungsberatung gerichteten Maßnahmen.

Demgegenüber ist zunächst festzuhalten, daß aufgrund der geschilderten Konstellationen eine *Zunahme des Bedarfes an Orientierungswissen* zu vermuten ist. Dieses Orientierungswissen muß allerdings, um wirksam zu werden, auf die Situation der einzelnen Familie umgesetzt werden, ein Prozeß, zu dem Individuen vermutlich in unterschiedlichem Maße fähig sind. Daß die Effekte hier schwer kontrollierbar sind, liegt in der Natur der Sache. Da das hier geforderte Orientierungswissen jedoch nie ausschließlich kontextfrei-technischer Art ist, sondern stets nur in Verbindung mit von seiten der Eltern geteilten Wertorientierungen wirksam werden kann, spricht vieles dafür, in diesem Bereich ein weltanschaulich pluralistisches Angebot staatlich zu fördern, wie dies für die Situation in der Bundesrepublik Deutschland charakteristisch ist. Neben der finanziellen Förderung kann jedoch auch die Qualifizierung des Personals und die Förderung einschlägiger handlungsorientierter Forschungen eine sinnvolle öffentliche Aufgabe sein, wie nicht zuletzt die erfolgreiche Reform des Elementarbereichs in den siebziger Jahren zeigt.[162] Schließlich ist trotz der zweifellos nur beschränkte Wirksamkeit eine stärkere Berücksichtigung von Partnerschafts- und Erziehungsfragen in den Massenmedien, insbesondere im Fernsehen zu empfehlen, wobei die öffentliche Auszeichnung gelungener Produktionen einen Ansporn für die Produzenten bieten könnte.

Wenig aussichtsreich scheinen mir hingegen staatliche Maßnahmen zur Propagierung familialer Werte, wie sie z. B. vor einigen Jahren im Rahmen des Haushalttitels „Zukunft der Familie" vom damaligen BMJFFG mit Plakataktionen u. ä. versucht wurden. In diesem Zusammenhang ist an die Frühzeit der Familienpolitik in der Bundesrepublik zu erinnern, als Familienpolitik vor allem der Propagierung eines bestimmten Familienideals diente.[163] Dies könnte nur zu Polarisierungen beitragen. Daß der moderne Staat von moralischen Voraussetzungen lebt, die er selbst nicht zu schaffen vermag (*E. W. Böckenförde*), gehört zu den Grundeinsichten nicht nur des liberalen Staatsverständnisses. Die kulturelle Stilisierung des Familienlebens muß grundsätzlich im vorstaatlichen, gesellschaftlichen Raum geschehen und kann staatlicherseits bestenfalls behutsam begleitet und im Rahmen von Kultur-, Wissenschafts- und Bildungspolitik indirekt gefördert werden.

5.5 Abschließende Bemerkungen

Wir haben Familie einleitend als historisch wandelbares, kulturgeprägtes, umweltabhängiges und politikresistentes Phänomen beschrieben. Es dürfte nunmehr deutlich geworden sein, daß es im wesentlichen die Umweltabhängigkeit familialer Lebensformen ist, welche Ansatzpunkte zu politischen Gestaltungsabsichten bietet.

Der erneute historische Wandel familialer Lebensformen, dessen Zeuge wir seit drei Jahrzehnten sind, hat seine Ursachen in kulturellen und ökonomischen Veränderungen, deren Wirkungen durch die Ergebnisse von zum Teil weit zurückliegenden politischen Maßnahmen wie dem Familienrecht des BGB oder der einseitigen Begünstigung der Altengeneration in den sozialpolitischen Umverteilungsvorgängen in bestimmte Richtungen gelenkt worden sind. Kulturelle Liberalisierungen und ökonomische Optionserweiterungen verstärken sich gegenseitig und wirken sich vor allem in einer geringeren Festigkeit und Stetigkeit von Beziehungen zwischen Männern und Frauen aus. Verfestigte und auf Dauer angelegte, zudem einigermaßen partnerschaftlich angelegte Beziehungen scheinen unter den heutigen Bedingungen allgemein akzeptierter und weitgehend handhabbarer Geburtenkontrolle jedoch als *notwendige* Bedingung für die Geburt von Kindern – zum mindesten in breiten Kreisen der Bevölkerung. Es bestehen somit nachvollziehbare Zusammenhänge zwischen der gesunkenen Heiratsneigung, der steigenden Scheidungsanfälligkeit von Ehen und dem Geburtenrückgang, wobei letzterer meist den Anknüpfungspunkt für ein öffentliches Interesse an Bestand und Leistungen der Familie bildet.

Dieses Interesse ist allerdings mit den Interessen der jungen Leute, um deren Familiengründung es geht, nicht unmittelbar zu vereinbaren. Sie denken an die Gestaltung ihres eigenen Lebens, im günstigen Falle noch desjenigen ihres Partners oder ihrer Partnerin. Im Regelfall wird man voraussetzen dürfen, daß sie die Geburt eines Kindes als ein Ereignis auffassen, für dessen Folgen sie *verantwortlich* sind, und daß sie sich deshalb fragen, ob und unter welchen Umständen sie dies verantworten können und wollen. Dabei werden auch die Nebenfolgen für das eigene Leben in Betracht gezogen. Zwar vollzieht sich solches Abwägen wohl selten im Sinne einer expliziten Kosten-Nutzen-Analyse, aber doch intuitiv und unter Berücksichtigung der Erfahrungen, die man mit seiner Umwelt, insbesondere auch mit Bekannten der gleichen Generation macht. Für die einmal geborenen Kinder entwickeln Eltern heute vermutlich eher mehr Zuneigung und Verantwortung als in früheren Zeiten, und es spricht vieles dafür, daß Kinder heute diese Zuneigung und Verantwortung auch notwendiger brauchen als je zuvor. Unsere Welt beruht auf *entwickelten Humanvermögen*, sie setzt die Entwicklung differenzierter menschlicher Fähigkeiten in höherem Maße als je zuvor voraus, und die etablierten Konkurrenzmechanismen sorgen weit stärker als in einer geschichteten Gesellschaft für den Erfolg entwickelter Humanvermögen. So wird der Erfolg – und der Mißerfolg – der Kinder auch zum Erfolg und Mißerfolg der Eltern.

Mit diesen kulturellen Voraussetzungen und familialen Interessenlagen hat staatliche Politik zu rechnen, ohne sie kontrollieren zu können. *Staatlicher Einflußnahme sind dagegen die institutionellen Voraussetzungen zugänglich, welche die Lebenslagen kinderloser, kinderarmer und kinderreicher Lebensformen prägen.* Unsere Analysen dürften deutlich gemacht haben, daß die rechtlich geformten Voraussetzungen und Folgen der dominant gewordenen unselbständigen Erwerbstätigkeit die Kinderlosen einseitig bevorzugen. Dies geschieht nicht aus besonderer Vorliebe von Ökonomie oder Politik für Kinderlosigkeit, sondern wegen ihrer *Indifferenz* gegenüber dem Umstand, ob Menschen Kinder großziehen oder nicht. Diese Indifferenz führt in ihren kumulierten Konsequenzen zu *Rücksichtslosigkeit*: Das Aufziehen von Kindern findet im Gegensatz zu wirtschaftlichen oder selbst ehrenamtlichen Tätigkeiten kaum gesellschaftliche Anerkennung. Wer sich für das Aufziehen von Kindern entscheidet, muß – sofern er sein Glück im Kontext neuzeitlicher Werte sucht – die Gratifikationen von seinen eigenen Kindern erwarten. Oder welche Anerkennung für Uneigennützigkeit sollte ihm unsere Kultur bieten? Die Familie ist sozusagen kulturell auf sich selbst zurückgeworfen; nur wo Familie aus sich selbst heraus – und häufig auch unter Bezugnahme auf Traditionen, die ihre Kraft noch nicht eingebüßt haben – ihren Wert für die Beteiligten zu erweisen vermag, erscheint sie noch als bestandsfähig.

Staatliche Politik wird mit solchen Beständen zu rechnen haben, sie kann kaum neue Motive schaffen. Sie kann jedoch die Nachteile, welche heute offenkundig mit dem Aufziehen von Kindern verbunden sind, mildern: durch Aufwertung des rechtlichen Status von Eltern; durch einen verstärkten Familienlastenausgleich; durch Verbesserung der Vereinbarkeit zwischen Familien und Erwerbstätigkeit; durch Beseitigung der Ungerechtigkeiten des bestehenden Rentenversicherungssystems gegenüber den auf Erwerbstätigkeit zugunsten von Erziehungstätigkeit ganz oder teilweise verzichtenden Frauen und Männern; durch Schaffung von Wohnraum für kinderreiche Familien; durch den Ausbau der sozialen Dienste für Klein- und Vorschulkinder; durch Ganztageseinrichtungen, auch im Schulalter. Sie kann Forschungen und Experimente sowie massenmediale Darstellungen fördern und anerkennen, welche die Möglichkeiten, Familie unter den gegenwärtigen Bedingungen zu leben, verdeutlichen. Sie kann im Rahmen des Bildungswesens dafür sorgen, daß Heranwachsende Erfahrungen mit Kleinkindern machen dürfen und daß das ehrenamtliche Engagement von Eltern im Rahmen des Schulwesens – besonders bei einem Übergang zum Ganztagesbetrieb – gestärkt wird. Sie kann schließlich auch durch Förderung von Einrichtungen der Familienbildung und Beratung versuchen, der Stabilität und Problemlösungsfähigkeit von Familien Hilfe zukommen zu lassen.

Ein solch geballtes familienpolitisches Programm wird selbstverständlich bei politischen Praktikern – und insbesondere bei Finanzpolitikern – nur Kopfschütteln ernten. Es bedarf jedoch der *Vision*, wenn Familienpolitik aus der Rolle einer Alibifunktion in den Rang eines *konstitutiven Elementes der Gesellschaftspolitik* gebracht werden soll, vergleichbar etwa der Wirtschafts-, der Raumordnungs- oder der Sozialversicherungspolitik. Eben dies ist jedoch aus der hier entwickelten Perspektive notwendig, wenn nicht eine der nachhaltigsten Quellen menschlicher Wohlfahrt mehr und mehr versiegen soll. *Ohne die Einsicht, daß die bisherige sozialstaatliche Entwicklung einseitig zu Lasten der Eltern gegangen ist und daß daher massive Umverteilungen innerhalb des Sozialbudgets das Gebot der Stunde sind, wird sich nichts verändern.* Das ist übrigens kein neuer Gedanke. *Gerhard Mackenroth* hat ihn bereits gegen Schluß seines seinerzeit bahnbrechenden Vortrags „Die Reform der Sozialpolitik durch einen deutschen Sozialplan“ im Jahre 1952 vor dem Verein für Socialpolitik formuliert:

> „Hier erwächst der Sozialpolitik ... die Großaufgabe des 20. Jahrhunderts: Familienlastenausgleich, meines Erachtens der einzige sinnvolle Lastenausgleich, denn sein Richtmaß ist nicht vergangener Verlust, sondern eine gegenwärtige Leistung ... Ich möchte nur keinen Zweifel daran lassen, daß es mit einer Politik der kleinen Mittel nicht getan ist – alle solchen Maßnahmen würden hoffnungslos verpuffen –, sondern daß es sich hier um eine ganz große Einkommensumschichtung und eine grundsätzliche Neugestaltung der Verteilungsordnung handeln muß, wenn man damit etwas ausrichten will, eine Umschichtung nicht zwischen Einkommens- und Sozialschichten, sondern innerhalb jeder Schicht innerhalb der Familien.“[164]

Und es sollte nicht übersehen werden, „daß aus bevölkerungswissenschaftlicher Sicht in den nächsten etwa 10 Jahren noch die relativ besten Voraussetzungen für eine Korrektur ... bestehen, weil in den kommenden Jahren die starken Jahrgänge der sechziger Jahre in das Heiratsalter kommen ... Anschließend werden Korrekturen der demographischen Struktur ungleich schwieriger werden."[165] Auch aus verteilungspolitischer Sicht gilt diese Einschätzung, da derzeit die Altersversorgungslasten vergleichsweise gering sind.

Dieses Plädoyer für eine grundlegende, *am Drei- und nicht am Zwei-Generationen-Vertrag orientierte Sozialpolitik* darf eine weitere Einsicht jedoch nicht verdecken, daß es nämlich ‚die Familie' nicht gibt, sondern Millionen meist jüngere Erwachsene, die unter recht unterschiedlichen Umständen die Verantwortung für das Aufziehen von Kindern übernehmen. Wir können sie nach unterschiedlichen familialen Lebensformen typisieren, wobei Lebensformen wie ‚die Alleinerziehenden', ‚die kinderreichen Familien' oder auch ‚die nicht assimilierten Ausländerfamilien' oder ‚die Familien mit behinderten Kindern' im Regelfall mit besonderen Belastungen oder Risiken verbunden sind und daher *gezielter* Formen der Unterstützung bedürfen. Hiervon konnte im Rahmen dieser auf die Zukunft der Familie im allgemeinen gerichteten Überlegungen nur sehr ungenügend die Rede sein.

Schließlich sollte auch nicht übersehen werden, daß der Familienlastenausgleich nur einen Teil der spezifischen *Risiken* abzudecken vermag, welche heute vor allem *junge Frauen* als mit der Übernahme der Elternverantwortung verbunden wahrnehmen. Weitere Risiken beziehen sich auf die Folgen, welche sich für ihre übrigen Lebensbereiche, insbesondere die Berufsperspektiven ergeben. Die Berufstätigkeit bedeutet dabei nicht nur Einkommen, Abwechslung und Kontaktmöglichkeit, sondern vor allem auch Erhalt der beruflichen Qualifikationen. Diese haben zweifellos für viele Frauen Eigenwert gewonnen, aber sie bedeuten überdies mögliche Unabhängigkeit auch vom Partner, welche um so bedeutender eingeschätzt wird, je weniger sicher eine Frau sich der Beständigkeit ihrer Beziehung ist. Angesichts des offensichtlich unterschiedlichen Stellenwerts der Berufstätigkeit für verschiedene Gruppen von Frauen ist es Aufgabe der Politik, aber auch der Tarifpartner, *die Folgen unterschiedlicher Optionen für die Familie erträglich zu halten.* Bei Frauen mit hoher Berufsorientierung ist damit zu rechnen, daß sie nur soviel Kindern das Leben schenken, als sie mit einer einigermaßen kontinuierlichen, wenngleich vielleicht reduzierten Berufstätigkeit vereinbaren können, d. h. in der Regel einem, maximal zwei Kindern. Frauen mit hoher Kind- und hoher Berufsorientierung werden bereit sein, für einige Jahre auf Berufstätigkeit zu verzichten, aber gerne in den Beruf zurückkehren, sobald „die Kinder aus dem Gröbsten heraus sind". Überwiegend familien- und kindorientierte Frauen werden es dagegen vorziehen, weiterhin das Zentrum einer dann nicht selten drei und mehr Kinder und eine zunehmende Enkelzahl umfassenden Familie zu bleiben. Weil Familien mit drei und mehr Kindern einen überproportionalen Beitrag zur kollektiven Nachwuchssicherung leisten, liegt auch hier eine volkswirtschaftlich relevante Leistung vor, die der Rückkehr in den Beruf durchaus äquivalent ist und entsprechender sozialrechtlicher Absicherung bedarf. Derartige ‚Lebenspläne' brauchen übrigens nicht stabil zu sein, sie können sich je nach der konkreten Entwicklung ändern.

Angesichts dieser notwendigen Unberechenbarkeit biographischer Entscheidungsmuster kann der Politik nur empfohlen werden, *einen berechenbaren Rahmen der Folgen unterschiedlicher Entscheidungen vorzugeben*, ohne diese Entscheidungen selbst direkt beeinflussen zu wollen. Das kann z. B. konkret heißen:

- Für Frauen mit hoher Berufsorientierung ist entscheidend, daß Kinderbetreuungsmöglichkeiten möglichst unmittelbar an den Schwangerschafts- und Erziehungsurlaub anschließen.
- Für Frauen mit in etwa gleichgewichtiger Berufs- und Familienorientierung empfiehlt sich die Förderung von Teilzeitarbeit und die Reduktion von deren nachteiligen Folgen für die soziale Sicherung.
- Für die stark kindorientierten Frauen ist eine mit der Kinderzahl steigende Anrechnung von Erziehungsjahren in der Rentenversicherung und die Höhe des Familienlastenausgleichs entscheidend.
- Entsprechende Regelungen sollten auch für Männer gültig sein, um Entwicklungen in der familialen Arbeitsteilung zu begünstigen.

Derartige differenzierende Überlegungen stellen die an möglichst generalisierten Rechtsnormen orientierten Politikmuster in der Bundesrepublik Deutschland zweifellos vor erhebliche Anforderungen, die sich aber bei entsprechendem Einlassen auf die Wirkungsweise bestimmter Maßnahmen gesetzes- und verwaltungstechnisch durchaus lösen lassen. Angesichts der zunehmenden Pluralisierung familialer Lebensformen kann der Politik die Forderung nicht erspart werden, *selbst* auf *flexiblere Strategien* zu setzen, wenn sie familienfördernd wirken will. Beispielsweise wäre zu erwägen, *alternativ* einen Krippenplatz oder Erziehungsgeld wählbar zu machen; ein allerdings „politisch unmöglicher" Gedanke, da die finanziellen Konsequenzen solcher Wahlfreiheit verschiedene Gebietskörperschaften betreffen würden. Aber was spräche dagegen, Krippenplätze indirekt durch entsprechende Bundesleistungen zu finanzieren?

Unabhängig davon, ob die herrschende Meinung ein öffentliches Interesse an den Leistungen der Familie bejaht, muß aus sozialwissenschaftlicher Sicht die Unhintergehbarkeit des Zusammenhangs zwischen familialen Leistungen und den Funktionserfordernissen der übrigen gesellschaftlichen Bereiche hingewiesen werden. Solange menschliche Leben nicht unsterblich und Arbeitsvermögen nicht unerschöpflich sind, ist die Fortsetzung menschlichen Zusammenlebens nur durch die Geburt und die Sozialisation von Nachwuchs sicherzustellen. Es gehört zu den Charakteristika moderner Formen der Vergesellschaftung, daß dieser Zusammenhang nicht mehr zwingend für jedes einzelne Individuum oder Paar gilt, denn die arbeitsteilige Produktion und die Flexibilität der Geldwirtschaft ermöglichen das Überleben, ja sogar ein besonders komfortables Überleben ohne eigene Kinder. Selbst für eine staatlich verfaßte Gesellschaft ist es grundsätzlich möglich, einen erheblichen Teil des erforderlichen Nachwuchses ‚zu importieren', solange in anderen Gebieten der Erde ein Nachwuchsüberschuß besteht. Allerdings stößt eine solche bloß quantifizierende Betrachtungsweise an die Schranken der Assimilierbarkeit fremdkultureller Bevölkerungsgruppen und verweist damit auf die Notwendigkeit nicht nur der Geburt, sondern auch der Pflege und Erziehung des Nachwuchses und den für eine bestimmte Kultur bewährten, spezifischen Bedingungen. *Eine zentrale Frage unserer Zukunft ist es, ob es uns noch gelingt, verläßliche Beziehungen zwischen den Geschlechtern und Generationen auf Dauer zu stellen.* Und dies gilt nicht nur für das Verhältnis zwischen Eltern und unmündigen Kindern, sondern ebenso sehr für das Verhältnis zur älteren, nicht mehr erwerbstätigen und in der letzten Lebensphase oft von unmittelbarer mitmenschlicher Hilfe wieder abhängigen Generation. Wenn heute immer noch schätzungsweise 85% aller pflegebedürftigen Erwachsenen von Familienangehörigen gepflegt werden und damit der Sozialhilfe nicht zur Last fallen, ist dies nur als Wirkung einer lebenslangen Bindung verständlich, wie sie für die heute altwerdenden Generationen noch charakteristisch war. Hierfür ist ebensowenig Ersatz in Sicht wie für die elterliche Zuwendung zu ihren Kindern.

Allen öffentlichen Debatten über die Pluralisierung familialer Lebensformen zum Trotz ist festzuhalten, daß in der Bundesrepublik unter Einschluß der neuen Bundesländer nach wie vor zwei Drittel aller Ehen zusammenbleiben, „bis der Tod sie scheidet" und daß rd. vier Fünftel aller Kinder ihre ganze Jugend in Gesellschaft ihrer beiden leiblichen Eltern verbringt. Das ist der Kern dessen, was traditionellerweise als „Familie" gilt und nach wie vor das Leitbild der meisten Lebensentwürfe mitbestimmt. Wie gezeigt wurde, fällt es aber heute einem wachsenden Teil der nachwachsenden Generationen schwerer, diesem Leitbild im Vollzug ihrer Biographie zu entsprechen. Dies hat vielerlei Gründe, von denen hier nur diejenigen zur Sprache gebracht werden konnten, die sich in plausibler Weise auf die politischen und gesellschaftlichen Verhältnisse beziehen. Verständlicherweise beanspruchen diejenigen, die aus zumeist nicht von ihnen allein zu verantwortenden Gründen in alternative Formen des privaten Lebens gedrängt wurden bzw. sich dafür entschieden haben, soziale Anerkennung auch für diese vom Leitbild abweichenden

Lebensentwürfe. Im Einzelfalle mögen heute alternative Lebensformen plausibler sein als die Lebensform der „Normalfamilie“. Aber die Rechtsordnung und mit ihr die Politik hat es vor allem mit der Ordnung der vorherrschenden Verhältnisse zu tun und steht angesichts solcher Wünsche stets vor dem Dilemma, wie weit die Anerkennung alternativer Lebensformen getrieben werden kann, ohne die in familialer Hinsicht im Regelfalle leistungsfähigere traditionelle Form der Familie ihres leitbildhaften Charakters zu entkleiden. Zu letzterem besteht auch aus soziologischer Sicht keinerlei Anlaß. Eine Gesellschaft, die nicht mehr in der Lage wäre, bestimmte Formen ihres Zusammenlebens deshalb zu privilegieren, weil sie sie als im Regelfalle sozial nützlicher ansieht, würde sich in Widersprüche verwickeln und ihren Mitgliedern Orientierungsleistungen vorenthalten, auf die sie im Regelfalle angewiesen sind.

Unterbelichtet blieb in den vorangehenden Empfehlungen die spezifische Problematik des Geschlechterverhältnisses, obwohl es ein durchgehender Gedanke dieser Schrift ist, daß eine Restabilisierung der familialen Verhältnisse von einer Umorientierung männlicher Lebensentwürfe auf Familie mit abhängt. Hier sind die *Tarifpartner* mit ihren Möglichkeiten der Beeinflussung geschlechtsspezifischer Arbeitsbedingungen in erster Linie gefordert, nicht der Staat, dessen Maßnahmen ohne eine bewußte Unterstützung durch die Tarifpartner nur wenig greifen. Es liegt weitgehend in der Verantwortung der Tarifparteien, ob junge Menschen, die Verantwortung für Kinder übernehmen, aus diesem Grunde in ihrer beruflichen Karriere benachteiligt werden oder nicht. Dürfen wir wollen, daß Eltern keine Karriere machen?[166]

In engem Zusammenhang hiermit steht die Frage, wer in Zukunft die gesellschaftlich unentbehrlichen Leistungen für Kinder und Alte übernehmen wird, nur die Frauen wie bisher, oder auch die Männer? Es ist angesichts des Umfangs der hier angesprochenen Leistungen (je nach Schätzung 25–50% des Sozialprodukts) sicher unrealistisch, ihre volle Entgeltlichkeit zu fordern, einmal ganz abgesehen von der emotionalen Verarmung, die mit solcher Auflösung aller Solidarpotentiale verbunden wäre. Aber warum soll solche unentgeltliche Tätigkeit ausschließlich Aufgabe der Frauen bleiben? Könnte z. B. nicht der dringend erforderliche Ausbau ganztägiger Betreuungseinrichtungen für Vor- und Schulkinder unter Mobilisierung des ehrenamtlichen Engagements *auch der Männer* angestrebt werden? Die Beaufsichtigung von Hausaufgaben, die Anregung zu Sport, Basteln und sonstigen Freizeitaktivitäten dürfte Männern grundsätzlich nicht schwerer fallen als Frauen. Solche Experimente zu fördern und auf diese Weise die Symbole geschlechtsspezifischer Arbeitsteilung zu verändern, liegt durchaus nicht außerhalb der Möglichkeiten öffentlicher und freier Träger sozialer Dienste.

Der Verfasser betrachtet mit Sorge, wie wenig von den in diesem Band skizzierten Zusammenhängen im Kontext publizistischer und politischer Erörterungen die Rede ist. Er ist sich bewußt, keinen *eindeutigen* Ausweg aus den Gefährdungen aufgewiesen zu haben, in die die Überlastung des familialen Teilsystems der Gesellschaft geführt hat. Ihm schien es wichtiger, auf die Ernsthaftigkeit der Lage *und* die spezifischen staatlichen Einwirkungsmöglichkeiten aufmerksam zu machen. Dabei muß deutlich gesagt werden, daß der notwendige Abbau der strukturellen Benachteiligungen Eingriffe in die Besitzstände der Kinderlosen voraussetzt. Und es würde nicht genügen, wenn sich die Politiker die Köpfe mehr über die Zukunft der Familie zerbrechen wollten. Andere Gesellschaftsbereiche wie die Wirtschaft, die Gewerkschaften, die Massenmedien oder die sozialen Dienste nehmen auf die Verletzlichkeit familialer Lebensformen ebenso wenig Rücksicht. Und der nüchterne Aufweis der zunehmenden Riskiertheit familialer Entscheidungen muß auch gegenüber denjenigen jungen Menschen gewagt werden, die sich das noch oder auch nicht mehr zutrauen.

Anmerkungen

Vorbemerkung: Da die Zahl der wiederholten Zitationen relativ gering ist, wurde auf ein gesondertes Literaturverzeichnis verzichtet und der thematischen Zuordnung der bibliographischen Angaben der Vorzug gegeben. Zum Auffinden der vollständigen bibliographischen Angaben bei Wiederholungszitaten kann das Autorenregister zu Hilfe genommen werden (*Kursive* Angaben).

Anmerkung zum Vorwort

1 Für ausführliche Rezensionen bedanke ich mich bei *Richard Albrecht* (Sozialwissenschaftliche Literatur Rundschau H. 24, 1992; Demographische Informationen 1992/93), *François Höpflinger* (Soziologische Revue H. 4/1992), *Karl Schwarz* (Zeitschrift für Bevölkerungswissenschaft H. 2/1990) und *Laszlo Vaskovics* (Kölner Zeitschrift für Soziologie und Sozialpsychologie H. 4/1991).

Anmerkungen zu Kapitel 1

1 Der etwa gleichzeitig mit dieser Neubearbeitung erscheinende Fünfte Familienbericht der Bundesregierung nimmt im Bericht der Sachverständigenkommission Gedanken auf, die hier zuerst entwickelt worden sind. Eine vergleichende Darstellung der bisherigen Familienberichte geben *H. Pöttgens*, Familienpolitik-Kritische Analyse der Ordnungsvorstellungen, Leitlinien und Schwerpunkte in den Berichten der Sachverständigenkommissionen 1975, 1979, 1986. Hrsg. Katholische-Soziales Institut der Erzdiözese Köln, Bad Honnef, 1987; und *W. Walter*, Vom Familienleitbild zur Familiendefinition. Familienberichte und die Entwicklung des familienpolitischen Diskurses. Arbeitspapier Nr. 5 des Forschungsschwerpunktes ‚Gesellschaft und Familie'. Universität Konstanz, 1993.

2 Vgl. *H.-J. Hoffmann-Nowotny*, Die neue Völkerwanderung. Beitrag für den Arbeitskreis ‚Siedlungsstruktur und Bevölkerungsentwicklung' der Akademie für Raumforschung und Landesplanung, Hannover (im Erscheinen). Angesichts der großen Bedeutung der Immigration stellt die Vernachläßigung der Ausländerfamilien in der familiensoziologischen Forschung eine gravierende Lücke dar, die jedoch in dieser Arbeit nicht zu schließen ist. Vgl. *B. Nauck*, Arbeitsmigration und Familienstruktur. Frankfurt/New York 1985; *ders.*, Bildungsverhalten in Migrantenfamilien. In: *Materialien zum Fünften Familienbericht, Band 4:* Kindliche Lebenswelten, Bildung und innerfamiliale Beziehungen. München 1994 (im Erscheinen); *Zur Lebenssituation ausländischer Kinder und Jugendlicher in Baden-Württemberg*. Hrsg. Ministerium für Arbeit, Gesundheit, Familie und Frauen. Stuttgart 1991.

3 Die *Folgen* eines langfristigen massiven Bevölkerungsrückgangs und der damit einhergehenden Verschiebungen der Altersstruktur sind nicht Gegenstand dieses Buches. Vgl. hierzu *F.-X. Kaufmann*, Makrosoziologische Überlegungen zu den Folgen eines Bevölkerungsrückgangs in industriellen Gesellschaften. In: *Bevölkerungsbewegung zwischen Quantität und Qualität*. Beiträge zum Problem einer Bevölkerungspolitik in industriellen Gesellschaften, hrsg. von F.-X. Kaufmann, Stuttgart 1975, S. 45–71 so-

wie: *F.-X. Kaufmann, K. P. Strohmeier, G. Federkeil*: Wirkungen politischen Handelns auf den Bevölkerungsprozeß. Boppard am Rhein 1992, S. 11–27.

4 Zur Begründung einer Bevölkerungspolitik vgl. *Dritter Familienbericht: Die Lage der Familien in der Bundesrepublik Deutschland.* Bericht der Sachverständigenkommission der Bundesregierung. Bundestagsdrucksache 8/3121, Bonn 1979, S. 129ff. *M. Wingen*, Grundfragen der Bevölkerungspolitik. Stuttgart 1975; *ders.* Politische Perspektiven einer Rahmensteuerung der Bevölkerungsentwicklung. Statistisches Landesamt Baden-Württemberg, Stuttgart 1989.

5 Die hier gegebene synthetisierende Darstellung beruht somit auf einer von den ethischen und wissenschaftlichen Perspektiven des Verfassers nicht zu trennenden, wenngleich diese auch bewußt relativierenden Auswahl aus den nahezu unübersehbar gewordenen Erörterungen familialer Probleme. Zu den hier nicht im einzelnen diskutierbaren inhaltlichen und methodischen Voraussetzungen vgl. *F.-X. Kaufmann*, Art. Ehe und Familie – sozialwissenschaftlich. In: *Staatslexikon – Recht, Wirtschaft, Gesellschaft.* Hrsg. von der Görres-Gesellschaft, 7. A., Bd. 2, Freiburg i.Br. 1986, Sp. 96–118; *ders.*: Familie und Modernität. In: *Die ‚postmoderne' Familie.* Familiale Strategien und Familienpolitik in einer Übergangszeit, hrsg. v. K. Lüscher, F. Schultheis, M. Wehrspaun. Konstanz 1988 (im folgenden zitiert als *Postmoderne Familie*), S. 391–415; *ders.*: Läßt sich Familie als gesellschaftliches Teilsystem begreifen? In: *Abschied von der Normalfamilie?*, hrsg. v. A. Herlth u. a. Heidelberg 1994, S. 42–63.

6 Auf andere fachliche Perspektiven wie Familienpsychologie und -therapie, Familienökonomik und Familienrecht mußte sowohl aus Gründen der beschränkten Kompetenz des Verfassers als auch des Umfanges wegen verzichtet werden. In Einzelfällen werden entsprechende Literaturhinweise gegeben.

Anmerkungen zu Kapitel 2

1 Dementsprechend definiert *Kurt Lüscher*: „Der Begriff Familie bezeichnet primär auf die Gestaltung der sozialen Beziehungen zwischen Eltern und Kindern hin angelegte Sozialformen eigener Art, die als solche sozial anerkannt werden". (Familie und Familienpolitik im Übergang zur Postmoderne. In: *Postmoderne Familie*, a. a. O. S. 19).

2 *H. Tyrell* (Katholizismus und Familie: Institutionalisierung und Deinstitutionalisierung, In: *Religion und Kultur* Sonderheft 33 der *Kölner Zeitschrift für Soziologie und Sozialpsychologie*, Opladen 1993, S. 126–149) weist daraufhin, daß die deutsche Rede von ‚Familie als Institution' der konservativen Verteidigung der Familie gegen die vertragsrechtliche Begründung der Ehe entstammt. Für den hier verwendeten Institutionenbegriff sind diese werthaften Aufladungen akzidentell, er entspricht dem Begriff der ‚institutions' im Sinne der angelsächsischen Sozialwissenschaften.

3 Die Familiengeschichte sowie die angrenzenden Gebiete der Kinder- und Frauengeschichte gehören zu den expansivsten historischen Forschungsgebieten der letzten Jahre, so daß – zum mindesten für den Fachfremden – ein eigenständiger Überblick derzeit kaum möglich ist. Eine vorzügliche Zusammenfassung wichtiger Veröffentlichungen bieten die Rezensionsaufsätze von *D. Klippel*, Entstehung und Strukturwandel der modernen Familie – neuere Forschungen zur Sozialgeschichte der Familie. In: *Zeitschrift für das gesamte Familienrecht* 8 (1978), S. 558ff.; ders. Neue Literatur zur Sozialgeschichte der Familie. Ebd. 12 (1984), S. 1179ff. und 13 (1985), S. 444ff. Vgl. auch *W. Conze*, Sozialgeschichte der Familie. Neue Literatur-Probleme der Forschung. In: Vierteljahresschrift für Sozial- und Wirtschaftsgeschichte 65 (1978), S. 357–369; *R. Lee*, The German Family: A Critical Survey on the Current State of Historical Research. In: *The German Family*, ed. by R. J. Evans and W. R. Lee. London 1981, S. 19–50; *G. Bock*, Geschichte, Frauengeschichte, Geschlechtergeschichte. In:

Geschichte und Gesellschaft 14 (1988), S. 364–391; *W. Freitag*, Haushalt und Familie in traditionellen Gesellschaften. Konzepte, Probleme und Perspektiven der Forschung. *ebda.* S. 5–37. – Die nachfolgende Skizze kann selbstverständlich nur bestimmte Zusammenhänge hervorheben, die der Verfasser für die Entwicklung der Familie im Rahmen des ‚westlichen Sonderweges' der Gesellschaftsentwicklung als bis heute einflußreich erachtet.

4 Wie schon *Max Weber* hervorgehoben hat, lassen sich die Eigenarten des westlichen Sonderweges mindestens bis auf die Organisation der antiken Stadtstaaten zurückverfolgen. In der Gesellschaftstheorie wird heute der Einfluß mittelalterlicher Sonderentwicklungen, insbesondere auch die fortdauernde Konkurrenz zwischen geistlichen und weltlichen Herrschaftsansprüchen, betont. Für den vielschichtigen Einfluß des Christentums auf die Formung der mittelalterlichen und mittelbar auch der neuzeitlichen Familienstrukturen vgl. insbesondere *J. Goody*, Die Entwicklung von Ehe und Familie in Europa, Frankfurt a. M. 1989 (engl. 1983), sowie kritisch dazu *M. Verdon*, Virgins and Widows: European Kinship and Early Christianity. In: *Man* (N. S.) 23 (1988), S. 488–505; *P. Brown*, The Body and Society. Men, Women, and Sexual Renunciation in Early Christianity. New York 1988; *M. Segalen*, Die Familie. Geschichte, Soziologie, Anthropologie. Frankfurt/New York 1990.

5 Vgl. *D. Schwab*, Grundlagen und Gestalt der staatlichen Ehegesetzgebung in der Neuzeit bis zum Beginn des 19. Jahrhunderts; Bielefeld 1967, *H. Dörner*, Industrialisierung und Familienrecht. Berlin 1974.

6 Überblicke über die Begriffsgeschichte geben *D. Schwab*, Art. Familie. In: *Geschichtliche Grundbegriffe.* Historisches Lexikon zur politisch-sozialen Sprache in Deutschland, hrsg. v. O. Brunner u. a., Stuttgart 1975, S. 253–301. – *J.-L. Flandrin*, Familien: Soziologie – Ökonomie – Sexualität. Frankfurt a. M. 1978, S. 13–19.

7 Vgl. *E. Shorter*, Der Wandel der Mutter-Kind-Beziehungen zu Beginn der Moderne. In: *Geschichte und Gesellschaft* 2 (1975), S. 256–287; *V. Hunecke*, Die Findelkinder von Mailand. Kindsaussetzung und aussetzende Eltern vom 17. bis zum 19. Jahrhundert. Stuttgart 1987, bes. S. 11ff; *A. Taeger*, Kinderaussetzung und Frauenpolitik. Hamburg 1991.

8 Vgl. *Verdon*, a. a. O. S. 500ff.

9 Vgl. *O. H. Pesch*, Ehe im Blick des Glaubens. In: *Christlicher Glaube in moderner Gesellschaft*, hrsg. v. F. Böckle u. a., Teilband 7, Freiburg i. Br. 1981, S. 8–43. – Zur ökumenischen Annäherung der gegenwärtigen, christlichen Eheauffassungen vgl. *F. Böckle*, Ehe und Ehescheidung. In: *Handbuch der christlichen Ethik*, hrsg. v. A. Herz u. a., Bd. 2, Freiburg i. Br. 1978, S. 117–135.

10 Vgl. *R. Schäfer*, Ehe und Familie I. Theologisch. In: *Evangelisches Staatslexikon*, 3. A., Bd. 2, Stuttgart 1987, Sp. 639–649.

11 Vgl. hierzu *G. Jellineck*, Die Erklärung der Menschen- und Bürgerrechte. Ein Beitrag zur modernen Verfassungsgeschichte. 2. A., Leipzig 1904, S. 50ff.; *L. Dumont*, La genèse chrétienne de l'individualisme: Une vue modifiée de nos origines. In: *Le débat*, 15 (1981), S. 124–146; *F.-X. Kaufmann*, Christentum und Wohlfahrtsstaat. In: *Zeitschrift für Sozialreform*, 34 (1988), S. 73ff.

12 Vgl. hierzu Anm. 5 sowie *D. Schwab*, Art. Ehe und Familienrecht. In: *Staatslexikon*, a. a. O., Bd. 2, Freiburg i. Br. 1986, Sp. 118ff., Zitat Sp. 121.

13 Vgl. *Tyrell*, a. a. O. S. 129ff.

14 Einflußreich wurde in Deutschland insbesondere Friedrich C. von Savigny. Vgl. *C. Sachße* und *F. Tennstedt*, Familienpolitik durch Gesetzgebung: Die juristische Regulierung der Familie. In: *Staatliche Sozialpolitik und Familie*, hrsg. v. F.-X. Kaufmann, München und Wien 1982, S. 87–130, bes. S. 88ff.

15 Vgl. *U. Knapp*, Frauenarbeit in Deutschland. 2 Bde. München 1984; *Die Frau in der deutschen Wirtschaft*, hrsg. v. H. Pohl, Stuttgart 1985.

16 Vgl. *U. Gerhard*, Verhältnisse und Verhinderungen. Frauenarbeit, Familie und Rechte der Frauen im 19. Jahrhundert. Frankfurt 1978; *U. Beer*, Geschlecht, Struktur, Geschichte. Soziale Konstituierung des Geschlechterverhältnisses. Frankfurt/New York 1990, S. 175ff.

17 *G. W. F. Hegel*, Grundlinien der Philosophie des Rechts oder Naturrecht und Staatswissenschaft im Grundriß (1821), §§ 157ff., Zitate aus § 116. Zur damaligen wissenschaftlichen Legitimation der Geschlechterpolarisierung vgl. *C. Honegger*, Die Ordnung der Geschlechter: Die Wissenschaften vom Menschen und das Weib, 1750–1850. Frankfurt 1991.

18 Vgl. *R. v. Schweitzer*, Wert und Bewertung der Arbeit im Haushalt. In: dies. (Hrsg.) *Leitbilder für Familie und Familienpolitik.* Festgabe für Helga Schmucker, Berlin 1981, S. 178ff. – *H.-G. Krüsselberg*, Die werteschaffende Leistung der Frau im Haus – Sinn und Unsinn ihrer Erfassung. In: *Frauenforschung und Hausarbeit*, hrsg. v. H. Rapin. Frankfurt/New York 1988, S. 105–122.

19 Vgl. *T. Parsons*. The American Family: Its Relations to Personality and to the Social Structure. In: *T. Parsons/R. F. Bales*, Family, Socialization and Interaction Process. New York 1955, S. 3–33.

20 Vgl. für Deutschland insbesondere *H. Rosenbaum*, Formen der Familie. Untersuchungen zum Zusammenhang von Familienverhältnissen, Sozialstrukturen und sozialem Wandel in der deutschen Gesellschaft des 19. Jahrhunderts. Frankfurt a. M. 1982, *dies.* (Hrsg.) Seminar: Familie und Gesellschaftsstruktur. Materialien zu den sozioökonomischen Bedingungen von Familienformen. Frankfurt a. M. 1978; sowie: *Klippel* a. a. O. (1985), S. 446ff.

21 Nachweise bei *F. Rotenbacher*, Haushalt, funktionale Differenzierung und soziale Ungleichheit – Evolutionäre Wandlungsprozesse. In: *Zeitschrift für Soziologie*, 16 (1987), S. 450–466.

22 Vgl. ebenda S. 460; eine differenzierte Darstellung der Veränderung von Haushaltstrukturen geben *M. Bretz* und *F. Niemeyer*, Private Haushalte gestern und heute. Ein Rückblick auf die vergangenen 150 Jahre. In: *Wirtschaft und Statistik*, 1992/2, S. 73–90.

23 *Fünfter Familienbericht: Familien und Familienpolitik im geeinten Deutschland. Zukunft des Humanvermögens.* Hrsg. Bundesministerium für Familie und Senioren. Bericht der Sachverständigenkommission (im folgenden zitiert als *Fünfter Familienbericht*), Tab. II/13 S. 55. Der Bericht ist zusammen mit einer Stellungnahme der Bundesregierung als Bundestagsdrucksache 12/7560 am 15. Juni 1994 veröffentlicht worden.

24 *Fünfter Familienbericht*, Tab. II/17, S. 57; Anteil der Kinder in nichtehelichen Lebensgemeinschaften nach Stat. JB 1993, S. 71.

25 *Fünfter Familienbericht*, a. a. O. Tab. II/14 und II/17. Detailliertere Angaben finden sich bei *K. Schwarz*, Kinder und Jugendliche in den Familien Alleinstehender in Deutschland im Jahr 1991. In: *Zeitschrift für Bevölkerungswissenschaft* 19 (1993/94) H. 1, S. 71–91.

26 Auch der *fünfte Familienbericht* stellt die Dominanz der „herkömmlichen Zwei-Eltern-Familie (mit formaler Eheschließung)" fest und bemerkt: „Jedenfalls für die (scil. ‚alte') Bundesrepublik Deutschland können wir aufgrund empirischer Untersuchungen sagen, daß – was die kinderlosen Ehen (Nave-Herz 1988), die Ein-Eltern-Familien (Napp-Peters 1985; Nave-Herz/Krüger 1992) und die sog. Singles (Krüger 1990), anbetrifft – die Mehrheit der Betroffenen ihre jetzige Lebensform nicht als bewußte alternative Lebensform zur traditionellen Elternfamilie gewählt haben und daß diese zumeist eher als „verhinderte Eltern-Familie" zu gelten hat." (S. 71)

27 Ein weitere Dimensionen der amtlichen Statistik auf die familialen Lebensverhältnisse projizierender Überblick findet sich in: *Familien heute: Strukturen, Verläufe, Einstellungen*, hrsg. vom Statistischen Bundesamt, Wiesbaden, 1990.

28 Vgl. hierzu *R. Mahlmann*, Psychologisierung des „Alltagsbewußtseins". Die Verwissenschaftlichung des Diskurses über Ehe. Opladen 1991.

Anmerkungen zu Kapitel 3

1 *F. Zahn*, Familie und Familienpolitik, Berlin 1918, S. 8f.

2 Vgl. *W. H. Riehl*, Die Familie. Die Naturgeschichte des Volkes als Grundlage einer deutschen Socialpolitik, Bd. 3, Stuttgart 1855. – *H. Schelsky*, Wandlungen der deutschen Familie in der Gegenwart (1953, 5. A. Stuttgart 1967) betont, „daß wir vom Stabilitätswert der modernen Familie nur im Vergleich zu den Vorgängen des staatlichen und wirtschaftlichen Lebens gesprochen haben; in sich gefaßt und gar im Vergleich mit der Familienverfassung zu Beginn der industriellen Revolution muß man an der gegenwärtigen Familie natürlich weitgehend Prozesse der Destruktion und des Verfalls feststellen." (S. 17).

3 So *W. F. Ogburn*, zitiert bei *Schelsky* ebda.

4 Vgl. *R. König*, Zwei Grundbegriffe der Familiensoziologie: Desintegration und Desorganisation der Familie. In: Materialien zur Soziologie der Familie. 2. A. Köln 1974, S. 55–87.

5 Aufbauend auf den einschlägigen Werken der soziologischen Klassiker (insbesondere *M. Weber, É. Durkheim* und *G. Simmel*) und gefördert durch die theoretischen Arbeiten von *T. Parsons* und *N. Luhmann* hat dieser Ansatz heute breite Zustimmung bis in ursprünglich marxistische Richtungen der Gesellschaftstheorie gefunden. Die wichtigsten Arbeiten für die Anwendung der Theorie auf die Familiensoziologie stammen von *H. Tyrell*; vgl. insbesondere: Systemtheorie und Soziologie der Familie – Ein Überblick. In: *System Familie* 1 (1988) S. 220–343 und 2 (1989) S. 110–126, sowie zusammenfassend *H. Tyrell, H.-J. Schulze* und *J. Künzler*, Vom Strukturfunktionalismus zur Systemtheorie der Familie. In: *Handbuch der Familien- und Jugendforschung*, hrsg. v. R. Nave-Herz und M. Markefka, Bd. 1: Familienforschung (im folgenden zitiert als *HB Familienforschung)*, Neuwied und Frankfurt/M 1989, S. 31–43. Zur jüngsten Diskussion vgl. *F.-X. Kaufmann*, Läßt sich Familie als gesellschaftliches Teilsystem begreifen? a. a. O.; einen materialreichen Überblick über die faktischen Differenzierungsphänomene geben *J. Schumacher* und *R. Vollmer*, Differenzierungs- und Entdifferenzierungsprozesse im Familiensystem. In: *Soziale Differenzierung*. Langzeitanalysen zum Wandel von Politik, Arbeit und Familie, hrsg. von K. O. Hondrich. Frankfurt/New York 1982, S. 210–352.

6 Nur anzudeuten ist an dieser Stelle, daß im Prozeß der Modernisierung und Verstädterung eine zunehmende Konzentration aller den menschlichen Leib betreffenden Verrichtungen auf die Wohnung stattgefunden hat. Dies ist ein wesentlicher Aspekt des „Prozesses der Zivilisation" (*N. Elias*). Vgl. hierzu *P. R. Gleichmann*, Wandel der Wohnverhältnisse, Verhäuslichung der Vitalfunktionen, Verstädterung und siedlungsräumliche Gestaltungsmacht. In: *Zeitschrift für Soziologie* 5 (1976), S. 319–329.

7 Zu diesem in der Familiensoziologie weitgehend vernachlässigten Aspekt vgl. zuerst *P. L. Berger/H. Kellner*, Die Ehe und die Konstruktion der Wirklichkeit. In: *Soziale Welt* 16 (1965), S. 220–235, sowie – aus anderer Perspektive – *E. Pankoke*, Familiensinn. Wertwandel in der soziologischen Perspektive. In: *Caritas 81* (1980), S. 201–208.

8 Diesen Zusammenhang betont nach *Schelsky* (a. a. O. S. 21 ff.) vor allem *D. Claessens*, Die Familie in der modernen Gesellschaft. In: *Familie und Gesellschaft*, hrsg. v. F. Oeter, Tübingen 1966, S. 235–266.

9 Vgl. *Claessens*, a. a. O. S. 250 ff.

10 Vgl. hierzu *E. Bott*, Family and Social Network. Roles, Norms and External Relationships in Ordinary Urban Families. 2. A. London 1971; darauf aufbauend: *K. P. Strohmeier*, Quartier und soziale Netzwerke. Grundlagen einer sozialen Ökologie der Familie. Frankfurt/New York, 1983, bes. S. 153ff.

11 „As the family lost function after function it founds its own". *R. McIver*, The Elements of Social Science, 7. A. London 1944, S. 162.

12 *König* a. a. O. S. 80.

13 Zum Konzept der Verletzlichkeit vgl. *A. Herlth*, Was macht Familien verletzlich? Bedingungen der Problemverarbeitung in familialen Systemen. In: *Postmoderne Familie*, a. a. O. S. 312–326.

13a Diese Systemvorstellung bleibt unterschiedlichen Deutungen gegenüber offen, meint aber einen beobachtbaren Zusammenhang von dauerhaften, sich im Zeitablauf teils wiederholenden teils verändernden Wechselwirkungen. Zur Vielschichtigkeit systemischer Denkweisen mit Bezug auf Familien vgl. nunmehr *E. Horn*, Soziologische Systemtheorie und systemische Familientherapie: Einige Anmerkungen zu den Möglichkeiten eines Dialogs. In: *Abschied von der Normalfamilie*, a. a. O., S. 203–212, sowie weitere Beiträge in jenem Band.

14 Die Familiensoziologie spricht in diesem Zusammenhang meist von Funktionen der Familie, womit jedoch nicht nur die Differenz zwischen Aufgaben und Leistungen, sondern auch die Differenz zwischen dem, was der einzelnen Familie als Aufgabe zugeschrieben werden kann, und dem, was die Gesamtheit der Familien mit ihren Leistungen an Folgen für den gesellschaftlichen Gesamtzusammenhang bewirkt, verwischt wird. Ich beschränke den Funktionsbegriff auf diese letztgenannte Dimension.

15 Die Unterscheidung von Aufgaben, Tätigkeiten und Leistungen der Familie übernehme ich von *Lüscher*, a. a. O. S. 23ff., allerdings mit etwas verschobenem Sinngehalt.

16 Hierzu ausführlicher *A. Engelbert*, Familienumwelt, Familienalltag und familiale Leistungen für Kinder. In: *System Familie* 1 (1988), S. 33–48.

17 Vgl. etwa *W. J. Goode*, Die Struktur der Familie. 3. A. Köln und Opladen 1967, S. 32ff. *F. Neidhardt*, Die Familie in Deutschland. 4. A. Opladen 1975, S. 67ff.; *Claessens* a. a. O. S. 242ff.

18 Vgl. *I. Ostner* und *B. Pieper*, Problemstruktur Familie oder: Über die Schwierigkeit in und mit Familie zu leben. In: dies. (Hrsg.) *Arbeitsbereich Familie, Umrisse einer Theorie der Privatheit*, Frankfurt/New York 1980, S. 123ff.

19 Auf psychologische Interpretationen der hier umgangssprachlich angesprochenen Phänomene kann nicht eingegangen werden. Es sei jedoch darauf hingewiesen, daß nach dem heutigen psychologischen Verständnis erlebte Gefühle physiologische Erregungszustände sind, deren inhaltliche Deutung als Furcht, Hoffnung, Angst, Vertrauen, Liebe, Haß usw. aus der wertenden Zurechnung von wahrgenommenen Kontextvariablen der Erregung resultiert. Deshalb ist aus analytischer Sicht das entscheidende Moment die Zulassung von Affektivität, also die als normal akzeptierte Äußerung von nahezu beliebigen Gefühlen und nicht etwa nur derjenigen, welche das naive Bewußtsein mit einem ‚harmonischen Familienleben', verbindet.

20 Jüngste Überblicke über den Diskussions- und Forschungsstand geben *Ursachen, Prävention und Kontrolle von Gewalt.* Analysen und Vorschläge der Unabhängigen Regierungskommission zur Verhinderung und Bekämpfung von Gewalt (Gewaltkommission). 4 Bde, Berlin 1990; *K. Wahl*, Studien über Gewalt in Familien. München 1990; *M. S. Honig*, Verhäuslichte Gewalt. 2. A. Frankfurt 1992; *S. Rothe*, Gewalt in Familien. In: *Materialien zum Fünften Familienbericht, Band 4:* Kindliche Lebenswelten, Bildung und innerfamiliale Beziehungen. München (im Erscheinen). Zur Gewaltproblematik in der Sozialgeschichte der Kindheit vgl. *J. Faltermeier*, Gewalt gegen Kinder. In: *Blätter der Wohlfahrtspflege* 139 (1992), S. 159–165.

21 Was als Gewalt gilt und was als Gewalt von den Beteiligten erfahren wird, ist von vielfältigen Faktoren abhängig. Vgl. hierzu *Honig* a. a. O.

22 Vgl. *K. Hurrelmann*, Warum Eltern zu Tätern werden. Ursachen von Gewalt gegen Kinder. In: *Forschung – Mitteilungen der DFG* I/89. *ders.* Warum sind unsere Kinder so aggressiv? In: *Theorie und Praxis der sozialen Arbeit* 2 (1992), S. 95–97.

23 So das Ergebnis der Untersuchung von *A. Habermehl,* Gewalt in der Familie. Ausmaß und Ursachen körperlicher Gewalt. Hamburg, 1987.

24 Die Konvergenz der Interpretationen neuzeitlicher Gesellschaftsentwicklung von Weber und Elias verdeutlicht *A. Bogner*, Zivilisation und Rationalisierung, Opladen 1988.

25 *N. Luhmann*, Sozialsystem Familie. In: *System Familie* 1 (1988), S. 75–91, Zitat S. 79f.

26 Vgl. als Überblick *F. Mattejat,* Familie und psychische Störungen. Eine Übersicht zu den empirischen Grundlagen des familientherapeutischen Ansatzes. Stuttgart 1985.

27 Vgl. hierzu insbesondere die anthropologische Theorie *Arnold Gehlens* und – darauf kritisch aufbauend – *D. Claessens*, Instinkt, Psyche, Geltung. 2. A., 1970.

28 Vgl. die immer noch eindrückliche Analyse bei *D. Claessens*, Familie und Wertsystem. Eine Studie zur ‚zweiten, sozio-kulturellen Geburt' des Menschen. Berlin 4. A., 1962, Zitat S. 69.

29 *G. Schmidtchen*, Schritte ins Nichts. Selbstschädigungstendenzen unter Jugendlichen. Opladen 1989, S. 101.

30 Vgl. ebda. S. 67ff.

31 Eine zusammenfassende Darstellung der diesen Ausführungen zugrunde liegenden streßtheoretischen Überlegungen geben *B. Badura* und *H. Pfaff*, Streß, ein Modernisierungsrisiko? In: *Kölner Zeitschrift für Soziologie und Sozialpsychologie* 41 (1989), S. 644–668. Für eine ausführliche Darstellung vgl. *Fünfter Familienbericht*, Kap. X: Familie und Gesundheit, S. 246ff.

32 Vgl. Kap. 4, Anm. 115.

33 Zusammenfassende Darstellungen geben *L. Cardia-Vonèche, M. v. Allmen, B. Bastard,* Fonctionnement familial et rapports à la santé: Essay d'analyse typologique. In: *Revue internationale d'action communautaire*, Heft 58, Bd 18 (1987), S. 67-78; *W. R. Gove, C. B. Style, M. Hughes,* The Effect of Marriage on the Well-Being of Adults. In: *Journal of Family Issues* 11 (1990), S. 4–35; *D. A. Dawson* Family Structure and Childrens Health and Well-Being: Data from the 1988 National Health Interview Survey on Child Health. In: *Journal of Marriage and the Family* 53 (1991), S. 573–584.

34 Vgl. *H. I. McCubbin* und *J. M. Patterson,* The Family Stress Process: The Doubble ABCX Modell of Adjustment and Adaptation. In: *Social Stress and the Family,* hrsg. v. H. I. McCubbin u. a., New York 1983, S. 7-37; *A. Herlth*, Was macht Familien verletzlich? a. a. O.

35 Vgl. *A. Herlth*, Problembehandlung im Familienalltag. Strukturen, Bedingungen, Grenzen. In: *Blickpunkt Familie*, hrsg. v. H. Bertram u. a. München 1989, S. 533–554.

36 Vgl. *H. Klages*, Generationenfolge und Wertwandel. In: *Familie und Familienpolitik. Zur Situation in der Bundesrepublik Deutschland,* hrsg. v. K. Weigelt, Melle 1985, S. 139ff.

37 Vgl. z. B. *H.-J. Hoffmann-Nowotny*, Auf dem Weg zur autistischen Gesellschaft? In: Eheschließung und Familienbildung heute – Neuere Entwicklungen im In- und Ausland. Wiesbaden 1980, S. 161–185; *L. Rosenmayr*, Über Familie in den Strukturumbrüchen heute. In: *Familie – Tatsachen, Probleme, Perspektiven.* Frankfurt a. M. 1986 (zugleich Archiv für Wissenschaft und Praxis der sozialen Arbeit, Heft 2–4/1986), S. 48–81.

38 Vgl. *R. Köcher*, Einstellungen zu Ehe und Familie im Wandel der Zeit, Stuttgart 1985.

39 Vgl. *K. Oeter* und *A. Nohke*, Der Schwangerschaftsabbruch. Gründe, Legitimationen, Alternativen. Stuttgart 1982, bes. S. 196; *C. Swientek*, Die ‚abgebende Mutter' im Adoptionsverfahren. Bielefeld 1986; *E. Golomb* und *H. Geller*, Adoption zwischen gesellschaftlicher Regelung und individuellen Erfahrungen. Essen 1992.

40 Allerdings fehlt dem unehelichen Vater nach wie vor das Sorgerecht, und dem unehelichen Kind wird in den alten Bundesländern eine Amtspflegeschaft bestellt; das ist ein wahrscheinlich erhebliches Motiv für die hier im internationalen Vergleich geringe Zahl nichtehelicher Lebensgemeinschaften mit Kindern.

40a Der Geburtsrang bezieht sich hier auf die bestehende Ehe, so daß (infolge von nichtehelichen Geburten und Ehescheidungen) der Anteil der Erstgeburten überhöht ausgewiesen wird. So erklären sich die Differenzen zu Tab. 3, welche die tatsächliche Kinderzahl pro Frau angibt.

41 Inwieweit es sich hier um eine Verhaltensänderung in der deutschen Bevölkerung handelt, läßt sich noch nicht entscheiden; auffallend ist ein starker Anstieg der Geburtenziffern bei den Ausländern, möglicherweise bedingt durch die Zuwanderung aus Osteuropa, vgl. Abb. 5.

42 Zur theoretischen und empirischen Begründung der ‚Polarisierungsthese' vgl. *J. Huinink*, Das zweite Kind – sind wir auf dem Weg zur Ein-Kind-Familie? In: *Zeitschrift für Soziologie* 18 (1989), S. 192–207.

43 Zur Bevölkerungsentwicklung in der DDR vgl. Abschnitt 4.1, sowie ausführlicher: *Fünfter Familienbericht,* a. a. O. Kap. II: Grunddaten zu Bevölkerung, Familien und Privathaushalten, S. 34ff.; *H. Wendt*, Geburtenhäufigkeit in beiden deutschen Staaten – zwischen Konvergenz und Divergenz. In: *Zeitschrift für Bevölkerungswissenschaft* 17, (1991), S. 251–280.

44 Vgl. *C. Hoffmann-Riem*, Fragmentierte Elternschaft: Technologischer Fortschritt und familiale Verarbeitung. In: *Postmoderne Familie*, a. a. O. S. 216–233.

45 Vgl. die unterschiedlichen Standpunkte bei *U. Lehr*, Die Rolle der Mutter in der Sozialisation des Kindes. Darmstadt 1974, und *H. Schaefer*, Kind – Familie – Gesellschaft. Sitzungsberichte der Heidelberger Akademie der Wissenschaften, Mathematisch-naturwissenschaftliche Klasse, Jg. 1977, 1. Abhandlung, Berlin, Heidelberg, New York 1977. Zu den neurologischen Grundlagen vgl. *J. Pechstein*, Biologische Disposition und Entfaltung der Persönlichkeit. In: *Frühe Kindheit, Fundament des menschlichen Lebens,* hrsg. v. A. Niegl. St. Pölten-Wien 1985, S. 31–67.

45a *P. Büchner*, (Schul-)Kindsein heute zwischen Familie, Schule und außerschulischen Freizeiteinrichtungen. Zum Wandel des heutigen Kinderlebens in der Folge von gesellschaftlichen Modernisierungsprozessen. In: *Materialien zum Fünften Familienbericht, Bd. 4* (im Ersch.).

46 So bestimmt die neuere Sozialisationstheorie das Ergebnis erfolgreicher Sozialisation. Vgl. *D. Geulen* und *K. Hurrelmann*, Zur Programmatik einer umfassenden Sozialisationstheorie. In: *Handbuch der Sozialisationsforschung*, hrsg. v. K. Hurrelmann und D. Ulich, Weinheim und Basel 1980, S. 51ff.

47 Vgl. hierzu *Claessens*, Familie und Wertsystem, a. a. O. S. 88ff., Zitat S. 88. Für eine systemtheoretische Deutung dieses Sachverhaltes vgl. *K. Gilgenmann*, Autopoiesis und Selbstsozialisation. In: *Zeitschrift für Sozialisationsforschung und Erziehungswissenschaft* 6 (1986), S. 78ff.

48 Vgl. hierzu – unter besonderer Berücksichtigung moralischen Lernens – *G. Stachel* und *D. Mieth*, Ethisch handeln lernen. Zürich 1978, bes. S. 86ff; *W. Brezinka*, Erziehung in einer wertunsicheren Gesellschaft. München/Basel 1986.

49 *Zweiter Familienbericht: Familie und Sozialisation,* hrsg. vom Bundesminister für Jugend, Familie und Gesundheit. Bonn 1975, S. 42.

50 *Claessens*, Familie und Wertsystem, a. a. O. S. 103.

51 Ebda. S. 149.

52 *K. Hurrelmann*, Einführung in die Sozialisationstheorie. Weinheim und Basel 1986, S. 169; vgl. auch *K. Lüscher*, Identitätszuschreibung als familiale Leistung. In: Schweizerische Zeitschrift für Psychologie und ihre Anwendungen 44 (1985), S. 197–219.

53 *Hurrelmann,* ebda. S. 177f.

54 Vgl. *Zweiter Familienbericht*, a. a. O. S. 43ff.

55 Vgl. hierzu *M. Theunissen*. Der Andere. Studien zur Sozialontologie der Gegenwart. Berlin 1965. Neuerdings auch *J. Huinink,* Warum noch Familie? Zur Attraktivität von Partnerschaft und Elternschaft in unserer Gesellschaft. Habilitationsschrift FU Berlin, 1993.

56 Eine zusammenfassende Darstellung gibt *K. Hurrelmann*, Sozialisation und Gesundheit. Somatische, psychische und soziale Risikofaktoren im Lebenslauf. Weinheim und München 1988, bes. S. 51ff. Forschungsansätze, die das Zusammenwirken einzelner hier genannter Faktoren auf die Qualität der Erziehung in der Familie berücksichtigen oder indirekte Einflüsse wie z. B. diejenigen der Ehebeziehungen auf die Eltern-Kind-Beziehungen, werden seit den 80er Jahren entwickelt (z. B. *J. Belsky*, The Determinants of „Parenting: A Process Model. Child Development" 55, 1984, S. 83–93). Ein in dieser Richtung laufendes Forschungsprojekt führt der Verfasser z. Z. zusammen mit A. Herlth im Rahmen des SFB 227 „Prävention u. Intervention im Kindes- und Jugendalter" durch. Vgl. *A. Herlth u. a.*, „Familienunterstützung: Familiale Bedingungen des elterlichen Unterstützungsverhaltens", in: SFB 227 (Hrsg.) Arbeits- und Ergebnisbericht für die dritte Förderphase 1992–1994, MS. Universität Bielefeld 1994; *ders.*, Die Bedeutung von Partnerbeziehungen für die Qualität der Familienbeziehung. In: *Aus Politik und Zeitgeschichte.* Beilage zur Wochenzeitung Das Parlament, B 17/93, S. 23–29.

57 Vgl. als Überblick *Der private Haushalt zwischen Individualinteresse und Sozialbedeutung*, hrsg. v. H. Rapin, Frankfurt/New York 1987; *Der private Haushalt – Daten und Fakten*, hrsg. v. H. Rapin, Frankfurt/New York 1990; sowie insgesamt die *Reihe Stiftung Der private Haushalt*, in der auch die beiden genannten Bände erschienen sind. – Diese neuen Forschungen heben sich vorteilhaft von den ökonomischen Gedankenspielen der US-amerikanischen ‚New Home Economics' ab. Vgl. hierzu: *Die Familie als Gegenstand der sozialwissenschaftlichen Forschung*, hrsg. v. H. Todt. Schriften des Vereins für Sozialpolitik N. F. Bd. 164, Berlin 1987, sowie kritisch: *H.-G. Krüsselberg* Ökonomik der Familie. In: *Soziologie wirtschaftlichen Handels*, hrsg. v. K. Heinemann. SH 28 der Kölner Zeitschrift für Soziologie und Sozialpsychologie, Opladen 1987, S. 169–192.

58 Zur Bedeutung der Eßgewohnheiten für das Familienleben vgl. *H.-J. Schulze*, ‚Eigenartige Familien' – Aspekte der Familienkultur. In: *Die sozialpädagogische Ordnung der Familie*, hrsg. v. M.-E. Karsten und H.-U. Otto, Weinheim und München 1987, S. 33ff.

59 Vgl. Die *Auswirkungen von Lebensbedingungen und Lebensweisen auf die Gesundheit.* Hrsg. von der Bundeszentrale für gesundheitliche Aufklärung. Köln 1983.

60 Vgl. als Überblick: *Frauenforschung und Hausarbeit*, hrsg. v. H. Rapin, Frankfurt/New York 1988.

61 Vgl. *R. v. Schweitzer* und *H. Pross*, Die Familienhaushalte in wirtschaftlichem und sozialem Wandel. Göttingen 1976.

62 Zu den Auswirkungen wachsender Technisierung der Haushalte vgl. *J. Hampel u. a.*, Alltagsmaschinen. Die Folgen der Technik im Alltag und Familie. Berlin 1991; *W. Glatzer u. a.*, Haushaltstechnisierung und gesellschaftliche Arbeitsteilung. Frank-

furt/New York 1991; *S. Meyer* u. *E. Schulze*, Technikfolgen für Familien. Düsseldorf 1993; dies. (Hg.) *Technisiertes Familienleben*. Berlin 1993.

63 Vgl. *F.-X. Kaufmann*, Kinder als Außenseiter der Gesellschaft. In: *Merkur*, 34 (1980), S. 761–771.

64 Vgl. hierzu *G. Grunow*, Rolle und Bedeutung der Familie für die Gesunderhaltung und das Gesundheitsverhalten ihrer Mitglieder. In: *Materialien zum Fünften Familienbericht, Band 3:* Gesundheit und Behinderung im sozialen Kontext. München (im Erscheinen).

65 *D. Grunow, H. Breitkopf, V. Grunow-Lutter*, Gesundheitsselbsthilfe durch Laien: Erfahrungen, Motive, Kompetenzen. Bielefeld 1984, S. 180.

66 *R. v. Schweitzer*, Wert und Bewertung von Hausarbeit, a.a.O. S. 170. Einen internationalen Überblick über die Beteiligung der Männer an der Hausarbeit gibt *J. Künzler*, Familiale Arbeitsteilung. Diss. Univ. Würzburg 1993. Zur Veränderung der alltäglichen Zeitstrukturen vgl. *U. Lakemann*, Das Aktivitätsspektrum privater Haushalte in der Bundesrepublik Deutschland 1950–1980: Zeitliche und inhaltliche Veränderungen von Erwerbstätigkeiten, unbezahlten Arbeiten und Freizeitaktivitäten. Wissenschaftszentrum Berlin, Discussion Paper Nr. II M/LMP 84–19. Berlin 1984.

67 *H.-G. Krüsselberg, M. Auge, M. Hilzenbrecher*, Verhaltenshypothesen und Freizeitbudgets. Stuttgart 1986; *M. Hilzenbrecher*, Die (schattenwirtschaftliche) Wertschöpfung der Hausarbeit. In: *Jahrbücher für Nationalökonomie und Statistik* 201 (1986), S. 107–130.

68 Vgl. *H.-G. Krüsselberg*, Neue Erkenntnisse über die Beziehungen zwischen Familienleben und Arbeitswelt: Familientätigkeit im Konflikt zwischen Wirtschaft und Gesellschaft. In: *Vereinbarkeit von Familie und Beruf – Neue Forschungsergebnisse im Dialog zwischen Wissenschaft und Praxis,* hrsg. v. A. Hoff. Stuttgart 1987, S. 21–38.

69 *R. Schulz*, Zeitbudgetstrukturen erwerbstätiger Frauen. In: *Zeitschrift für Bevölkerungswissenschaft* 17, (1991), S. 227–250, Zitate S. 227 und 232.

70 *R. Schulz*, Unterschiede in der Zeiteinteilung von erwerbstätigen Frauen und deren Entlastung durch Partner und/oder Kinder. In: *Zeitschrift für Bevölkerungswissenschaft* 16, (1990), S. 220.

71 Vgl. *C. Dannenbeck*, Zeitökonomische Aspekte der Organisation des Familienalltags. In: *Die Familie in den neuen Bundesländern,* hrsg. v. H. Bertram, Opladen 1992, S. 187–212. Diese Tendenz bestätigt sich in den (noch vorläufigen) Ergebnissen der Zeitbudgetstudie des statistischen Bundesamtes (1991/92). Vgl. *Fünfter Familienbericht*, S. 142ff.

72 Zur Vernetzung der Familienhaushalte vgl. nunmehr *W. Bien* und *J. Marbach*, Haushalt – Verwandtschaft – Beziehungen. Familienleben als Netzwerk. In: *Die Familie in Westdeutschland*, hrsg. v. H. Bertram, Opladen 1991, S. 3–44.

73 Überblicke geben *D. Grunow*, Hilfen zwischen den Generationen als Bezugspunkt der Sozialpolitik. In: *Staatliche Sozialpolitik und Familie*, a.a.O. S. 213–242; *R. Engfer* und *D. Grunow*, Gesundheitsbezogenes Alltagshandeln im Lebenlauf. Bielefeld 1987; *Haushaltproduktion und Netzwerkhilfe*. Die alltäglichen Leistungen der Haushalte und Familien, hrsg. v. W. Glatzer und R. Berger-Schmitt, Frankfurt/New York 1986; *F. Nestmann*, Die alltäglichen Helfer. Berlin/New York 1988; *F.-X. Kaufmann, A. Engelbert, A. Herlth, B. Meier, K. P. Strohmeier*, Hilfs- und Unterstützungsnetze von Familien. Wiesbaden 1989; *A. Borchers* und *S. Miera*, Zwischen Enkelbetreuung und Altenpflege. Die mittlere Generation im Spiegel der Netzwerkforschung. Frankfurt/New York 1993.

74 *M. Diewald*, Soziale Beziehungen: Verlust oder Liberalisierung. Soziale Unterstützung in informellen Netzwerken. Berlin 1991, S. 254.

75 *R. Fauser*, Zur Isolationsproblematik von Familien. München 1982, S. 122f.

76 *P. Buhr, P. Strack, K. P. Strohmeier,* Lebenslage und Alltagsorganisation junger Familien in Nordrhein-Westfalen. Bielefeld 1987, S. 49.

76a „Generationenbeziehungen nach einer Scheidung" werden derzeit unter der Leitung von K. Lüscher im Forschungsschwerpunkt Gesellschaft und Familie der Universität Konstanz untersucht.

77 *U. Lehr,* Der ältere Mensch und die Familie. Die Bedeutung innerfamiliärer und außerfamiliärer Kontakte. In: *Archiv für Wissenschaft und Praxis der sozialen Arbeit* 14 (1983), S. 21.

78 *Vierter Familienbericht: Die Situation der älteren Menschen in der Familie,* Hrsg. Der Bundesminister für Jugend, Familie, Frauen und Gesundheit. Bonn 1986, S. 38ff.

79 *Grunow,* Hilfen zwischen den Generationen als Bezugspunkt der Sozialpolitik, a. a. O. S. 221.

80 *Diewald,* a. a. O. S. 254.

81 *Vierter Familienbericht,* a. a. O. S. 154f.

82 *W. Brög* u. a., Anzahl und Situation zu Hause lebender Pflegebedürftiger. Stuttgart 1980, S. 43.

83 Hilfe und Pflegebedarf in Deutschland. Schnellbericht zur Repräsentativerhebung im Rahmen des Forschungsprojektes – Möglichkeiten und Grenzen selbständiger Lebensführung. Hrsg. Bundesministerium für Familie und Senioren. München 1992.

84 Vgl. *R. Zimmermann,* Alter und Hilfsbedürftigkeit. Zur Soziologie von Krankheit, psychischem Leiden und sozialer Abhängigkeit alter Menschen. Stuttgart 1977; *J. Bruder* u. a., Beziehungen zwischen Patienten und ihren Familienangehörigen bei chronischen Erkrankungen des höheren Lebensalters. Hamburg 1981.

85 Vgl. *A. Drescher* und *W. Fach,* Lieben für den Staat? Über das Dilemma konservativer Familienpolitik. In: *Zeitschrift für Soziologie* 14 (1985), S. 5–12.

86 Vgl. hierzu grundsätzlich *F.-X. Kaufmann,* Staat und Wohlfahrtsproduktion. In: *Systemrationalität und Partialinteresse,* Festschrift für Renate Mayntz, hrsg. v. H. U. Derlien u. a. Baden-Baden 1994, S. 357–380.

87 Vgl. Stellungnahme der Bundesregierung zum Bericht der Sachverständigenkommission für den Dritten Familienbericht vom 20. 8. 1979, BTDr 8/3120, Ziffer 4.

88 *Dritter Familienbericht,* Bericht der Sachverständigenkommission, a. a. O. S. 129.

89 Vgl. hierzu ausführlicher *F.-X. Kaufmann,* Warum nicht Bevölkerungspolitik? In: *Beiträge aus der bevölkerungswissenschaftlichen Forschung.* Festschrift für Hermann Schubnell, hrsg. v. S. Rupp und K. Schwarz. Wiesbaden 1983, S. 35–44.

90 Vgl. *F.-X. Kaufmann, A. Herlth, K. P. Strohmeier,* Sozialpolitik und familiale Sozialisation. Zur Wirkungsweise öffentlicher Sozialleistungen. Stuttgart 1980, S. 27ff.

91 *I. Kant,* Zum ewigen Frieden. Ein philosophischer Entwurf (1795/96). Zitiert nach: Werke in 10 Bänden, hrsg. v. W. Weischedel, Bd. 9, S. 213f.

92 Zur Problematik der Annahmen bei Bevölkerungsprognosen vgl. *H. Birg, H. Koch,* Der Bevölkerungsrückgang in der Bundesrepublik Deutschland. Langfristige Bevölkerungsvorausschätzungen auf der Grundlage des demographischen Kohortenmodells und der biographischen Theorie der Fertilität. Frankfurt/New York 1987.

93 Wir können in diesem Zusammenhang auch generell von einer Verlangsamung der Erneuerungsgeschwindigkeit der aktiven Bevölkerung sprechen. Vgl. *Kaufmann,* Makrosoziologische Überlegungen, a. a. O. S. 62ff.

94 *F. List,* Das nationale System der politischen Ökonomie. 4. A. Jena 1922, bes. S. 225ff., Zitat S. 227.

95 Einen Überblick über die Geschichte und die sozialpolitische Bedeutung des Konzeptes gibt *H.-G. Krüsselberg,* Die vermögenstheoretische Dimension in der Theorie der Sozialpolitik. In: *Soziologie und Sozialpolitik,* Sonderheft 19/1977 der Köl-

ner Zeitschrift für Soziologie und Sozialpsychologie. Opladen 1977, S. 232–259. Die Sachverständigenkommission für den *Fünften Familienbericht* hat sich diese Perspektive zu eigen gemacht und ihren Bericht unter den Titel gestellt: *„Familien und Familienpolitik im geeinten Deutschland. Zukunft des Humanvermögens"*. Für die Einbeziehung des Humanvermögenansatzes in die Wohlfahrtstheorie vgl. *Kaufmann*, Staat und Wohlfahrtsproduktion, a. a. O.

96 Vgl. zusammenfassend *T. W. Schultz*, In Menschen investieren. Die Ökonomik der Bevölkerungsqualität. (engl. 1981) Tübingen 1986.

97 *F. Buttler* und *K. Gerlach*, Art. Arbeitsmarkttheorien. In: *Handwörterbuch der Wirtschaftswissenschaft*, Bd. 9, Stuttgart etc. 1982, S. 682–696, Zitat S. 691.

98 *H.-G. Krüsselberg* faßt diese nicht unmittelbar produktionsbezogenen Kompetenzen unter den Begriff des Vitalvermögens. Vgl. Vitalvermögenspolitik und die Einheit des Sozialbudgets: Die ökonomische Perspektive der Sozialpolitik für das Kind. In: *Sozialpolitik für das Kind*, hrsg. v. K. Lüscher, 2. A. Frankfurt/M, Berlin, Wien 1984, S. 166ff. Der *Fünfte Familienbericht* spricht in diesem Zusammenhang von *Daseinskompetenzen*, welche die Fachkompetenzen ergänzen müssen. Eine Übersicht über typischerweise heute erforderliche Daseinskompetenzen findet sich ebenda S. 244.

99 Selbstverständlich sind derartige Eigenschaften sozialer Makrogebilde nicht *nur* von den Eigenschaften der Individuen abhängig, sondern ebensosehr von institutionellen Vorgaben, Organisationsfähigkeit und kollektiven Traditionen, welche in einer hier nicht näher zu entwickelnden Wechselwirkung zu den Individualeigenschaften stehen. Auch dies hat *List* (a. a. O.) bereits deutlich gesehen.

100 Vgl. *Fünfter Familienbericht*, Kap. IX, S. 200ff.

101 *Leistungen für die nachwachsende Generation in der Bundesrepublik Deutschland.* Gutachten des Wissenschaftlichen Beirats für Familienfragen beim Bundesministerium für Jugend, Familie und Gesundheit. Stuttgart 1979, S. 99ff.

102 Vgl. *Hilzenbrecher*, a. a. O.

103 Nach den bei *Hilzenbrecher* (ebda S. 123) wiedergegebenen Schätzungen der befragten Frauen beträgt ihr Anteil an sämtlicher anfallender Haushaltsarbeit bei den nicht erwerbstätigen Frauen ca. 77%. Er sinkt mit zunehmender Erwerbstätigkeit und Kinderzahl bis auf 53% bei den Frauen, die mehr als 40 Stunden arbeiten und mehr als ein Kind zu betreuen haben.

104 Vgl. *H. Lampert*, Wer „produziert" das Humanvermögen einer Gesellschaft? In: *Die personale Struktur des gesellschaftlichen Lebens.* Festschrift für Anton Rauscher, hrsg. v. N. Glatzel und E. Kleindienst. Berlin 1993, sowie *Fünfter Familienbericht*, Abschn. VI. 9.4 und XI. 4.4.

105 Eine erwähnenswerte Ausnahme bildet *F. Beyer/J. M. Graf v.d. Schulenburg*, Voting on social security: The Family as Decision Making Unit. In: *Kyklos* 40 (1987), S. 529–547.

106 In der Bundesrepublik ist die soziale Sicherung für verschiedene Berufsgruppen (Arbeitnehmer, Beamte, Selbständige) im Detail unterschiedlich geregelt, doch kann hierauf nicht eingegangen werden. Vgl. hierzu Übersicht über die soziale Sicherheit, hrsg. vom Bundesminister für Arbeit und Sozialordnung. Bonn 1990, sowie zusammenfassend *F.-X. Kaufmann*, Das System der sozialen Sicherung in der Bundesrepublik Deutschland. In: *Deutschland-Handbuch*, hrsg. v. W. Weidenfeld und H. Zimmermann, Bonn 1989, S. 308–325. Die hier vorgetragenen Überlegungen orientieren sich an den für Arbeiter und Angestellte geltenden Regelungen.

107 Vgl. hierzu *F.-X. Kaufmann*, Sozialpolitik und Bevölkerungsprozeß. In: *Demographische Wirkungen politischen Handels*, hrsg. v. H. Birg und R. Mackensen. Frankfurt a. M. 1990, S. 103–124; *L. Leisering*, Sozialstaat und demographischer Wandel. Frankfurt/New York 1992.

108 Diese starke Stellung der Alten in Ackerbaukulturen kontrastiert übrigens mit einer zumeist schwachen Stellung bei Nomadenvölkern, wo mit dem Verlust der physischen Kräfte meist auch der Verlust des Status und nicht selten des Lebens verbunden war. Zur Veränderung der Altersauffassungen im Übergang zur Moderne vgl. *Zur Kulturgeschichte des Alterns*, hrsg. v. C. Conrad und H.-J. von Kondratowitz. Berlin 1993.

109 Nach dem sozio-ökonomischen Panel haben 13,8% aller Haushalte zwischen 1960 und 1988 eine Erbschaft mit einer Durchschnittssumme von immerhin 86.000 DM gemacht. Vgl. *H. Schlomann*, Vermögensbildung und private Altersvorsorge. Frankfurt/New York 1992, S. 248.

110 Vgl. Zur Soziologie der Generationenbeziehungen vgl. *M. Kohli*, Moralökonomie und „Generationenvertrag". In: *Kultur und Gesellschaft*, Verhandlungen des 24. Deutschen Soziologentags ..., hrsg. v. M. Haller u. a. Frankfurt/M. 1989, S. 532–555; *Y. Schütze/M. Wagner*, Sozialstrukturelle, normative und emotionale Determinanten der Beziehungen zwischen erwachsenen Kindern und ihren alten Eltern. In: *Zeitschrift für Sozialisationsforschung und Erziehungssoziologie* 11 (1991), S. 295–313; *C. Attias-Donfut*, Die Anhängigkeit alter Menschen: Familiale und gesellschaftliche Versorgung. Ebenda 11 (1991), S. 355–373; *Generationenbeziehungen in „postmodernen Gesellschaften"*, hrsg. v. K. Lüscher und F. Schultheis. Konstanz 1993.

111 Vgl. *Leisering*, a. a. O. 42ff.; *Workers Versus Pensioners*. Intergenerational Justice in an Ageing World, hrsg. v. P. Johnson, C. Conrad, D. Thompson. Manchester/New York 1989. Zu den Schwierigkeiten, die sich aus der Anwendung einer Theorie der Gerechtigkeit auf das Generationenverhältnis ergeben, vgl. *D. Birnbacher*, Rawls' ‚Theorie der Gerechtigkeit' und das Problem der Gerechtigkeit zwischen den Generationen. In: *Zeitschrift für philosophische Forschung* 31 (1977), S. 385–401.

112 Das ist allerdings eine verkürzte Betrachtungsweise. Auch im Rahmen der Krankenversicherung finden erhebliche Umverteilungsprozesse zwischen der erwerbstätigen und der alten, aber auch der jungen Generation statt.

113 Die vorangehende Modellrechnung bezieht sich auf die alten Bundesländer allein. Die Vorausberechnungen unter Einbezug der neuen Bundesländer (vgl. *B. Sommer*, in: *Wirtschaft und Statistik* 4/1992, S. 217–222; 7/1994, S. 497–503) nehmen starke Wanderungsbewegungen zwischen alten und neuen Bundesländern sowie aus dem Ausland an (vgl. oben S. 69f.); deshalb sind die Zahlen mit Tabelle 7 nicht vergleichbar.

114 vgl.*Leisering* a. a. O. S. 253ff.

115 Vgl. die provozierende Kritik der deutschen Sozialpolitik durch *J. Borchert*, Renten vor dem Absturz. Ist der Sozialstaat am Ende? Frankfurt a. M. 1993.

116 Vgl. *Soziale Sicherung bei Pflegebedürftigkeit – Bestandsaufnahme und Reformbestrebungen*. Internationale Tagung Konstanz, 9. und 10. Oktober 1986. Wiesbaden 1987; *Die Absicherung des Risikos der Pflegebedürftigkeit*, Hrsg. Gesellschaft für Versicherungswissenschaft und -gestaltung. Bergisch Gladbach 1991; *U. Götting* und *K. Hinrichs*, Probleme der politischen Kompromißbildung bei der gesetzlichen Absicherung des Pflegefallrisikos – Eine vorläufige Bilanz. In: *Politische Vierteljahresschrift 34 (1993), S. 47–71.*

117 Vgl. *Die ergraute Gesellschaft*, hrsg. v. Deutschen Zentrum für Altersfragen, Berlin 1987, S. 349ff.

Anmerkungen zu Kapitel 4

1 1994 hat das statistische Bundesamt erstmals Modellrechnungen unter der Annahme *kontinuierlicher* Zuwanderung vorgelegt, was unter den gegebenen Umständen der wahrscheinlichste Fall ist (vgl. Abb. 7 und Tab. 6, S. 69f). Es sei eine Berechnung angeregt, welche von der Voraussetzung eines konstanten Niveaus der Nachwuchssicherung, d.h. der Konstanthaltung der Zahl der 15 bis 30-jährigen als dem eigentlichen Rekrutierungspotential ausgeht und den Geburtenausfall durch entsprechende Zuwanderung kompensieren läßt.

2 In den letzten Jahren sind mehrere Publikationen erschienen, welche einen guten Überblick über die jüngsten Veränderungstendenzen im Bereich der Familienentwicklung geben: *Die ‚postmoderne' Familie*, a.a.O.; *Wandel und Kontinuität der Familie in der Bundesrepublik Deutschland*, hrsg. v. R. Nave-Herz, Stuttgart 1988 (im folgenden zitiert als *Wandel und Kontinuität*); *R. Peukert*, Familienformen im sozialen Wandel. Leverkusen 1991; *R. Hettlage*, Familienreport: Eine Lebensform im Umbruch. München 1992; *G. Burkart*, u. *M. Kohli*, Liebe, Ehe, Elternschaft. Die Zukunft der Familie. München 1992; *M. Petzold*, Familienentwicklungspsychologie. München 1992; *R. Reichwein, A. Cramer, F. Buer*, Umbrüche in der Privatsphäre: Familie und Haushalt zwischen Politik, Ökonomie und sozialen Netzen. Bielefeld 1993.

3 Vgl. *D. Pollack*, Das Ende einer Organisationsgesellschaft. Systemtheoretische Überlegungen zum gesellschaftlichen Umbruch in der DDR. In: *Zeitschrift für Soziologie* 19(1990), S. 292–307; *ders.*, Sozialstruktur und Mentalität in Ostdeutschland. In: *Archives Européennes de Sociologie* XXXII (1991), S. 381–391.

4 Vgl. *H. Lampert*, Familienpolitik in der DDR. In: *Leitbilder für Familie und Familienpolitik*, hrsg. v. R. von Schweitzer, Berlin 1981, S. 63–88; *K. Bast u. I. Ostner*, Ehe in der Sozialpolitik der DDR und BRD – ein Vergleich. In: *Sozialpolitik im Prozeß der deutschen Vereinigung*, hrsg. v. W. Schmähl, Frankfurt 1992, S. 228–270; *H. Trappe*, Selbständigkeit – Pragmatismus – Unterordnung. Frauen in der DDR zwischen Beruf, Familie und Sozialpolitik. Diss. FU Berlin 1994, Kap. 2.

5 Das durchschnittliche Heiratsalter für beide Geschlechter war in der DDR stets um 1 bis 3 Jahre niedriger als in der Bundesrepublik, veränderte sich aber im Zeitablauf parallel. Allerdings ist seit dem um 1975 erreichten Minimum der Anstieg des durchschnittlichen Heiratsalters in der Bundesrepbulik wesentlich stärker als in der DDR gewesen: 1989 betrug das Heiratsalter lediger Frauen in der DDR 23,2 Jahre, in der Bundesrepublik 25,7 Jahre; dasjenige der Männer 25,3 bzw. 28,2 Jahre; vgl. *Fünfter Familienbericht*, Tab. II/5, S. 49.

6 Zwar ist gegenüber dem Tiefpunkt von 1975 (10,6%) ein Wiederanstieg auf 16,2% (1989) feststellbar, doch liegt auch dieser Wert noch unter demjenigen der Bundesrepublik (17,1%), wo ein vergleichbar starkes Absinken in den 70er Jahren nicht zu beobachten war. Vgl. *H. Wendt*, Geburtenhäufigkeit in beiden deutschen Staaten – Zwischen Konvergenz und Divergenz. In: *Zeitschrift für Bevölkerungswissenschaft* 17 (1991), S. 251–280, hier: Tab. 2, S. 257.

7 Im Jahre 1989 wies die DDR-Statistik eine Versorgungsquote von 80% bei den Krippenplätzen, von 95% bei den Kindergartenplätzen und von 81% bei den Hortplätzen für die Schüler der Grundstufe aus (Statistisches Jahrbuch 1990 der DDR). Zum Vergleich: Im Jahre 1990 betrug der Versorgungsgrad in der Bundesrepbulik bei den Krippenplätzen 2,7%, bei den Kindergärten 80% und bei den Hortplätzen 5% (dpa-Sonderdienst vom 14. 2. 1991: Kindergärten – Mangel im Westen, Ungewißheit im Osten). Zu den Zusammenhängen zwischen Müttererwerbstätigkeit und Kinderbetreuungseinrichtungen in beiden Teilen Deutschlands vgl. *N. Ott u.a.*, Kindererziehung und Erwerbsarbeit – Marktwirtschaftliche Möglichkeiten einer erziehungs-

freundlichen Erwerbsarbeit in Deutschland. Deutsches Institut für Wirtschaftsforschung, Berlin, Discussion Paper No. 7. Berlin 1993.

8 *Bast/Ostner*, a. a. O. S. 238.

8a *Trappe,* a. a. O. S. 210.

9 Einen Überblick über Ähnlichkeiten und Unterschiede des Familienrechts in den beiden deutschen Staaten sowie auf die spezifischen Schwierigkeiten der Übertragung des bundesrepublikanischen Familienrechts auf die neuen Bundesländer gibt der *Fünfte Familienbericht,* Kap. V: Familienrecht im geeinten Deutschland, S. 89ff.

10 Ähnlichkeiten und Unterschiede gehen aus der ersten vergleichenden Untersuchung der Familien in den alten und neuen Bundesländern durch das Deutsche Jugendinstitut hervor; vgl. *Die Familie in Westdeutschland* (Opladen 1991) sowie *Die Familie in den neuen Bundesländern* (Opladen 1992), beide hrsg. v. H. Bertram; sowie zusammenfassend *H. Bertram u. a.*, Die Familie in Deutschland – Ost und West. In: *Diskurs* 1992/2, S. 79–86.

11 *J. Gysi u. a.*, Die Zukunft von Familie und Ehe, Familienpolitik und Familienforschung in der DDR. In: *Sozialisation im Sozialismus.* Beiheft 1990 der Zeitschrift für Sozialisationsforschung und Erziehungssoziologie, hrsg. v. G. Burkart, S. 33–41, Zitat S. 33f.

12 Vgl. *Fünfter Familienbericht,* S. 87f.

13 Vgl. *J. Huinink u. K. U. Mayer,* Lebensverläufe im Wandel der DDR-Gesellschaft. In: *Der Zusammenbruch der DDR,* hrsg. v. H. Joas u. M. Kohli. Frankfurt a. M. 1993, S. 151–171.

14 Vgl. *F.-X. Kaufmann,* Familienpolitische Herausforderungen in der 12. Legislaturperiode aus der Sicht der Sozialwissenschaften. In: *Familie und Recht* 3 (1992) S. 70–74; *R. Geißler,* Soziale Ungleichheit zwischen Frauen und Männern im geteilten und im vereinten Deutschland. In: *Aus Politik und Zeitgeschichte* B14–15/1991, S. 13–24. *So nah beieinander und doch so fern. Frauenleben in Ost und West,* hrsg. A. Joester u. I. Schönigh, Pfaffenweiler 1992; *Frauen in Deutschland 1945–1992,* hrsg. v. G. Helwig u. H. M. Nickel, Berlin 1993.

15 Eine einfühlsame Schilderung der familialen Lebensverhältnisse in der Umbruchphase geben *S. Meyer u. E. Schulze,* Familie im Umbruch: Zur Lage der Familien in der ehemaligen DDR. Stuttgart 1992.

16 Zu den Unterschieden der Situation von Kindern und Jugendlichen vgl. *Aufwachsen hüben und drüben.* Deutsch-deutsche Kindheit und Jugend vor und nach der Vereinigung, hrsg. v. P. Büchner u. H.-H. Krüger. Opladen 1991. Vgl. auch *Entwicklungsbedingungen und -perspektiven der Jugendhilfe in der früheren DDR,* hrsg. vom Deutschen Jugendinstitut, München 1990.

17 Vgl. *W. Zapf u. S. Mau,* Eine demographische Revolution in Ostdeutschland? In: *Informationsdienst sozialer Indikatoren* Nr. 10, Juli 1993, S. 1–5.

18 Differenzierte Überlegungen zu dieser Frage bei *J. Dorbritz,* Nuptialität, Fertilität und familiale Lebensformen in der sozialen Transformation – Übergang zu einer neuen Bevölkerungsweise in Ostdeutschland? In: *Zeitschrift für Bevölkerungswissenschaft* 18 (1992), S. 167–196.

19 Einen Überblick gibt *G. Loy,* Theoretische Ansätze zur Erklärung des veränderten generativen Verhaltens in der Bundesrepublik Deutschland. Wiesbaden 1980.

20 Diese Auffassung wurde schon in der Weimarer Republik vertreten und gab der nationalsozialistischen Bevölkerungspolitik Auftrieb. Vgl. etwa *F. Burgdörfer,* Sterben die weißen Völker? München 1934.

21 Vgl. *J. Schmid,* Bevölkerung und soziale Entwicklung. Der demographische Übergang als soziologische und politische Konzeption. Boppard a. Rh. 1984.

22 Vgl. *C. Höhn, U. Mammey, K. Schwarz,* Die demographische Lage in der Bundesrepublik Deutschland. In: *Zeitschrift für Bevölkerungswissenschaft* 6 (1980), S. 207 bzw. 221.

23 Vgl. hierzu ausführlicher *F.-X. Kaufmann*, Familie und Modernität. In: *Postmoderne Familie*, a. a. O., S. 391–415, bes. S. 401ff.

24 *Schumacher/Vollmer*, a. a. O., S. 269.

25 *H. Birg, J. Huinink, H. Koch, H. Vorholt*, Kohortenanalytische Darstellung der Geburtenentwicklung in der Bundesrepublik Deutschland. Bielefeld 1984, S. 24f.

26 Zusammenfassende Analysen demographischer Entwicklungstrends enthalten insbesondere die periodisch vom Bundesinstitut für Bevölkerungsforschung in Wiesbaden veröffentlichten Berichte über die demographische Lage in der Bundesrepublik Deutschland, in: *Zeitschrift für Bevölkerungswissenschaft* 6 (1980) S. 141–225; 8 (1982) S. 121–223; 11 (1985) S. 445–518; 13 (1987) S. 137–213; 14 (1988) S. 341–433; 16 (1990) S. 135–205; 18 (1992) S. 3–93; 19 (1993/94) S. 3–70.

27 Vgl. *F.-X. Kaufmann, J. Quitmann, M. Schulz, R. Simm, K. P. Strohmeier*, Familienentwicklung in Nordrhein-Westfalen. Sozialräumliche Kontexte, Modellierung und Mikrosimulation. Bielefeld 1984, S. 63ff.

28 Vgl. Regina *Simm*, Partnerschaftsdynamik und Familienentwicklung. Bielefeld 1987, bes. S. 115ff.

29 *R. Andorka*, Determinants of Fertility in Advanced Societies. London 1978; *W. Kiefl* und *J. Schmid*, Empirische Studien zum generativen Verhalten – Erklärungsbefunde und theoretische Relevanz. Boppard a. Rhein 1985.

30 Vgl. *Simm*, a. a. O.; *Buhr/Strack/Strohmeier*, a. a. O. *M. Grunwald, B. Schiebel, K. P. Strohmeier*, Familienentwicklung in Nordrhein-Westfalen. Modellierung und Mikrosimulation mit Paneldaten. Bielefeld 1988, sowie zusammenfassend: *F.-X. Kaufmann, K. P. Strohmeier* und Mitarbeiter, Partnerbeziehungen und Familienentwicklung in Nordrhein-Westfalen. Generatives Verhalten im sozialen und regionalen Kontext. Düsseldorf 1988.

31 Der Umstand, daß sich der Schwerpunkt der unehelichen Geburten zwischen 1970 und 1985 von der Altersgruppe der unter 20-jährigen Frauen auf die Altersgruppe der um 30-jährigen Frauen verschoben hat, deutet allerdings auf eine gewisse Zunahme der gewollten nichtehelichen Geburten hin. Vgl. *C. Höhn* und *R. Schulz*, Bericht zur demographischen Lage in der Bundesrepublik Deutschland. In: *Zeitschrift für Bevölkerungswissenschaft* 13 (1987), S. 149f.

32 Jüngste Untersuchungen legen die Vermutung nahe, daß der Entschluß *für* Kinder eher aus emotionalen, der Entschluß *gegen* Kinder eher aus rationalen Motiven geschieht. Vgl. *K. A. Schneewind, L. A. Vaskovics, u. a.*, Optionen der Lebensgestaltung junger Ehen und Kinderwunsch. Stuttgart 1992.

33 Vgl. *F.-X. Kaufmann* u. a., Familienentwicklung – generatives Verhalten im familialen Kontext. In: *Zeitschrift für Bevölkerungswissenschaft* 8 (1982), S. 523ff.

34 *C. Höhn*, Einflußfaktoren des generativen Verhaltens – Zwischenbilanz zu den Gründen des Geburtenrückgangs. In: *Zeitschrift für Bevölkerungswissenschaft* 12 (1986), S. 309–323, Zitat S. 309.

35 Vgl. hierzu ausführlich *P. Buhr* und *F.-X. Kaufmann*, Familie und Bevölkerungsentwicklung. In: *HB Familienforschung*, a. a. O. S. 513–531.

36 Dieser Umschwung des öffentlichen Bewußtseins läßt sich am Paradigmenwandel der Sozialwissenschaften genau nachvollziehen: In den 50er Jahren dominierte in den Vereinigten Staaten der von *T. Parsons* und *R. K. Merton* theoretisch geprägte Strukturfunktionalismus, welcher den gesellschaftlichen Zusammenhang vor allem als von Normen und Werten geprägte Systembildung begriff. In der Bundesrepublik dominierte die von *A. Gehlen* und *H. Schelsky* formulierte Institutionentheorie, welche vor allem den von Entscheidungen entlastenden Charakter der Institutionen hervorhebt. In den 60er Jahren – und insbesondere im Zusammenhang mit der im Rückblick durchaus als kulturrevolutionär zu bezeichnenden Studenten- und Intellektuellenbewegung – gewannen dagegen in den Vereinigten Staaten interaktioni-

stische Sozialtheorien an Einfluß, welche vor allem die Bedeutung der von Individuen in Interaktionen eigentätig ‚ausgehandelten' sozialen Konstruktionen in den Vordergrund stellten; in Deutschland gelangte die Frankfurter Schule zu Einfluß, welche den entfremdenden Charakter der Institutionen hervorhob und die Möglichkeit intentionaler Wirklichkeitskonstruktionen als Ergebnis des Diskurses mündiger Individuen postuliert. Auch wenn inzwischen erneut die Einsicht in die Begrenztheit der Möglichkeiten absichtsvoller Transformation gesellschaftlicher Zusammenhänge an Gewicht gewonnen hat, so kehren doch die neueren, unter dem Einfluß vor allem von *F. A. Hayek* oder *N. Luhmann* stehenden Theorieansätze der gesellschaftlichen Evolution durch Selbstorganisation nicht zu den heute statisch wirkenden Ordnungsmodellen der 50er Jahre zurück. Sie radikalisieren vielmehr gedanklich die gesellschaftliche Dynamik, deren Ambivalenz auch unseren nachfolgenden Überlegungen zugrunde liegt.

37 Aus der großen Zahl längst vergessener Produkte dieser emanzipatorischen Aufbruchstimmung seien als repräsentativ für verschiedene Richtungen erwähnt: *D. Cooper*, Der Tod der Familie, Reinbek 1972 (a.d.engl.); *K. J. Huch*, Einübung in die Klassengesellschaft. Frankfurt a.M., 3. A. 1977; *D. Korczak*, Neue Formen des Zusammenlebens. Frankfurt 1979; *G. Cyprian* und *G. Wurzbacher*, Sozialisationsmängel der Kleinfamilie unter besonderer Berücksichtigung der Bundesrepublik Deutschland. In: Probleme der Familie und der Familienpolitik in der BRD. Hrsg. v. Bundesminister für Jugend, Familie und Gesundheit, Bonn 1973, S. 13–64. – Ferner als Überblick *W. Hochheimer*, Die permanente Reproduktion der autoritären Persönlichkeit, in: Die autoritäre Gesellschaft, hrsg. v. G. Hartfiel, Köln und Opladen 1969, S. 54–96.

38 Neben der Abschwächung der strafrechtlichen Sanktionen gegen die Abtreibung der Leibesfrucht ist hier auch an die Aufhebung der die Verbreitung empfängnisverhütender Mittel behindernden Maßnahmen zu erinnern. Auch die zunehmende Einführung und die Liberalisierung des Sexualkundeunterrichts in den Schulen ist zu erwähnen. Bedeutendster Gegenspieler dieser Liberalisierungstendenzen war die Katholische Kirche, doch hat die diesbezügliche päpstliche Enzyklika ‚Humanae Vitae' (1968) und die daran anschließende kontroverse Diskussion in der Bundesrepublik die Durchsetzung neuer Muster der Empfängnisverhütung im katholischen Bevölkerungsteil wohl eher gefördert als verhindert. Zur Position der katholischen Kirche vgl. *F. Böckle*, Art. Geburtenregelung II, in: *Staatslexikon*, a.a.O., Bd. 2, Sp. 789f. – Zur Position der evangelischen Kirche vgl. *S. Keil*, Veränderungen im Verhältnis von Kirche und Familie seit den Anfängen der Bundesrepublik Deutschland am Beispiel der evangelischen Kirche. In: *Wandel und Kontinuität*, a.a.O., S. 198–221.

39 Hierzu ausführlich *N. Luhmann*, Liebe als Passion. Zur Kodierung von Intimität. Frankfurt a.M., 4. A. 1984.

40 *H. Tyrell*, Literaturbericht. In: *Nichteheliche Lebensgemeinschaften in der Bundesrepublik Deutschland*, hrsg. vom Bundesminister für Jugend, Familie und Gesundheit. Stuttgart 1985, S. 117f. (im folgenden zitiert als *Nichteheliche Lebensgemeinschaften*).

41 Daß diese Erfahrung in den scheinbar konservativen Müttergenerationen der fünfziger Jahre überlebte und von diesen Müttern als Erwartung an ihre Töchter weitergegeben wurde, machen *S. Meyer* und *E. Schulze*, Von Liebe sprach damals keiner. Familienalltag in der Nachkriegszeit, München 1985, deutlich.

42 *A. Leupold*, Liebe und Partnerschaft: Formen der Kodierung von Ehen. In: *Zeitschrift für Soziologie* 12 (1983), S. 297–327, Zitat S. 298.

43 Vgl. hierzu *J. Limbach*, Die Entwicklung des Familienrechts seit 1949, in: *Kontinuität und Wandel*, a.a.O. S. 11–35, bes. 22ff.

44 Vgl. *U.-J. Jopt*, Nacheheliche Elternschaft und Kindeswohl – Plädoyer für das gemeinsame Sorgerecht als anzustrebenden Regelfall. In: *Zeitschrift für das gesamte Familienrecht* 34 (1987), S. 875–887. – Für Frankreich *I. Théry*, Die Familien nach der

Scheidung: Vorstellungen, Normen, Regulierungen. In: *Postmoderne Familie*, a. a. O. S. 84–97.

45 Vgl. *R. Nave-Herz*, Kinderlose Ehen. In: *Postmoderne Familie*, a. a. O. S. 193–200.

46 Vgl. *P. Groß* und *A. Honer*, Multiple Elternschaften – Neue Reproduktionstechnologien, Individualisierungsprozesse und die Veränderung von Familienkonstellationen. In: *Soziale Welt* 41 (1990), S. 97–116; *E. Beck-Gernsheim*, Technik, Markt und Moral. Über Reproduktionsmedizin und Gentechnologie. Frankfurt a. M., 1991; *C. Maeder*, Reproduktionsmedizin in der Schweiz: Ergebnisse und Interpretationen einer repräsentativen Bevölkerungsbefragung. In: *Schweizerische Zeitschrift für Soziologie* 18 (1992), S. 363–391.

47 Vgl. *W. van den Daele*, Mensch nach Maß? Ethische Probleme der Genmanipulation und Gentherapie. München 1985.

48 *Hoffmann-Riem*, Fragmentierte Elternschaft, a. a. O. S. 217.

49 Vgl. *R. D. Klein* (Hg.), Das Geschäft mit der Hoffnung, Erfahrungen mit der Fortpflanzungsmedizin; Frauen berichten. Berlin 1989.

50 *J.-P. Sartre*, L'existentialisme est un humanisme. Paris 1954, S. 37f. (übersetzt vom Verfassser).

51 Dieser Gesichtspunkt wird heute insbesondere von der Ehetherapie hervorgehoben. Vgl. etwa *J. Willi*, Die Zweierbeziehung. Reinbek b. Hamburg 1975. *Ders.* Koevolution. Die Kunst gemeinsamen Wachsens. Reinbek b. Hamburg 1985. – *A. Guggenbühl-Craig*, Die Ehe ist tot – lang lebe die Ehe! Zürich 1980.

52 Vgl. *S. Meyer* und *E. Schulze*, Balancen des Glücks. Neue Lebensformen: Paare ohne Trauschein, Alleinerziehende und Singles. München 1989.

53 „Die Menschen werden mit einer Gewalt, die sie selbst nicht begreifen und deren innerste Verkörperung sie bei aller Fremdheit, mit der sie über sie kommt, doch auch sie selbst sind, aus den Fassungen des Geschlechts, seinen ständischen Attributen und Vorgegebenheiten, herausgelöst oder doch bis ins Innerste der Seele hinein erschüttert. Das Gesetz, das über sie kommt, lautet: Ich bin ich ..." *U. Beck*, Risikogesellschaft – Auf dem Weg in eine andere Moderne. Frankfurt a. M. 1986, S. 175. Zur Anwendung der Individualisierungsthese auf familiale Verhältnisse vgl. *U. Beck* und *E. Beck-Gernsheim*, Das ganz normale Chaos der Liebe. Frankfurt a. M. 1990. – Zur Kritik der Individualisierungsthese vgl. die Rezension von *U. Beck's* Buch durch H. Joas in: *Soziologische Revue* 11 (1988), S. 1–6, sowie die Kontroverse zwischen *G. Burkart* und *U. Beck/E. Beck-Gernsheim* in: *Zeitschrift für Soziologie* 22 (1993), S. 159–191.

54 „Die Grunderfahrung der Postmoderne ist die des unüberschreitbaren Rechtes hochgradig differenzierter Wissensformen, Lebensentwürfe, Handlungsmuster. Diese konkreten Formen von Vernunft weisen sich eigentätig als sinnvoll aus. ... Zu ihrer Anerkennung kommt es aufgrund einer relativ einfachen Schlüsselerfahrung, daß ein- und derselbe Sachverhalt in einer anderen Sichtweise sich völlig anders darstellen kann, und daß diese andere Sichtweise doch ihrerseits keineswegs weniger Licht besitzt als die erstere, nur ein anderes. ... Fortan stehen Wahrheit, Gerechtigkeit, Menschlichkeit im Plural." *W. Welsch*, Unsere postmoderne Moderne. Weinheim 1988, S. 5. – Zur Anwendung auf familiale Verhältnisse vgl. *K. Lüscher*, Familie und Familienpolitik im Übergang zur Postmoderne. In: *Generationenbeziehungen in „postmodernen" Gesellschaften*, hrsg. v. K. Lüscher und F. Schultheis. Konstanz 1993, S. 17–47.

55 Vgl. *M. Baethge*, Individualisierung als Hoffnung und Verhängnis. In: *Soziale Welt* 36 (1985), S. 299–312; *F.-X. Kaufmann*, Selbstreferenz oder Selbstreverenz? Die soziale und religiöse Ambivalenz von Individualisierung. In: *Ehrenpromotion Franz-Xaver Kaufmann*, eine Dokumentation, Hrsg. Ruhr-Universität Bochum, 1993, S. 25–46.

56 Hierauf hatte bereits *H. Schelsky* in seiner bekannten Studie „Wandlungen der deutschen Familie in der Gegenwart" (Stuttgart 1953) hingewiesen.

57 *U. Beck*, a.a.O. S. 113; vgl. auch *Baethge*, a.a.O.

58 Vgl. *A. Béjin*, Ehe ohne Trauschein und Post-Adoleszenz: Anmerkungen zu einigen Mythen des ‚Nichtübergangs'. In: *Postmoderne Familie*, a.a.O. S. 180–190.

59 Einen Überblick gibt *A. Willms-Herget*, Frauenarbeit. Zur Integration der Frauen in den Arbeitsmarkt. Frankfurt/New York 1985. Von 1950 bis 1980 stieg der Anteil der verheirateten Frauen in marktbezogenen Arbeitsformen (Selbständige, abhängig Erwerbstätige) in den alten Bundesländern von 10% auf 36%. Bei den unter dreißigjährigen verheirateten Frauen waren 1980 über 55% marktbezogen erwerbstätig, dagegen nur noch 2% als mithelfende Familienangehörige (ebd. S. 118). 1989 waren 43% der verheiratet zusammenlebenden Frauen mit Kindern unter 18 Jahren (und 35% derjenigen mit Kindern unter 6 Jahren) erwerbstätig (Stat. JB 1990, S. 100). Für eine differenziertere Analyse vgl. *J. Huinink/W. Lauterbach*, Bedingungen des Erwerbsangebots verheirateter Frauen. In: Erwerbstätigkeit und Arbeitslosigkeit. Analysen auf der Grundlage des sozio-ökonomischen Panels, hrsg. v. C. Helberger u.a. Nürnberg 1991. Die Tendenz zur Frauenerwerbstätigkeit ist weiterhin steigend, allerdings mit starker Präferenz für Teilzeitarbeit. Vgl. *W. Ulander*, Wirtschaftliche und gesellschaftliche Bedeutung der Frauenerwerbstätigkeit heute und morgen. In: *Zeitschrift für Bevölkerungswissenschaft* 18 (1992), S. 435–763. *K. Schwarz* (Umfang der Erwerbstätigkeit nach dem Zweiten Weltkrieg, ebenda 14 (1988), S. 275–294) kommt daher zum Schluß, daß sich unter Berücksichtigung von allgemeinen Tendenzen zur Einschränkung der Lebensarbeitszeit „die Erwerbsbeteiligung der Frauen ... in den vergangenen 30 Jahren nur formal erhöht" hat. Am präzisesten ist wohl die Feststellung, daß sich bei den Frauen „nach wie vor viele Verlaufsformen, die dem traditionellen ‚Hausfrauenmodell' entsprechen" finden. „Gleichzeitig häufen sich hier Erwerbssequenzen, die eher dem männlichen Modell eines kontinuierlichen Erwerbsverlaufs entsprechen, so daß sich eine Polarisierung in mehr familien- und mehr erwerbsarbeitsrorientierte Lebenslaufformen abzeichnet." *P. A. Berger/P. Sopp*, Zur Differenzierung von Erwerbsverlaufsmustern in Deutschland. In: *Zeitschrift für Soziologie* 21 (1992), S. 166–185, Zitat S. 166.

60 Vgl. *G. Schmidtchen*, Die Situation der Frau. Trendbeobachtungen über Rollen- und Bewußtseinsveränderungen der Frauen in der Bundesrepublik Deutschland. Berlin 1984, bes. S. 13ff.

61 Vgl. *Vom Regen in die Traufe: Frauen zwischen Beruf und Familie*, hrsg. v. K. U. Mayer, J. Allmendinger, J. Huinink. Frankfurt/New York 1991.

62 Eine umfassende Darstellung gibt *H.-J. Schulze*, Frau, Haushalt und Konsummarkt: Befunde und Perspektiven. In: *Kölner Zeitschrift für Soziologie und Sozialpsychologie* 38 (1986), S. 55–84.

63 Vgl. insb. *Peukert*, a.a.O.

64 Einen Überblick gibt *H. Lukesch*, Von der ‚radio-hörenden' zur ‚verkabelten' Familie – Mögliche Einflüsse der Entwicklung von Massenmedien auf das Familienleben und die familiale Sozialisation. In: *Wandel und Kontinuität*, a.a.O. S. 173–197. Vgl. auch *K. Lüscher u.a.*, Fernsehen im Alltag der Familie. In: *Rundfunk und Fernsehen* 23 (1975), S. 284–315; *B. Hurrelmann*, Fernsehen in der Familie. Auswirkungen auf den Mediengebrauch. Weinheim 1989; *J. Barthelmes* und *E. Sander*, Familie und Medien. Forschungsergebnisse und kommentierte Auswahlbibliographie. Weinheim 1990.

65 *Lukesch*, a.a.O. S. 186.

66 Vgl. *N. Postman*, Das Verschwinden der Kindheit. Frankfurt/M. 1987; *ders.* Wir amüsieren uns zu Tode. Frankfurt/M. 1985.

67 *W. Zapf* u.a., Individualisierung und Sicherheit. Untersuchungen zur Lebensqualität in der Bundesrepublik Deutschland. München 1987, S. 18.

67a Vgl. *H. Tyrell* und A. Herlth, Partnerschaft versus Elternschaft. In: *Abschied von der Normalfamilie?* Hrsg. v. A. Herlth u. a., Berlin/Heidelberg 1994, S. 1–15.

68 Zur thematischen Analyse vgl. *P. Ludes*, Erscheinungsformen und gesellschaftliche Bedeutung von Liebesbeziehungen. In: *Die Mitarbeit* 35 (1986) S. 256–268; *K. Lenz*, Institutionalisierungsprozesse in Zweierbeziehungen. In: *Schweizerische Zeitschrift für Soziologie* 16 (1990) S. 223–244; *Burkart/Kohli*, a. a. O.; *G. Burkart*, Treue in Paarbeziehungen. In: *Soziale Welt* 42 (1991) S. 489–509; *P. B. Hill*, Emotionen in engen Beziehungen. Zum Verhältnis von ‚Commitment', ‚Liebe' und ‚Rational-Choice'. In: *Zeitschrift für Familienforschung* 4 (1992) S. 125–146. Zum Forschungsstand vgl. *Attraktion und Liebe – Formen und Grundlage partnerschaftlicher Beziehungen*, hrsg. M. Amelang u. a. Göttingen 1991.

69 Die starke Verbreitung ‚wilder Ehen' in der zweiten Hälfte des 18. und der ersten Hälfte des 19. Jahrhunderts war in erster Linie auf ehebeschränkende politische Maßnahmen zurückzuführen. Vgl. *A. Kraus*, ‚Antizipierter Ehesegen' im 19. Jahrhundert. In: *Vierteljahresschrift für Sozial- und Wirtschaftsgeschichte* 66 (1979), S. 174–209.

70 Vgl. *S. Meyer, E. Schulze*, Nicht-eheliche Lebensgemeinschaften – Alternativen zur Ehe? In: *Kölner Zeitschrift für Soziologie und Sozialpsychologie* 35 (1983), S. 736ff; *G. Burkart*, Kohabitation und Individualisierung – Nichteheliche Paarbeziehungen im kulturellen Wandel. In: *Zeitschrift für Familienforschung* 3 (1991), S. 26–48.

71 *Nicht-eheliche Lebensgemeinschaften*, a. a. O., S. 147ff.

71a Schätzungen des Statistischen Bundesamtes. Vgl. Stat. JB 1993, S. 71.

72 *R. Nave-Herz*, Kontinuität und Wandel in der Bedeutung, in der Struktur und Stabilität von Ehe und Familie in der Bundesrepublik Deutschland. In: *Wandel und Kontinuität*, a. a. O., S. 61–94, Zitat S. 69 (unter Berufung auf Ergebnisse der in FN 40 zitierten Studie, S. 30ff.).

73 Angesichts des erheblichen Panelschwundes ist dieser Wert allerdings mit Unsicherheiten behaftet.

74 In den meisten vergleichbaren Untersuchungen wurde nicht genau genug zwischen festen Partnerschaften mit und ohne gemeinsamem Haushalt unterschieden. Wir verstehen unter nichtehelichen Lebensgemeinschaften (NEL) lediglich Paare mit gemeinsamer Haushaltführung; die übrigen fallen unter die Rubrik ‚Partner'.

75 Eine weitere Längsschnittstudie wurde inzwischen von *L. Vaskovics und Mitarbeitern* durchgeführt; vgl. *dies.*, Die Partnerschaft in nichtehelichen Lebensgemeinschaften. Erste Ergebnisse einer Längsschnittstudie. In: *Forschungsforum der Otto-Friedrich-Universität Bamberg*, 3/1991, S. 36–43.

76 Vgl. *Simm*, a. a. O. S. 50f.

77 *Nicht-eheliche Lebensgemeinschaften*, a. a. O. S. 32.

78 *G. Burkart*, a. a. O. S. 503f.; vgl. auch *Burkart/Kohli*, a. a. O. S. 210ff.

79 Vgl. *W. Schulz*, Von der Institution ‚Familie, zu den Teilbeziehungen zwischen Mann, Frau und Kind. Zum Strukturwandel von Ehe und Familie. In: *Soziale Welt* 34 (1983), S. 401ff.

80 Vgl. *A. Napp-Peters*, Ein-Elternteil-Familien. Soziale Randgruppe oder neues familiales Selbstverständnis? München 1985, Zitat S. 100.

81 Vgl. *Nicht-eheliche Lebensgemeinschaften*, a. a. O. S. 68ff. Zum Gesamtkomplex auch: *Burkart, Kohli*, a. a. O.

82 *Meyer/Schulze*, Nicht-eheliche Lebensgemeinschaften, a. a. O. S. 748f.

83 *H. Tyrell*, Literaturbericht. In: *Nichteheliche Lebensgemeinschaften*, a. a. O. S. 113, unter Bezugnahme auf Daten des Instituts für Demoskopie, Allensbach.

84 *Institut für praxisorientierte Sozialforschung (IPOS)*, Gleichberechtigung von Frauen und Männern – Wirklichkeit und Einstellungen in der Bevölkerung. Stuttgart 1992, S. 80.

85 *F. Höllinger*, Verfall der christlich-bürgerlichen Ehemoral – Einstellungen zu

Ehe und Scheidung im interkulturellen Vergleich. In: *Zeitschrift für Familienforschung* 4 (1992) S. 197–220.

86 *E. Spiegel*, Neue Haushaltstypen. Entstehungsbedingungen, Lebenssituationen, Wohn- und Standortverhältnisse. Frankfurt/New York 1986, S. 235.

87 Ebda. S. 231.

88 *R. Nave-Herz*, Ledige Mutterschaft: eine alternative Lebensform? In: *Zeitschrift für Sozialisationsforschung und Erziehungssoziologie* 5 (1992), S. 219–232, Zitate, S. 230.

89 Dieses Thema steht gegenwärtig im Zentrum der sozialwissenschaftlichen Diskussion. Vgl. als Überblicke: *I. Sommerkorn*, Die erwerbstätige Mutter in der Bundesrepublik: Einstellungs- und Problemveränderungen. In: *Wandel und Kontinuität*, a. a. O. S. 115–144; – *Ostner/Pieper*, a. a. O. – Auf zunehmendes Suchtverhalten als Konsequenz der Rollenüberlastung weist *G. Wurzbacher* hin: Rollenprobleme und Suchtgefährdung der Frau. In: *Leitbilder der Familie und Familienpolitik*, a. a. O. S. 223–236; zur ‚Ansteckung' des Partnersystems aufgrund außerfamilialer Streßerfahrungen vgl. *N. Bolger u. a.*, The Contagion of Stress Across Multiple Roles. In: *Journal of Marriage and the Family* 51 (1989), S. 175–183.

90 *Kaufmann/Strohmeier u. a.*, Partnerbeziehungen, a. a. O. S. 39. Zu den Einstellungsmustern in Bundesrepublik im Vergleich zu anderen Ländern vgl. *F. Höllinger*, Frauenerwerbstätigkeit und Wandel der Geschlechtsrollen im internationalen Vergleich. In: *Kölner Zeitschrift für Soziologie und Sozialpsychologie* 43 (1991), S. 753–771.

91 *G. Heilig*, Die Heiratsneigung lediger Frauen in der Bundesrepublik Deutschland 1950–1984. In: *Zeitschrift für Bevölkerungswissenschaft* 11 (1985), S. 519–547.

92 Zu den wesentlich anderen Verhältnissen in der ehemaligen DDR vgl. Abschnitt 4.1.

93 *A. Dieckmann*, Determinanten des Heiratsalters und des Scheidungsrisikos. Habilitationsschrift München 1987, S. 202ff; vgl. auch *T. Klein*, Zum Einfluß einer verlängerten Ausbildungsphase auf den Prozeß der Familienbildung. In: *Zeitschrift für Familienforschung* 4 (1992), S. 5–21..

94 *A. Tölke*, Partnerschaften und Eheschließung: Wandlungstendenzen in den letzten fünf Jahrzehnten. In: *Die Familie in Westdeutschland* a. a. O., S. 113-157, Zitat S. 150.

95 *Nave-Herz*, Kontinuität, a. a. O. S. 85.

96 In diesem Sinne interpretiert auch *Heilig*, a. a. O., die demographischen Daten der Bundesrepublik: Der geringe Kinderwunsch sei eher eine Ursache der Heiratsmüdigkeit als umgekehrt.

97 Vgl. *H.-P. Heekerens*, Die zweite Ehe. Wiederverheiratung nach Scheidung und Verwitwung. Weinheim 1988, S. 20ff. Vgl. auch *T. Klein*, Wiederheirat nach Scheidung in der Bundesrepublik. In: *Kölner Zeitschrift für Soziologie und Sozialpsychologie* 42 (1990), S. 60–80.

98 *H.-P. Heekerens*, Generatives Verhalten Wiederverheirateter. In: *Zeitschrift für Bevölkerungswissenschaft* 12 (1986), S. 503–517.

99 *R. Nave-Herz*, Kinderlose Ehen. München 1988, S. 97f.

100 Zur Problematik vgl. *H. Birg u. a.*, Kohortenanalytische Darstellung, a. a. O. S. 74ff.

101 Vgl. *W. Schulz*, a. a. O. S. 401ff.

102 Vgl. zusammenfassend *E. Beck-Gernsheim*, Arbeitsteilung, Selbstbild und Lebensentwurf: Neue Konfliktlagen in der Familie. In: *Kölner Zeitschrift für Soziologie und Sozialpsychologie* 44 (1992) S. 273–291.

103 Vgl. *Simm*, a. a. O., S. 97ff.

104 Vgl. *P. B. Hill/J. Kopp*, Theorien der ehelichen Instabilität. In: *Zeitschrift für Familienforschung* 2 (1990), S. 211–243. Zur Scheidungsursachenforschung *R. Nave-Herz u. a.*, Scheidungsursachen im Wandel. Eine zeitgeschichtliche Analyse des An-

stiegs der Ehescheidungen in der Bundesrepublik Deutschland. Bielefeld 1990; *G. Scheller*, Zum gegenwärtigen Stand der Scheidungsursachenforschung. In: *Soziale Welt* 42 (1991), S. 323–348; *dies.*, Wertwandel und Anstieg des Ehescheidungsrisikos? Eine qualitative Studie über den Anspruchs- und Bedeutungswandel der Ehe und seine Konsequenzen für die Ehestabilität. Pfaffenweiler 1992. *M. Rottleuthner-Lutter*, Gründe von Ehescheidungen in der Bundesrepublik Deutschland. Eine Inhaltsanalyse von Gerichtsakten. Köln 1992. Eine größere Studie zur Erklärung von Ehedauer und Ehelösungen bereitet *M. Wagner* (Max-Planck-Institut für Bildungsforschung, Berlin) vor. Zur Demographie der Ehescheidungen vgl. die Beiträge von *W. Braun* in: *Wirtschaft und Statistik* 10/1988, S. 682–688; 12/1990, S. 837–840; 1/1993, S. 43–47. Zur Geschichte vgl. *Dirk Blasius* Ehescheidung in Deutschland 1794–1945. Göttingen 1987.

105 Einen Überblick über den deutschen und amerikanischen Forschungsstand bis 1988 gibt *M. Rottleuthner-Lutter*, Ehescheidung. In: *HB Familienforschung*, a. a. O. S. 609–625.

106 Die Übertragbarkeit diskutiert *H.-P. Heekerens*, Das erhöhte Risiko der Ehescheidung – Zur intergenerationalen Scheidungs-Tradierung. In: *Zeitschrift für Soziologie* 16 (1987), S. 190–203.

107 Vgl. *C. Höhn*, Demographische Auswirkungen von Gesetzesänderungen auf die Ehescheidungen in der Bundesrepublik Deutschland. In: *Beiträge aus der bevölkerungswissenschaftlichen Forschung*, a. a. O. S. 153–164.

108 Vgl. *Diekmann*, a. a. O. S. 176ff; *A. Diekmann/T. Klein*, Bestimmungsgründe des Ehescheidungsrisikos. In: *Kölner Zeitschrift für Soziologie* 43 (1991), S. 271–290.

109 *Rottleuthner-Lutter*, Gründe von Ehescheidungen, a. a. O., S. 185.

110 Vgl. *F. Neidhardt*, Systemtheoretische Analyse zur Sozialisationsfähigkeit der Familie. In: *Frühkindliche Sozialisation, Theorien und Analysen*, hrsg. v. F. Neidhardt, 2. A. Stuttgart 1979, S. 169. Eine komplexere theoretische Rekonstruktion der Fähigkeit von Familien, mit äußeren belastenden Ereignissen und durch sie ausgelösten Krisen umzugehen, haben im Anschluß an R. Hill *H. I. McCubbin* und *J. M. Patterson* a. a. O. entwickelt.

111 Auch die biographische Theorie der Fertilität von H. Birg weist der Häufigkeit verändernder Lebensereignisse zentrale Bedeutung zu. Vgl. *H. Birg, E.-J. Flöthmann, I. Reiter*: Biographische Theorie der demographischen Reproduktion. Frankfurt/New York 1991.

112 *Nave-Herz u. a.*, a. a. O., S. 138.

113 Vgl. *N. F. Schneider*, Woran scheitern Partnerschaften? Subjektive Trennungsgründe und Belastungsfaktoren bei Ehepaaren und nichtehelichen Lebensgemeinschaften. In: *Zeitschrift für Soziologie* 19 (1990) S. 458–470.

114 Vgl. immerhin *Trennungen. Kindliche Rettungsversuche bei Vernachlässigungen, Scheidungen und Tod*, hrsg. v. C. Büttner u. A. Ende. Jahrbuch der Kindheit, Bd. 7, Weinheim und Basel 1990; *Nacheheliche Elternschaft*, hrsg. v. J. Horstmann. Münster 1992; *Die Scheidungswaisen*, hrsg. v. O. Kraus, Göttingen 1993; *M. Moch*, Bedeutung des finanziellen Transfers für die Generationenbeziehungen nach einer Scheidung; *P. Pajung-Bilger*, Bedingungen und Stellenwert einer neuen Partnerschaft von geschiedenen Eltern und deren Einfluß auf die Generationensbeziehungen. Arbeitspapiere No 2 und Nr. 3 des *Forschungsschwerpunkts ‚Gesellschaft und Familie'*, Universität Konstanz 1993; aus dem dortigen Projekt ‚Generationenbeziehungen nach einer Scheidung' (Leitung: K. Lüscher) sind weitere Ergebnisse zu erwarten.

115 Vgl. zusammenfassend *D. H. Demo/A. C. Acock*, The Impact of Divorce on Children. In: *Journal of Marriage an the Family* 50 (1988), S. 619–648; *W. R. Gove, C. Briggs Style, M. Hughes*, The Effect of Marriage and the Well-Being of Adults. In: *Journal of Family Issues* 11 (1990), S. 4–35; *P. R. Amato/B. Keith*, Parental Divorce and

Adult Well-Being: A Meta-Analysis. In: *Journal of Marriage and the Family* 53 (1991), S. 43–58; *P. R. Amato/A. Booth*, Consequences of Parental Divorce and Marital Unhappiness for Adult Well-Being. In: *Social Forces* 69 (1991), S. 895–914 sowie als Standardwerk nunmehr in deutscher Übersetzung: *F. Furstenberg/A. J. Cherlin*, Geteilte Familien. Stuttgart 1993.

116 Vgl. als demographischen Überblick *K. Schwarz*, Eltern und Kinder in unvollständigen Familien. In: *Zeitschrift für Bevölkerungswissenschaft* 10 (1984), S. 3–36; *ders.*, Kinder und Jugendliche in den Familien Alleinstehender in Deutschland im Jahre 1991, ebenda 19 (1993/94), S. 71–91 Zur sozialen Problematik vgl. *E. Neubauer*, Alleinerziehende Mütter und Väter – Eine Analyse der Gesamtsituation. Stuttgart 1988; *Napp-Peters* a. a. O.; *C. Clason*, Die Einelternfamilie oder die Einelterfamilie? In: *HB Familienforschung*, a. a. O. S. 413–422; *D. Gieseke*, Erwerbsverhalten, Scheidungsrisiko und Wohlfahrtsniveau von Frauen. Dissertation, Universität Hannover, 1987; *D. Sturzbecher*, Zur Situation von Scheidungsfamilien in der DDR – Ausgewählte Ergebnisse einer Pilotstudie. In: *Zeitschrift für Familienforschung* 2 (1992), S. 263–272; Ministerium für Arbeit, Gesundheit und Soziales des Landes Nordrhein-Westfalen (Hg.), Landessozialbericht Band 3: Alleinerziehende – Lebenslagen und Lebensformen. Düsseldorf 1993.

117 Vgl. *U. Jäckel*, Partnerwahl und Eheerfolg. Stuttgart 1980.

118 *Simm*, a. a. O. S. 14ff.

119 Vgl. *Nave-Herz*, Kontinuität, a. a. O. S. 84ff; *G. Wagner*, Sozialstruktur und Ehestabilität. In: Vom Regen in die Traufe, a. a. O. S. 359–384.

120 Vgl. *F. Furstenberg*, Die Entstehung des Verhaltensmusters ‚sukzessive Ehen'. In: *Postmoderne Familie*, a. a. O. S. 73–83; *Furstenberg/Cherlin*, a. a. O.; *J. Stacey*, Zurück zur postmodernen Familie. Geschlechterverhältnisse, Verwandtschaft und soziale Schicht in Silicon Valley. In: *Soziale Welt* 42 (1991), S. 300–322. – Zur Problematik von Stieffamilien vgl. *E. B. Visher* und *J. S. Visher*, Stiefeltern, Stiefkinder und ihre Familien. Probleme und Chancen. (A. d. Amerik.) Weinheim 1987.

121 Vgl. *Heekerens*, Die zweite Ehe, a. a. O. S. 38.

122 Vgl. *J. Trost*, Unmarried Cohabitation. Vaesteras 1979

123 Vgl. *Kaufmann*, Familie und Modernität, a. a. O., S. 407ff.

124 *K. Wahl*, Die Modernisierungsfalle. Gesellschaft, Selbstbewußtsein und Gewalt. Frankfurt a. M. 1989, S. 16.

125 Vgl. *J. Peter*, Die Arbeit der Frauen in der Familie – Zur Diskussion um Hausarbeit in der Frauenbewegung. In: *Frauenerwerbsarbeit – Fallstrick oder Lebensperspektive*, hrsg. v. *I. Wettig-Danielmeier u. R. Winkler*, Marburg 1987, S. 93–117.

126 Noch heute ist die Erwerbstbeteiligung der Frauen, insbesondere der Mütter, im internationalen Vergleich gering; vgl. *Höllinger*, Familienerwerbstätigkeit, a. a. O.

127 Zu den unterschiedlichen Perspektiven auf die Entwicklung des Familienrechts vgl. z. B. *F. W. Bosch*, Die Entwicklung des Familienrechts in den Jahren 1947 bis 1987. In: *Neue Juristische Wochenschrift* 7 (1987), S. 2610–2630; *P. Derleder*, Die Entwicklung des Familienrechts in Deutschland. In: *Frauenforschung* 4 (1990), S. 78ff.

128 Vgl. *Sommerkorn*, a. a. O.; *F. Hegner/U. Lakemann*, Familienhaushalt und Erwerbstätigkeit. In: *HB Familienforschung*, a. a. O., S. 491–512.

129 Vgl. *A. Szálai u. a.*, The Use of Time. Daily Activities of Urban and Suburban Populations in Twelve Countries. The Hague/Paris 1972, S. 684ff.

130 *Beck-Gernsheim*, Arbeitsteilung, Selbstbild und Lebensentwurf, a. a. O., S. 276; vgl. auch *L. Brüderl* und *B. Paetzold* (Hrsg.) Frauenleben zwischen Beruf und Familie. Psychosoziale Konsequenzen für Persönlichkeit und Gesundheit. Weinheim und München 1992.

131 *Trappe*, a. a. O. S. 210f. Vgl. auch die in FN 14 zitierte Literatur.

132 Einen ersten Versuch mit Tagebuchaufzeichnungen haben wir bereits 1975 im

Hinblick auf den Alltag von Vorschulkindern unternommen, vgl. FN 151; zur Untersuchung des Zeitbudgets von Frauen vgl. zuerst *H.-G. Krüsselberg u.a.*, a.a.O.; für erste Ergebnisse der großen Zeitbudgeterhebung des Statistischen Bundesamtes siehe *Fünfter Familienbericht*, S. 142f. Abschnitt VI. 9.9.3. Zum Grundsätzlichen vgl. *W. Blass*, Zeitbudgetforschung. Eine kritische Einführung in Grundlagen und Methoden. Frankfurt 1980; *Alltagszeit – Lebenszeit: Zeitstrukturen im privaten Haushalt*, hrsg. v. *S. Gräbe*. Frankfurt 1992.

133 *Jan Künzler*, Familiale Arbeitsteilung: Die Beteiligung von Männern an der Hausarbeit. Dissertation, Universität Würzburg, 1993, S. 105.

133a *V. Thiesen/H. Rohlinger*, Die Verteilung von Aufgaben und Pflichten im ehelichen Haushalt. In: *Kölner Zeitschrift für Soziologie und Sozialpsychologie* 40 (1988), S. 640–658, Zitat S. 655.

134 Allerdings belegen manche Studien auch eine vorübergehende stärkere Beteiligung der Männer an der Hausarbeit, solange die Frau ein Kleinkind zu versorgen hat; vgl. *Künzler* a.a.O., S. 84ff., 125ff.

135 Quelle: Bundesministerium für Familie und Senioren, zitiert nach *Informationsdienst des Instituts der deutschen Wirtschaft* 18 (1992), Nr. 45, S. 58.

136 Vgl. *Erziehungsurlaub und Anrechnung von Erziehungszeiten in der Rentenversicherung*. Gutachten des wissenschaftlichen Beirats für Familienfragen. Schriftenreihe des Bundesministers für Jugend, Familie, Frauen und Gesundheit, Bd. 243, Stuttgart 1989; *C. Badelt*, Brennpunkt Erziehungsgeld. Zur Lebenssituation nichtberufstätiger Frauen mit Kleinkindern – Erfahrungen mit dem Vorarlberger Modell. Wien 1991.

137 Vgl. *K. Jurczyk*, Familienpolitik als andere Arbeitsmarktpolitik. Wie die Arbeitskraft der Frauen verfügbar gehalten wird und was die Männer davon haben. Werkstattberichte des Forschungsschwerpunkts ‚Arbeit und Bildung', Band 9, Universität Bremen, 1990; *M. Landenberger*, Wirkungen des Erziehungsurlaubs auf Arbeitsmarktchancen und soziale Sicherung von Frauen. Wissenschaftszentrum Berlin. Discussion Paper FS I 90–7, Berlin 1990; *dies.* Die Beschäftigungsverantwortung der Rentenversicherung. Berlin 1991, S. 144ff.

138 Vgl. zusammenfassend *Künzler*, a.a.O., S. 88ff.

139 *S. M. McHale/A. C. Crouter*, You can't always get what you want: Incongruence between sex-role attitudes and family work roles and its implications for marriage. *Journal of Marriage and the Family* 54 (1992), S. 537–547, zit. *Künzler* a.a.O., S. 90.

140 *R. Berger*, Übereinstimmungen und Unterschiede zwischen Ehepartnern. In: *Lebensqualität in der Bundesrepublik*, hrsg. v. *W. Glatzer u. W. Zapf*. Frankfurt a.M. 1984, S. 307–322, Zitat S. 323.

141 So im Anschluß an *A. Oakley* (The Sociology of Housework. New York 1974) *Künzler* a.a.O., S. 139.

142 *Künzler*, a.a.O., S. 87.

143 Vgl. *L. Thompson*, Family Work. Women's Sense of Fairness. In: *Journal of Family Issues* 12 (1991), S. 181–196.

144 Vgl. zusammenfassend *M. T. Coleman*, The Division of Household Labour. Suggestions for Future Empirical Considerations and Theoretical Development. In: *Journal of Family Issues* 9 (1988), S. 132–148.

145 *Künzler*, a.a.O., S. 127.

146 Vgl. *J. Glötzner* (Hg). Der Vater. Über die Beziehung von Söhnen zu ihren Vätern. Frankfurt a.M. 1983.

147 Die diesbezügliche Literatur ist unübersehbar im doppelten Sinne des Wortes. Zur ersten Orientierung sei auf das Sonderheft 2 der Rezensionszeitschrift ‚Soziologische Revue' hingewiesen: *Frauen. Soziologie der Geschlechterverhältnisse*, hrsg. v. I. Ostner. München 1987.

148 *A. Mitscherlich*, Auf dem Wege zur vaterlosen Gesellschaft. Ideen zur Sozialpsychologie. München 1973. – Vgl. auch *H. J. Helle*, Auf dem Weg zur matrilinearen Gesellschaft? In: *Lebenswelt und soziale Probleme*. Verhandlungen des 20. Deutschen Soziologentages zu Bremen 1980, hrsg. von J. Matthes, Frankfurt/New York 1981, S. 429–440.

149 Einen Überblick über den noch schmalen Forschungsstand gibt *M. Raisch*, Veränderungen des Rollenverhaltens des Mannes. Eine Studie bevölkerungswissenschaftlich relevanter Literatur. Wiesbaden 1986, S. 121ff. Vgl. auch *W. Fthenakis*, Väter. 2 Bde. München 1985; *Men's transition to parenthood*, hrsg. v. P. W. Berman und F. A. Pederson. Hillsdale 1987 *H. Pfrang*, Der Mann in Ehe und Familie. In: *Familie – Zerfall oder neues Selbstverständnis?* hrsg. v. H.-J. Schulze und T. Mayer. Würzburg 1987, S. 67–106; *W. Schneider*, Die neuen Väter. Chancen und Risiken – Zum Wandel der Vaterrolle in Familie und Gesellschaft. Augsburg 1989.

150 *Raisch*, a. a. O. S. 140.

151 Tagebuchaufzeichnungen über den Alltag von über 1.000 Vorschulkindern in drei nordrhein-westfälischen Großstädten ergaben, daß die Kinder im Durchschnitt 131 Min. pro Tag mit dem Vater, dagegen 343 Min. mit der Mutter zusammen waren. Als alleinige Kontaktperson stand der Vater durchschnittlich 31 Min., die Mutter 206 Min. zur Verfügung. *A. Engelbert*, Kinderalltag und Familienumwelt. Eine Studie über die Lebenssituation von Vorschulkindern. Frankfurt/New York 1986, S. 167.

152 Vgl. *Jopt*, a. a. O., *Théry*, a. a. O., sowie *I. Baer*, Neue Lösungen im Kindschaftsrecht. Rechtsvergleichende Anmerkungen und Anregungen zu einer Reform. In: *Zeitschrift für Rechtspolitik* 22 (1989), S. 344–350; *J. Hahn*, Scheidung und Kindeswohl. Heidelberg 1992.

153 Vgl. als Überblick *I. Priemel/A. Schuster*, Frauen zwischen Erwerbstätigkeit und Familie. Historische und aktuelle Entwicklungen. Pfaffenweiler 1990; *Familie und Erwerbstätigkeit im Umbruch*, hrsg. v. N. Ott und G. Wagner. Berlin 1992.

154 *Wandel und Kontinuität*, a. a. O. S. 299. – Eine differenzierte Analyse gibt *K. Schwarz*, Umfang der Frauenerwerbstätigkeit nach dem Zweiten Weltkrieg – Erwerbsbeteiligung und Arbeitszeiten. In: *Zeitschrift für Bevölkerungwissenschaft* 11 (1985), S. 241–260.

155 *Buhr/Strack/Strohmeier*, a. a. O. S. 23ff.

156 Vgl. *W. Klauder*, Wirtschaftliche und gesellschaftliche Bedeutung der Frauenerwerbstätigkeit heute und morgen. In: *Zeitschrift für Bevölkerungswissenschaft* 18 (1992), S. 435–463.

157 Vgl. *G. Engelbrech*, Die Situation von Frauen in den neuen Bundesländern beim Übergang zur Marktwirtschaft; Individualisierung arbeitsmarkt- und sozialpolitischer Problemlagen oder gesellschaftliche Herausforderung. In: *Zeitschrift für Bevölkerungswissenschaft* 18 (1992), S. 477–493; *J. Roloff*, Zu Problemen der Erwerbsbeteiligung in den neuen Bundesländern, *ebda.*, S. 465–475.

158 *U. Lehr*, Die mütterliche Berufstätigkeit und mögliche Auswirkungen auf das Kind. In: *Frühkindliche Sozialisation*. Theorien und Analysen, hrsg. v. F. Neidhardt. Stuttgart 1975, S. 230–269.

159 *Engelbert*, Kinderalltag, a. a. O. S. 227.

160 Vgl. *J. Huinink*, Das zweite Kind. Sind wir auf dem Weg zur Ein-Kind-Familie? In: *Zeitschrift für Soziologie* 18 (1989), S. 192–207.

161 *E. Beck-Gernsheim*, Vom Dasein für Andere zum Anspruch auf ein Stück ‚eigenes Leben'. In: *Soziale Welt* 34 (1983), S. 307–340, Zitate S. 332 und 333.

162 Vgl. *M. Goldmann/G. Richter*, Beruf und Familie: Endlich vereinbar? Tele-Heimarbeit von Frauen. Dortmund 1991; *U. Lakemann*, Familienhaushalt und Büroheimarbeit. Problemlösungsverhalten im Spannungsfeld von Erwerbsarbeit und Familie. Frankfurt/New York 1992.

163 Vgl. *F. Höllinger*, Frauenerwerbstätigkeit und Wandel der Geschlechtsrollen im internationalen Vergleich. In: *Kölner Zeitschrift für Soziologie und Sozialpsychologie* 43 (1991), S. 753–771.

164 Vgl. *Familie und Arbeitswelt.* Gutachten des Wissenschaftlichen Beirats beim BMJFG. Stuttgart 1984; *Vereinbarkeit von Familie und Beruf* – Neue Forschungsergebnisse im Dialog zwischen Wissenschaft und Praxis. Stuttgart 1987; *R. Schulz*, Strategien für eine bessere Vereinbarkeit von Familien- und Erwerbsarbeit. In: *Zeitschrift für Bevölkerungswissenschaft* 14 (1988), S. 251–274; *E. Dörpinghaus*, Meine Kinder und mein Chef. Mütter im Beruf. Zürich 1990; *W. Schwartz, T. Schwartz, C. Vogel*, Mütter und Väter zwischen Erwerbsarbeit und Familie: Probleme – Praxisbeispiele – Orientierungshilfen. Stuttgart 1991; *M. Wingen/M. Votteler*, Konfliktminderung für junge Familien im Arbeitsprozeß durch ‚Regulierung' oder ‚Deregulierung'? In: *Regulierung und Deregulierung im Bereich der Sozialpolitik*, hrsg. v. T. Thiemeyer, Berlin 1990, S. 251–289; *G. Bäcker/B. Stolz-Willig*, Kindererziehung, Arbeitszeiten und soziale Sicherung. Gestaltung von Teilzeitarbeit und Freistellungsregelungen im Zusammenhang von Tarif-, Familien- und Sozialpolitik. WSI-Arbeitsmaterialien Nr. 26, Düsseldorf 1990; *Leitsätze und Empfehlungen zur Familienpolitik im vereinigten Deutschland.* Gutachten des wissenschaftlichen Beirats für Familienfragen. Schriftenreihe des Bundesministeriums für Familie und Senioren, Bd. 1, Stuttgart 1991.

165 Vgl. *F. Hegner/U. Kramer*, Neue Erfahrungen mit beweglichen Arbeitszeiten. Köln 1988; *B. Nauck*, Familien- und sozialpolitische Aspekte der Nachfrage vorschulischer Betreuung. In: *Zeitschrift für Familienforschung* 2 (1989), S. 36–60; *K. Marzachina u. a.*, Betriebsnahe Kinderbetreuung: Projektbericht zur Verbesserung der Vereinbarkeit von Familie und Beruf. Stuttgart 1991; *K. Hinrichs*, Zur Zukunft der Arbeitszeitflexibilisierung. In: *Soziale Welt* 43 (1992), S. 313–330; *G. Richter/M. Stackelbeck*, Beruf und Familie: Arbeitszeitpolitik für Eltern kleiner Kinder. Köln 1992; *G. Schilling/H. Gross*, Studien zur Vereinbarkeit von Beruf und Familie. Über Arbeitszeiten von Frauen und über Teilzeitbeschäftigung von Männern. Köln 1992.

166 Vgl. *S. Rerrich*, Veränderte Elternschaft. Entwicklungen in der familialen Arbeit mit Kindern seit 1950. In: *Soziale Welt* 34 (1983), S. 426ff; *Lebensräume für Kinder. Entwicklungsbedingungen für Kinder im ausgehenden 20. Jahrhundert*, hrsg. v. C. Büttner und A. Ende, Weinheim 1989; *H. Zeiher*, Organisation des Lebensraums bei Großstadtkindern – Einheitlichkeit oder Verinselung? In: *Lebenslauf und Raumerfahrung*, hrsg. v. U. Herlyn. Opladen 1990, S. 35–57; *P. Büchner*, a. a. O.

167 *A. Herlth*, Die Chancen zu spielen. Familiale Bedingungen sozialer Benachteiligung von Kindern. Bielefeld 1986, S. 76; vgl. auch *Kinderwelten*, hrsg. v. C. Berg. Frankfurt a. M. 1991.

168 Laut einer Studie zum Betreuungsaufwand und der Erziehungsleistung für kleine Kinder des Instituts für Entwicklungsplanung und Strukturforschung (Hannover), die mit der recht genauen Methode des Zeitbuches durchgeführt wurde, „zeigte sich, daß die Kinder der betrachteten Altersgruppe (Kinder unter 3 Jahren) fast während des gesamten Tages (92,9% der 24 Std.) betreut wurden. ... 42,1% der betreuten Zeit (ca. 10 der 24 Std.) erlebten die Kinder ihre Betreuungsperson als direkten Interaktionspartner". *Y. Schütze*, Zur Veränderung im Eltern-Kind-Verhältnis seit der Nachkriegszeit. In: *Wandel und Kontinuität*, a. a. O. S. 95–114, Zitat S. 107; vgl. auch *Zeit für Kinder! Kinder in Familie und Gesellschaft*, hrsg. v. A. Engfer u. a. Weinheim 1991.

169 Vgl. *F.-X. Kaufmann*, Kinder als Außenseiter, a. a. O.

170 Vgl. *P. Buhr* und *A. Engelbert*, Childhood in the Federal Republic of Germany. Bielefeld 1989.

171 Vgl. *L. Liegle*, Welten der Kindheit und Familie. Beiträge zu einer pädagogischen und kulturvergleichenden Sozialisationsforschung. Weinheim und München 1987; *Kinder, Eltern, öffentliche Erziehung.* Veränderte Sozialisationsbedingungen in der

Familie und die Folgen für die öffentliche Erziehung und Betreuung.Hrsg. Institut für Schulentwicklungsforschung, Dortmund 1992.

172 *K. Lüscher*, Familienpolitik und Wissenssysteme: Das Beispiel der Elternbildung. In: *Staatliche Sozialpolitik und Familie*, a. a. O. S. 191–211, Zitat S. 207.

173 Zu diesem Begriff vgl. *A. Gehlen*, Die Seele im technischen Zeitalter. Sozialpsychologische Probleme in der industriellen Gesellschaft. Hamburg 1957, S. 47ff; eine immer noch lesenswerte Zeitdiagnose!

174 Vgl. hierzu *J. A. Schülein*, Die Geburt der Eltern. Über die Geburt der mondernen Elternposition und den Prozeß ihrer Aneignung und Vermittlung. Opladen 1990. Einzelne Stimmen stellen die Behauptungsmöglichkeiten der Eltern im Rahmen offener, konkurrentieller Erziehungsprozesse grundsätzlich in Frage, z. B. *T. v. Trotha*, Zum Wandel der Familie. In: *Kölner Zeitschrift für Soziologie und Sozialpsychologie* 42 (1990), S. 452–473.

175 *K. Hurrelmann*, Sozialisation und Gesundheit. Somatische, psychische und soziale Risikofaktoren im Lebenslauf. Weinheim und München 1988, S. 68 und 71. Vgl. auch *U. Engel/K. Hurrelmann*, Psychosoziale Belastungen Jugendlicher. Empirische Befunde zum Einfluß von Familie, Schule und Gleichaltrigengruppe. Berlin/New York 1989; *J. Mansel/K. Hurrelmann*, Belastungen Jugendlicher bei Statusübergängen. In: *Zeitschrift für Soziologie* 21 (1992), S. 366–384.

176 *P. Marschall/H. Zenz*, Psychophysiologische Befunde in der Schule und das Beschwerdebild von Kindern und Jugendlichen. In: *Zeitschrift für Sozialisationsforschung und Erziehungssoziologie* 9 (1989), S. 305–320.

177 *Schütze*, a. a. O. S. 111.

178 *Hurrelmann*, Sozialisation und Gesundheit, a. a. O. S. 57. Vgl. auch *K. Hurrelmann*, Familienstress, Schulstress, Freizeitstress. Gesundheitsförderung für Kinder und Jugendliche. Weinheim 1990.

179 Vgl. *U. Beck*, Jenseits von Klasse und Stand? In: *Soziale Ungleichheiten*, hrsg. v. R. Kreckel. Soziale Welt, Sonderband 2, Göttingen 1983, S. 35–74.

180 Vgl. *H. P. Müller*, Sozialstruktur und Lebensstile. Der neuere soziologische Diskurs über soziale Ungleichheit. Frankfurt a. M. 1992; *G. Schulze*, Die Erlebnisgesellschaft. Kultursoziologie der Gegenwart. Frankfurt/New York 1992.

181 Vgl. *K. M. Bolte/S. Hradil*, Soziale Ungleichheit in der Bundesrepublik Deutschland. Opladen 1984.

182 Vgl. den kritischen Überblick bei *H.-J. Schulze*, Autonomiepotentiale familialer Sozialisation. Stuttgart 1985, S. 14ff.

183 Vgl. *Simm*, a. a. O. S. 29ff.

184 So auch *B. Hof*, Erwerbsbiographien im langfristigen Vergleich. In: *iw-trends*, 1986, H 1, S. 38.

185 Wie *H. Lampert* (in: *ders.* und *M. Wingen*, Familien und Familienpolitik. Bestandsaufnahme und Perspektiven. Köln 1986, S. 21) zeigt, betrug die Nettoeinkommensdifferenz zwischen einem Zweiverdiener-Ehepaar ohne Kinder (bei einem den Durchschnittsverdiensten in Industrie und Handel für Männer bzw. Frauen entsprechenden Einkommen) und einem entsprechenden Einverdiener-Ehepaar mit zwei Kindern (unter Berücksichtigung von Steuerermäßigungen und Kindergeld) in den Jahren 1982–1985. rd. DM 1050 pro Monat.

186 Erste Ergebnisse des sozio-ökonomischen Panels weisen in dieselbe Richtung, ergeben jedoch unter Zugrundelegung eines differenzierten Standardisierungsschlüssels, der die Zusatzkosten von Erwerbstätigen berücksichtigt, etwas geringere Benachteiligungen. Ebenda eine detaillierte Darstellung von Transferleistungen. Vgl. *H. P. Galler*, Familiale Lebenslagen und Familienlastenausgleich. Zu den Opportunitätskosten familialer Entscheidungen. In: *Familienlastenausgleich und demographische Entwicklung*. hrsg. v. B. Felderer. Berlin 1988, S. 83–112, bes. S. 92f.

187 Vgl. *A. Engelbert*, Wie „teuer" sind Kinder? Wert und Kosten von Kindern für Familie und Gesellschaft. In: *Diskurs* 3 (1992) H. 1, S. 12–21.

188 Vgl. *F. U. Willeke/R. Onken*, Allgemeiner Familienlastenausgleich in der Bundesrepublik Deutschland. Eine empirische Analyse zu drei Jahrzehnten monetärer Familienpolitik. Frankfurt/New York 1990.

189 Vgl. *Fünfter Familienbericht* S. 285 ff.

190 *Ökonomische Rahmenbedingungen der Familien.* Heft 15 der Materialien und Berichte der familienwissenschaftlichen Forschungsstelle, hrsg. v. Statistischen Landesamt Baden-Württemberg, Stuttgart 1986, S. 33.

191 Vgl. *Buhr, Strack, Strohmeier*, a. a. O. S. 11 ff. – *R. Hockauf-Schneider* (Kinder als Armutsursache von Lohnempfängern. In: *Zeitschrift für Bevölkerungswissenschaft* 14 (1988) S. 23–48) stellte nach einem Rückgang bis 1976 seither einen erneuten Anstieg der Sozialhilfebedürftigkeit von Familien mit Kindern fest, wobei sich „in manchen erfaßten Gebieten eindeutig Familien mit zwei Kindern als Hauptbezugsgruppe innerhalb der Familien mit Sozialhilfe herausstellen." (S. 23)

192 Vgl. *Neubauer*, a. a. O. S. 43 ff.

193 Vgl. *Armut im Wohlstand*, hrsg. v. D. Döring u. a. Frankfurt 1990; *Fünfter Familienbericht*, Abschnitt VII. 4 und 5.

194 Institut für Arbeitsmarkt- und Berufsforschung (Nürnberg): IAB-Kurzbericht vom 15. 4. 1985, S. 20

195 *T. Klein*, Familiale Verarmung durch Arbeitslosigkeit. Zum Einfluß des Familienzusammenhangs auf die soziale Stellung bei Arbeitslosigkeit. In: *Kölner Zeitschrift für Soziologie und Sozialpsychologie* 39 (1987), S. 534–549, Zitat S. 547; *ders.*, Sozialer Abstieg und Verarmung von Familien durch Arbeitslosigkeit. Eine mikroanalytische Untersuchung für die Bundesrepublik Deutschland, Frankfurt a. M. 1987.

195 a *P. Beckmann, S. Bender*, Arbeitslosigkeit in ostdeutschen Familien. In: Mitteilungen aus der Arbeitsmarkt- und Berufsforschung 1993/2, S. 222–235.

196 Vgl. *W. Breuer, I. Schoor-Theissen, R. K. Silbereisen*, Auswirkungen der Arbeitslosigkeit auf die Situation der betroffenen Familien. Statistikauswertung und Literaturstudie im Auftrag des Bundesministers für Jugend, Familie und Gesundheit. Köln, Institut für Sozialforschung und Gesellschaftspolitik e. V. 1984; *R. K. Silbereisen, S. Walper*, Arbeitslosigkeit und Familie. In: *HB Familienforschung*, a. a. O. S. 535–557.

197 Vgl. *C. Bleich, E. H. Witte*, Zu Veränderungen in der Paarbeziehung bei Erwerbslosigkeit des Mannes. In: *Kölner Zeitschrift für Soziologie und Sozialpsychologie* 44 (1992), S. 731–746, Zitat S. 744.

198 Zur unterschiedlichen Betroffenheit von Haushalten durch Arbeitslosigkeit vgl. *D. Landua*, Verläufe von Arbeitslosigkeit und ihre Folgen für die Wohlfahrt von Haushalten und Individuen. In: *Zeitschrift für Soziologie* 19 (1990), S. 203–211.

199 Vgl. *C. Brinkmann/E. Spitznagel*, Belastungen des Haushalts durch Arbeitslosigkeit. In: *Hauswirtschaft und Wissenschaft* 32 (1984), S. 256–263. – Ein Forschungsprojekt „Versorgungsstrategien privater Haushalte im unteren Einkommensbereich" wird derzeit von *H. J. Andreß* an der Fakultät für Soziologie der Universität Bielefeld durchgeführt.

200 Vgl. *K. G. Zenke* und *G. Ludwig*, Kinder arbeitsloser Eltern. Erfahrungen, Einsichten und Zwischenergebnisse aus einem laufenden Projekt. Mitteilungen aus der Arbeitsmarkt- und Berufsforschung, 2/1985, S. 265–278.

201 Vgl. *M. Wingen*, Wohnbedingungen und Funktionstüchtigkeit der Familien. In: *Soziale Welt* 27 (1976), S. 440–467.

202 Vgl. *L. A. Vaskovics*, Veränderungen der Wohn- und Wohnumweltbedingungen in ihren Auswirkungen auf die Sozialisationsleistungen der Familie. In: *Wandel und Kontinuität*, a. a. O. S. 36–60; *W. Glatzer*, Wohnungsversorgung im Wohlfahrtsstaat.

Objektive und subjektive Indikatoren zur Wohlfahrtsentwicklung in der Bundesrepublik Deutschland. Frankfurt/New York 1980; *E. Wedel*, Wohnraumversorgung ausgewählter Bevölkerungsgruppen. In: *Wirtschaft und Statistik*, 1991, S. 314–319; *Fünfter Familienbericht*, S. 135 ff.

203 *Vaskovics*, a. a. O. S. 40.

204 *W. Lipp*, Auswirkungen demographischer Entwicklungen auf die Wohnungsversorgung der Bevölkerung, Karlsruhe 1989, S. 17.

205 Vgl. *Fünfter Familienbericht* VI. 8.3.

206 *Familie und Wohnen*. Gutachten des Wissenschaftlichen Beirats für Familienfragen im Bundesministerium für Jugend, Familie und Gesundheit. Stuttgart 1975, S. 58.

207 Vgl. *Neubauer*, a. a. O. S. 51 ff.

208 *Fünfter Familienbericht* S. 136.

209 Vgl. *Vaskovics*, a. a. O. S. 41 f.

210 Einer Studie des *Institut Wohnen und Umwelt* (Bestandsaufnahme des Modernisierungsbedarfs der Obdachlosenunterkünfte in Hessen, Darmstadt 1990) ist zu entnehmen, daß die dort lebenden Kinder kaum auf die Unterstützung ihrer Lernbereitschaft durch die Eltern zählen können und zu einem hohen Anteil nicht einmal den Hauptschulabschluß erreichen.

211 Vgl. *I. Kickbusch und B. Riedmüller* (Hrsg.). Die armen Frauen (Frauen und Sozialpolitik), Frankfurt a. M. 1984; *A. Pfaff*, Feminisierung der Armut durch den Wohlfahrtsstaat? In: *Armut im Wohlfahrtsstaat*, hrsg. v. S. Leibfried und W. Voges. SH 32 der Kölner Zeitschrift für Soziologie und Sozialpsychologie, Opladen 1992, S. 421–445.

Anmerkungen zu Kapitel 5

1 Im Bereich der Familiensoziologie propagieren den Individualisierungsdiskurs insbesondere *U. Beck und E. Beck-Gernsheim*, die Deinstitutionalisierungsthese *H. Tyrell* und die Postmodernismusthese *K. Lüscher*; vgl. 4.3.1. Die Metapher der Pluralisierung ist nahezu ubiquitär und entsprechend nichtssagend.

2 Hierzu näher *K. Gabriel*, Christentum zwischen Tradition und Postmoderne, Freiburg i. Br. 1992, S. 123 ff.; *Tyrell*, Katholizismus und Familie, a. a. O.

3 *T. Meyer*, Der Monopolverlust der Familie. Vom Teilsystem Familie zum Teilsystem privater Lebensformen. In: *Kölner Zeitschrift für Soziologie und Sozialpsychologie* 45 (1993), S. 23–40, Zitat S. 26.

4 *H.-J. Hoffmann-Novotny*, Ehe und Familie in der modernen Gesellschaft. In: *Aus Politik und Zeitgeschichte* B 13/1988, S. 11.

5 *Ders.*, Auf dem Wege zur autistischen Gesellschaft? In: *Eheschließung und Familienbildung heute*, hrsg. v. S. Rupp u. a., Wiesbaden 1980, S. 161–186.

6 *Beck*, Risikogesellschaft, a. a. O., S. 209 f; vgl. hierzu grundsätzlich *M. Kohli*, Die Institutionalisierung des Lebenslaufs: Historische Befunde und theoretische Argumente. In: *Kölner Zeitschrift für Soziologie und Sozialpsychologie* 37 (1985) S. 1–29; *ders.*, Gesellschaftszeit und Lebenszeit: Der Lebenslauf im Strukturwandel der Moderne. In: *Die Moderne. Kontinuitäten und Zäsuren. Soziale Welt*, Sonderband 4. Göttingen 1986, S. 183–208.

7 Daß die Pluralisierung und geringere Stabilität der privaten Lebensformen nichts Neues, sondern ein Element der „Wiederkehr" ist, zeigt eindrücklich *T.v. Trotha*, Zum Wandel der Familie. In: *Kölner Zeitschrift für Soziologie und Sozialpsychologie* 42 (1990), S. 452–473.

8 Vgl. *T. Meyer*, a. a. O.

9 Vgl. *H. Tyrell u. A. Herlth*, Partnerschaft versus Elternschaft. In: *Abschied von der Normalfamilie*, a. a. O., S. 1–15.

10 Vgl. *A. Napp-Peters*, Geschlechtsrollenstereotypen und ihr Einfluß auf Einstellungen zur Ein-Elternteil-Situation. In: *Kölner Zeitschrift für Soziologie und Sozialpsychologie* 35 (1983), S. 332.

11 Vgl. für die Geschichte des Pflegekindschaftsrechts *L. Salgo*, Pflegekindschaft und Staatsintervention. Darmstadt 1987; *I. Wiemann*, Pflege- und Adoptivkinder. Reinbek 1992; für Stieffamilien vgl. *I. Friedl, R. Maier-Aichen*, Leben in Stieffamilien: Familiendynamik und Alltagsbewältigung in neuen Familienkonstellationen. Weinheim/München 1991.

12 Vgl. *E. Beck-Gernsheim*, Die Kinderfrage. Frauen zwischen Kinderwunsch und Unabhängigkeit. München 1988.

13 Vgl. *W. Schulz*, a. a. O.

14 Vgl. *M. S. Rerrich*, Balanceakt Familie. Zwischen alten Leitbildern und neuen Lebensformen. Freiburg i. Br. 1988.

15 Vgl. *Kaufmann*, Familie und Modernität, a. a. O. S. 407ff.

16 Zur Polarisierungsthese vgl. – mit unterschiedlichen Akzentsetzungen – *Kaufmann*, Familie und Modernität, a. a. O., S. 398; *Huinink*, Das zweite Kind, a. a. o., S. 197; *K. P. Strohmeier*, Die Polarisierung der Lebensformen in der Bundesrepublik Deutschland: Neue Probleme der Stadtpolitik. In: *Staat und Stadt*, hrsg. v. B. Blanke. Opladen 1991, S. 177–209; *P. A. Berger, P. Sopp*, Bewegtere Zeiten? Zur Differenzierung von Erwerbsverlaufsmustern in Westdeutschland. In: *Zeitschrift für Soziologie* 21 (1992) S. 166–185, bes. S. 179.

17 *T. Meyer*, a. a. O., S. 26.

18 Vgl. *Kaufmann*, Läßt sich Familie als gesellschaftliches Teilsystem begreifen?, a. a. O., S. 47ff.

18a Bezeichnenderweise ist die einzige neuere Familiensoziologie in deutscher Sprache, die der Verwandtschaft ihren systematischen Stellenwert zurückgibt, französischen Ursprungs: *M. Segalen*, Die Familie – Geschichte, Soziologie, Anthropologie. Frankfurt/New York 1990.

18b *H.-J. Schulze*, Familienstrukturen und die Rolle der Frau. Entwicklungen im Europa der 80er Jahre. In: *Beiträge zur Individualpsychologie* 20 (1994), S. 23–34, Zitat S. 24.

19 Allensbacher Umfragedaten nach *Köcher*, Einstellungen, a. a. O. S. 5.

20 *L. A. Vaskovics*, Familie im Auflösungsprozeß? In: *Deutsches Jugend-Institut*, Jahresbericht 1990, S. 186–198, Zitat S. 194.

21 *R. Berger* und *H. M. Mohr*, Lebensqualität in der Bundesrepublik 1978 und 1984. In: *Soziale Welt* 37 (1986), S. 25–47.

22 Vgl. *Informationsdienst soziale Indikatoren* Nr. 11 (Januar 1994), S. 3f, 9f.

23 ebenda S. 10f; unverständlicherweise werden dabei die Werte nicht nach Männern und Frauen geteilt!

24 Vgl. oben 2.3 sowie *Y. Schütze*, Die gute Mutter. Zur Geschichte des normativen Musters ‚Mutterliebe'. Bielefeld 1984.

25 Vgl. *F.-X. Kaufmann*, Religion und Modernität. Tübingen 1989, S. 35ff.

26 Vgl. *Beck-Gernsheim*, Die Kinderfrage, a. a.O; *Frauenleben Widersprüche* hrsg. v. S. Metz-Göckel und E. Nyssen. Weinheim/Basel 1990, sowie oben 4.4.4.

27 Vgl. *E. Beck-Gernsheim*, Das halbierte Leben: Männerwelt Beruf, Frauenwelt Familie. Frankfurt a. M. 1980.

28 Vgl. hierzu ausführlicher *F.-X. Kaufmann*, Solidarität als Steuerungsform – Erklärungsansätze bei Adam Smith. In: *Markt, Staat und Solidarität bei Adam Smith*, hrsg. v. F.-X. Kaufmann und H. G. Krüsselberg. Frankfurt/New York 1984, S. 158–184.

Als Grundlegung zu diesem in der deutschen Familiensoziologie vernachläßigten Bereich vgl. *K. Y. McChesney* und *V. L. Bengtson*, Solidarity, Integration, and Cohesion in Families. Concepts and Theories. In: *Measurement of Intergenerational Relations*, hrsg. v. D. J. Mangen u. a., Newbury Park 1988, S. 15–30.

29 Vgl. *J. Willi*, Koevolution, a. a. O.

30 Vgl. *H.-J. Schulze*, ‚Eigenartige Familien'. Aspekte der Familienkultur. In: Die sozialpädagogische Ordnung der Familie, hrsg. v. M.-E. Karsten und H.-U. Otto, Weinheim und München 1987, S. 27–43.

31 *Berger/Kellner*, a. a. O. S. 226.

32 *H. Schelsky*, Der Irrtum eines Familienministers. Zuerst in: FAZ v. 8. 6. 1954. Abgedruckt in: Wandlungen der deutschen Familie in der Gegenwart, 5. A., Stuttgart 1967, S. 376–394.

33 Vgl. *P. Groß*, Selbstbestimmung oder Fremdsteuerung der Familie. In: *Staatliche Sozialpolitik und Familie*, a. a. O. S. 285–312.

34 Vgl. *R. Köcher*, Unterschätzte Funktionen der Familie. In: *Aus Politik und Zeitgeschichte*. Beilage 13/1988 zur Wochenzeitung Das Parlament. S. 24–33.

35 Vgl. *H. Tyrell*, Ehe und Familie – Institutionalisierung und Deinstitutionalisierung. In: *Postmoderne Familie*, a. a. O. S. 145–156. Vgl. dazu meine Kritik ebda. S. 402ff.

36 Wenn hier von Kinderwünschen gesprochen wird, so ist allerdings nicht die Antwort auf die beliebten Standardfragen der demographischen Forschung: „Wie viele Kinder möchten Sie einmal haben?" oder „Wie viele Kinder sollte eine Familie im Idealfall haben?" gemeint, deren Durchschnittswerte in bemerkenswerter Weise mit der Geburtenentwicklung kovariieren. Bezogen auf die Individuen sind die Antworten auf diese Fragen hochgradig instabil (vgl. *K. P. Strohmeier*, Familienentwicklung in Nordrhein-Westfalen. Generatives Verhalten im sozialen und regionalen Kontext, Düsseldorf 1985, S. 16ff). Gemeint ist hier vielmehr die konkrete Absicht zu einem (nächsten) Kind. – Vgl. hierzu auch *Schneewind/Vaskovics*, Optionen, a. a. O. S. 109ff; *M. Mac Kaughan*, Kinder ja, aber bitte später. Der Kinderwunsch in der Lebensplanung von Frauen. München 1990.

37 Man darf sich diesen Abwägungsprozeß im Regelfall nicht allzu rationalistisch vorstellen. Die Unabsehbarkeit vieler Entscheidungsfolgen ist den Beteiligten wohl unterschwellig bewußt, so daß vielfach dem ‚Schicksal' sein Lauf gelassen wird. Vgl. *G. Burkart*, Die Entscheidung zur Elternschaft. Stuttgart 1994. Aber auch das Nachlassen kontrazeptiver Vorsicht folgt solchen Abwägungsprozessen.

38 Für die Gründe vgl. *H. Schelsky*, Über das Restaurative in unserer Zeit. In: *Ders.*, Auf der Suche nach Wirklichkeit. Gesammelte Aufsätze. Düsseldorf/Köln 1965, S. 405–414. Zur Beschreibung der ‚restaurativen' Familienpolitik vgl. *A. Joosten*, Die Frau, das „segenspendende Herz der Familie". Familienpolitik als Frauenpolitik in der „Ära Adenauer". Pfaffenweiler 1990; *K.-J. Ruhl* Hierarchie oder Anarchie? Der Streit um die Familienrechtsreform in den fünfziger Jahren. In: *Aus Politik und Zeitgeschichte, B 45/1992, S. 31–42; ders.*, Familie und Beruf. Weibliche Erwerbstätigkeit und katholische Kirche in den fünfziger Jahren. Ebda. B17/1993, S. 30–37.

39 Vgl. *Sachße/Tennstedt*, a. a. O.

40 Es bleibt zu prüfen, ob möglicherweise im 19. Jahrhundert in anderen Staaten jene konservative Wende des Familienverständnisses ausgeblieben ist, welche sich in Deutschland vor allem unter dem Einfluß *Karl Friedrich v. Savigny*'s durchgesetzt hat.

41 Vgl. *F.-X. Kaufmann*, Der öffentliche Plausibilitätsverlust der Ehe: Umfang – Ursachen – Anfragen an die Theologie. In: *Pastoraltheologische Informationen* 1987, Heft 1–2, S. 4–17.

42 Vgl. *Lüscher*, Familienpolitik und Wissenssysteme, a. a. O.

43 Vgl. *Mahlmann*, a. a. O.

44 Vgl. *K. Wahl*, Modernisierungsfalle, a.a.O.

45 Vgl. *Höllinger,* Verfall... a.a.O. Ein massiver Anstieg des Anteils unehelicher Geburten trat in den letzten Jahren insbesondere in denjenigen Ländern und Regionen auf, die schon im 19. Jahrhundert hohe Unehelichenquoten aufwiesen. Er stellt wohl eher ein Symptom des gestörten Verhältnisses zum Kulturmuster der Ehe als gestörter Partnerbeziehungen dar.

46 Die Bedeutung dieses Faktors wird in der neuesten Forschung zunehmend hervorgehoben. Vgl. *A. Herlth*, Die Bedeutung der Partnerbeziehung für die Qualität der Familienbeziehung. In: *Aus Politik und Zeitgeschichte*, B 17/1993, S. 23–29.

47 Vgl. *C. Rummel*, Kindeswohl. In: *Recht der Jugend und des Bildungswesens* 37 (1989), S. 394–414; *L. Salgo*, Das Kindeswohl in der neueren Rechtsprechung des Bundesverfassungsgerichts. In: *Praxis und Umfeld der Kinder- und Jugendpsychiatrie*, hrsg. v. R. du Bois. Bern 1989, S. 156–169.

48 Vgl. *I. Baer*, Verabschiedung des UN-Übereinkommens über die Rechte des Kindes im November 1989 in New York. Welche Änderungen des bundesrepublikanischen Rechts wären bei Ratifizierung der Konvention notwendig? In: *Familie und Recht* 1 (1990), S. 192–206.

49 Vgl. *F.-X. Kaufmann* und *K. Lüscher*, Wir brauchen eine Politik für Kinder. In: Neue Sammlung 19 (1979) S. 222–333; *Sozialpolitik für das Kind*, hrsg. v. K. Lüscher. 2. A., Frankfurt a.M. 1984; *Über die Rechte des Kindes.* Impulse für die Jugendhilfe zum Schutz des Kindes durch Familie, Gesellschaft und Staat, hrsg. v. W. Gernert. Stuttgart 1992.

50 *M. Herdegen*, Die Aufnahme besonderer Rechte des Kindes in die Verfassung. In: *Zeitschrift für das gesamte Familienrecht* 40 (1993), S. 374–384.

51 Vgl. *U. Bronfenbrenner*, Wie wirksam ist kompensatorische Erziehung? Stuttgart 1974.

52 Vgl. *U. Bronfenbrenner*, Ökologische Sozialisationsforschung, hrsg. v. K. Lüscher, Stuttgart 1976; sowie zusammenfassend: *Umweltbedingungen familialer Sozialisation.* Beiträge zur sozialökologischen Sozialisationsforschung, hrsg. v. L. A. Vaskovics. Stuttgart 1982.

53 Vgl. *K. Lüscher*, Sozialpolitik für das Kind: Ein allgemeiner Bezugsrahmen. In: *Sozialpolitik für das Kind*, a.a.O. S. 13–48; *Kaufmann u.a.*, Sozialpolitik und familiale Sozialisation, a.a.O. S. 67–134.

54 Auch eine international vergleichende epidemiologische Studie kommt zum Schluß, daß in allen untersuchten Ländern das Risiko krankhafter Depressionen von Geburtskohorte zu Geburtskohorte zunimmt. Vgl. *Cross-National Collaborative Group.* The Changing Rate of Major Depression – Cross-National Comparisons. In: *Journal of the American Medical Association* 268 (1992), S. 3098–3105.

55 Vgl. *Buhr/Engelbert*, Childhood, a.a.O., Tabelle 40–51. – Zur Situation der Kinder in Deutschland vgl. auch die Antwort der Bundesregierung auf die große Anfrage der Fraktion der CDU/CSU vom 10. 3. 1975, BTDr. 7/3340.

56 Vgl. *S. Lang*, Lebensbedingungen und Lebensqualität von Kindern. Frankfurt/New York 1985.

57 Ebda. S. 107f.

58 Ebda. S. 121.

59 Ebda. S. 259.

60 *Engel/Hurrelmann*, a.a.O. S. 1.

61 Dies ist nur in dem Sinne kulturkritisch gemeint, daß hier spezifische psychosoziale Kosten *unserer* Kultur benannt werden. Jede Kultur produziert auch Belastungen und Leid, nur Utopien vergessen die Kontingenz, Abhängigkeit und Bedingtheit konkreter menschlicher Existenz.

62 So stellte der *Wissenschaftliche Beirat beim Bundesministerium für Wirtschaft* bereits

in seinem Gutachten „Wirtschaftspolitische Implikationen eines Bevölkerungsrückgangs" (Göttingen 1980, Ziff. 70) fest: „In der Vergangenheit hat sich in den einzelnen Politikbereichen eine ungewollte Kumulation von Anreizen ergeben, auf Nachkommenschaft zu verzichten. Diese liegen sicher teilweise im Bereich des Ökonomischen, ... sie sind aber auch in anderen Bereichen des sozialen Lebens festzustellen."

63 *Fünfter Familienbericht*, S. 21f., Hervorhebungen im Original.

64 Eine Zusammenfassung der soziologischen Erklärungsversuche der Bevölkerungsentwicklung in der Bundesrepublik, die in dieser Frage gipfelt, gibt *K. P. Strohmeier*, Geburtenrückgang als Ausdruck von Gesellschaftswandel. In: *Bevölkerungsentwicklung und Bevölkerungspolitik in der Bundesrepublik.* Stuttgart 1988, S. 55–83.

65 *List*, a. a. O. S. 231.

66 Vgl. *F. Schultheis*, Sozialgeschichte der französischen Familienpolitik. Frankfurt/New York 1988.

67 Vgl. *K. Walker* und *M. Woods*, Time Use. Washington 1976, S. 264. Differenzierte, jedoch nicht in vergleichbarer Weise hochgerechnete Ergebnisse liegen nunmehr auch für die Bundesrepublik vor (vgl. 3.2.4); sie vermitteln den Eindruck, daß die zeitliche Beanspruchung der Eltern hier etwas geringer ist.

68 Vgl. *F. Hegner*, Probleme der Gleichzeitigkeit von Beruf und Familie. Dezentrale Erwerbsarbeit und Familie. In: *Vereinbarkeit von Familie und Beruf*, a. a. O. S. 102f. Leider vernachlässigt das Themenschwerpunktheft *Frauen und neue Technologien* des Informationsdienstes des Forschungsinstituts Frau und Gesellschaft (Frauenforschung, 5. Jg. 1987, Heft 1 + 2) den familialen Aspekt des Themas vollständig. Hierin zeigt sich, daß selbst die Frauenforschung sich der Kompartimentierung der Wirklichkeit, wie sie aus der strukturellen Verselbständigung der Wirtschaft resultiert, unreflektiert unterwirft.

69 Vgl. *A. Herlth*, Familien in der Arbeitsgesellschaft. Auswirkungen der Arbeitswelt auf den Familienalltag. In: *Familie – Tatsachen, Probleme, Perspektiven.* Archiv für Wissenschaft und Praxis der sozialen Arbeit 17 (1986), Heft 2–4, S. 102–127.

70 *Künzler*, a. a. O. S. 127.

71 Zur kumulativen Benachteiligung der Frauen durch Arbeitsmarkt und soziales Sicherungssystem vgl. *Vom Regen in die Traufe*, hrsg. v. K. U. Mayer u. a., a. a. O.

72 *F. Ruland*, Verfassungsrechtliche Vorgaben des Familienlastenausgleichs. In: *Familienpolitische Herausforderungen in der 12. Legislaturperiode*, hrsg. Gesellschaft für Versicherungswissenschaft und Gestaltung e. V. (GVG). Bergisch-Gladbach 1991, S. 17–43, Zitat S. 37.

73 Vgl. *Erwerbstätigkeit und Mutterschaft.* Möglichkeiten und Probleme von Berufsunterbrechung und Berufsrückkehr bei Müttern mit Kindern unter drei Jahren. Forschungsbericht Nr. 132. Hrsg. vom Bundesminister für Arbeit und Sozialordnung. Bonn 1986, Zitat S. 417.

74 Vgl. hierzu ausführlicher *A. Herlth* und *F.-X. Kaufmann*, Zur Einführung: Familiale Probleme und sozialpolitische Intervention. In: *Staatliche Sozialpolitik und Familie*, a. a. O. S. 1–22, bes. S. 14ff.

75 Vgl. *Schultheis*, a. a. O.

76 Vgl. hierzu die immer noch grundlegende Studie von *A. Myrdal*, Nation and Family. The Swedish Experiment in Democratic Family and Population Policy. London 1945.

77 Vgl. *C. Mühlfeld* und *F. Schönweiss*, Nationalsozialistische Familienpolitik, Stuttgart 1988.

78 Vgl. *K. Lüscher*, Familienpolitik im liberalen Bundesstaat: Das Beispiel der Schweiz. In: *Zeitschrift für Bevölkerungswissenschaft* 18 (1988), S. 207–217.

79 Vgl. *Perspektiven der Familienpolitik – Deutschland, Österreich, Schweden, Osteuropa*, hrsg. v. V. Teichert. Opladen 1993; *F.-X. Kaufmann*, Familienpolitik in Europa.

In: *40 Jahre Familienpolitik in der Bundesrepublik Deutschland: Rückblick/Ausblick.* Festschrift hrsg. v. Bundesministerium für Familie und Senioren. Neuwied 1993, S. 141–167.

80 *F. E. Bünger*, Familienpolitik in Deutschland. Berlin 1970, S. 14.

81 Vgl. *K. Lüscher* und *F. Schultheis*, die Entwicklung von Familienpolitik – Soziologische Überlegungen anhand eines regionalen Beispiels. In: *Wandel und Kontinuität*, a. a. O. S. 236ff.

82 *Fünfter Familienbericht*, S. 289; vgl. auch: : Familienpolitik nach der Steuerreform. Gutachten des Wissenschaftlichen Beirats für Familienfragen beim BMJFFG. Stuttgart 1988.

83 Übersichten über die familienpolitischen Maßnahmen geben *K. Lüscher* und *F. Schultheis*, Familienpolitische Maßnahmen und Einrichtungen im Südwesten Baden-Württembergs. Wiesbaden 1987; *A. Oberhauser*, Familie und Haushalt als Transferempfänger: Situation, Mängel und Reformansätze. Frankfurt/New York 1989; *U. Münch*, Familienpolitik in der Bundesrepublik Deutschland: Maßnahmen, Defizite, Organisation familienpolitischer Staatstätigkeit. Freiburg i. Br. 1990; *M. Textor*, Familienpolitik – Probleme, Maßnahmen, Forderungen, Bonn 1991.

84 Vgl. zuletzt *H. Köhler*, Bildungsbeteiligung und Sozialstruktur in der Bundesrepublik: Zu Stabilität und Wandel der Ungleichheit von Bildungschancen. Berlin 1992.

84a Vgl. auch die Darstellung staatlicher Vernachlässigung familiärer Belange durch *A. v. Campenhausen* (Verfassungsgarantie und sozialer Wandel – Das Beispiel von Ehe und Familie. In: *Veröffentlichungen der Vereinigung der Deutschen Staatsrechtslehrer*, Bd. 45, Berlin/New York 1987, S. 7–50), der von einer „schreiende(n) Mißachtung der Verfassung durch den Gesetzgeber" (S. 47) spricht.

85 Vgl. *Auf Kosten der Frauen: Frauenrechte im Sozialstaat.* Hrsg. v. U. Gerhard u. a., Weinheim und Basel 1988.

86 Vgl. *Familie und Wohnen.* Gutachten des Wissenschaftlichen Beirats für Familienfragen beim BMJFG. Stuttgart 1975, sowie *Kaufmann* u. a., Sozialpolitik und familiale Sozialisation, a. a. O. S. 250ff; *Fünfter Familienbericht,* S. 284ff.

87 Vgl. *Familie und Arbeitswelt*, a. a. O.; *Vereinbarkeit von Familie und Beruf*, a. a. O.

88 Vgl. *Sachße/Tennstedt*, Familienpolitik durch Gesetzgebung: a. a. O. S. 87–130.

89 Vgl. *G. Ellscheid*, Die Verrechtlichung sozialer Beziehungen. In: *Neue Hefte der Philosophie* 17, Recht und Moral. Göttingen 1979, S. 37–61.

90 Vgl. *M. Grundmann, J. Huinink, L. Krappmann.* Familie und Bildung, sowie *P. Büchner*, (Schul-)Kindsein zwischen Familie, Schule und außerschulischen Einrichtungen. Beides in: *Materialien zum Fünften Familienbericht* Band 4: Kindliche Lebenswelten, Bildung und innerfamiliale Beziehungen. München 1994 (im Druck).

91 Vgl. *W. Speil, M. Kuhnt, C. Geißler*, Wohnung und Arbeitsplatz. Analysen zur wohnungsnahen Erwerbstätigkeit von Müttern. Stuttgart 1988.

92 Diesen Zusammenhängen suchen wir derzeit im Rahmen des Forschungsprojektes „Familien mit behinderten Kindern im System früher Hilfen" nachzugehen.

93 Dabei sind natürlich sehr unterschiedliche Phänotypen möglich. Vgl. *H.-J. Schulze*, Autonomiepotentiale, a. a. O. S. 119ff.

94 Diese mikrosoziologischen und sozialpsychologischen Fragen können hier nicht näher erörtert werden. Vgl. etwa *D. Prodöhl*, Gelingen und Scheitern ehelicher Partnerschaft. Göttingen 1979; *E. J. Brunner*, Grundfragen der Familientherapie. Berlin 1986; *Wandel der Familie*, hrsg. v. K. A. Schneewind und L.v. Rosenstiel. Göttingen 1992. *H. Stierlin*, Normale versus gestörte Familien: Bedingungen für das Gelingen von Partnerschaft und Elternschaft aus der Sicht der systemischen Praxis. In: *Abschied von der Normalfamilie*, a. a. O. S. 175–187.

95 Für alte und neue Vorschläge vgl. *L. Liegle*, Welten der Kindheit und Familie, a. a. O.; *ders.*, Freie Assoziationen von Familien. Geschichte und Zukunft einer ‚post-

modernen' familialen Lebensform. In: *Postmoderne Familie*, a. a. O. S. 98–115. – Jüngste Untersuchungen der *Arbeitsgruppe Sozialberichterstattung* im Wissenschaftszentrum Berlin kommen zum Schluß, daß „jüngere Personen generell die besten Möglichkeiten haben, sowohl bei praktischen Alltagsangelegenheiten als auch bei emotionalen Notlagen auf Unterstützung von anderen Personen rechnen zu können." Dagegen scheint die Vereinsamung Alleinstehender mit dem Alter stark zuzunehmen. Vgl. Wandel von Lebensformen: Entsolidarisierung durch Individualisierung? In: *WZB-Mitteilungen* 44 (Juni 1989), S. 15ff.

96 Vgl. *Grunow*, Hilfen zwischen den Generationen, a. a. O.

97 *L. Rosenmayr*, Über Familie in den Strukturumbrüchen heute. In: *Familie – Tatsachen, Probleme, Perspektiven*, a. a. O. S. 48–81, Zitat S. 73.

98 Vgl. *E. Pankoke*, Schwächen und Stärken familialer Vernetzung. Rat und Hilfe zur Entwicklung von Lebenszusammenhängen. In: *Familie – Tatsachen, Probleme, Perspektiven*, a. a. O. S. 202–220; *Kaufmann* u. a., Hilfs- und Unterstützungsnetze von Familien, a. a. O.

99 Vgl. hierzu *F. Hegner*, Zukunftswege der Industriegesellschaft: Ausbau der ‚Einbahnstraße' oder Umbau zur ‚Zweibahnstraße'? In: *Neue Subsidiarität*: Leitidee für eine zukünftige Sozialpolitik? Hrsg. v. R. G. Heinze, Opladen 1986, S. 303–338; *ders.* Soziale Dienste zwischen Beruf und Freiwilligkeit. In: *Wenig Arbeit aber viel zu tun.* Hrsg. v. M. Dierkes und B. Strümpel, Opladen 1985; *C. Offe* und *R. G. Heinze*, Organisierte Eigenarbeit. Das Modell Kooperationsring. Frankfurt/New York 1990; *Formen der Eigenarbeit*, hrsg. v. R. Heinze und C. Offe. Opladen 1990.

100 Als Klassiker des familienpolitischen Denkens in der Bundesrepublik ist immer noch lesenswert: *M. Wingen*, Familienpolitik. Ziele, Wege und Wirkungen. Paderborn 1964. Neuere Überblicke zur Familienpolitik geben: *Familie und Familienpolitik.* Zur Situation in der Bundesrepublik Deutschland. Hrsg. im Auftrag der Konrad-Adenauer-Stiftung von K. Weigelt. Melle 1985; *H. Lampert* und *M. Wingen*, Familien und Familienpolitik. Bestandsaufnahme und Perspektiven. Köln 1986; *V. Gräfin v. Bethusy-Huc*, Familienpolitik. Aktuelle Bestandsaufnahme der familialenpolitischen Leistungen und Reformvorschläge. Tübingen 1987; *Familienpolitik*, hrsg. v. H. G. Wehling. Stuttgart 1989; *U. Münch*, Familienpolitik in der Bundesrepublik Deutschland a. a. O.; *M. Textor*, Familienpolitik a. a. O.; *M. Wingen*, Zur Theorie und Praxis der Familienpolitik. Frankfurt a. M. 1994. – Ansätze zu einer Geschichte der Familienpolitik sind zu finden in *M. Wingen*, Vierzig Jahre Familienpolitik in Deutschland – Momentaufnahmen und Entwicklungslinien. Grafschaft 1993; sowie umfassender bei *Münch*, a.aO., Kap. 3 und 4.

101 *N. Luhmann* (Sozialsystem Familie, a. a. O. S. 85) dagegen hält ein gesellschaftliches Teilsystem ‚Familie' für strukturell ausgeschlossen. Für eine vertiefende Begründung meiner These vgl. nunmehr *Kaufmann*, Läßt sich Familie als gesellschaftliches Teilsystem begreifen, a. a. O.; eine eindrückliche Begründung des notwendigerweise institutionellen Charakters von Familie hat jüngst *Pierre Bourdieu* gegeben: A propos de la famille comme catégorie réalisée. In: *Actes de la Recherche en Sciences Sociales* No 100 (décembre 1993).

102 Vgl. *Kaufmann*, Familie und Modernität, a. a. O. S. 399f.

103 Zur näheren Begrüdnung dieser These vgl. *F.-X. Kaufmann*, Elemente einer Theorie sozialpolitischer Intervention. In: *Staatliche Sozialpolitik und Familie*, hrsg. v. F.-X. Kaufmann, München u. Wien, 1982, S. 51ff; *ders./K. P. Strohmeier/G. Federkeil*, Wirkungen politischen Handelns auf den Bevölkerungsprozeß. Boppard a. Rh. 1992, S. 43ff.

104 Vgl. *C. Höhn* und *H. Schubnell*, Bevölkerungspolitische Maßnahmen und ihre Wirksamkeit in ausgewählten europäischen Industrieländern. In: *Zeitschrift für Bevölkerungswissenschaft* 12 (1986), S. 3–51 sowie S. 185–219; *K. Schwarz*, Demographische

Wirkungen der Familienpolitik in Bund und Ländern nach dem Zweiten Weltkrieg. Ebenda 13 (1987), S. 409–450.

105 So auch *Schumacher/Vollmer*, a. a. O.; *H. Linde*, Theorie der säkularen Nachwuchsbeschränkung 1800–2000. Frankfurt/New York 1984; *Birg/Koch*, a. a. O.

106 Vgl. *B. Nauck*, Individuelle und kontextuelle Faktoren der Kinderzahl in türkischen Migrantenfamilien. In: *Zeitschrift für Bevölkerungswissenschaft* 13 (1987), S. 319–344.

107 Vgl. *H. P. Galler*, Opportunitätskosten der Entscheidung für Familie und Haushalt. In: *Der private Haushalt als Wirtschaftsfaktor*, hrsg. v. S. Gräbe. Frankfurt/New York 1991, S. 118–152.

108 *H. Lampert*, Familie heute – Sozialökonomische Analyse ihrer Lebenslagen. In: *Familie im Wandel – Situation, Bewertung, Schlußfolgerungen*, hrsg. v. M. Wingen. Köln 1989. S. 102f., 118. Für neuere Schätzungen, die auch in den *5. Familienbericht* (Abschnitt XI, 4.4) Eingang gefunden haben, vgl. *ders.*, Wer ‚produziert' das Humanvermögen einer Gesellschaft? In: *Die personale Struktur des gesellschaftlichen Lebens*. Festschrift für Anton Rauscher, hrsg. v. N. Glatzel und E. Kleindienst. Berlin 1993, S. 121–134.

109 Subsistenzwirtschaft meint „die Sicherung des unmittelbaren Lebensunterhalts durch gemeinschaftliche Selbstversorgung" (*K.-H. Hillmann*, Allgemeine Wirtschaftssoziologie, München 1988, S. 47). Ein wesentliches Element dieser Wirtschaftsform ist der Austausch haushaltsübergreifender Leistungen auf der Basis der Reziprozität, also von wechselseitigen Verpflichtungen, welche wir heute als moralische interpretieren (Vgl. *K. Polanyi*, Ökonomie und Gesellschaft, Frankfurt a. M. 1979, bes. die Einleitung von *C. S. Humphreys*, S. 46ff.). Das moderne ökonomische Bewußtsein hat diese Sachverhalte so sehr ausgeblendet, daß sie selbst in wirtschaftssoziologischen Lehrbüchern nur ausnahmsweise erwähnt werden.

110 Eine präzise Abgrenzung versucht *F. Hegner*, Haushaltfamilie und Familienhaushalt: Vorüberlegungen zu einer Typologie der Verknüpfung familialer und ökonomischer Aktivitäten. In: *Staatliche Sozialpolitik und Familie*, a. a. O. S. 23–47.

111 Das ist natürlich nur ein grober statistischer Test, der von der Annahme ausgeht, daß das Niveau der Sozialaufwendungen zwei Jahre vor der Geburt den besten Indikator darstelle. Die Ergebnisse bleiben aber recht robust, wenn man die Annahmen variiert und lassen sich auch für andere Zeiträume nachweisen, vgl. 1. Aufl. dieser Schrift Tab. 12, S. 154.

112 Der Einwand, die Korrelation müsse umgekehrt interpretiert werden – je niedriger die Geburtenrate, desto geringer der Anteil der Aufwendungen für die Familie – zieht kaum. Tatsächlich sind in der Bundesrepublik die öffentlichen Pro-Kopf-Aufwendungen für einen alten Menschen etwa dreimal so hoch wie für einen Jugendlichen. Vgl. *P. Linder*, Aufwendungen für die nachwachsende und ältere Generation und Auswirkungen der demographischen Entwicklung. In: *Baden-Württemberg in Wort und Zahl* 30 (1982), S. 282–287, 314–321.

113 Vgl. *O. v. Nell-Breuning*, Soziale Sicherheit, Freiburg i. Br. 1979. Siehe auch die Streitschrift von *J. Borchert*, Innenweltzerstörung – Sozialreform in die Katastrophe, Frankfurt a. M. 1989.

114 *P. A. Samuelson*, An Exact Comsumption-loan Model of Interest with or without the Social Contrivance of Money. In: *Journal of Political Economy* 66 (1958), S. 467–482.

115 *Th. Klein*, Bildungsexpansion und Geburtenrückgang. In: *Kölner Zeitschrift für Soziologie und Sozialpsychologie* 41 (1989) S. 483–503, Zitat S. 501.

115a Vgl. demnächst *F. X. Kaufmann, A. Kuijsten, H. J. Schulze, K. P. Strohmeier* Family Life and Family Policies in Europe. 2 Bde. Oxford University Press 1995/6.

116 Grundsätzliche Vorüberlegungen stellt *M. Herzer* an: Möglichkeiten der Fami-

lienpolitikanalyse. Der politische Akteur und das Wissen über Familie, Münster 1988; erste Ansätze zur empirischen Aufarbeitung bei *U. Münch*, a. a. O. Entsprechende international vergleichende Untersuchungen zur Sozialberichterstattung über Familie werden derzeit im Forschungsschwerpunkt ‚Gesellschaft und Familie' an der Universität Konstanz durchgeführt; vgl. *W. Walter*, a. a. O.; *Y. Lamm-Hess*, Familienberichte als Spiegelbild nationaler Familienpolitik – Frankreich und Deutschland im Vergleich. Arbeitspapier Nr. 7, Konstanz 1993.

117 Diese Problemverschiebung läßt sich z. B. an den Themen des zweiten, dritten und vierten Familienberichts der Bundesregierung gut verfolgen.

118 In diesem Sinne geht auch der fünfte Familienbericht vor, wenn er „Die Zukunft des Humanvermögens" als Bezugspunkt wählt.

119 Vgl. *Kaufmann* u. a., Sozialpolitik und familiale Sozialisation, a. a. O. S. 418ff.

120 Vgl. hierzu *Kaufmann*, Elemente einer soziologischen Theorie sozialpolitischer Intervention. In: *Staatliche Sozialpolitik und Familie*, a. a. O. S. 49–86.

121 Vgl. *K. Schwarz*, Demographische Wirkungen der Familienpolitik, a. a. O.

122 Vgl. *Buhr* u. a., Lebenslage und Alltagsorganisation junger Familien, a. a. O. S. 23ff.

123 Die von der CDU/CSU Bundestagsfraktion im Jahre 1983 eingesetzte „Kommission Familienlastenausgleich" verdient Erwähnung, weil hier m. W. zum ersten Mal in der Geschichte der Bundesrepublik eine ressortübergreifende Konzeption der Familienförderung in Zusammenarbeit von Parlament und Regierung angestrebt wurde. Das beachtlich breite Programm wurde allerdings nicht voll verwirklicht. Vgl. „Familienpolitik im Wandel", Bericht der Kommission Familienlastenausgleich der CDU/CSU Bundestagsfraktion (März 1985, vervielfältigt).

124 Ein klassisches Beispiel hierfür bildet die Auseinandersetzung um die steuerrechtlichen Prinzipien des Familienlastenausgleichs, wo alle konsequenten Vorschläge – von der ‚negativen Einkommenssteuer' bis zum Familiensplitting – an den vielfältigen Einwendungen unterschiedlich orientierter Finanzexperten und der hinter ihnen stehenden (insbesondere Länder-)Interessen scheitern.

125 So das zentrale Ergebnis der bisher gründlichsten politikwissenschaftlichen Studie zur Familienpolitik von *U. Münch*, a. a. O.

126 Vgl. *K.-U. Mayer* und *W. Müller*, Lebensverläufe und Wohlfahrtsstaat. In: *Handlungsspielräume*. Untersuchungen zur Individualisierung und Institutionalisierung von Lebensläufen in der Moderne, hrsg. v. A. Weymann. Stuttgart 1988, S. 41–60.

127 *M. Wingen* und *W. Schwartz*, betonen zu recht, daß „eine familiengerechte Umstrukturierung der Arbeitswelt (erst) kommt, wenn demnächst auch Männer betroffen sind". (Die Auswirkungen der Bevölkerungsentwicklung auf Familie und Bildungssystem. In: *Bevölkerungsentwicklung und Bevölkerungspolitik in der Bunderrepublik*, Stuttgart 1988, S. 88).

128 In dieser synthetisierenden Betrachtungsweise sind die Arbeiten von *Linder* (a. a. O.) und *Lüscher/Schultheis* (a. a. O.) bahnbrechend; vgl. auch *Münch* a. a. O. Kap. 5.

129 Vgl. *Kaufmann*, Elemente einer soziologischen Theorie sozialpolitischer Intervention, a. a. O. S. 66ff.; *ders.* und *B. Rosewitz*, Typisierung und Klassifikation politischer Maßnahmen. In: *Implementation politischer Programme II, Ansätze zur Theoriebildung*, hrsg. v. R. Mayntz, Opladen 1983, S. 25–49; *ders.*, Steuerung wohlfahrtsstaatlicher Abläufe durch Recht. In: Gesetzgebungstheorie und Rechtspolitik, hrsg. v. D. Grimm und W. Maihofer. *Jahrbuch für Rechtssoziologie und Rechtstheorie* 13 (1988), S. 85ff.

130 Die Schaffung eines neuen Rechtsanspruchs, z. B. des Instituts ‚Erziehungsgeld' oder ‚Kindererziehungszeiten' im Rentenrecht, ist zu unterscheiden von der finanziell wirksamen Ausgestaltung des Instituts, also der Zahl der anrechenbaren

Jahre bzw. der Höhe des Erziehungsgeldes; letzteres gehört zur ökonomischen Interventionsform.

131 Vgl. statt anderer *W. Zeidler*, Ehe und Familie. In: Handbuch des Verfassungsrechts der Bundesrepublik Deutschland, hrsg. v. E. Benda u. a., Berlin/New York 1983, S. 555–607; *Verfassungsgarantie und sozialer Wandel – das Beispiel von Ehe und Familie*. Veröffentlichungen der Vereinigung der deutschen Staatsrechtslehrer Bd. 45, Berlin und New York 1989, S. 7–151; eine den hier vorgegelegten Diagnosen entsprechende rechtliche Würdigung enthält insbesondere der Mitbericht von *H. Steiger*, S. 55–93. – *D. Henrich*, Wertentscheidungen im Wertewandel. Betrachtungen zu Art. 6 Abs. 1 GG. In: *Wege und Verfahren des Verfassungslebens*. Festschrift für Peter Lerche, hrsg. v. P. Badura und R. Scholz. München 1993, S. 239–250.

132 Vgl. *E. Assmann*, Formen und rechtliche Komponenten der Familienpolitik. Die Familienförderung der Sozialgesetzgebung und Art. 6 GG. Bielefeld 1974; *Der Wandel familiärer Lebensmuster und das Sozialrecht*. Verhandlungen des deutschen Sozialrechtsverbandes: Dritte Sozialrechtslehrertagung 20.–22. März 1985 in Bamberg, Wiesbaden 1985. *H. F. Zacher*, Ehe und Familie in der Sozialrechtsordnung. In: *Verfassungsrecht und Völkerrecht*. Gedächtnisschrift für Wilhelm Karl Geck, hrsg. v. W. Fiedler und G. Ress. München 1989, S. 955–983. Keine auf die Bundesrepublik bezogene Darstellung kann sich jedoch mit der auf den anglo-amerikanischen Bereich bezogenen Analyse von *J. Eekelar* messen: Familienrecht und Sozialpolitik, Berlin 1983 (engl. 1977).

133 Vgl. *F. Ruland*, Verfassungsrechtliche Vorgaben des Familienlastenausgleichs. In: *Familie und Recht* 2 (1991), 307–318.

134 Entsprechende Analysen für die Bundesrepublik stehen noch weitgehend aus. Vgl. für Frankreich *E. Sullerot*, Pour le meilleur et sans le pire. Paris 1984.

135 Einen wohlbegründeten und auch durchkalkulierten Vorschlag hierzu hat der Sonderforschungsbereich 3 vorgelegt: *Alternativen der Rentenreform '84*, hrsg. v. H.-J. Krupp u. a., Frankfurt/New York 1981. Vgl. auch *Die Gleichstellung von Mann und Frau in der Alterssicherung*, hrsg. v. C. Helberger und G. Rolf. Frankfurt/New York 1982. Bekanntlich ist der Gesetzgeber diesen Vorschlägen nicht gefolgt und hat sich trotz ernsthafter Bedenken für das Teilhabemodell entschieden.

136 Vgl. insbesondere das Gutachten des wissenschaftlichen Beirats für Familienfragen beim Bundesminister für Jugend, Familie und Gesundheit: *Familie und Arbeitswelt*, Bonn 1984; sowie oben Kap. 4, FN 164 und 165; *Fünfter Familienbericht*, S. 275.

137 Vgl. *C. Rummel*, Entmündigung oder Förderung von elterlicher Autonomie. Zum Widerspruch zwischen dem Jugendhilferecht und dem Recht der elterlichen Sorge. In: *Recht der Jugend und des Bildungswesens* 40 (1992), S. 358–377.

138 Dieser Vorschlag hat in jüngster Zeit auch in der Bundesrepublik Beachtung gefunden. Er ist von der Kinderkommission des Bundestages aufgegriffen und auch hinsichtlich seiner verfassungsrechtlichen Realisierbarkeit geprüft worden. Vgl. *Zur Vereinbarkeit eines Kinder- oder Familienwahlrechts mit dem Grundgesetz*. Ausarbeitung der wissenschaftlichen Dienste des Deutschen Bundestages. Reg. Nr. WF III-142/93.

138a Nach *C. Kennerknecht*, Plädoyer für eine gerechte Familienpolitik. Hrsg. Deutscher Familienverband. Landesverband Bayern. 2. A. Burglengenfeld 1993, S. 150.

139 Nicht zu den ökonomischen Benachteiligungen zählen wir denjenigen Zeitaufwand, den Familienangehörige für Zuwendung und Hilfe an andere Familienmitglieder über den Verzicht auf Erwerbsmöglichkeiten hinaus aufwenden, auch wenn dieser durchaus als wertschöpfend qualifiziert werden könnte; das gilt aber auch für zahlreiche andere Verrichtungen in der erwerbsfreien Zeit, die nun einmal jedem grundsätzlich zur freien Verfügung steht.

140 Nach Untersuchungen der familienwissenschaftlichen Forschungsstelle im Statistischen Landesamt Baden-Württemberg variieren die monatlichen Verbrauchs-Aus-

gaben pro Kind je nach Einkommensverhältnissen (1983) zwischen 550 DM bis über 900 DM. Je höher das elterliche Einkommen, desto mehr wenden Eltern bei gleicher Kinderzahl im Durchschnitt für ihre Kinder auf. Andererseits sinkt bei gegebener Einkommenshöhe der zusätzliche Aufwand pro Kind mit der Kinderzahl: Bei Eltern mit nur einem Kind betrug der Anteil der kinderbezogenen Verbrauchsausgaben 24–26%, bei zwei Kindern 38–40% und bei drei Kindern 48–50%. Hierin kommen nicht nur plausible Einspareffekte bei wachsender Kinderzahl, sondern vor allem auch die größere ökonomische Beengtheit kinderreicher Familien zum Ausdruck. Vgl. *M. W. Votteler*, Die Aufwendungen der Familien für ihre minderjährigen Kinder – Eine theoretische und empirische Studie auf der Grundlage einer Zusatzerhebung zur Einkommens- und Verbrauchsstichprobe 1983 in Baden-Württemberg. Materialien und Berichte der Familienwissenschaftlichen Forschungsstelle im Statistischen Landesamt Baden-Württemberg, Heft 18, Stuttgart 1986. – *F. U. Willeke* und *R. Onken* (Allgemeiner Familienlastenausgleich ..., a. a. O., S. 339 ff.) legen ihren Berechnungen der „sozio-kulturellen Mindestkosten" eines Kindes die Pflegegeldsätze der Jugendämter zugrunde; sie betrugen 1986 in Baden-Württemberg DM 625 und sind 1990 auf DM 725 erhöht worden. *C. Kennerknecht* (a. a. O. S. 113 ff.) schätzt auf der Basis verschiedener Berechnungsarten die *durchschnittlichen* Kinderkosten für 1993 auf 830 DM monatlich. – Die (je nach Bundesland geringfügig verschiedenen) Regelsätze der Sozialhilfe für ein Kind betragen (1991) ca. DM 240 (für Kinder unter 7 Jahren) bis DM 420 (für Jugendliche zwischen 15 und 18 Jahren). Vgl. *Zur Berechnung des steuerfreien Existenzminimums für den Lebensunterhalt eines Kindes*. Stellungnahme des wissenschaftlichen Beirats für Familienfragen, Stuttgart 1992, S. 5. (Dabei wird auf die ungenügende Berücksichtigung des Wohnbedarfs zusätzlicher Kinder im Rahmen der Sozialhilfesätze hingewiesen.) – Vergleicht man die seit 1. 1. 1992 gültigen Kinderfreibeträge im Steuerrecht (DM 342 pro Kind und Monat) so zeigt sich, daß der Gesetzgeber zwar den Auflagen des Bundesverfassungsgerichts hinsichtlich der Steuerfreiheit des Existenzminimums tendenziell gefolgt ist, allerdings mit einer äußerst restriktiven Auslegung dieses Begriffs. Selbst das Bundesfinanzministerium rechnete für 1990 mit einem Existenzminimum von DM 500 monatlich. (*H. U. Willeke*, Familienlastenausgleich mit variablem Kindergeld. Eine Konzeption zur Harmonisierung familien- und steuerpolitischer Zielsetzungen. In: *Steuer und Wirtschaft* 68 (1991), S. 8 FN 20); *Kennerknecht* schätzt für 1993 das Existenzminimum pro Kind auf 582 DM.

141 Vgl. *I. Matthäus-Maier*, Für einen gerechten und einfachen Familienlastenausgleich. In: *Zeitschrift für Rechtspolitik* 21 (1988), S. 252–258. Der Vorschlag, anstelle aller Steuervorteile (einschließlich des weithin kritisch beurteilten Ehegattensplitting) ein einheitliches Kindergeld von DM 200 pro Kind zu gewähren, baut die Bevorzugung Kinderloser ab, berücksichtigt jedoch nicht, daß Frauen mit zunehmender Kinderzahl weitgehend und für längere Zeit auf Erwerbstätigkeit verzichten müssen und daher ebenfalls vom Ehegattensplitting profitieren. Der Vorschlag welcher in leicht modifizierter Form nun auch im Wahlprogramm der SPD erscheint, bevorzugt einseitig die doppelt berufstätigen Ehepaare mit zumeist einem Kind. – Zur Reform des Familienlastenausgleichs siehe auch *Fünfter Familienbericht*, S. 287 ff.

142 Vgl. hierzu *Willeke*, Familienlastenausgleich mit variablem Kindergeld, a. a. O., S. 3–16; *ders.*, Profile des Familienlastenausgleichs. Zur Transformation der gegenwärtigen Regelungen in eine widerspruchsfreie Konzeption. In: *Jahrbücher für Nationalökonomie und Statistik* 211 (1993), S. 193–217. Ähnliche Überlegungen bei *A. Netzler*, Familienlastenausgleich: Konzepte für die zweite Hälfte der 90er Jahre. Berichte des Staatsinstituts für Frühpädagogik und Familienforschung, Heft 8, München 1992, bes. S. 80 ff. sowie *C. Kennerknecht*, a. a. O.

143 Von frauenpolitischer Seite wird gegen das Erziehungsgeld eingewandt, daß es

den zeitweisen Rückzug der Frauen aus der Erwerbstätigkeit und damit generell eine instabilere Erwerbskarriere der Frauen fördere, vgl. Kap. 4. FN 137. Die Norm einer ununterbrochenen Vollzeit-Erwerbstätigkeit scheint jedoch selbst in den neuen Bundesländern nicht den Bedürfnissen der Frauen zu entsprechen. Eine Kompensation der im Regelfalle notwendigen Reduktion von Erwerbsarbeitszeit eines oder beider Ehepartner ist unabweisbar.

144 Bemerkenswerte Überlegungen zu diesem Problemkomplex hat der zu früh verstorbene sozialpolitische Experte des DGB *A. Schmidt* vorgelegt: Alterssicherung und Familie: Probleme, Zusammenhänge, Lösungsperspektiven. In: *Die Angestelltenversicherung* 35 (1988), S. 477–492.

145 Vgl. hierzu Kap. 3, Anm. 116; eine eindringliche Analyse der sozialpolitischen Implikationen der neuen Pflegegesetzgebung gibt *M. Landenberger,* Pflegeversicherung als Vorbote eines anderen Sozialstaates. In: *Zeitschrift für Sozialreform,* 40 (1994) S. 314–342.

146 Vgl. *F. Brandt*, Ambulante Dienste für Pflegebedürftige. Schriftenreihe des Bundesministeriums für Familie und Senioren, Bd. 6.1, Stuttgart 1992.

147 Vgl. *Familie und Wohnen.* Gutachten des Wissenschaftlichen Beirats für Familienfragen beim Bundesministerium für Jugend, Familie und Gesundheit. Stuttgart 1975; *E. Wedel*, Wohnraumversorgung ausgewählter Bevölkerungsgruppen. In: *Wirtschaft und Statistik* 5 (1991), S. 314–319; *H.-U. Müller*, Familie und Wohnen – Wohnung und Wohnumfeld. In: *Die Familie in Westdeutschland,* a. a. O., S. 311–349.

148 Vgl. *G. Siedt*, Berufstätigkeit und Wohnungen. In: *Wirtschaft und Statistik* 12 (1983), S. 961–970; *A. Weidacher*, Die Wohnsituation von Familien. In: *Die Familie in den neuen Bundesländern*, a. a. O., S. 313–341.

149 Vgl. *Fünfter Familienbericht*, S. 135ff., 285ff.

150 Vgl. *W. Albers*, Die Wohnungsversorgung junger Familien. In: *Der private Haushalt*, a. a. O., S. 15–23.

151 *Fünfter Familienbericht*, S. 285.

152 Vgl. *Fünfter Familienbericht*, S. 286f., sowie: *A. Oberhauser*: Familienorientierte Wohneigentumsförderung. Modell einer zielgerichteten Förderung des Erwerbs selbstgenutzten Wohneigentums. In: *Materialien zum Fünften Familienbericht*, Bd. 1: Demographie und familiale Aspekte von Arbeitsmarkt und Wohnungsbau. München 1994 (im Erscheinen).

153 Vgl. *Herlth*, Die Chancen zu spielen, a. a. O.

154 Einschlägige Forschungen sind selten. Vgl. jedoch *Grundlagen lokaler Sozialpolitik*. Sozialökologische Beiträge zur Entwicklung von Alternativen, hrsg. v. J. W. Mundt, Weinheim und Basel 1983; *K. P. Strohmeier*, Familie und Gemeinde. In: HB der Familien- und Jugendforschung a. a. O. Bd. 1, S. 453–473; *W. Heye*, Außerfamiliale Betreuung von Kindern in Tageseinrichtungen. Institut für Entwicklungsplanung und Strukturforschung Bericht 206.92, Hannover 1992; *C. Geißler u. a.*, Handbuch zur örtlichen und regionalen Familienpolitik; *dies.*, Ausgangspunkte und Handlungsrahmen für eine örtliche nd regionale Familienpolitik. Schriftenreihe des Bundesministeriums für Familie und Senioren, Band 5.1 und 5.2. Stuttgart 1992 – Siehe auch *Fünfter Familienbericht*, S. 194ff., 299ff.

155 Zur Praxis der Krippenbetreuung in der DDR vgl. demnächst: *K. Zwiener*, Einflüsse von Familie und Krippe auf Entwicklung und Gesundheit bei Krippenkindern – eine Untersuchung aus 200 Kinderkrippen der DDR (1988). Materialien zum Fünften Familienbericht, Bd. 5: Kinderkrippen in der DDR. München 1994 (im Erscheinen).

156 *J. Sass*, Ergebnisthesen zur Kinderbetreuung. Darstellung der Ergebnisse aus den repräsentativen Mütterbefragungen in den alten und neuen Bundesländern. Tischvorlage für ein Gespräch im BMFuS am 10. 12. 1992, vervielfältigt. Deutsches Ju-

gendinstitut München, S. 20. Vgl. dagegen die kritische Einschätzung der Krippenbetreuung bei *J. Bensel*: Krippenbetreuung im Spiegel der neuesten internationalen Forschung. Hrsg. Deutsche Liga für das Kind in Familie und Gesellschaft. Neuwied 1991; anderer Ansicht *W. E. Fthenakis*, Mütterliche Berufstätigkeit, außerfamiliale Betreuung und Entwicklung des (Klein-)Kindes aus kinderpsychologischer Sicht. In: *Zeitschrift für Familienforschung* 2 (1989), S. 5–27.

157 Vgl. *Miteinander lernen, leben, engagieren – Neue soziale Netze für Familien.* Ergebnisse der wissenschaftlichen Begleitforschung von Familien- und Nachbarschaftszentren, hrsg. v. S. Hebenstreit-Müller/R. Pettinger. Bielefeld 1991; *R. Pettinger*, Familientagespflege, Kinderläden und Eltern-Kind-Gruppen. In: *Handbuch der Kindheitsforschung*, hrsg. v. M. Markefka und B. Nauck. Neuwied 1993, S. 547–556.

157a Vgl. hierzu die in Kap. 5 FN 99 zitierte Literatur.

158 Vgl. *Familienerziehung international*, hrsg. v. Friedhelm Zubke, Köln und Wien 1988; *Mobilisierung der Erziehungskräfte der Familie.* XV. Europäische Familienministerkonferenz in Bonn 1977. Hrsg. Der Bundesminister für Jugend, Familie und Gesundheit, Bonn 1978; *Familie und Beratung.* Gutachten des wissenschaftlichen Beirats für Familien und Senioren. Stuttgart 1993.

159 Zur Programmatik vgl. z. B. *R. Süßmuth*, Familienbildung vor neuen Aufgaben. In: *Leitbilder für Familie und Familienpolitik*, a. a. O. S. 237–257.

160 *Lüscher*, Familienpolitik und Wissenssysteme, a. a. O. S. 209.

161 *P. Gross*, Selbstbestimmung oder Fremdsteuerung der Familie, a. a. O., S. 302f.

162 Vgl. *S. Domscheit* und *M. Kühn*, Die Kindergartenreform. Eine Fallstudie bundesdeutscher Sozialpolitik. Frankfurt/M.-New York 1984.

163 Vgl. *Joosten*, a. a. O.; *Münch*, a. a. O. S. 205ff.

164 *G. Mackenroth*, Die Reform der Sozialpolitik durch einen deutschen Sozialplan (1952). Wieder abgedruckt in: *Sozialpolitik und Sozialreform*, hrsg. v. E. Boettcher, Tübingen 1957, S. 61f. – Nachdem der Gesetzgeber im Rahmen der Rentenreform den auch zum sog. ‚Schreiber-Plan' (*W. Schreiber*, Existenzsicherheit in der industriellen Gesellschaft. Köln 1955) gehörigen Vorschlag einer durch Beiträge zu alimentierenden ‚Kinderkasse' *nicht* übernommen hatte, haben vor allem *O. von Nell-Breuning* und *F. Oeter* diesen Gedanken wachgehalten, bis er in jüngster Zeit erneut an Gewicht gewonnen hat. Vgl. *Kaufmann/Leisering*, a. a. O.; *F. Oeter*, Die Zukunft der Familie. Streitschrift für die Reform der Familienpolitik. München und Basel 1986; *Borchert*, a. a. O.; *A. Schmidt*, a. a. O.; *Familienlastenausgleich in der Bundesrepublik Deutschland*: Grundfragen, Systemmängel, Reformvorschläge. Hrsg. Gesellschaft für Versicherungswissenschaft und -gestaltung, Köln 1989.

165 *M. Wingen*, Zur sozio-ökonomischen Lage von Familien heute. In: *Zeitschrift für Bevölkerungswissenschaft* 12 (1986), S. 233.

166 Vgl. hierzu die Überlegungen des *fünften Familienberichts*, Kapitel VII: Familie und Erwerbsarbeit, S. 146ff. sowie die Empfehlungen S. 275ff.

Autorenregister

(Die kursiven Seitenangaben beziehen sich auf die vollständigen bibliographischen Angaben)

Acock, A. C. *248*
Albers, W. *266*
Albrecht, R. *227*
v. Allmen, M. *233*
Allmendinger, J. 245
Amato, P. R. *248, 249*
Ameling, M. 246
Andorka, R. 93, *242*
Andreß, H. J. 254
Assmann, E. *264*
Attias-Donfut, C. *239*
Auge, M. *236*

Badelt, C. *250*
Badura, B. *233,* 264
Bäcker, G. *252*
Baer, I. *251, 258*
Baethge, M. *244,* 245
Bales, R. F. *230*
Barthelmes, J. *245*
Bast, K. *240,* 241
Bastard, B. *233*
Beck, U. 149, *244,* 245, *253,* 255
Beck-Gernsheim, E. 132, *244, 247,* 249, *251,* 255, *256*
Beckmann, P. *254*
Beer, U. *230*
Béjin, A. *245*
Benda, E. *264*
Bender, S. *254*
Bengtson, V. L. *257*
Bensel, J. *267*
Berg, C. *252*
Berger, P. L. *231,* 257
Berger, P. A. *245, 256*
Berger, R. 126, *250, 256*
Berger-Schmitt, R. 236
Berman, P. W. 251
Bertram, H. 233, 236, 241
Belsky, J. *235*
v. Bethusy-Huc, V. Gräfin *261*
Beyer, F. *238*
Bien, W. *236*
Birg, H. 44, 46, *237,* 238, *242, 248,* 262
Birnbacher, D. *239*
Blanke, B. 256
Blasius, D. *248*
Blass, W. 250
Bleich, C. *254*
Bock, G. *228*
Böckenförde, E. W. 219
Böckle, F. 229, *243*
Boettcher, E. 267
Bogner, A. *233*
Bolger, N. *247*
Bolte, K. M. *253*
Booth, A. *249*
Borchers, A. *236*
Borchert, J. *239, 262,* 267
Bosch, F. W. *249*
Bott, E. *232*
Bourdieu, P. *261*
Brandt, F. *266*
Braun, W. *248*
Brecht, B. 16
Breitkopf, H. *236*
Bretz, M. *230*
Breuer, W. *254*
Brezinka, W. *234*
Brinkmann, C. *254*
Brög, W. *237*
Bronfenbrenner, U. 134, *258*
Brown, P. *229*
Bruder, J. *237*
Brüderl, L. 249
Brunner, E. J. *260*
Brunner, O. 229
Büchner, P. *234,* 241, 252, *260*
Bünger, F. E. *260*
Buer, F. *240*
Büttner, C. 248, 252
Buhr, P. *237, 242, 251, 252,* 254, 258, 263
Burgdörfer, F. *241*

Burkart, G. 111, *240,* 241, 244, 246, *257*
Buttler, F. *238*

v. Campenhausen, A. *260*
Cardia-Vonèche, L. *233*
Cherlin, A. J. *249*
Claessens, D. 39, 51, *231,* 232, *233,* 234, 235
Clason, C. *249*
Coleman, M. T. *250*
Conrad, C. 239
Conze, W. *228*
Cornelius, I. 140
Cooper, D. *243*
Cramer, A. *240*
Crouter, A. C. 126, *250*
Cyprian, G. *243*

van den Daele, W. *244*
Dannenbeck, C. *236*
Dawson, D. A. *233*
Demo, D. H. *248*
Derleder, P. *249*
Derlien, H. U. 237
Dieckmann, A. 115, *247,* 248
Dierkes, M. 261
Diewald, M. *236,* 237
Dörner, H. *229*
Döring, D. 254
Döringhaus, E. *252*
Domscheit, S. *267*
Dorbritz, J. *241*
Drescher, A. *237*
Dumont, L. *229*
Durkheim, É. 27, 39, 231

Eekelar, J. *204*
Elias, N. 38, 231, 233
Ellscheid, G. *260*
Ende, A. 248, 252
Engel, U. *253,* 258
Engelbert, A. *232, 236, 251, 252, 254,* 258
Engelbrech, G. *251*
Engfer, R. *236,* 252
Evans, R. J. 228

Fach, W. *237*
Faltermeier, J. *232*
Fauser, R. *236*
Federkeil, G. *228, 261*
Felderer, B. 254
Fiedler, W. 264
Filip, D. 46
Flandrin, J.-L. *229*
Flöthmann, E.-J. 46, *248*
Freitag, W. *229*
Friedl, I. *256*
Furstenberg, F. *249*
Fthenakis, W. *251, 267*

Gabriel, K. *255*
Galler, H. P. *253,* 262
Gehlen, A. 165, 233, 242, *253*
Geißler, C. *260, 266*
Geißler, R. *241*
Geller, H. *234*
Gerhard, U. *230,* 260
Gerlach, K. *238*
Gernert, W. 258
Geulen, D. *234*
Giesecke, D. *249*
Gilgenmann, K. *234*
Glatzel, N. 238, 262
Glatzer, W. *235,* 236, 250, *255*
Gleichmann, P. R. *231*
Glötzner, J. *250*
Götting, U. *239*
Goldmann, M. *251*
Golomb, E. *234*
Goode, W. J. *232*
Goody, J. *229*
Gove, W. R. *233, 248*
Gräbe, S. 250, 262
Grimm, D. 263
Gross, H. *252*
Gross, P. 218, *254,* 257, *267*
Grundmann, M. *260*
Grunow, D. 62, *236,* 237, 261
Grunow-Lutter, V. *236*
Grunwald, M. *242*
Guggenbühl-Craig, A. *244*
Gysi, J. *241*

Habermehl, A. *233*
Hahn, J. *251*
Haller, M. 239
Hampel, J. *235*
Hartfiel, G. 243
Hayek, F. A. 243
Hebenstreit-Müller, S. 267
Heekerens, H.-P. *247, 248,* 249
Hegel, G. W. F. 20f., *230*
Hegner, F. *249, 252, 259, 261, 262*

Heilig, G. 115, *247*
Heinemann, K. 235
Heinze, R. G. *261*
Helberger, C. 245, 264
Helle, H. J. *251*
Helwig, G. *241*
Henrich, D. *264*
Herdegen, M. *258*
Herlth, A. 228, *232,* 233, *235, 236, 237, 246, 252, 256, 258, 259,* 266
Herlyn, U. 252
Herz, A. 229
Herzer, M. *262*
Hettlage, R. *240*
He
Hill
Hill
Hill
Hil
Hin
Ho
Ho
Höl
Höl
Höl
Hö
Ho
Ho
Ho ,
2
Ho
Ho
Ho
Ho
Ho
Ho
Ho
Hra
Hu
Hu
Huinink, J. *234, 235, 241, 242, 245, 251,* 256, *260*
Humphreys, C. S. *262*
Hunecke, V. *229*
Hurrelmann, B. *245*
Hurrelmann, K. 37, *233, 234, 235, 253,* 258

Jäckel, U. *249*
Jellineck, G. *229*
Joas, H. 241
Joester, A. *241*
Johnson, P. 239
Joosten, A. *257,* 267
Jopt, U.-J. *243,* 251
Jurczyk, K. *250*

Kant, I. 67f., *237*
Karsten, M.-E. 235
Kaufmann, F.-X. *227, 228, 229,* 231, *236, 237, 238, 241, 242, 244,* 247, 249, 252, 256, 257, *258, 259,* 260, 261, 262, 263, 267
Keil, S. *243*
Keith, B. *248*
Kellner, H. *231,* 257
Kennerknecht, C. *264,* 265
Kickbusch, I. 255
Kiefl, W. 93, *242*
Kierkegaard, S. 101
Klages, H. *233*
Klauder, W. *251*
Klein, R. D. 244
Klein, T. *247,* 248, *254, 262*
Kleindienst, E. 238, 262
Klippel, D. *228,* 230
Knapp, U. *229*
Koch, H. 44, *237, 242,* 262
Köcher, R. *234, 257*
Köhler, H. *260*
König, R. 30, 33, *231,* 232
Kohli, M. 111, *239, 240,* 241, 246, *255*
Kondratowitz, H.-J. 239
Kopp, J. *247*
Korczak, D. *243*
Kramer, U. *252*
Krappmann, L. *260*
Kraus, A. *246*
Kraus, O. 248
Krüger, H.-H. 241
Krüsselberg, H.-G. 58, *230, 235, 236, 237, 238,* 249, 256
Krupp, H.-J. 264
Kühn, M. *267*
Künzler, J. 124, 127, 177, *231, 236, 250,* 259
Kuhnt, M. *260*
Kuijsten, A. *262*

Lakemann, U. *236, 249, 251*
Lamm-Hess, Y. *263*
Lampert, H. 192, *238, 240, 253, 261, 262*
Landenberger, M. *250, 266*
Landua, D. *254*

Lang, S. 258
Lauterbach, W. *245*
Lee, R. *228*
Lehr, U. 61, 131, *234,* 237, *251*
Leibfried, S. 255
Leisering, L. *238,* 239, 267
Lenz, K. *246*
Le Play, F. 176
Leupold, A. *243*
Liegle, L. *252, 260*
Limbach, J. *243*
Linde, H. *262*
Linder, P. *262,* 263
Lipp, W. *255*
List, F. 73, 175, *237,* 238, 259
Loy, G. *241*
Ludes, P. *246*
Luhmann, N. 153f, 231, *233, 243,* 261
Ludwig, G. *254*
Lüscher, K. 142, 195, *228,* 232, *235,* 237, 238, 239, *244, 245, 253,* 255, 257, *258, 259, 260,* 263, 267
Lukesch, H. *245*

MacKaughan, M. *257*
Mackenroth, G. 221, *267*
Mackensen, R. 238
Mader, G. *244*
Mahlmann, R. *231,* 257
Maier-Aichen, R. *256*
Maihofer, W. 263
Mammey, U. *241*
Mangen, D. J. 257
Mansel, J. *253*
Marbach, J. *236*
Markefka, M. 231, 267
Marschall, P. *253*
Marx, K. 22
Marzachina, K. *252*
Matthäus-Maier, I. *265*
Mau, S. *241*
Mattejat, F. *233*
Matthes, J. 250
Mayer, K. U. *241,* 245, 259, *263*
Mayer, T. 251
Mayntz, R. 263
McChesney, K. Y. *257*
McCubbin, H. I. *233,* 248
McHale, S. M. 126, *250*
McIver, R. 33, *232*
Meier, B. *236*
Merton, R. K. 242
Metz-Göckel, OS. *256*
Meyer, S. *236, 241, 243, 244, 246,* 250
Meyer, T. 150, 153, *255,* 256
Miegel, M. 5
Miera, S. *236*
Mieth, D. *234*
Mitscherlich, A. 129, *251*
Moch, M. *248*
Mohr, H. M. *256*
Mühlfeld, C. *259*
Müller, H. P. *253*
Müller, H.-U. *266*
Müller, W. *263*
Münch, U. *260,* 261, 263, 267
Mundt, J. W. 266
Myrdal, A. *259*

Napp-Peters, A. 230, *246,* 249, *256*
Nauck, B. *227, 262,* 267
Nave-Herz, R. 113, 119, 230, 231, 240, *244, 246, 247,* 248, 249
Neidhardt, F. *232, 248,* 251
v. Nell-Breuning, O. 194, *262,* 267
Nestmann, F. *236*
Netzler, A *265*
Neubauer, E. *249,* 254, 255
Nickel, H. M. *241*
Niegl, A. 234
Niemeyer, F. *230*
Nietzsche, F. 101
Nohke, A. *234*
Nyssen, E. *256*

Oakley, A. *250*
Oberhauser, A. 214, *260, 266*
Oeter, F. 231, *234, 267*
Offe, C. *261*
Ogburn, W. F. 231
Onken, R. *254,* 265
Ostner, I. *232, 240,* 241, 247, 250
Ott, N. *240,* 251
Otto, H.-U. 235

Paetzold, B. 249
Pfaff, H. *233*
Pfaff, A. *255*
Pajung-Bieger, P. *248*
Pankoke, E. *231, 261*
Parsons, T. 22, 27, *230,* 231, 242
Patterson, J. M. *233,* 248
Pechstein, J. *234*
Pederson, F. A. 251

Peguy, C. 163
Pesch, O. H. *229*
Peter, J. *249*
Pettinger, R. *267*
Petzold, M. *240*
Peukert, R. *240,* 245
Pfrang, H. *251*
Pieper, B. *232,* 247
Pohl, H. 229
Polanyi, K. *262*
Pollack, D. 82, *240*
Postman, N. *245*
Pöttgens, H. *227*
Priemel, I. *251*
Prodöhl, D. *260*
Pross, H. *235*

Quitmann, J. *242*

Raisch, M. *251*
Rapin, H. 230, *235*
Rauscher, A. 238
Rawls, J. 239
Reichwein, R. *240*
Reiter, I. *248*
Rerrich, M. S. *252, 256*
Ress, G. 264
Richter, G. *251, 252*
Riedmüller, B. 255
Riehl, W. H. 29, *231*
Rohlinger, H. *250*
Rolf, G. 264
Roloff, J. *251*
Rosenbaum, H. *230*
Rosenmayr, L. *233, 261*
v. Rosenstiel, L. 260
Rosewitz, B. *263*
Rotenbacher, F. *230*
Rothe, S. *232*
Rottleuthner-Lutter, M. *248*
Rousseau, J. 22
Ruhl, K.-J. *257*
Ruland, F. *259, 264*
Rummel, C. *258, 264*
Rupp, S. 237, 255

Sachße, C. *229,* 257, 260
Salgo, L. *256, 258*
Samuelson, P. A. 194, *262*
Sander, E. *245*
Sartre, J.-P. *244*
Sass, J. *266*
Schaefer, H. *234*
Schäfer, R. *229*
Scheller, G. *248*
Schelsky, H. 29, 165, 168, *231, 242, 245, 257*
Schiebel, B. *242*
Schilling, G. *252*
Schleiermacher, F. 17
Schlomann, H. 239
Schmid, J. 93, *242*
Schmidt, A. *266,* 267
Schmidt, J. *241, 242*
Schmidtchen, G. *233, 245*
Schneewind, K. A. *242,* 257, 260
Schneider, N. F. *248*
Schneider, W. *251*
Schönigh, I. *241*
Schönweiss, F. *259*
Scholz, R. 264
Schoor-Theissen, T. *254*
Schreiber, W. *267*
Schubnell, H. *261*
Schülein, J. A. *253*
Schütze, Y. 136, *239, 252,* 253, *256*
v. d. Schulenburg, J. M. Graf *238*
Schultheis, F. 142, 228, 239, 244, *259, 260,* 263
Schultz, T. W. *238*
Schulz, M. 242
Schulz, R. *236, 242, 252*
Schulz, W. *246,* 247, 256
Schulze, E. *236, 241, 243, 244, 246,* 250
Schulze, G. *253*
Schulze, H.-J. *231, 235, 245,* 251, *253, 256, 257,* 260, *262*
Schumacher, J. *231,* 242, 262
Schuster, A. *251*
Schwab, D. *229*
Schwartz, T. *252*
Schwartz, W. *252, 263*
Schwarz, K. *227, 230,* 237, *241, 245, 249, 251, 261,* 263
v. Schweitzer, R. *230, 235, 236, 240*
Segalen, M. *229, 256*
Shorter, E. *229*
Siedt, G. *266*
Silbereisen, R. K. *254*
Simm, R. *242,* 246, 247, 249, 253
Simmel, G. 38, 102, 231
Sommer, B. 239
Sommerkorn, I. *247,* 249
Sopp, P. *245, 256*

Speil, W. *260*
Spiegel, E. *247*
Spitznagel, E. *254*
Stacey, J. *249*
Stachel, G. *234*
Stackelbeck, M. *252*
Steiger, H. *264*
Stierlin, H. *260*
Stolz-Willig, B. *252*
Strack, P. *237,* 242, 251, 254
Strohmeier, K. P. *228, 232, 236, 237, 242,* 247, 251, 254, *256, 257, 259, 261, 262,* 266
Strümpel, B. 261
Sturzbecher, D. *249*
Style, C. B. *233, 248*
Süßmuth, R. *267*
Sullerot, E. *264*
Swientek, C. *234*
Szálai, A. *249*

Taeger, A. *229*
Teichert, V. *259*
Tennstedt, F. *229,* 257, 260
Textor, M. *260,* 261
Theunissen, M. *235*
Théry, I. *243,* 251
Thiemeyer, T. 252
Thiesen, V. *250*
Thompson, D. 239
Thompson, L. *250*
Todt, H. 235
Tölke, A. 115, *247*
Trappe, H. 87, *240,* 241, 249
Trost, J. *249*
v. Trotha, T. *235,* 255
Tyrell, H. *228,* 229, *231, 243, 246,* 255, *256, 257*

Ulander, W. *245*
Ulich, D. 234

Vaskovics, L. *227, 242, 246, 254,* 255, *256,* 257, 258
Verdon, M. *229*
Visher, E. B. *249*
Visher, J. S. *249*
Vogel, C. *252*
Voges, W. 255
Vollmer, R. *231,* 242, 262
Vorholt, H. *242*
Votteler, M. *252,* 265

Wahl, K. 168, *232,* 249, 258
Wagner, G. *249,* 251
Wagner, M. *239, 248*
Walker, K. *259*
Walper, S. *254*
Walter, W. *227,* 263
Weber, M. 38, 121, 229, 231, 233
Wedel, E. *255*
Wehrspaun, M. 228
Wehling, H. G. 261
Weidacher, A. *266*
Weidenfeld, W. 238
Weigelt, K. 233, 261
Weischedel, W. 237
v. Weizsäcker, R. 217
Welsch, W. *244*
Wendt, H. 47, *234, 240*
Wettig-Danielmeier, I. 249
Weymann, A. 263
Wiemann, I. *256*
Willeke, F. U. *254, 265*
Willi, J. *244,* 257
Willms-Herget, A. *245*
Wingen, M. 140, *228, 252,* 253, *254, 261,* 262, *263, 267*
Winkler, R. 249
Witte, E. H. *254*
Woods, M. *259*
Wurzbacher, G. *243, 247*

Zacher, H. F. *264*
Zahn, F. *231*
Zapf, W. *241, 245,* 250
Zeidler, W. *264*
Zeiher, H. *252*
Zenke, K. G. *254*
Zenz, H. *253*
Zimmermann, H. 238
Zimmermann, R. *237*
Zubke, F. 267
Zwiener, K. *266*

Sammelwerke (Kurztitel)

Abschied von der Normalfamilie *228*
Die Absicherung des Risikos der Pflegebedürftigkeit *239*
Alltagszeit – Lebenszeit *250*
Alternativen der Rentenreform *264*
Armut im Wohlstand *254*
Attraktion und Liebe *246*
Auswirkungen von Lebensbedingungen ... auf die Gesundheit *235*

Beiträge aus der bevölkerungswissenschaftlichen Forschung *237*

Entwicklungsbedingungen ... der Jugendhilfe ... DDR *241*
Die ergraute Gesellschaft *239*
Erwerbstätigkeit und Mutterschaft *259*
Erziehungsurlaub und Anrechnung von Erziehungszeiten *250*

Die Familie in den neuen Bundesländern *241*
Die Familie als Gegenstand sozialwissenschaftlicher Forschung *235*
Die Familie in Westdeutschland *241*
Familie – Tatsachen, Probleme, Perspektiven *259*
Familie und Arbeitswelt *252*
Familie und Beratung *267*
Familie und Erwerbstätigkeit im Umbruch *251*
Familie und Familienpolitik *261*
Familie und Wohnen *255*
Familienbericht, Zweiter *234*
Familienbericht, Dritter *228*
Familienbericht, Vierter *237*
Familienbericht, Fünfter *230*
Familienerziehung international *267*
Familien heute *230*
Familienlastenausgleich in der BRD *267*
Familienpolitik nach der Steuerreform *260*
Die Frau in der deutschen Wirtschaft *229*
Frauenforschung und Hausarbeit *235*

Generationenbeziehungen in ‚postmodernen' Gesellschaften 244

Die Gleichstellung von Mann und Frau in der Alterssicherung *264*

Der private Haushalt *235*
Haushaltproduktion und Netzwerkhilfe *236*
HB Familienforschung *231*

Kinder, Eltern, öffentliche Erziehung *253*
Kinderwelten *252*
Zur Kulturgeschichte des Alterns *239*

Lebensräume für Kinder *252*
Zur Lebenssituation ausländischer Kinder *227*
Leistungen für die nachwachsende Generation *238*
Leitbilder der Familie und Familienpolitik *230*
Leitsätze und Empfehlungen zur Familienpolitik *240*

Miteinander lernen ... Neue soziale Netze für Familien *267*

Nacheheliche Elternschaft *248*
Nichteheliche Lebensgemeinschaften *243*

Ökonomische Rahmenbedingungen der Familien *254*

Perspektiven der Familienpolitik *259*
Postmoderne Familie *228*

Über die Rechte des Kindes *258*
Vom Regen in die Traufe *245*

Die Scheidungswaisen *248*
Soziale Sicherung bei Pflegebedürftigkeit *239*
Sozialpolitik für das Kind *258*
Staatliche Sozialpolitik und Familie *229*

Trennungen *248*

Umweltbedingungen familialer Sozialisation *258*

Ursachen, Prävention und Kontrolle von Gewalt *232*

Der Vater *250*

Vereinbarkeit von Familie und Beruf *236*

Der Wandel familiärer Lebensmuster und das Sozialrecht *264*

Wandel und Kontinuität *240*

Zeit für Kinder *252*

Sachregister

Abstammungsordnung, bilaterale 15
Adel 15
Adoptiveltern 47
Affektivität 36ff., 188
Ältere 61ff.
Alleinerziehende 24, 42, 85ff., 100, 112, 120, 249
Alleinleben 24, 61f., 261
Alterssicherung verheirateter Frauen 205, 210f.
Altersstruktur 5, 70, 79, 227
Anerkennung von Elternschaft 166, 168f., 174, 228
Arbeitslosigkeit 144ff.
Arbeitsmarktsegmentation, geschlechtsspezifische 105, 177f.
Arbeitsteilung, geschlechtsspezifische 32, 55f., 122ff., 177
Aufgaben von Familie 34ff.
Aufklärung 15, 19ff., 101
Autonomie der Familie 163f.
Autorität, elterliche 184

Benachteiligung von Familie, wirtschaftliche 138ff., 193, 207
Bevölkerungspolitik 6f., 64ff., 68, 166, 228
Bevölkerungsprognosen 69ff., 82
Bevölkerungsrückgang 5, 69ff., 227
Bildungssystem 72, 74, 183ff.
Blutsverwandtschaft 14f., 20
Bund und Länder 202, 208, 263

Christentum 14f., 16ff., 149

Deprivation, kindliche 54
DDR 5, 82ff.
– Bevölkerungs- und Sozialpolitik 84ff.
– demographische Entwicklung 84ff., 90
– familiale Arbeitsteilung 124
– Familie 88ff.
– Familienformen 24
– Familienrecht 88
– Geburtenentwicklung 47
– Krippenbetreuung 215, 266
– Strukturen 82f.
Desintegration und Desorganisation von Familie 31, 33
dialogische Sozialbeziehungen 53
Differenzierung, strukturelle und funktionale 30ff., 185
Drei-Generationen-Vertrag 222

Ehe 9, 16f., 19f., 42f., 98ff., 102
– als Institution 9, 121, 162
– als Koevolution zweier Individuen 102
– als konstitutives Moment einer Familiengründung 42f.
– als Vertrag 19
– Attraktivität der 112ff., 155f.
– Deinstitutionalisierung der 96ff., 112, 165
– Konfliktivität 118ff., 126
– Sinn der 116, 119
– Stabilität der 117, 120
– sukzessive 121
Ehescheidung 29, 41f., 85, 99f., 116, 118ff., 248
Ehetherapie 244
Eheverbote 15
Eheverständnis, christliches 17, 20
– katholisches 167
Ehezufriedenheit 126, 156
ehrenamtliches Engagement 81, 188, 225
Einkommenslage von Familien 138ff.
Einkommensverteilung 77, 103, 140
Einpersonenhaushalte 23f.
Eltern 49ff., 220
– advokatorische Funktion 134, 185
– Beratung und Bildung 217f.
– Überforderung der 172
Elternrolle, Übernahme der 135, 161, 163, 166
Elternschaft 7, 9, 42ff., 48f., 99ff., 128ff., 165
– biographische Disponibilität 9, 165
– fragmentierte 100f.
– verantwortete 42ff., 128, 151, 155, 170

Entkoppelung von Partnerschaft und Elternschaft 99ff., 106ff., 191
Enttraditionalisierung 52, 104, 177
Entwöhnung von Kindern 133, 216f.
Erbschaft 78, 239
Erziehung 49ff., 135, 171
Erziehungsqualität in der Familie 39, 235
Erziehungsurlaub/-geld 125, 209f., 250, 265f.

Familia, römische 14
Familie
– als auf Kinder spezialisierter Lebenszusammenhang 27, 151, 185
– als gesellschaftliches Teilsystem 153ff., 189f., 261
– als Institution 13, 101, 228
– als kulturgeprägte Erscheinung 8, 96ff., 165, 193
– als politikresistenter Bereich 9, 164, 190f.
– als problemlösende Einheit 40
– als verletzliches soziales System 33
– Eigensinn 161
– emotionale Leistungsfähigkeit 36, 38, 41
– „moderne“ 9, 22ff., 30ff.
– Umweltabhängigkeit der 8, 219
– und Gesundheit 39f., 54ff.
– und Schule 136, 172f., 184
– und soziale Ungleichheit 137ff.
Familienalltag 57ff.
Familienberatung 27, 217f.
Familienberichte 2, 227
Familienentwicklung 93ff., 160f.
Familienförderung 11f., 161, 191, 196f., 200, 203, 263
Familiengeschichte, europäische 14ff., 228
Familienkritik 97, 171
Familienlastenausgleich 180f., 198, 206ff., 209, 223, 265
Familienleitbild 21f., 106f., 151f., 224
Familienpolitik 11f., 64, 164, 168f., 188ff., 220ff., 259f.
– als Querschnittsaufgabe 200
– Bundesrepublik 178ff., 197f.
– DDR 84ff.
– Europa 193
– Frankreich 176, 179
– Grundproblematik der 196, 201f.
– restaurative 257
– Vielfalt der Träger 202, 223, 263
Familienrecht 88, 99, 204f., 241, 249
Familienrhetorik 1ff., 19f., 195
Familiensinn 31
Familiensoziologie 30ff., 167, 231f.
Familientherapie 244, 260
Familienwahlrecht 206
Fernsehen 105, 178
Flexibilität der Familie 27, 33
Fortpflanzung 42ff., 97f.
Frauen
– als hilfegebende Personen 60
– als stille Reserve der Familien 42, 125
– Benachteiligung auf dem Arbeitsmarkt 105
– Gesundheit 57
– Heimarbeit 132
– in den neuen Bundesländern 89f.
– Lebensverhältnisse 10, 158, 166
– Menschenwürde der 16ff.
– Rollenüberlastung 114, 247
Frauenerwerbstätigkeit 21, 104f., 130ff., 177, 245, 251f.
– Auswirkungen auf die kindliche Entwicklung 131
Frauenforschung 55, 157, 259
Funktionen der Familie 35, 63ff.

Geburten 43ff., 84, 86
Geburtenkontrolle 93f., 97
Generationen, Beziehungen zwischen den 4, 59f., 224, 239
Generationenzusammenhang, kollektiver 77ff., 221ff.
Generatives Verhalten 42ff., 82ff., 90ff., 161
Geschlechterverhältnis 10, 16, 122ff., 157ff., 224f.
„Geschlechtervertrag“ 22, 123, 158
Geschlechterrollen 19ff., 32, 125
Gesellschaftstheorie 21, 148ff., 229, 231
Gesinde 20
Gewalt in Familien 37f., 171, 232f.

„Haus“ und „Familie“ 15
Hausarbeit 57f., 123ff.
– männliche Beteiligung 59, 124, 127
Hausfrauenehe 21f., 56, 167
Haushaltseinkommen 138ff., 176f.
Haushaltsführung 54ff., 154
Hausherrschaft 18f.

Heiratsverhalten 83, 91, 114ff.
Hilfe, wechselseitige 10, 59ff., 187
Homogenisierung der familialen Lebensformen 23f.
Humankapitalbildung 75f.
Humanvermögen 4, 66ff., 72ff., 220
Humanwissenschaften 168

Idealisierung des Familienleitbildes 121, 151f., 169
Identitätsentwicklung 49ff.
Individualisierung 38, 102, 149
Industrialisierung 19ff.
Inklusion der Person 38, 153f.
Intervention, sozialpolitische 203ff., 220
Intransparenz familialer Systeme 95

Jugendarbeitslosigkeit 104
Jugendliche, psychosoziale Belastungen 39, 172f.

Kinder
- als öffentliches Gut 11, 152f., 194
- Bedeutung für die Stabilisierung der Partnerschaft 162
- ihre Belastungen 136f., 172f.
- Kosten 192, 253f., 265
- Lebensverhältnisse 133ff.
- ökonomische Benachteiligung durch 11, 138ff., 192
Kinderarbeit 21
Kinderbetreuung 58, 184f., 215f.
Kindererziehungszeiten, Anrechnung 210
Kinderfeindlichkeit 169ff., 215
Kindergeld 141f., 198, 209
Kinderlosigkeit 45f., 100, 153
- Prämierung der 194
Kinderwunsch 155, 166, 196, 257
Kindesrechte 18, 258, 264
Kindeswohl 170, 258
Kindsvernachlässigung 16, 18, 172
Kohäsion in Familien 33, 36ff., 42
Konsumstile 105
Konsensual-Ehe 17, 151
Krise der Familie 7, 166
Kümmerformen von Familie 16
Kultur der Kontingenz 101
Kulturelle Stilisierung von Familie 11, 17, 164, 166ff., 186, 219

Lebensformen, familiale 13, 25, 205, 222
Leistungen, familiale 40f., 63ff., 74ff.
Liberalisierung, kulturelle 10, 149ff., 243
Liebe 16, 32, 98f., 159

Machtbalance zwischen den Geschlechtern 157
Männer – Lebenszusammenhang 128ff., 158f.
- und familiale Wohlfahrtsproduktion 59, 127, 193
- Privilegierung 177, 202
Massenmedien 169
Milieus, soziokulturelle 48
Modernisierung 34, 96f., 157f., 231
- deutsche 148
- und Bevölkerungsentwicklung 91
- und Familie 101
„Modernisierungsfalle" 122, 168
Monogamie 16ff., 111, 151
Mütter, unverheiratete 16, 112f.
Müttererwerbstätigkeit 130ff.
Mutterrolle, Übernahme der 114
Mutterzentriertheit der Familie 42

nacheheliche Lebensgemeinschaften 111
Nachwuchssicherung 3f., 66ff., 153
Netzwerke, familiale 27, 60, 186f., 236
Netzwerkförderung 187f., 216, 267
Nichteheliche
- Geburten 46, 85ff., 170ff.
- Lebensgemeinschaften 24, 107ff.
Normalfamilie 24f., 87, 158
Normen, familiale 44, 111f., 128, 164f.

öffentliches Interesse 64
- an Familie 2ff., 63ff., 219, 223
Opportunitätskosten der Kindererziehung 192
Optionserweiterung 10, 96ff., 103, 105, 121, 191

Partnerwahl, freie 16, 160
Pflege von Angehörigen 211
Pflegebedürftigkeit 62, 81, 201
Pflegefamilien 47
Pflegeversicherung 81, 211ff.
Pluralisierung der privaten Lebensformen 25, 96ff., 106, 149ff., 205
Polarisierung der Geschlechtsrollen 19ff., 177f.
Polarisierung zwischen Eltern und Kinderlosen 45, 152f., 194

Politik für Kinder 170f., 200
Post-Adoleszenz 104
Privilegierung der Kinderlosigkeit 174f., 176f., 211, 213, 259
Protestantismus 17
Psychoanalyse 38, 52

Qualifizierung von Arbeitskräften 104

rechtliche Regulierung von Ehe und Familie 167, 204ff.
Regeneration 4, 55
Rentenversicherung 80f., 182, 210
Reproduktionstechnologien 43, 100
Reziprozität 111f., 159, 163
Rollen, familiale 27, 33
Romantik 15, 20, 186
Rücksichtslosigkeit, strukturelle 11, 169ff., 174ff., 181, 200

Scheidungshäufigkeit 41f., 85, 118, 169
Scheidungsfolgen 120
Schichtunterschiede 129, 137
Schulpflicht, allgemeine 21
Selbstschädigungstendenzen von Jugendlichen 39, 136
Sexualität 97f.
Solidarität 57, 61, 159ff.
– familiale 161ff., 186ff.
– zwischen den Generationen 76ff., 153, 224
Sorgerecht 206
– der Väter 113, 130, 206, 234
Soziabilisierung 39, 48
soziale Dienste 214ff., 225
– strukturelle Rücksichtslosigkeit 183ff.
Sozialisation 48ff., 67
– fragmentierte 133ff., 184
Sozialpolitik 76ff., 84ff., 193, 221f., 223
Sozialprodukt 75
Spielen von Kindern 133, 214
Staat und Familie 178ff., 220ff.
Stabilität familialer Lebensformen 32, 186ff.
Stadtkulturen, antike 14ff.
Sterblichkeit 29
Steuerfreibeträge 140, 142, 180, 198
Steuerpolitik 182, 208f.
Stiefeltern 100
Streß, kankmachender 40ff.

Tarifpartner 177, 225
Teilzeitarbeitsplätze 133
Trennung von Haushalt und Erwerbsarbeit 20f.

Umorientierung männlicher Lebensentwürfe auf Familie 158, 225
Ungleichheit, soziale 11, 18, 137ff.
Unterstützung, emotionale 36f., 53

Vaterschaft 128ff.
Vereinbarkeit von Familie und Erwerbstätigkeit 132, 182, 205, 222f.
Verfestigung von Partnerschaften 10, 160f., 166
Vertrauen 50, 117, 159, 186
Verwandtschaft 16, 59f., 150, 153f., 187
Vorbildlernen 51, 57

Wiederverheiratungen 115f.
Wirkungen politischer Maßnahmen 189ff., 196f.
Wirtschaft und Familie 175ff.
Wirtschaftswissenschaften 22
Witwen 17
Wohlfahrtsproduktion, familiale 4, 54ff., 60, 74ff., 192f.
Wohlfahrtsstaatlichkeit 76ff.
Wohlstandssteigerung, gesellschaftliche 103, 147, 177
Wohnung als gesellschaftlicher Ort der Familie 27, 213
Wohnungspolitik 182, 213f.
Wohnungsversorgung 145ff.

Zeitbudgetstudien 123f., 249
Zeitverwendung der Familienmitglieder 57f., 124f., 177, 184
Zölibat 15, 150
Zuwanderung 5f., 67, 72, 227
Zwang zur Selektivität 96

PERSPEKTIVEN UND ORIENTIERUNGEN

Schriftenreihe des Bundeskanzleramtes

„Perspektive und Orientierung sind Schlüsselbegriffe einer verantwortungsvollen Politik. Gerade die freiheitliche Demokratie, die nicht einer Ideologie, sondern vor allem ihren Bürgern verpflichtet ist, darf nicht der Versuchung erliegen, ihre Entscheidungen von den Intervallen der Wahlgänge abhängig zu machen. Demokratische Politik, ganz besonders Regierungspolitik, muß über die jeweilige Legislaturperiode hinausdenken, sie muß sich dem Auftrag stellen, die Zukunft zu gestalten. Sie kann diesem Auftrag dann gerecht werden, wenn ihre politischen Entscheidungen und Initiativen wertebezogen sind, wenn sie feste Orientierungen hat, an denen sich Politik über den Tag hinaus ausrichten kann, wenn sie schließlich auf der Grundlage dieser Orientierungen Perspektiven aufzeigt.

In der Schriftenreihe erscheint jährlich eine Auswahl gesellschaftspolitischer Studien und Gutachten, die für das Bundeskanzleramt erstellt worden sind. Sie untersuchen im Rahmen der mittel- und längerfristigen Aufgabenplanung Trends im Bereich staatlichen Handelns und gesellschaftlicher Entwicklungen und setzen sich mit Tendenzen auseinander, die für die Gesellschaftspolitik der Bundesrepublik Deutschland Bedeutung gewinnen können oder zum Teil schon gewonnen haben.

Regierungspolitik sollte niemals nur reaktiv sein. Sie muß sich stets darum bemühen, den Wandel in Staat und Gesellschaft rechtzeitig zu erspüren und Probleme, die aus ihm hervorgehen können, aufzugreifen und Lösungsmöglichkeiten vorzubereiten. Es kommt darauf an, daß die Zukunft nicht verwaltet wird, sondern gestaltet werden kann. Diesem Ziel dienen auch die Gutachten und Expertisen, die für das Bundeskanzleramt erarbeitet werden.

Mit der Schriftenreihe wird ein Beitrag zur Transparenz der Bonner Politik geleistet. Die Reihe gibt einen`Enblick in das, was man als „wissenschaftlichen Unterbau“ politischer Entscheidungsfindung bezeichnen könnte. Sie zeigt auf, mit welchen Fragestellungen, Überlegungen, wissenschaftlichen und politischen Optionen sich die Bundesregierung auseinandersetzt. Naturgemäß können nicht alle der im Rahmen dieser Reihe veröffentlichten Analysen zur Grundlage politischer Entscheidungen werden. In jedem Fall aber werden sie sorgfältig geprüft und ausführlich erörtert. Viele der in diesen Arbeiten formulierten Gedanken finden so auf die eine oder andere Weise Eingang in die Regierungspolitik, andere leisten zumindest als Diskussionsgrundlage einen wertvollen und unverzichtbaren Beitrag zur Entscheidungsfindung."

(Aus dem Vorwort bei Begründung
der Schriftenreihe in Band 1 von
Dr. Wolfgang Schäuble, damals Bundesminister,
MdB, Chef des Bundeskanzleramtes)

Die Titel der Reihe:

Band 1: **Bertram, Jugend heute**
Die Einstellungen der Jugend zu Familie, Beruf und Gesellschaft
Von Professor Dr. Hans Bertram *(vergriffen)*

Band 2: **Koslowski, Die postmoderne Kultur**
Gesellschaftlich-kulturelle Konsequenzen der technischen Entwicklung
Von Professor Dr. Peter Koslowski. 2., durchgesehene Auflage 1988.
VII, 194 Seiten. Kartoniert DM 32,– ISBN 3-406-32225-5

Band 3: **Lehr, Zur Situation der älterwerdenden Frau**
Bestandsaufnahme und Perspektiven bis zum Jahre 2000
Von Professor Dr. Ursula Lehr, unter Mitwirkung von Dr. Beate Fachinger
1987. VII, 246 Seiten. Kartoniert DM 34,– ISBN 3-406-32226-3

Band 4: **Zapf u.a., Individualisierung und Sicherheit**
Untersuchungen zur Lebensqualität in der Bundesrepublik Deutschland
Von Professor Dr. Wolfgang Zapf und Mitarbeitern *(vergriffen)*

Band 5: **Oberndörfer, Schutz der tropischen Regenwälder durch Entschuldung**
Von Professor Dr. Dieter Oberndörfer. 1989. VI, 76 Seiten. Kartoniert DM 18,–
ISBN 3-406-33607-8

Band 6: **Bonus/Grosser/Hösle/Lübbe/Rovan/Schäuble Herausforderungen für die Politik**
Von Professor Dr. Holger Bonus, Professor Dr. Alfred Grosser, Professor Dr. Vittorio Hösle, Professor Dr. Hermann Lübbe, Professor Dr. Joseph Rovan, Dr. Wolfgang Schäuble. 1989. VII, 138 Seiten. Kartoniert DM 26,–
ISBN 3-406-33609-4

Band 7: **Rürup: Wirtschaftliche und gesellschaftliche Perspektiven der Bundesrepublik Deutschland**
Von Professor Dr. Bert Rürup. 1989. XI, 166 Seiten. Kartoniert DM 34,–
ISBN 3-406-33608-6

Band 8: **Albach, Dienstleistungen in der modernen Industriegesellschaft**
Von Professor Dr. Horst Albach. 1989. XIII, 194 Seiten. Kartoniert DM 32,–
ISBN 3-406-33616-7

Heike Häning
Gottfried Kellerstr. 35
3100 65232 Taunusstein Hahn 1. Stock

8505067

Band 9: **Fohrbeck/Wiesand, Von der Industriegesellschaft zur Kulturgesellschaft?**

Von Karla Fohrbeck, Dr. Johannes Andreas Wiesand. 1989. VI, 186 Seiten. Kartoniert DM 32,– ISBN 3-406-33619-1

Band 10: **Kaufmann, Zukunft der Familie**

Stabilität, Stabilitätsrisiken und Wandel der familialen Lebensformen sowie ihre gesellschaftlichen und politischen Bedingungen

Von Professor Dr. Franz-Xaver Kaufmann *(vergriffen. Neubearbeitung vgl. Bd. 16)*

Band 11: **Jäger, Fernsehen und Demokratie**

Scheinplebiszitäre Tendenzen und Repräsentation in den USA, Großbritannien, Frankreich und Deutschland

Von Professor Dr. Wolfgang Jäger. 1992. VI, 105 Seiten. Kartoniert DM 24,– ISBN 3-406-35879-9

Band 12: **Korte, Über Deutschland schreiben**

Schriftsteller sehen ihren Staat

Von Dr. Karl-Rudolf Korte. 1992. VI, 136 Seiten. Kartoniert DM 26,– ISBN 3-406-35880-2

Band 13: **Berschin, Deutschland im Spiegel der französischen Literatur**

Von Prof. Dr. Helmut Berschin. 1992. VI, 72 Seiten. Kartoniert DM 22,– ISBN 3-406-36614-7

Band 14: **Kühnhardt, Europäische Union und föderale Idee**

Von Prof. Dr. Ludger Kühnhardt. 1993. V, 156 Seiten. Kartoniert DM 27,– ISBN 3-406-37084-5

Band 15: **Schneider/Wessels, Föderale Union – Europas Zukunft?**

Analysen, Kontroversen, Perspektiven

Herausgegeben von Prof. Dr. Heinrich Schneider und Prof. Dr. Wolfgang Wessels.
1994, 208 Seiten. Kartoniert DM 34,– ISBN 3-406-38141-3

Band 16: **Kaufmann, Zukunft der Familie im vereinten Deutschland**

Gesellschaftliche und politische Bedingungen

Von Prof. Dr. Franz-Xaver Kaufmann. 1994. XI, 282 Seiten. Kartoniert DM 45,– ISBN 3-406-38723-3

Verlag C.H.Beck München